本书在出版过程中得到国家社会科学基金项目"我国体育法学教育进程中的教材体系研究"（15BTY050）和河北省科技厅科技冬奥专项"个体精准化碳纤维复合材料速滑冰鞋的研发与示范应用"（20477601D）的资助

体育法学
简论

|贾文彤　杨金田　张　卫　著|

中国社会科学出版社

图书在版编目（CIP）数据

体育法学简论／贾文彤，杨金田，张卫著 .—北京：中国社会科学出版社，2024.3

ISBN 978-7-5227-3300-5

Ⅰ.①体…　Ⅱ.①贾…②杨…③张…　Ⅲ.①体育法—法的理论—中国　Ⅳ.①D922.161

中国国家版本馆 CIP 数据核字（2024）第 057490 号

出 版 人	赵剑英
责任编辑	孔继萍
责任校对	李　莉
责任印制	郝美娜

出　　版	中国社会科学出版社
社　　址	北京鼓楼西大街甲 158 号
邮　　编	100720
网　　址	http://www.csspw.cn
发 行 部	010-84083685
门 市 部	010-84029450
经　　销	新华书店及其他书店
印　　刷	北京君升印刷有限公司
装　　订	廊坊市广阳区广增装订厂
版　　次	2024 年 3 月第 1 版
印　　次	2024 年 3 月第 1 次印刷
开　　本	710×1000　1/16
印　　张	22.75
插　　页	2
字　　数	350 千字
定　　价	128.00 元

凡购买中国社会科学出版社图书，如有质量问题请与本社营销中心联系调换
电话：010-84083683
版权所有　侵权必究

目　录

第一篇　学科论

第一章　体育法学概述 …………………………………………… (3)
第一节　体育法学的定义与研究对象 ………………………… (3)
第二节　体育法学"问题域" ………………………………… (9)
第三节　《体育法》的地位 …………………………………… (13)
第四节　体育法学教育 ………………………………………… (16)
第五节　体育法学教育中的教材问题 ………………………… (22)

第二章　体育法学研究方法 …………………………………… (27)
第一节　体育法学研究方法的一般概述 ……………………… (27)
第二节　体育法学的基本方法 ………………………………… (32)
第三节　一种西方的研究方法：倡导联盟框架简介
　　　　——以我国体育政策为例 …………………………… (37)

第二篇　体育规则论

第三章　体育规则的本质 ……………………………………… (49)
第一节　体育规则理论阐释 …………………………………… (49)
第二节　体育规则的基本内涵 ………………………………… (55)
第三节　体育规则层级结构和多样性分析 …………………… (60)

第四章 体育规则变迁机制 (63)
第一节 体育规则变迁机制内涵 (63)
第二节 体育规则与规律 (68)
第三节 体育规则演进的基本方向 (73)

第五章 体育规则的类型、价值和功能 (77)
第一节 体育规则的类型 (77)
第二节 体育规则的价值 (80)
第三节 体育规则的功能 (87)

第六章 体育规则与技术法规和强制性标准 (91)
第一节 体育标准问题 (91)
第二节 体育规则、技术性法规与强制性标准关系梳理 (94)
第三节 体育标准治理 (98)

第七章 体育规则的另外一种解释 (105)
第一节 吉尔茨"地方性知识"理解 (105)
第二节 吉尔茨"地方性知识"视野下的体育规则 (107)
第三节 体育法律是一种地方性知识 (111)

第八章 体育领域的"潜规则" (115)
第一节 相关概念含义与辨析 (115)
第二节 体育领域"潜规则"具体表现 (120)
第三节 体育领域"潜规则"发生机制 (125)

第九章 体育规则教育 (130)
第一节 体育规则精神 (130)
第二节 体育规则意识 (133)
第三节 规则教育与体育规则教育 (138)

第三篇　体育法律论

第十章　体育法律规范 (149)
第一节　法律规范与体育法律规范及其结构 (149)
第二节　体育法律规范的种类与效力 (152)
第三节　体育法律规范的冲突 (157)
第四节　两类特殊的体育法律规范 (159)

第十一章　体育法律关系 (172)
第一节　体育法律关系释义 (172)
第二节　体育法律关系主体与客体 (177)
第三节　体育法律关系中的权利和义务 (179)

第十二章　体育法律责任 (196)
第一节　体育法律责任的概念、分类和本质 (196)
第二节　体育法律责任的构成与实现 (198)
第三节　具体研究：体育地方立法法律责任分析 (201)

第十三章　体育法律价值 (213)
第一节　体育法律价值及价值体系释义 (213)
第二节　体育法律价值冲突及其解决 (220)

第十四章　体育法律体系 (223)
第一节　法律体系 (223)
第二节　体育法律体系 (231)
第三节　软法视角——我国体育法律体系建构的新尝试 (240)

第十五章　体育法治 (253)
第一节　体育法治释义 (253)

第二节 体育法治具体分类研究 ……………………………… (257)
第三节 体育法治体系 …………………………………………… (287)
第四节 体育法治文化 …………………………………………… (290)

第四篇 共治篇

第十六章 从一元管理到规则共治 …………………………… (301)
第一节 历史产物——单一管理 ………………………………… (301)
第二节 从一元管理到规则共治的变迁 ………………………… (303)
第三节 时代呼唤——规则共治 ………………………………… (308)

第十七章 理想的规则共治 …………………………………… (313)
第一节 体育秩序 ………………………………………………… (313)
第二节 理想的体育规则共治模式 ……………………………… (321)
第三节 理想的体育规则共治路径选择 ………………………… (327)

参考文献 ………………………………………………………… (330)

第一篇

学科论

第一集

守夜者

第 一 章

体育法学概述

第一节 体育法学的定义与研究对象

一 体育法学定义

体育法学作为一门交叉学科在我国日益受到重视，一方面，一些体育院校逐渐将此作为重要课程进行开设，比如北京体育大学，很早就开设了本科课程。另一方面，开设此课程的法律院校越来越多，武汉大学法学院开设了国际体育法研究方向，专门招收博士研究生，同样如此的还有清华大学、湘潭大学等。认识了解并选择这个研究方向的青年学生不胜枚举。近一个时期以来，《体育法》作为行业基本法再次得到修改，删去第三十二条，体育竞赛全国纪录项目将不再采取行政审批的管理方式。至此，《体育法》已经修改了两次（2009，2016），目前的状况是删去两条条款（全文由 56 条变为 54 条），其他条款部分修订。许多人认为，虽然我国于 1995 年颁布了《体育法》，但是颁布实施后，由于体育事业发展过快，《体育法》很多内容已经跟不上形势发展需要，急需大修快改。为此，在 2005 年《体育法》颁布十周年之际，我国出现了修改研究的热潮。遗憾的是，在此次热潮中未出现人们预期中的大修快改，从这点讲，体育法学理论研究增加了不少新的思考问题。

体育法学这一研究领域在国内已经有三十多年历史了，它的出现标志是 1984 年的一篇论文，截至 2019 年年底有六七千篇论文发表在各类各级刊物上（关于论文篇数，体育法学界前辈于善旭先生退休前每年都有一个统计，只是近两年先生退休了，论文数量没有精确地统计，本书所给数据只是在前两年基础上的一个大概推算）。按照学科标准，一个研究领域能够被称为学科，应该具备5个基本条件：一是特有的学科定义和研究对象；二是本学科的科学研究方法，即本学科独特的研究方法；三是精心营建的理论体系；四是学科创始人和代表作；五是时代的必然产物①。依此，先前出版的几本体育法学书籍简单给出了体育法学的概念，如体育法学是研究体育法及其发展规律的法学学科②。教科书上给出的体育法学定义是其题中应有之义，很多研究也探讨了这一问题。比如周爱光教授认为，学术界存在三种观点：一是主张不存在体育法和体育法学学科。这种观点认为，在法学体系中没有专门的体育法。法律对待体育与对待其他任何领域一样，一旦触及法律，法律就会行使其功能。从这个意义上讲，体育法是使用不准确的概念，它实际上是法律的基本概念和各种不同的法律在体育中的应用，是体育与法的结合，而不是独立的体育法，因此，也就不存在体育法学学科。第二种观点认为体育法已经存在，体育法学学科正处于形成的过程之中。体育法学正处在令人鼓舞的挑战和变化之中，越来越多的体育问题以及参与者、组织机构和社团体育法规引起了法学学派的关注。这些变化会更好地构建这个正处于发展阶段的研究领域。体育法学将会逐渐由没有讲义的课程成为被广泛认可的独立的重要法学领域。第三种观点认为体育法学已经是一个独立的研究领域。体育法学是一个综合的、各种法律相互关联的法学学科，它涉及诸如合同、税收、雇用、竞争和刑事等法律领域，专门的法规和判决案例已经得到发展并将继续③。三种观点都分别得到了国外知名学者的支持，每一种观点都有其道理，值得回味。最后，周爱光教授给出的观点是：体育法学是研究体育法和应用于体育的法及其体育法律现象的一门学问④。另外，于善旭老师在其早期研究中也给出了体育法学的定义：体育法学是研究体育法律规范和体育法律现象以及它们发展规律和运行

---

① 陈燮君：《学科学导论》，生活·读书·新书三联书店1991年版，第229页。
② 董小龙、郭春玲：《体育法学》（第二版），法律出版社2006年版，第1页。
③ 周爱光：《体育法学概念的再认识》，《体育学刊》2015年第2期。
④ 于善旭：《体育法学》，《体育文史》1997年第1期。

机制的法律科学[1]。更早一些的研究也涉及了体育法学的定义，体育法学是以体育法为研究对象，通过对体育法的研究，揭示体育法律社会现象和体育法产生发展的内在规律性的一门社会科学[2]。综合这些观点，结合学科标准的要求，体育法学作为一门学科越发符合标准要求，特别是作为标准要求的第4、第5个要求，越发具有代表性。就代表作而言，近年出版的著作，如周爱光的《体育法学导论》、谭小勇的《体育法学概论》等，极具说服性。

综合上述内容，结合已有的体育法学实践，可以得知：体育法学是研究体育领域各种法律现象的一门科学。

二 体育法学研究对象

（一）体育法学研究对象表述

关于研究对象，由于早期学者们对体育法学认识不一，出现了很多种观点。常见的几种表述为：第一，体育法学的研究对象是体育法律关系及其发展规律[3]。第二，体育法学以体育法规为研究对象[4]。第三，体育法学以体育法为研究对象[5]。这里讲的体育法是广义上的、动态的，包括体育法律规范；我国体育法的产生、发展、变化的规律；体育法的指导思想、任务、基本原则以及有关的规定、观点和学说等；体育法的立法、执法、守法和法律监督及其法律责任问题；我国体育立法的实践和经验外体育法学理论；立法实践及实施的情况等。第四，研究体育法这一特定的社会现象及其发展规律的学科[6]。第五，体育法学是研究体育法律规范和体育法律现象以及它们发展规律和运行机制的法律科学[7]。第六，体育法及其实践[8]。综上，虽然上述定义的内容不完全相同，但是，

---

[1] 梁龙发、刘华：《体育法学刍议》，《武汉体育学院学报》1994年第2期。
[2] 吴礼文：《介绍一门新学科——体育法学》，《体育与科学》1987年第4期。
[3] 董小龙、郭春玲：《体育法学》（第二版），法律出版社2006年版，第9页。
[4] 吴礼文：《介绍一门新学科——体育法学》，《体育与科学》1987年第4期。
[5] 梁龙发、刘华：《体育法学刍议》，《武汉体育学院学报》1994年第2期。
[6] 张厚福：《体育法学概要》，人民体育出版社1998年版，第3页。
[7] 于善旭：《体育法学》，《体育文史》1997年第1期。
[8] 王孟林：《体育法学初探》，《北方论丛》1996年第2期。

体育法学界关于体育法学研究对象的认识不外乎以下几个方面：（1）体育法或律；（2）体育法律现象；（3）体育法律和法律现象；（4）体育法关系。

从30多年的体育法学发展来看，对体育法学研究对象的这几种表述有很重要的意义。因为从学理上讲，它解决了体育法学学科的独立性问题。然而，对体育法学的研究对象仅作简单的描述，也对我国体育法学研究产生了一定的负面影响。首先，将体育法律与法律现象作为研究对象，突出了规则的地位，并只注意了立法者的立场，忽视了其他角度［如体育法律现象作为被研究的客体与研究者（主体）之间的关系］，从而使我们难以对体育法律有较为全面的认识，以至于许多研究者认为，规则就是法律的全部。所以，体育法学研究应围绕规则的完善来进行。为此，有研究总结道：在体育法学研究中，对体育法学的立法研究较多而对运用我国现有法律解决体育问题的研究少[1]。其次，体育法律现象这种提法的问题在于，"体育法律现象"是一个含混不清的、笼统的概念，难以把握。因为体育法律现象作为一种客观存在的现象是融于整个社会现象之中的，当人们还没有在体育活动中很清晰地认识它时，很难明确定义它。

最后，要明确体育法和体育法学二者既有联系又有区别。体育法是国家关于体育法律法规的比较集中、系统的法律文件，它以特定的体育社会关系为其调整对象，包括体育管理关系、体育民商事关系、体育劳动和社会保障关系等[2]，为体育活动的主体、客体和活动本身提供原则、制度和程序上的依据。而体育法学的主要任务和研究内容不仅在于说明和解释国家制定和颁布的调节体育活动的各种法律规范，还在于探讨和揭示与体育活动有关的各种法律现象的本质和规律及其外部联系，并以此指导体育法律法规的立法和司法实践，并为体育从业人员和一般体育参与者提供相关的法律法规知识。因此，它的内容、体系应当更加广泛、

---

[1] 张扬：《体育法学概论》，人民出版社2006年版，第30页。
[2] 朱琳：《论我国体育法独立部门法地位的确立》，《贵州民族学院学报》（哲学社会科学版）2005年第4期。

开放。

（二）本书确定的体育法学研究对象

1. 体育法律规范和相关法规。1995年《体育法》颁布，随即，我国提出了构建"以宪法为指导，以体育法为龙头，以行政法规为骨干，以部门规章和地方性法规为基础、结构合理、层次衔接有序的体育法规体系"的目标。从这个维度看，如何做到体育基本法的与时俱进以及对体育法学中的配套立法加以重视是我国体育法学界的任务；同时，欧美国家和日本等其他体育法制建设较好的国家和地区已经出台的大量体育法律法规也应是我国体育法学所要研究的基本对象和内容。

2. 体育法律法规的相关理论。虽然体育法学作为一门相对独立的学科的历史不长，但已形成了一定的理论体系，教学和研究也有一定的积累，并出版了几种教材和著作，体育法学研究的论文也日渐增多，这些都是进一步深入开展体育法学研究所要分析和研究的基本材料。从哲学、社会学、法学等角度看，体育法学具有比较深远和广泛的研究领域，如它们产生的历史背景以及对立法、司法的影响和指导作用。体育法学对我国法学理论的繁荣来说是不可缺少的，更重要的是对我国体育事业的健康发展、构建和谐社会具有重要意义，特别是对我国体育基本法的建设和发展有着积极的现实影响，可以为其奠定坚实的理论基础。

3. 体育诉讼实务。随着体育改革的不断深化，体育纠纷也越来越多，由此给我国司法部门提出了新的挑战。如何解决体育纠纷，也就提上了我国司法部门的议事日程。因此，体育法学也应当研究这方面的问题，为体育司法实践提供理论上的说明。就体育基本法本身而言，它主要属于实体法的范畴。但是，体育纠纷引起的诉讼毕竟有其特殊性。因此，学者应将体育诉讼实务中成功的经验和做法上升到理论上，并注意科学地总结实践经验，及时发现问题，提出立法上的建议以利于问题的解决。所以，体育诉讼方向的研究也应当成为体育法学研究对象和范围的题中应有之义。

虽然上述三个方面分属于不同的层次和领域，但是它们相互作用、相互联系，共同构成了体育法学的研究对象。

三 体育法学的研究意义

体育法学是一门新兴学科，作为体育学和法学的交叉学科，该学科实际上更偏重法学一些。作为从法学视角看待体育领域问题的新学科，它秉持的是一种外部视角。这种外部视角看待问题的视域更加宽广，对体育问题的理解更加深刻。特别是对一些问题的研究，比如体育仲裁制度，体育仲裁制度是当前体育领域很热点的一个实践领域，很多体育事件的解决主要依靠的就是体育仲裁制度。这方面的研究在体育法学领域已经日趋完善，即形成了较为固定的理论体系，体育仲裁事件各不相同，人们可能关注的或者说体育仲裁突出的是程序。无疑地，体育仲裁制度为仲裁制度内容的进一步丰富和完善做出了自己的贡献。

前文所言，体育法学是一个新学科，截至目前它的研究也没有超过万篇论文。但是，体育法学研究者非常善于总结已有的成果，近期出现了若干论文，论证了体育法学的发展、研究热点、研究人员以及研究机构等，如张健的《论法学二级学科对体育法学研究的影响——对278篇CSSCI核心期刊体育法学论文引证的调查》《体育法学研究影响性因素实证分析——基于CSSCI（2003—2012年）体育法学论文引证数据》，蔡治东等的《基于知识图谱的国际体育法学研究现状与前沿分析》等，知识图谱的研究方法实际上讲的就是体育法学的发展史问题。除此之外，体育法学学者一般每隔10年会探讨体育法学的发展、存在的问题等，这方面研究以学界前辈于善旭教授为代表，比如《近10年我国体育法学研究热点述评》；学者赵毅也有类似文章《改革开放40年来我国体育法学研究的成就、论题与展望》；除了上述之外，贾文彤利用知识社会学对我国体育法学的发展进行了回顾，题为《我国体育法学研究的知识逻辑与研究者共同体特征——知识社会学视角》。知识社会学是一门研究知识与社会之关系的科学。主要探讨研究知识的生产、储存、传播和应用。虽然在某种意义上，知识社会学与知识谱系有本质区别，但是，两者不乏有异曲同工之妙。

体育法学研究正是通过这样不断地阶段性总结，使我们对体育法学有了一个更加清楚的了解，同时，也预知了学科未来的发展走向。换言之，正是体育法学研究善于不断总结的特点促进了体育法学的蓬勃发展，虽然它出现的历史不长，但是，它还是骄傲地站在了人们的面前。

第二节 体育法学"问题域"

一 体育法学研究领域概览

（一）体育法学研究领域把握

从体育法学的研究现状看，虽然我们对体育活动的特点、种类、结构和功能的认识有了很大提高，但是一个法律部门的形成或构建需要较为明确、相对稳定的法律关系主客体和内容。因此，在条件不完全具备的情况下，体育法学研究还不能完全从体育法角度来进行，而更多是要从体育法律制度的角度来认识，主要是对已经影响社会事实的体育涉法问题加以归纳和分析，对法律实务中的体育法律事实加以概括，并在此基础上提出一系列具有共同特征的体育法问题，不断促进体育法体系的完善。

（二）问题域探讨——体育法学学科建设的重点研究领域之一

每一门学科研究都有其专有的问题域。问题域是科学研究的灵魂，它贯穿于科学认识过程的始终。一门学科是否充满着生命力，就在于它是否能发现并提出大量的问题，没有问题的学科则预示着其独立发展的衰亡或终止。体育法学在我国的兴起和研究的时间并不长，但它的意义是不言而喻的，体育法学的研究对于促进体育法学的理论进步和提高体育法制建设实践活动的有效性都产生了实质性的作用。同样，体育法学能否确立或具有自己相对独立的学科地位，构建科学合理的理论体系，关键在于能否从法学视野中确定自己独特的"问题域"，因为"一切划时代的体系的真正内容都是由于产生这些体系的那个时期的需要而形成起来的"[①]。

体育法学作为新的研究领域，在法的规律和体育运行机制的共同作

[①] 严高鸿：《军事哲学的学科定位、理论体系及"问题域"》，《南京政治学院学报》2004年第6期。

用下，有着独特的法律制度含义。作为一种法律制度，它既是现有法律体系和制度的综合，也是新的法律部门和法学知识的创新。对体育法学现有成果的分析发现，由于体育法学具有较强的理论和实践互动性、多学科的相互渗透性，使得体育法学的研究具有较强的多学科分布、多层次特征，同时，在一个时期又表现出较为集中的核心研究领域。因此，探讨体育法学的"问题域"应该是该学科的重大研究课题之一。

二 "应然状态"下体育法学的"问题域"考察

（一）已有研究领域相关问题的启示

体育法学研究的实践过程中已经取得了巨大的成绩，体育法学研究成果涉及五个大方面、十几个小领域，那是否就此可以明确地界定出体育法学的研究范围，即"问题域"呢？应然状态下体育法学的问题域是怎样的？这正是本书所要解决的中心问题。目前，有关"问题域"研究的文献很少，已有研究领域——信息法学，该领域的相关研究认为，构建信息法学还要从法学知识的层面上进行考察。笔者赞同这样的观点，毕竟，体育法学是法学的子学科。法学知识有两种类型：一是技术层面的知识，即作为社会科学的知识，在这个层面上，法学具有技术化、程序化和可操作性的特点；二是人文层面的知识，即作为人文科学的知识，法学也有其面向人类生存和思维深层次的思考而积累的知识及社会的价值和意义的思考。

（二）体育法学研究的问题域：本体论、认识论、语言论和价值论的统一

所谓"问题域"，是指问题的逻辑可能性空间，一个特定的问题域也就是在一种特殊的哲学观指导下形成的问题领域[①]。任何法律问题的探讨都应该首先探讨事物的本质，然后再探讨法在社会道德里的基本价值[②]。脱离了本体论对法律是什么的揭示和说明，人们也就失去了对它进行价

---

① 俞吾金：《问题域外的问题——现代西方哲学方法论探要》，上海人民出版社1987年版，第1页。

② ［德］科殷：《法哲学》，林容远译，华夏出版社2002年版，第147页。

值体验和评价的基础。同样，价值论、认识论与语言论也都有着内在的统一性。这种对法律认识的统一性体现在：法律是什么（本体论所研究的内容）、认识到法律是什么（认识论所研究的内容）、法律表达什么（语言论所研究的内容）、法律应该是什么（价值论所研究的内容）。在学科意义上，它们都是对应一致、相互蕴含的，是同一件事的不同侧面或是从不同角度看的同一件事[1]。因而，这是一个层层深入而又相互联系的整体。

综上所述，笔者认为，体育法学的"问题域"研究应该包括基础理论和应用性研究两大部分，既应当考察体育法学作为一门科学的整个发展进程（目的在于以体育法的历史为基础，对大量的经验材料进行抽象与概括，从中抽取体育法的历史发展和变化中的某种持久不变的特征），又需要着力探讨那些涉及基本理论而又反映时代特征的重大现实问题，通过揭示蕴含于这些问题中的法理，为人们理解体育与法律问题提供科学的思维方式。

（三）体育法学"问题域"的确定

第一，体育法本质问题。体育法本质问题主要涉及的内容包括体育法究竟是什么？明确体育法本质的方法是什么？为什么有体育法？为什么需要体育法？体育法是如何起源、发展？等等。只有将"为什么有"和"是什么"两者结合在一起，才能共同构成对体育法的完整的本体论的考察。

第二，体育法学发展的结构问题。体育法学发展的结构问题包括体育法学实践活动走向成熟的标志是什么？体育法学的发展存在结构性、阶段性变化吗？体育法学的研究思想及其概念变化是怎样的（即是渐变的还是激进的，抑或二者兼而有之）。

第三，体育法学理论及其评价问题。体育法学理论及其评价问题包括：体育法学的理论结构是怎样的？体育法学理论是否可以形式化？体育法学理论具有怎样的独特性？一般法学理论是否对体育法律问题具有普遍有效的指导作用？在不同的文化背景下体育法学理论是否具有可比

---

[1] 刘永富：《价值哲学的新视野》，中国社会科学出版社2002年版，第66页。

性？一个体育法学理论怎样才能被视为好的理论？理论评价的标准是什么？等等。

第四，体育法学方法与评价问题。法学方法对法学研究和法学理论的发展、变革起着极为重要的推动作用。法学方法是形成法学理论的必备前提，是变革法学理论的重要动力，更是构建法学体系的基本手段[①]。体育法学方法与评价问题包括体育法学是否有自己独特的研究方法？一般法学方法是否普遍适用于体育法学研究？体育法学研究中如何区分"法学方法""法律方法"以及法学方法论？评价体育法学方法的标准是什么？等等。

第五，体育法的进步与优化问题。体育法的进步与优化问题包括：为什么要不断进行体育法的优化？体育法优化的机制和形式是怎样的？体育法优化的标准是什么？优化的标准是否能够不断使体育法的发展满足体育改革不断深化的需要呢？等等。

第六，体育法的原则、原理问题。体育法的原则、原理问题包括：体育法的原则、原理主要有哪些？这些原则、原理是怎样形成、发展的？与法学一般原则、原理的关系如何？它们如何指导体育活动的实践？等等。

第七，体育法的目的问题。体育法的目的问题包括：体育法的目的究竟是什么？体育法的终极关怀究竟指向什么？体育法的终极关怀与体育法治建设的关系怎样？另外，体育法学最根本的价值在于对体育的价值，体育法学必须首先在体育的存在和发展中找到自身的意义[②]。因此，体育法的终极关怀与体育的价值取向是怎样的关系（如何协调二者之间的关系）更应是关注的问题。

三 体育法学"问题域"的思考

上述内容从应然层面对体育法学的"问题域"进行了探讨，但文中

[①] 卓泽渊：《法学导论》，法律出版社2003年版，第255页。
[②] 吕予锋：《中美体育法学研究现状比较及对体育法学学科建设的探讨》，《天津体育学院学报》2006年第3期。

所说的"问题域"一旦确定了，是否就固定不变了？比如从应然角度看，现有的"问题域"主要包括七个层面。但我们应该清楚，体育法学的发展只是处在初期阶段，"问题域"所包含的问题一直处在不断变化中，某一时期我们作为研究重点的问题，过了这个时期可能就成为一般化研究了。比如学校体育伤害制度以及体育仲裁制度，一些问题可能只是昙花一现。比如一个时期，体育法学研究者对来自国际上的全球体育法非常感兴趣，相关研究较多，过了一段时间则逐渐沉寂。这些问题的出现一方面与该问题的理论深度密切关联；另一方面，也应与该问题的研究热度有关。

综合前述研究，本书认为，体育法学的"问题域"虽然具有一定的稳定性，但是，还是不断变化发展的阶段，"问题域"的稳定与变化发展与体育法学的实践密切相关。如果某一时期体育法学实践领域发生了重大变故，那么体育法学的问题就多，比如2002年前后，我国的职业足球出现问题，"假球""黑哨"盛行，体育法学学术界的事务相对来说也较多，比如召开各种学术会，撰写论文等以应对及解决实践中出现的各种问题。

第三节 《体育法》的地位

一 确立《体育法》地位的意义

1995年《体育法》颁布，体育领域真正实现了有法可依。所以，体育领域里的研究者尊崇《体育法》，希望《体育法》享有独立的部门法地位，这种心情是可以理解的。但是，考虑问题应该全面，体育是社会的一个微小领域，《体育法》能够及早出台，说明了国家对体育的重视。本书曾经举例《道路交通法》，这部法律于2004年出台，《道路交通法》事关人命，不可谓不重要，但是，它的出台仍然晚了《体育法》近10年，从这一个角度再次证明了国家对体育的重视。但是，重视并不能证明或者代表《体育法》具有独立的部门法地位。

在我国，传统部门法理论认为，调整同一类社会关系的法律规范统称为部门法。依此，很多法律规范都可以成为一个独立的部门法，诸如经济法、社会保障法、军事法，等等。但是，早在2011年，当时的人大委员会委员长吴邦国就宣布，我国一个具有中国特色社会主义的法律体系已经形成，其中宪法是主干，七个部门法是主枝，分别包括宪法相关部门、民商法部门、行政法部门、经济法部门、社会法部门、刑法部门以及程序法部门。这一宣告举世瞩目。显然，体育法部门不能与这些法律部门相提并论。本书认为，体育法部门显然是一个正在成长中的法律部门，将来会走向何处尚未确定，但是，有些学者对大致趋向进行了预测。

二 体育法地位的简要概述

这是一个历久弥新的问题。在体育法学研究之初，学者便开始探讨体育法的地位问题并形成几种观点，主要包括：属于行政法范畴、教科文法律部门的一部分、综合部门法、独立部门法。体育法研究者常常一厢情愿地认为，体育法是一个独立的法律部门，这作为一种主流观点逐渐得到了认可。而实际上，体育法远未达到这种地位。关于这方面的研究，近年来已有些进展，学者赵毅在研究意大利体育法时提到，意大利体育法偏重于民法，未来，体育法可能也要经历这样一个过程，即所谓的公法私法化过程。

上述内容可以看出，体育法应该是一个历史性概念，它随着时间的延伸在不断变化。所谓公法私法化，就是公私法共存的复合领域，指在公法领域中引入了传统的私法调整方式，使得私法关系表现出明显的公法属性[1]。探讨《体育法》地位，认为体育法是单纯的公法或者私法已经不能满足体育社会发展的需要，所以，未来体育法发展可能要经历一个混合法阶段。

三 已有的体育法地位概说

（一）独立法律部门

赞成这种观点的学者从部门法划分的理论出发，认为体育法调整的对象具有独立性；后又从价值分析入手，认为体育法具有与民法、行政

---

[1] 黄文君：《公法的私法化问题初探》，《职工法律天地》2018年第6期。

法等现有法律部门迥然有异的法律精神与基本观念，具有其自身独特的存在价值和意义；最后得出结论认为，其地位由体育法所调整的社会关系的特定性以及内在的独特价值所决定。体育法应该是与行政法、民商法、经济法、劳动法、科教文卫法、资源环境保护法、刑法、诉讼法等处于同一层次，并由宪法统领之下的独立的法律部门[①]。学者田雨在赞同传统理论的基础上突出了体育法的社会性趋向，以此来证明体育法的独立地位[②]。

（二）综合部门法

这种观点从体育法的实际出发，认为体育法只是称谓，实质上是各部门法在体育领域中的综合运用。在体育领域产生的各种需要调整的体育关系是分属于其他部门法调整的。体育组织管理关系属于行政法调整，体育活动主体在参与和开展体育活动中发生的竞争与协作的社会关系由民法调整，各类体育市场的管理和经营关系由经济法调整。在调整方法上，则包括了民法、行政法、刑法的调整方法。所以，作为综合的法律部门来说，体育法是重要的，但它不是独立的法律部门，因为它没有特定的调整对象和自己的调整方法[③]。

（三）教科文法律部门

这种观点出现也较早，一些学者认为，体育与教育、科技、卫生等事业发展迅速，已经使这些领域的法律获得了相对独立的地位。同时，一些领域的法律日渐增多，有必要将这些法律组成一个新的法律部门。2010年，具有中国特色的法律体系初步形成，包括7个部门法体系，其中并不含有科教文法律部门。因此，体育法属于科教文法律部门的观点实际上并不存在。

（四）行政法范畴

这同样是一种流行较早的说法，具有相当的代表性。有学者指出：

[①] 朱琳：《论我国体育法独立部门法地位的确立》，《贵州民族学院学报》（哲学社会科学版）2005年第4期。

[②] 田雨：《再论体育法的部门法地位》，《武汉体育学院学报》2009年第2期。

[③] 张家喜、瞿国凯：《关于体育法地位的几种学说》，《天津体育学院学报》2006年第1期。

"体育行政法目前在我国表现为以部门规章为主体的行政法律体系。在宪法之下,以体育法为纲领,与其他部门法律相交叉,辅之以国务院发布的行政法规和抽象的行政决定与命令、地方人民代表大会及其常委会发布的地方性法规、地方人民政府制定的地方规章和抽象的行政决定和命令,共同组成体育行政法的法律体系。"① 还有学者指出:"我国《体育法》作为行政法,明确国家体育行政部门对体育实施行政管理天经地义,是符合我国宪法规定的。依法行政是国家体育行政部门对政府执法行为的要求,《体育法》颁布后,体育各行政部门依据《体育法》应同样做到依法行政。"②

体育法编纂于20世纪80年代中期,时逢计划经济时代,侧重于管理,重视秩序。因此,将之归属于行政法之列自然有其道理。本书也赞成这种说法,体育法就是一种行政法部门法之下的行业法。

第四节 体育法学教育

一 体育法学教育的由来

(一) 法律教育向法学教育的发展

体育法学属于法学范畴,是介于法律科学和体育社会科学的边缘学科,属于法学理论体系中的分支学科。研究体育法学教育,先要厘清法学教育的有关问题。法学教育历史较为悠久,有研究认为,法学教育与法律教育在语境下没有太大的差别,在大多数场合下它们是通用的③。另有研究认为法学教育与一般的法律教育不同,以各种形式普及法律知识的教育是法律教育,但不是法学教育。法学教育特指以培养法律人才为目的的系统化、理论化的专门教育④。

笔者认为法律教育和法学教育区别在于先后之分,法律教育在前,法学教育在后。当国家或政权成立时,统治者为了维护自身的利益和地

---

① 王纳新:《体育行政法理念与法律体系》,《山东体育学院学报》2005年第4期。
② 杨远平:《关于修改〈体育法〉中几个问题的探讨》,《体育与科学》2006年第3期。
③ 蔺宇哲:《浅论法律教育的人文价值》,《教育艺术》2007年第8期。
④ 付子堂:《法理学初阶》,法律出版社2013年版,第72页。

位制定相应的法律或制度,首先要进行的是向被统治者宣传、普及法律知识,使被统治者了解法律、遵守法律。这个过程是普法过程,也就是法律教育。而法学教育是在法律教育进行一定程度之后的产物,普法教育是先于法学教育的,尤其是一个国家或一种政权刚刚成立时更为明显。如果法律教育是一种普法式教育的话,法学教育则是系统化、理论化地培养法律人才来从事与法律有关的工作。通俗来讲,法律教育是面向全社会人群的普法式教育;法学教育是培养处理社会中法律问题专业人才的精英式教育。法学教育是由法律教育发展而来的,现阶段是法律教育与法学教育并存的现状。

(二)体育法律教育向体育法学教育的发展

体育法学教育和法学教育一样,也经历了从体育法律教育到体育法学教育的历程。我国第一篇体育法学论文于1984年公开发表,标志着我国体育法学研究的开始。原国家体委早在1984年和1988年就先后两次对新中国成立以来的体育法规进行了全面清理,编辑出版了《现行体育法规汇编》。20世纪90年代,原国家体委组织了一系列体育法规知识讲座。1995年《体育法》颁布前后,兴起了宣传、介绍体育法的高潮[1]。

2005年、2015年《体育法》颁布实施10周年、20周年之际,国家体育总局都进行了声势浩大的宣传纪念活动。而这些体育法规的知识讲座和宣传纪念活动,它们的侧重点在于对体育法律的宣传,主要目的是让当时的人们了解和掌握体育法律知识。应该是一种普法式教育,也就是体育法律教育。

只有法律教育进行一定程度之后,法学教育才会产生。体育法学教育也是在体育法律教育发展一定程度之后的背景下才产生的。我国第一部体育法学教材于1994年面世,标志着我国体育法学学科的初步形成。1987年北京体育大学本科体育管理学专业开设体育法学必修课,1999年天津体育学院开始正式在硕士研究生专业中设立体育法学专业,2002年上海体育学院开始招收体育法学博士研究生,标志着体育法学教育向更

---

[1] 中国社会科学院语言研究所词典编辑室:《现代汉语词典》,商务印书馆2005年版,第13页。

深层次发展。由此，我国开始了体育法学教育，也形成了体育法律教育与体育法学教育并立的局面。

二 体育法学教育的价值

（一）体育法学教育在竞技体育中的价值

竞技体育追求的是运动成绩的最大化，有些运动员、教练员为了取得更好的运动成绩，不免采用一些违规，甚至违法的手段。例如：2018年8月11日，某省女排队员在赛后兴奋剂检测中被查出外源性促红素呈阳性，被处以禁赛四年的处罚，并负担20例兴奋剂检测费用。运动员主要是靠吃"青春饭"，禁赛四年，其运动生涯基本宣告结束。通过此次事件分析，运动员自身缺少对相关规则、条例、法律的敬畏，敢以身试法，法律意识欠缺。运动成绩固然重要，但是如果触碰法律的底线，肯定是会付出相应的代价的。此次事件也给我国运动员敲响警钟，时刻提醒运动员不能触碰法律的底线。

体育法学在竞技体育中起到警示的作用，警示运动员、教练员、裁判员等按照相应的规章、制度等行使自己的权利，履行自己的义务。不仅如此，体育法还能保障运动员的权益。由于许多运动员法律意识缺乏，在发生法律问题时，他们往往不知所措，从而导致自己的权益受到侵害。对于教练员、裁判员来说也是如此，当竞技体育领域发生法律纠纷时，要学会拿起法律武器保护自己的合法权益。所以，体育法学教育在竞技体育中具有举足轻重的价值。

（二）体育法学教育在群众体育中的价值

2020年我国将全面建成小康社会，代表着人们的生活达到了宽裕、殷实的水平，人们对健康、养生的需求也越来越高，体育运动随之也越来越受人民群众的喜爱。清晨和傍晚的广场、公园都能看到跳广场舞、打太极拳、健步走等健身活动的群众在其乐无穷地运动着。但是，在人民群众享受体育运动带来的快乐时，一些问题也在困扰着这些喜欢体育运动的人们，群众体育参与者与参与者之间、参与者与社区居民之间由于场地、活动时间等因素存在着矛盾与冲突。比如广场舞大爷大妈们和打篮球的年轻人因为场地使用的原因大打出手；广场舞音乐影响着社区居民的休息；体育场地管理不善致人伤残等一些社会现状屡屡出现。这些现象的出现一部分是由于道德层面的缺失，另一部分是由于法律意识的欠缺。

在群众体育中普及推广体育法，一方面可以规范人们参与体育运动的规范性，让人们按照相关规定合理、合法地参与体育运动；另一方面，可以提高人民的法律意识，在日常体育活动中遇到相应的法律问题时，可以利用法律来保护自身的合法权益。这种普及可以通过各省、市、县（区）的社会体育指导员培训工作来完成，在培训中增加体育法的相关知识，由各级社会体育指导员把体育法学知识普及广大人民群众中去，进而提高人民群众在日常体育锻炼中的道德品质，增强人民群众在日常体育锻炼中的法律意识。

（三）体育法学教育在学校体育中的价值

2020年起不少省份将中考成绩提升至700分，其中体育成绩与语文、数学、英语等学科各占100分。由此可见，体育在教育事业中越来越受到国家的重视。体育受到国家重视的同时，对我们体育教育工作者也提出更高的要求，其中我们最不能忽视的就是校园体育意外伤害事故。这是体育教育界经常谈到的话题，在体育课上也经常出现意外事故，常见的校园体育意外伤害事故有因为体育比赛造成的、因为学生之间打闹造成的、因为体育器材使用不当造成的、因为体育老师不负责任等造成的，等等。出现校园体育伤害事故后，学生家长在学校哭闹的情况也时有发生。如何预防学校体育意外伤害事故，发生学校体育意外伤害事故时该怎么处理，这些问题值得我们体育教育工作者深思。

体育运动本身就带有一定的风险，我们不可能以不让学生参加体育锻炼的方式来避免校园体育意外伤害事故，那么就要求学校体育工作者加强体育法学的学习，提高自身的法律意识，认真负责地上好每一节体育课。不仅如此，学校体育工作者还要向学生普及一些体育法的常识，让学生在体育活动中具有一定的安全意识，尽最大努力避免校园体育意外伤害事故的出现。即使发生了校园体育意外伤害事故，也要利用法律的手段来维护自己的利益。

（四）体育法学教育在体育产业中的价值

2022年北京—张家口冬奥会将至，这一国际体育盛会为我国冰雪体育产业带来了史无前例的机遇与挑战。以河北省为例，作为2022年冬奥会赛场的太舞滑雪小镇、万龙度假天堂、密苑云顶乐园等，是我国国内大规模雪场。近年来，围绕建设"世界冰雪体育运动胜地、世界冰雪旅游目的地、世界冰雪装备制造聚集区、世界冰雪人才培养基地、世界冰雪论坛会展高地"的目标，河北省加大冰雪装备企业招商引资力度，重点推进张家口和廊坊冰雪装备制造、雄安冰雪技术研发、石家庄冰雪综合服务四大冰雪基地的建设。目前，张家口市已有21家冰雪企业注册落地，总投资87.8亿元。

借2020年北京—张家口冬奥会的东风，河北省搭上了冰雪产业飞速发展的"列车"，体育产业规模在不断地发展、壮大。冰雪运动带动体育经济迅速发展的同时，也带来一些相应的问题与纠纷。所以，利用法律手段来解决这些问题与纠纷在体育产业向前发展的过程中显得尤为重要。市场平稳发展需要法律来规范，在整个体育产业市场中，人们都做到遵纪守法，按照法律规定、行业规则等行使自己的权利、履行自己的义务，出现纠纷与问题时及时利用法律手段来维护自己的权益，那么我国体育产业将会取得更大的成就。我国体育产业不断发展壮大的同时，一些与体育产业有关的法律问题也相应出现，这样一来对体育法学人才的需求也会越来越大，所以体育法学界是否可以培养出更多的体育法学专业人才，也成为促进我国体育产业发展的重要一环。

三　我国体育法学教育的类型

（一）体育院校的体育法学教育

1987年北京体育大学体育管理学专业开设体育法学必修课，是我国体育院校最早的体育法学本科教育，1999年天津体育学院最早开始培养体育法学研究生，2002年上海体育学院最早开始招收博士研究生，但是，近几年由于体育法学高层次人才的短缺，体育法学教育的情况也有所不同。

以我国14所体育院校为例，目前只有成都体育学院在2015年取消了体育法学课程，其余院校都开设了有关体育法学的课程。我国还有一部分综合类大学的体育学院开展了体育法学教育，具有代表性的是南京师范大学体育学院，授课对象包括本科生、硕士生、博士生，该校目前是我国唯一可以培养体育法学方向全科类学生的大学。

有研究认为我国体育院校的体育法学教育是为了培养学生的法律观念，使学生掌握基本的体育法律知识，能够运用法律知识分析日常生活中的案例，并解决一些体育法律问题。还有研究认为体育法学教育是培养高素质、通晓体育法律基本知识，并能运用体育法律知识来思考、探索、处理体育相关法律问题的专业人才。

综上所述，笔者认为我国体育院校的体育法学教育应分为：通识教育和精英教育两种类型。通识教育侧重点为本科阶段的学生，旨在培养学生的体育法律意识、体育法律理念，使学生遵守体育法律、体育规则，促进学生体育公共安全意识，培养高尚体育道德精神，通识教育更倾向于素质教育。精英教育是对研究生阶段的学生进行的体育法学教育，在培养学生体育法律意识、体育法律理念的基础上，旨在培养出一批高素质、通晓体育法律知识、运用体育法律知识处理相关体育问题的体育法学人才。

（二）法律院校的体育法学教育

法律是一种行为规范，具有普遍性、平等性，追求公平正义；体育崇尚规则，倡导对人的尊重，同样追求公平正义，二者的理念和精神天然契合[1]。在法学院校中开设体育法学课程符合当今法律服务市场的需要，也契合学生的需求[2]。由于我国体育院校的体育法学教育多以普法教育、通识教育为主，培养解决体育法律问题专业人才的重任就落在了法律院校的肩上。我国法律院校研究体育法学有着自身的先天优势，法律院校法学研究资源雄厚，是开展体育法学教育的重要基础和保障。目前我国研究体育法学的法律院校代表有清华大学法学院、武汉大学法学院、湘潭大学法学院、中国政法大学、苏州大学王健法学院等院校。这些高校

---

[1] 董小龙、郭春玲：《体育法学》（第二版），法律出版社2013年版，第1页。
[2] 周青山：《法学院系开设体育法学课程探讨》，《当代教育理论与实践》2012年第9期。

重点发展研究生阶段的体育法学教育，目前基本上已经形成比较稳定的体育法学研究队伍。法律院校的师资力量是体育院校无法媲美的。现阶段我国已有部分法律院校的博士生、硕士生涉足体育法学领域，对体育法学开展学习与研究，他们有丰厚的法律知识，并且对体育有着浓厚的兴趣，这就为法律院校研究体育法学打下了重要的基础保障。

随着社会经济的不断发展，体育行业快速发展的同时也面临着许多问题与矛盾，如何运用法律知识解决这些问题和矛盾是当今体育法学人的首要任务。而在当今社会，体育法学专业人才十分匮乏，这就要求法学院校发挥自身优势，重视体育法学的社会作用，培养体育法律人才。法律人才主要包括：应用型法律人才和学术型法律人才，应用型法律人才主要是指律师、法官、检察官等人员，学术型法律人才主要是指法学教师、立法者、法学研究者等[①]。法律院校也应发挥自身先天优势，根据社会的不同需要，培养不同类型的体育法学人才。一类是主攻学术研究的体育法学人才，另一类是解决体育行业法律问题，主攻"实践"的应用型体育法学人才。简言之，法学院校的体育法学教育是"精英式"的体育法学教育，主要的任务是为社会培养不同类型的体育法学人才。

第五节　体育法学教育中的教材问题

一　现行教材存在问题

由于对体育法学教育的教学规律没有一个全面而深刻的认识，很多情况下法学界多是在模仿、复制一般法学教材，一般法学教材存在的问题或多或少在体育法学教材上也有体现，如缺乏适应性、系统性、实践性、时效性，特别是缺乏创新性。尽管目前部分新发行的体育法学教材已经开始注意提出问题的重要性，通行做法是在章节末尾提出问题，但仍不能激发学生去探究并建构自己的认识。这种引发学生思考的提问方式，与促进学生思考和探究的当代教学论思想还有一定差距。另外，现有体育法学教材的典型结构是"总论""体育法律关系""分论"。从概

---

① 付子堂：《法理学初阶》，法律出版社 2013 年版，第 73 页。

念出发的演绎推理在教科书里最为常见，绝大多数教材都采用了有关概念的定义、广义说、狭义说和构成要素，并为概念设定一个唯一正确的定义，对案例分析的部分则几乎忽略（早期出版的书籍则没有案例），使体育法学教育成为真理的传授，学生只能被动接受和死记硬背，极大压制了学生的怀疑和批判精神。

从理论上讲，教材是一种典范，也是一种通说。因此，体育法学教材体系安排是否科学合理，其评价标准不在于它有多少个人的精辟见解，而是能够综合已被认可为优秀成果的体育法律知识与法律经验，形成一个具有共通性、普遍性的理论体系。就体育法学本身而言，最大的问题则在于体育法学理论体系还不够成熟、完善。2005年，周爱光教授申报的"体育法学的基础理论研究"成为国家社科立项课题就很能说明问题。另外，适用教材少、缺乏配套教学参考书也是不容忽视的问题。

1. 扉页标注问题

如前所述，笔者判定体育法学教材的依据包括两点：一是教材能否促进学生思考和探究，二是否能综合已有的优秀成果，形成一个系统性的理论体系。有些教材直接就标注了某某教材，比如闫旭峰主编的《体育法学与法理基础》的内页标注为"高等学校体育专业普修教材"；刘举科、陈华荣主编的《体育法学》（第二版）的封面标注为"全国普通高等学校体育专业选修课程系列教材"；王建中主编的《体育法学》的标注为"21世纪体育系列规划教材"；而董小龙、郭春玲主编的《体育法学》（第三版）则被列为普通高等教育"十一五"国家级规划教材。这些标注的不断变迁表明体育法学正在成为一个"显"学科，并逐渐引起人们的关注。但是也由此提出了一个问题：体育法学到底是选修课还是必修课？有研究通过对体育院系开设体育法学课程进行调研并给出了结果：两种情况兼有。现实的情况凸显了一个"乱"字。全国开设体育法学课程的体育院系本身就不多，而开设现状又存在选修与必修混杂的情况，仅从标注来确定选用哪一种教材更适合教学显得有些轻率。

2. 教材内容不定

从第一本教材面世到近期出版的教材，在体育法学发展有限的时间内，教材内容发生了很大的变化。这说明教材内容的选择具有较大的随意性，难以确保现在的教材内容就是固定、成熟的。教材内容因编著者的关注重心而不断变迁，后期的著者如果都想标新立异，只能导致体育法学问题难以确定，不易产出理想教材。

3. 作者混编问题

有一些教材存在体育法两派学者混编的情况，在高校选用时容易导致"夹生"问题。编写教材与合作写文章不同，文章短小，两派学者的差异不易分辨，教材则不然。因此，本书主张，由"清一色"的体育法学研究中的体育学派编写适合于体育院系的教材，才真正将体育法学课程做成体育领域的"思想政治课程"。

二 现行教材存在问题的原因分析

在"依法治体"方针的指引下，体育法制工作受到重视，取得了重要进展，为体育法学教材编写提供了大量鲜活的素材。但是，短时间内取得的这些成绩也表明体育法制建设动荡幅度之大，而法学教材出版周期又相对较长，所以，往往新教材刚出版，内容已经过时。另外，相较而言，体育法制建设仍然相对滞后，一些重要领域的体育立法还有待完善；有法不依、执法不严的现象还在一定范围内存在，在个别领域、某些阶段还比较突出，这些问题对体育法学教材内容体系完善造成了一定影响。

1. 编者水平影响

编写教材的教师的素质高低决定着教材的水平。目前法律文本修订、废止频繁，致使教材内容处于经常变动中，因此，有必要增强教材内容上的系统思辨性，而这就要求需要高水平的编写者。目前体育法学教材的编写者既有体育界学者，又有法律界学者，通观这些教材发现，体育界学者编写的教材存在着体育法理论薄弱的问题，而法律界学者又存在着对体育行业不熟悉的问题，特别是在一些混合编著中这两个问题得到了集中体现。

2. 教材研究影响

体育法学教材编写首先需要大量的研究工作，包括对教学对象的研究，对教学规律的研究，对学科内容结构的研究，对其他影响教材编写和出版因素的研究，等等。由于教材从形式到内容的广泛性、复杂性，在欧美等国有关教材的专业性研究逐渐增多。目前我国教材研究存在着三类缺失：首先是理论上的缺失，直到现在为止，缺乏详尽而公认的教材理论；其次是经验上的缺失，对教师和学生在课堂上和课外应用教材的情况知之甚少；最后是方法上的缺失，在教材的研究领域，仍未能设计出一套可信的探究方法和工具，也未能发展出一套必要的分类方法[①]。具体到体育法学教材研究，几乎是一个空白，仍待考虑的问题可能就更多。

三　加强体育法学教材建设的进一步考量

（一）体育教材创新问题

前面内容论述的一个焦点就是要创新体育法学教材。在教材结构上，我国体育法学教材几乎没有大的变化。旧的体系经过多年的实践，在逻辑上自成一体，增加新的内容和范畴相当困难，这是以往教材多次修改却无法容纳新知识的重要原因[②]。虽然小的改革尝试总在进行，如以董小龙、郭春玲主编的《体育法学》为例，第二版比第一版增加了一编"国际体育制度"，尽管还存在一些瑕疵，但无疑具有了国际眼光，令人眼界一开，而且这个篇章的一些内容即使在国外教材中也不多见。谭小勇等著的《体育法学概论》首次在结构上增加了体育与相关法律的章节，增强了与国外教材的对接。

在教材内容上，更鼓励创新。教材知识是一种通说，还应该具有学术性，不能简单成为一种法规法条的注释。对于学界的一些新观点、新领域应当予以关注。对此，笔者有一定体会：在英国访学期间，体育法学课的任课教师曾就当今较新的一些问题做过说明，比如随着全球体育治理的发展而新近出现的"lex sportive"问题。

教材结构与内容相互制约，一个变动，另一个随之也要发生变化，对此要合理安排，避免以往出现的内容重复等问题。

---

① 王纳新：《体育行政法理念与法律体系》，《山东体育学院学报》2005年第4期。
② 闫长静：《高等法学教育中的教材建设若干问题研究》，《新课程研究》2008年第9期。

（二）做好配套教材建设

体育法学是一门应用性很强的学科，课堂教学更应体现出灵活性、针对性和实用性，因此，对体育法学教材提出了新要求。一门课的教材绝非一本书那么简单，它应该是一个体系，在做好基本教材的基础上，应该广泛涉猎多个领域，编写各种辅助材料。相信很多教授体育法学的老师手中都有一本韩勇的《体育与法律——体育纠纷案例评析》。作为一本教学辅助材料，它给予了教师和学生生动、直接的说明，特别对于体育院系的学生而言。针对体育法学教学，美国很早就建立了每年体育法案例汇总制度，从2004年前后一直到现在都有总结性文章发表，而结集成册、公开发表的体育法案例有很多本，无论是对研究还是教学都大有裨益。当今，信息媒体技术日新月异，应该加强与文字教材配套的声像、音像教材建设，进一步开发多媒体软件技术，比如教学程序软件包，使体育法学教学更加丰富多彩。

思考题

（1）如何理解体育法学的研究对象？
（2）未来体育法学的"问题域"是否会随着时间的变化而变化？
（3）如何理解体育法学教育？
（4）如何正确认识体育法学教材？

第 二 章

体育法学研究方法

第一节 体育法学研究方法的一般概述

一 体育法学研究方法的论述

关于方法论问题，一直以来在体育学术界以及体育法学学术界并未引起重视，虽然有过探讨，但总认为是其他学科的事情。特别是在认可法学是体育法学的母学科后，体育学术界以及体育法学学术界便将之完全交给了法学界。表现在体育法学教材中就是寥寥数笔完成这一重要命题，具体而言，第一本体育法学教材虽然有此标题，但是并未具体分出层次，而是简单的泛泛论述，篇幅很短，甚至不足一页，随后的教材基本上延续了第一本教材的写作模式，特别是后期出版的教材中有的甚至删除了这一章节（比如周爱光的《体育法学导论》）。应该说，方法论研究是学科体系的重要内容之一，30多年的体育法学发展过程中，许多研究抛开了法教义学的研究方法，大量的论文呈现出多元化的研究方法，值得我们深入探讨。另外，相关研究方法的论文极少，从题目观之，仅有孙国友的《体育法学研究方法之研究》和赵毅的《晚近的体育法教材写作与体育法方法论变革》。前者比较直接地探讨了体育法学研究中的思辨和实证方法，特别倡导了实证研究方法[1]；后者则较隐晦地分析了社科法学和法教义学，指出未来体育法教学应该突出法教义学[2]。

---

[1] 孙国友：《体育法学研究方法之研究》，《四川体育科学》2012年第6期。
[2] 赵毅：《晚近的体育法教材写作与体育法方法论变革——兼评刘举科、陈华荣主编〈体育法学〉》，《体育成人教育学刊》2015年第6期。

有学者认为，不同的法律理论往往与其采用的不同方法密切相关，一种法律理论对另一种法律理论的批评也往往是以法学研究方法的评判为先导的[①]。这段引言同时说明了方法论的巨大作用。这种作用没有在体育法学里得到体现，充分表明了体育法学的稚嫩，即一些体育法理论并没有完全形成。众所周知，传统法学有三大研究方法：实证的、价值的以及社会的。实践证明，每种研究范式的转换基本上都是从论述和评判研究方法开始的。方法论理论发展到现在，基本形成了一些共识，应当适用于体育法学。比如方法是构筑主客体之间的桥梁；法学方法论分为三个层次，第一是哲学层次，第二是一般研究方法，其中包括逻辑思维或者系统论等方法，具有一定的普遍意义，适用于多种学科，第三是具体研究方法，主要适用于某一学科或者某一领域，如法学方法论。在第三个层次上，我们可能会出现认知误区，想当然地认定一些具体操作的方法：如资料搜集、问卷调查等。

二 体育法学研究方法的历史变迁

（一）体育法学研究方法的具体变迁

前文所言，体育法学诞生于20世纪80年代中期，比照中国法学发展，落后了几十年。中国法学将方法论研究归划为三个历史时段：苏联模式化的法学方法论、"温和"的西方法学方法论以及本土化或"激进"的法学方法论[②]。经过认真对比发现，体育法学的研究方法基本符合法学的历史三阶段，只不过在个别细微处体现出自己的特点。

首先第一阶段，苏联模式化的法学方法论阶段，我国从新中国成立之初就完全抛弃了国民党的法学系统，进入了苏联的法学系统，后来，"文化大革命"时期到来，法学消失殆尽。进入80年代，法学又重新恢复，继续承接了苏联的模式，当时，对法学方法论的理解主要包括两个方面：一是哲学层面上的法学方法论，主要指马克思主义哲学；二是具体的法律学科的法学方法论，主要突出了阶级分析方法和历史分析方

---

① 李其瑞：《法学研究与方法论》，山东人民出版社2005年版，第1页。
② 秦勇：《关于法学方法论在中国的几点思考》，《黑龙江教育学院学报》2002年第6期。

法。这个特点具体体现在 20 个世纪 90 年代初出版的第一本体育法学教材——《体育法学》（姜仁屏、刘菊昌主编）。比如该书认为：狭义上的体育法仅指国家立法机关制定的体育法律，是统治阶级德意志在体育领域内的体现①。

不过，到 2005 年前后，这种阶级分析的研究方法很快被摒弃。这种方法论虽然在当时具有一定的积极意义，但是，在不断开放的时代，仍然成了中国体育法学发展的障碍。因为，它是对马克思主义方法论的僵化运用，特别是夸大了阶级分析方法而忽略了其他方法，强烈排斥非马克思主义的一切积极方法论，使可能的借鉴成为不可能。具体到体育法学领域，由于受影响时间较短，所以并不对此做过多的阐述。

至于第二个阶段，"温和"的西方法学方法论，主要借鉴西方较为先进的法律研究成果，特别在价值法学领域主要借鉴了西方自然法学派的道德理念和理性思辨等主要研究方法；在事实法学领域主要采用了西方分析法学派与社会法学派的实证主义理念。应该说，这种"温和"的西方法学方法论给中国体育法学带来了巨大的知识增量，这主要得益于一些法学学者，利用外语优势翻译了大量国外资料。应该说，这一阶段持续的时间较长，直到现在仍影响着中国体育法学研究，只不过由过去的主要内容变为了枝节。与苏联的模式相比，毫无疑问"温和"的西方法学方法论要进步许多。但是，这种"温和"也正是问题所在，这些方法固然比中国的一些方法要先进，但是它仍然属于西方的传统理论，进一步说，这种借鉴与学习从本质上讲仍然是保守的；虽然这种模式对苏联模式进行了一定的调整，然而，这种调整是微不足道的，本质上并没有大的变化。

第三个阶段，本土化为主的法学方法论。"温和"的西方法学方法论给中国体育法学者带来了巨大的启迪与灵感，在借鉴学习的同时，我们对体育法学有了更深刻的了解，特别是明了了体育产业对体育法学的巨大影响。在借鉴了这些思想、知识之后，我们开始思考：什么是中国对体育法学的贡献？体育法学的特殊性到底在哪里？开始关注我们应该立

---

① 姜仁屏、刘菊昌：《体育法学》，黑龙江人民出版社 1994 年版，第 3 页。

足中国自身进行知识创新。

（二）体育法学研究方法变迁的特点评述

本土化为主的法学方法论有三个明显的特点：第一，强调本土化为主的法学方法论。这些学者注重搜集本国的体育法学素材，以中国问题为研究重点。第二，在学习和借鉴西方法学方法论上，与"温和"的西方法学方法论不同，他们认为，应该打破学科界限，跨学科地汲取知识。特别倡导以问题为中心或者以研究对象为中心。第三，不在哲学层面上探讨法学方法论问题，对待这个问题保持"缄默"。其实这在本质上是与苏联模式的对抗，直接表现为否认阶级分析方法。

当前，对于体育法学方法论问题，我们的做法比较教条、机械，比如先分为阶级分析法、实证分析法和价值分析法，后再将实证分析法分为历史考察、社会调查、比较以及逻辑分析和语义分析等方法。如此划分未免有些僵化，随着世界体育一体化的发展，其中包含的体育法律问题越来越复杂，学科之间的联系变得更加普遍和广泛，所以，简单罗列研究方法已经不能完全应对。

三　体育法学研究方法的含义与意义

（一）体育法学研究方法的含义

体育法学历经30多年，已经到了深入思考方法论的时刻。德国著名法学家卡尔·拉伦茨先生说过，法学之所以成为科学，在于其能发展及应用其固有之方法。科学发展史也告诉我们，一门学科如果没有完整的方法论，不仅标志着其不成熟，而且也阻碍了它的顺利发展[1]。

关于体育法学研究方法，很多学者给予过总结，几乎很少进行分层论证。例如有学者笼统地将体育法学研究方法分为四类，包括价值分析法、社会调查法、历史考察法、数学法[2]。有学者将体育法学研究方法分为思辨和实地两大类[3]。实质上，如果进行详细的划分，有利于对体育法

---

[1] 孙蕾：《论环境法学研究方法论之逻辑构成》，《求索》2013年第7期。
[2] 杨阳、闻书宁：《关于体育法学研究方法的一些思考》，《法制博览》2010年第6期。
[3] 孙国友：《体育法学研究方法之研究》，《四川体育科学》2012年第6期。

学的进一步了解。

"方法"一词,源于希腊文"沿着"和"道路",意思是沿着正确的道路前进。从一般意义上界定,方法就是人们为了解决某种问题而采取的特定行为方式。

法学界认为,中国法学研究方法应当立足国情,目的在于解决中国的实际问题,在接受西方成熟法学理论的基础上,结合中国的国家政策及行业特点,对法学研究进行专业化分工,法学研究方法不单纯是研究法学,而更应当侧重结合关联学科的研究[①]。具体到体育法学研究方法,研究、认识和揭示体育法律规范、现象、本质及其发展变化规律,并使其科学,明确理论形式的规则、方法、手段和程序[②]。体育法学方法必然依赖于体育法学研究活动,并且通过体育法学研究活动不断得到丰富和完善。一方面法学研究为法学研究方法提供不断创新的动力,另一方面体育法学研究方法为法学研究的进一步深入提供必要的、正确的指导方法。

(二)体育法学研究方法的意义

"研究一种科学,固然应当有一定的目的,但也不可没有一定的方法,没有一定的目的,那就是无的放矢,当然一事无成;便是有了目的,而研究不得其法,毕竟也难成功。"[③] 由此,体育研究方法的意义可见一斑。具体而言,就是引导体育法学者按照一定的思维,遵循一定的研究程序以及运用相应的研究方法去认知研究对象,了解研究对象,从而全面提高认识、理解体育法学的正确性。

体育法学研究方法是一种通俗的说法,但是我们是否区分了体育法学研究方法论与体育法学研究方法呢?也许有人认为,它们没有区别,实际上,二者是有差异的。方法与方法论是两个层次的东西,方法论层次要高,方法学则是方法体系中最低层次的、个别性的具体方法。另外,法律方法与法学方法是否存在区别,关于这个问题也是有质疑的,存在

---

① 李云海:《中国法学研究方法浅析》,《经济研究导刊》2011年第31期。
② 闫旭峰:《体育法学与法理基础》,北京体育大学出版社2007年版,第62页。
③ 孙晓楼:《法律教育》,中国政法大学出版社1997年版,第39页。

分歧。有的认为没有区别，有的认为有区别。由此，可以放大到体育法学研究方法，体育法学研究方法也应该存在这些问题。对于上述问题的探讨应该属于本体论探讨，除开这些，才是体育法学研究方法一般的做法。

综上所述，体育法学研究方法的意义比一般学科的研究更加丰富、有意义。

第二节　体育法学的基本方法

一般研究在探讨体育法学研究方法时不分层次列举了几种方法，比如包括价值研究法、社会调查法、历史考察法、数学方法等①，当然，一些教科书也是这种分类方式。然而，本书认为，体育法学研究方法是一个庞大的体系，可进行分层。一般而言，分为三个层次：哲学方法、一般方法、具体方法。

一　哲学层次——关于坚持整体主义立场与个人主义立场结合的具体举要

哲学层次是最高的层次。哲学方法源于一般方法和具体方法，由一般方法和具体方法抽象而来。具体方法和一般方法中蕴含着哲学方法的基因和内容，它们是蕴含与被蕴含、指导与被指导的关系。以反映人类思维和外部世界的普遍规律为基础，适用于人类活动的各个领域的一种思维方法②。一般情况下，研究者往往忽视这种研究方法，常常觉得虚无缥缈。实际上，哲学方法与我们密不可分，只是常常体会得不是很深刻。

关于方法论，体育法学界有学者做过探讨，比如孙国友的两篇文献专门探讨了研究方法和方法论问题。其中一篇文献比较宏观地探讨了两种研究模式，一种是思辨模式；另一种是实证模式。作者认为，思辨模式

---

① 孙晓楼：《法律教育》，中国政法大学出版社1997年版，第39页。
② 唐素林：《应用法学方法探讨》，《北京政法职业学院学报》2016年第2期。

是运用较多的模式，是目前一种主流的研究取向和模式，随后，全文展开对这两种方法的分析，认为思辨研究虽有优势但是存在着巨大的不足，应该多采取实证研究的方法[①]。另一篇文献作者也是孙国友，在这篇文献中作者较为详尽地探讨了体育法学方法论的内涵、价值和特征。具体而言，借鉴法学方法论概念，体育法学方法论就是体育法学研究者在某种哲学世界观的指导下，所运用的特定的体育法学理论原则、法律逻辑手段和体育法学研究方法的总和。内在特征包括实践性特征、主体性特征、整合性特征以及理想性特征。一方面，价值取向体现在研究立场上，也就是体育法学研究者应代表谁的利益这一问题上，体育法学研究者应广泛地反映和代表全体体育利益相关者的利益；另一方面，还体现为人为性和主体性，即体育法学研究并非"随心所欲"[②]。

上述研究主要借鉴了母学科——法学的一般理论知识，较清楚地说明了体育法学方法论问题。但是，缺乏一种个性的创造，正所谓体育法学的研究套用了成熟的法学中的理论和知识。为此，本书主张引进整体主义和个体主义相结合的研究方法。所谓整体主义方法论，就是以集体为研究的基本点，通过群体行动的分析来说明该学科的基本立场和基本内容的方法体系[③]。集体主义方法论强调研究问题时以一定的群体或者组织为立足点，着重考虑超于个人利益的整体利益，并且集体行为包容个人行为，个人行为应该以集体行为为导向[④]。个人主义方法论易于理解，强调个人行为，任何事情均以个人行为为出发点。本来，这是两个不同的分析立场，或者说，这是两个相对立的分析立场。但是，两者并非不能往来，一方面，运用整体主义能够在宏观上对体育现象进行总体的描述与把握。另一方面，运用个体主义方法论，可以从微观入手，对个人行为进行细致分析，形成从个体到整体的研究方法。运用整体主义方法论还体现在：首先，体育法律是整体意志的体现，体育立法过程中存在

---

① 孙蕾：《论环境法学研究方法论之逻辑构成》，《求索》2013年第7期。
② 唐素林：《应用法学方法探讨》，《北京政法职业学院学报》2016年第2期。
③ 汪凤炎、郑红：《语义分析法：研究中国文化心理学的一种重要方法》，《南京师大学报》（社会科学版）2010年第4期。
④ 杨阳、闻书宁：《关于体育法学研究方法的一些思考》，《法制博览》2016年第6期。

着各种各样的利益集团，他们相互争论与妥协，达成最后的共识，这样体育法律才能颁布实施。

其次，明确整体主义方法论的实践者，体育立法、体育行政以及司法是主要的法律组织，各司其职，分工协作是国家完成体育管理的基础。被托付以任何这些部门之一的权力的人不应被容许侵犯托付给其他的权力，每个人应由设立它的法律限于行使与其部门相当的权力而不是其他权力①。

最后，体育还体现了以社会利益为价值导向。中国历来有这样的传统：在一些项目中为了击败外国选手争夺冠军，我们往往会安排最有实力的选手，因此，在比赛过程中常常出现内部让赛的现象。这样做虽然有违公平竞争的体育精神，但是，更体现了整体利益和社会利益。

至于个人主义研究模式，认为社会生活的基本单元是个体行动，解释社会制度和社会变化就是表明它们是如何作为个体行动以及个体间互动的结果而出现的②。它假定行动者是理性的，即寻求最有效的方式达到期望效用最大化③。目前，我国已经进入市场经济，体育产业发展方兴未艾，参与体育的人都在追求自身的体育权利，人与人之间的互动逐步扩展到体育领域的方方面面，只有在个体的互动中才能体现出制度的有效性。个人主义方法论成为一种大家的追求。

体育法学采用整体主义和个人主义相结合的方法论，能够全面了解和洞察体育，两种研究方法相结合能够使我们从不同的层面、不同的视角去观察体育，多一些解决问题的思路。

二　一般方法

这个层次包括很多研究方法，比如前文谈到的价值研究方法、历史考察方法等，具体而言还有实证分析方法。具体又包括逻辑实证法、经济分析法、历史考察法、社会实证法、价值研究方法、比较方

---

① 赵国栋、王忠敏：《论环境法律的整体主义方法论》，《改革与开放》2009 年第 3 期。
② ［奥］凯尔森：《法与国家的一般理论》，中国大百科全书出版社 1996 年版，第 299 页。
③ 雷鑫洪：《方法论演进视野下的中国法律实证研究》，《法学研究》2017 年第 4 期。

法等。

　　所谓实证分析方法，是法学常用的一种方法，它一般解答"是什么"的问题，得到的结论常常需要运用经验事实来验证和说明。体育法学是一门应用法学，是事实、价值、实际运作过程的统一，因此，实证分析方法是体育法学的一个重要研究方法。价值分析方法与前述研究趋同，是指根据一定的价值标准，通过对特定社会现象的价值属性进行价值认知和价值评价，解释、揭示、批判或确证一定社会价值或理想的方法①。法律价值正是法律追求的目的，通过价值研究，使我们更能够加深对法律的认识。

　　关于实证研究，目前尚未形成统一的认识。有学者根据文章中实证元素的比例差异，划分出三种研究类型：第一种是运用多种理论及方法论的原创型实证研究；第二种是系统分析使用已知数据的实证研究；第三种是仅仅援引数据作为证据支撑的研究②。本书在第三种意义上使用，主要对体育类刊物上的体育法学论文进行实证分析。近年来，这类论文出现了8篇，时间可以追溯到2013年。这些文献涉及了核心作者、研究热点、论文的被引频次、研究领域、研究机构、发表文章的总体变化，等等，甚至有一些研究更加深入，探讨了法学学科的一些引证情况，比如，法理学、国际法学、诉讼法学三个学科的引证数排在前列，而民商法学、知识产权法学、行政法学、刑法学相对较少③。更有一些研究从国际体育法学视角探讨了我国体育法学的发展，认为体育法已经获得了国际法的承认，但是，其研究处于初始阶段，论文的数量和质量有待进一步提高④。特别是一些研究给出了当前研究的重点地区，如北京、上海、广州及武汉等。实践证明，体育法学实证研究论文数量的不断增长，在相当程度上得益于体育法学研究总体规模的发展。体育法学发展到现在，由过去的数量可控发展到现在的数量不可控，所谓可控，即在体育

---

① ［奥］凯尔森：《法与国家的一般理论》，中国大百科全书出版社1996年版，第299页。
② 雷鑫洪：《方法论演进视野下的中国法律实证研究》，《法学研究》2017年第4期。
③ 潘德勇：《实证法学方法论研究》，中国政法大学出版社2015年版，第15页。
④ 胡旭晟：《20世纪前期中国之民商事习惯调查及其意义》，《湘潭大学学报》（哲学社会科学版）1999年第2期。

法学发展的 30 余年里，体育法学界的一些前辈学者每年有一个大概的统计，而且，每次会议后，比如环渤海体育法学会议后都有学者对这次会议进行详尽的总结与回顾。但是，现在随着前辈学者的退休以及逐渐淡出体育法学界，体育法学的论文难以有一个确切的统计了，此为不可控。

上述论文虽然统计的视角各有不同，但是，大概能向人们展示体育法学发展的一个脉络，使我们能够较为清楚地了解体育法学的发展。

比较方法：这是一种较为常见的研究方法，对于相类似的事物往往通过相互比较来认识的一种方法，在法学研究中较为常见，比如对中外体育法的对比研究。有学者认为，法学诞生之初，该方法就伴其左右，一直到现在，这个说法一点也不为过。我们处在一个信息化时代，对国外情况知之甚少，对我们国家就不能有一个正确的认识，不能对我们国家的法学发展有一个正确的评价。具体来说，比较法还可以进一步划分为横向比较和纵向比较。

社会实证法：该方法作为社会学中一种常用方法，同样也适用于法学中，比如体育法实施状况的调查，人们对体育法的认知情况等。法律源于社会，只有正确了解社会所需，才能制定出真正的法律。

三 具体方法

包括个案分析法、语义分析法以及法律论证方法等。

个案分析法：这种研究方法又常常叫作案例研究方法，研究者常常对一个案例或者同一类现象的若干个案进行追踪剖析，进行深入、仔细的研究分析。当然，简单而言，就是把实践中突出的个别问题或一类问题进行分析等。这类研究在体育领域非常常见，比如体育界发生的一个事件，或者一类事件，单个个案如关联俱乐部问题，关联事件如一些假球事件等，这些都是一些研究者常常关注、进行个案研究的问题。通过一个或者一类事件来反映整个体育领域的全貌。

语义分析法：运用语义区分量表来研究事物的意义的一种方法[1]。这

---

[1] 王启梁：《从书斋的冥想中出走》，《贵州民族学院学报》2007 年第 3 期。

种方法充分运用了语言的交流功能，通过语言的操作来划定权利和义务，推行和宣告国家意志。语义分析法运用在法律的各个环节，包括立法、守法、法律监督和司法过程，在这个过程中正确地运用和解释法律用语，就直接与自身利益和体育秩序联系起来。

法律论证方法：对某一法律命题、法律判断或法律主张的证成或证立，也就是对某一法律命题、法律判断或法律主张给出法律之理由的活动①。这是体育法学研究中经常使用的一种方法，很多研究属于这一范畴。

第三节 一种西方的研究方法：倡导联盟框架简介
——以我国体育政策为例

一 倡导联盟框架理论（ACF）概述

倡导联盟框架理论在西方国家尤其是英国很流行、很普遍。这个理论主要用于政策的分析，当然也适用于体育政策的分析，目前，国内尚未引起重视，一般而言，英国的体育人文博士学位论文涉及政策、法规的内容都有此章节，由此成为一种模式。本书认为，该理论同样适用于体育法学，在此对中国体育政策做一简要分析。

倡导联盟框架（又称作"支持联盟框架"）理论由美国学者萨巴蒂尔和简金斯·史密斯在总结前人关于政策过程相关理论的基础上提出来的，这个理论在不断分析社会政策变迁的机理方面取得了巨大成功。所谓倡导联盟是指具有某种共同信念体系的政策行动者群体或者政策共同体②。理解倡导联盟框架理论的一个关键点是：整合倡导联盟的力量不是利益而是成员共有的信念。这个信念共同体包括三个等级层次，体现的是从抽象到具体、由内向外的次序。分别是内核信念体系、政策核心信念体系和次要方面体系（也有的研究称作深层核心信仰、

---

① 费孝通：《再谈怎样进行社会学调查》，群言出版社1999年版，第467页。
② 杨洋：《倡导联盟框架及其在科技政策变迁分析中的应用》，《科技进步与对策》2013年第1期。

政策核心信仰和表层信仰)①；还有的研究仅做了深层体系与表层体系之区分②。内核信念体系达及哲学层面，关涉到个人的世界观、价值观，反映的是公理信念，最难以改变。政策核心信仰体系表现为政策领域或子系统中联盟的行为规范和因果认知，体现了子系统内实现核心价值的基本立场，所以，调整起来也非易事。次要方面体系也可称作工具性信仰，较容易改变，具体可以表现为对行政规则解释和法律修改等方面的决定等。

一般而言，该理论将十年或更长一个时间段的政策过程看作一个整体。在一个政策子系统内存在1—4个倡导联盟，依照政策核心信仰的不同分别结成不同的联盟（或者说正是政策核心信仰将联盟成员黏合在一起），各个倡导联盟就是设法把自己的内核信仰变成公共政策，而公共政策反映了在子系统内占主导地位的倡导联盟的信仰系统。政策的变迁是各个倡导联盟互相博弈的结果。当然，这也可以看作政策变迁的发生机制。博弈的途径主要体现在以下四个方面：一是政策学习，多发生在次要方面体系，倡导联盟之间相互学习取长补短，即使同一个联盟内的成员在这个方面也可能存在差异。二是政策子系统外部事件的影响。一个政策子系统内的各倡导联盟力量有强有弱，有主有次，如果弱势联盟能够抓住机会，也可能导致向己方有利的政策变迁。三是政策子系统内部事件的影响。如果优势联盟在执行政策过程中出现重大失误，会给其他联盟以巨大鼓舞，借此发布对自己有利的政策观点，从而实现政策变迁。四是联盟间的相互磋商。一些情况下各个倡导联盟会对现有政策都不满意，就此通过谈判，政策向各方都能接受的方向发展。从政策变迁的发生机制看，主要政策变化来自子系统外的外部事件，政策变动不大的情况源自政策取向学习。

---

① 曾美勤：《我国高等教育评估政策变迁研究——基于支持联盟框架的分析》，《江苏高教》2013年第3期。

② 朱家德、李自茂：《我国高等教育收费制度60年的变迁逻辑——基于支持联盟框架的分析》，《高教改革与发展》2010年第6期。

二 利用倡导联盟框架理论对我国体育政策变迁的分析

（一）我国体育政策变迁中的政策子系统构成

政策子系统是参与处理一个政策问题的一组政策参与者[①]，正是由于政策参与者众多，才有可能形成信仰各异的倡导联盟。我国体育政策的参与者除了传统意义上的铁三角——立法机关、行政部门以及利益集团，还包括媒体、政策研究者和分析者；如果考虑到议题网络理论，社会公众也应该算入其中，比如说，《全民健身条例》出台之前，便在网上征集了大量社会公众的建议（见表2-1）。当然，这只是近期出现的一种形式。

表2-1　　　　　　　　我国体育政策子系统构成

政策网络类型	体育政策子系统
政策社群	中共中央、立法机关、国务院、体育总局、利益集团
专业网络	政策研究者、分析者
府际网络	地方各级体育主管部门
议题网络	媒体、社会公众

（二）我国体育政策子系统中的倡导联盟框架划分

我国体育政策子系统中的倡导联盟大致可以划分为两个，政绩体育联盟和民生体育联盟。从理论上讲，它们都属于比较成熟的联盟，符合其四要素特征[②]。从内核信仰来看，两个联盟基本趋同，都是为了我国体育事业的发展，充分展现体育功能与作用，服务于社会。但是，从政策核心信仰看，存在巨大差异。政绩体育联盟体现的是"锦标主义"的核心理念，依照这个核心理念，突出了竞技体育的竞赛成绩与结果。体育成为少数精英的活动，在各种竞赛中多拿金牌成为唯一的追求。祛除"东亚病夫"的阴影、为国争光和振奋民族精神以及更高、更快、更强的

[①] ［美］Paul A. Sabatier：《政策变迁与学习：一种倡议联盟途径》，邓征译，北京大学出版社2011年版，第24页。

[②] 王春城：《倡导联盟框架：解析与应用》，博士学位论文，吉林大学，2010年，第56页。

奥林匹克精神成为该信念体系的有力支撑。为了保障比赛胜利，大量的人、财、物集中于此。该联盟成员包括前国家体委、地方体育官员、竞技体育政策研究者、运动员、媒体以及一部分社会公众。我们常常看到奥运会、全运会后体育官员升降、沉浮的报道，特别是全运会成绩成为考核一些地方体育官员政绩的风向标。需要进一步关注的是，政绩体育联盟自始至终就存在，但是，不同时期表现方式不一。比如依照1958年的《体育运动十年规划》，在一些主要运动项目上，争取10年甚至更短的时间内赶上和超过世界水平。具体指标包括：10年内4000万人达到劳卫制，800万人达到等级运动员标准，出现5000个运动健将，等等[①]。由上及下，一些地方省份制定的目标更加离谱。

民生体育联盟的核心理念是"以人为本"。依照这个核心理念，突出的是大众体育，关注的是所有普通民众的身心健康。早在1952年，毛泽东主席就题写了"发展体育运动，增强人民体质"。2008年伴随着北京奥运会的巨大成功，我国提出了建设体育强国的目标。人们欢庆之余开始认真反思：一方面，是竞技体育取得的胜利；另一方面，却是国民体质，尤其是代表国家未来的青少年体质的连年持续下滑。而增加体育人口，全面提高普通民众的身心健康是我国从体育大国迈向体育强国进程中不可或缺的重要内容。基于这些经验与事实，该信念体系倡导回归本质化的体育，不断提升民众的健康水平，保障体育权利。该联盟成员包括国家体育总局、各级地方体育局、各级体育官员、利益集团、群众体育政策研究者、媒体和社会公众等。

从工具性信仰层面看，突出了效率与公平的矛盾，政绩体育联盟主要考虑了效率，而民生体育联盟首先想到的是公平，人人都有平等地从事体育的权利。当前，体育资源的总量是基本确定的，此消彼长，两个联盟在各自信念的支撑下肯定会进一步争夺这些资源，如何平衡成为关键。倡导联盟理论认为，行动者患失甚于患得，所以，在他们的记忆中失败总是多于胜利，由此容易导致"魔鬼转换"（进一步阐释，行动者将认为对手更加不可信、更加邪恶与强大——相较于实际情况）。从体育政

---

① 傅砚农：《中国体育通史》（第五卷），人民体育出版社2008年版，第160页。

策子系统看，两个倡导联盟间应该不会存在这种"魔鬼转换"。

（三）我国体育政策变迁的逻辑分析

1. 体育政策子系统中倡导联盟间的互动

新中国成立以来，体育的方针政策一直围绕着竞技体育、群众体育展开。从历时态角度看，不同的时期两者的关系呈现出不同的特点。相关研究对此进行了总结，从提高普及论—相互对立论—协调关系论—互补关系论[①]。由此，充分体现了体育政策子系统内两个倡导联盟之间的互动与博弈。一般而言，这种互动与博弈主要通过政策经纪人以斡旋调节的方式进行以及通过两个联盟内部和之间的政策学习实现的（下文专门探讨）。政策经纪人的作用主要是通过寻求一些妥协来避免或者减少来自各联盟间的冲突，以避免政策陷入僵局。政策经纪人的人员常常是政府官员（有时政府官员还是联盟倡导者，但是，为了减少冲突，他们还必须身兼政策经纪人的角色）。从上述关系特点看出：提高普及论、协调关系论、互补关系论都体现了体育官员作为政策经纪人解决联盟间冲突所起到的斡旋调节作用。以提高普及论为例，新中国成立伊始，最早形成的是"使体育运动普及和经常化"的体育方针，民生体育联盟占据主导地位。1956年以后，随着体育事业的不断发展，参与国际比赛，提高运动技术水平的要求被提上议事日程。但是，当时有很多人将竞技体育与群众体育对立起来，认为提高运动技术水平是为少数人服务，不符合我国新建立的社会主义国情。直到1959年，周总理在政府工作报告中明确了"普及与提高相结合"的新体育方针。这期间政策经纪人所做的说服、宣传、解释等工作可想而知。

长时间以来，我国体育政策子系统处于一种较为稳定的状态，其中政绩体育联盟接近于霸权式的政策社群。而各种论调的出现又表明体育政策子系统在不时变动中，由此充分说明了系统内的竞争性。

2. 影响体育子系统政策变迁的外部因素——相对稳定的系统参数

相对稳定的系统参数包括问题领域的基本特质、体育资源基本分布、

[①] 谈群林、黄炜：《建国以来我国竞技体育与群众体育关系研究述评》，《首都体育学院学报》2009年第5期。

社会文化价值和认同以及基本法律框架结构。一般而言，这些参数客观上决定了联盟行动者所受到的约束以及能够利用的各种资源情况。一个时期以来，在体育政策子系统中政绩体育联盟占据主导地位，民生体育联盟居于次要地位。两者关系难以摆正，因一些相对稳定的系统参数成为阻力因素。比如对于竞技体育和群众体育的本质认识，改革开放以后形成的"效率优先，兼顾公平"的指导思想，竞技体育正好成为这种指导思想的一种替代表达，锦标主义发挥到极致。举国体制下，优先发展竞技体育，大量资源流向竞技体育，从1984年奥运会拿到第一块金牌到北京奥运会全面丰收，给社会公众深深打上了这就是体育的烙印。竞技体育见效快、群众体育劳民伤财、短时间难以看到成效的观念早已在社会各阶层生根。制度具有长效性，虽然我国体育法律体系已经初步形成，但是，作为行业基本法的体育法酝酿起草于20世纪80年代，这个时期正好是竞技体育优先发展期。仅从条款数量看，原本56条的体育法（后由于包裹立法，删去两条，现为54条）关于竞技体育的内容达到12条，远远多于社会体育的7条。因此在2005年前后，很多研究者纷纷呼吁修改体育法，建议突出体育权利的保障问题，然而，时至今日，体育法修改也还停留在研究层面。另外，一个有力的补充是，还有一些研究认为，竞技体育的法律制度远远多于群众体育；人们更偏重于竞技体育法制建设。上述凡此种种，观念、意识和认识上的偏好使得体育政策在变迁过程中形成了一种"路径依赖"。

3. 影响体育子系统政策变迁的外部变化——活跃的外部事件

外部事件包括社会大环境，比如政治经济条件、公共舆论、主导联盟系统以及其他子系统的变化等。这些因素往往会在短时间内发生变化，因此成为子系统内政策变迁的重要先决条件。

体育是上层建筑的一部分，极易受社会经济环境的影响。它既可以通过破坏现行政策的因果假定来实现，也可以通过改变各个倡导联盟的政治支持度来实现[①]。比如经济领域率先施行发展方式转变，与此相对

---

① 林思桐：《从体育图书的出版状况看新中国体育发展的轨迹》，《体育文史》1989年第6期。

应的社会大系统应该随动而行，体育是社会大系统的子系统，我国经济快速发展带来的是人们生活水平的不断提高，对体育越发迫切的需求，现有的体育发展方式难以应对这种急剧变化，所以，应该尽快转变体育发展方式以回应这种大趋势。转变体育发展方式就是追求体育发展收益和效率的最大化。依此，未来体育发展加大对民生体育联盟的支持力度势在必行。对于社会经济环境变化的影响，以下几个大的时间节点值得关注：改革开放；1992 年邓小平南主谈话；1995 年《体育法》颁布实施；2008 年北京奥运会取得巨大成功，进而提出建设体育强国的目标。

体育政策子系统内占主导地位的联盟变更会影响政策变迁的速度。近些年，伴随着《中共中央、国务院关于加强青少年体育增强青少年体质的意见》（2007）、《全民健身条例》（2009）以及《全民健身计划（2011—2015 年)》等重要政策的颁发与执行，反证了政绩体育联盟与民生体育联盟的地位正在发生快速的更迭。当然，这其中自然少不了公共舆论的作用，比如对一块奥运金牌价值几亿元人民币的探讨，青少年体质连续多年持续下滑的反思，等等。这些公共舆论引起了社会对民生体育的极大关注和对体育本质的进一步理解。如果回溯过去，公共舆论对于确立联盟地位，影响政策变迁的作用更是突出，有研究分析认为：为了满足运动竞赛的需要，1959 年前，田径、体操、球类、水上运动等 6 类体育图书的出版种类多于同一时期其他各类图书[①]。

实际上，来自其他政策子系统的影响始终是一个最活跃的因素。比如民政部的《"社区老年福利服务星光计划"实施方案》就是一个典型例子。该计划明确提出要以广大老年人的福利服务需求为依据，既要设置和开展好满足老年人需求的室内服务项目，又要特别注意设置好深受老年人和社区群众普遍欢迎的室外活动场所和设施[②]。尽管实施过程中出现了诸多问题，但是，不能否认它对体育政策子系统的巨大影响。

[①] 和文雄：《"星光计划"体育政策实施过程中"梗阻"现象分析与对策研究》，《成都体育学院学报》2013 年第 4 期。

[②] 陈琳：《关于政策学习的理论探索》，《学习月刊》2010 年第 12 期。

4. 政策取向学习：影响我国体育政策变迁的主要路径

萨巴蒂尔认为，政策取向学习是政策变迁的主要因素。它是政策子系统内的各成员为实现其核心政策观念而进行的一种不断探索与调适的过程。政策取向学习可以分为内生性学习和外生性学习。内生性学习体现的是积极主动；外生性学习体现的是消极被动。按照相关学者研究，积极主动学习主要发生在联盟内部；联盟间学习则具有更强的消极被动性。

表 2-2　　　　　　　　　　内生性学习与外生性学习

	内生性学习	外生性学习
对应学习类型	吸取教训式	社会学习
谁在学习	小的、技术上专门性的政策网络	大的、公共参与的政策社群
学习目标	政策背景	问题的感知与目标的修改
学习内容	细微的修改、常规性变革	根本性改变、范式性变革
引起政策变迁性质	渐进主义、路径依赖	不必是全部但是显著性突破

从我国体育政策变迁过程中的论争及其内容看，在某一个倡导联盟内部、联盟之间都存在着政策取向的学习活动，而且内生性学习和外生性学习都存在。具体而言，协调关系论、互补关系论都应该属于内生性学习，发生在政绩体育联盟内。我国竞技体育发展多遵循的是"金字塔"型理论，广而厚的塔基——体育后备人才是重要保障，一个时期以来，政绩体育联盟成员常常感叹塔基越来越脆弱，很多常规项目的体育后备人才处于匮乏状态。为此，政绩体育联盟内部进行了大量调研活动，发现应该与群众体育相结合，积极吸纳群众体育的合理因素，寻求更广泛的人才支持和支撑，后来政策调整成"以青少年为重点的全民健身战略和以奥运会为最高目标的相互结合"。这种政策变迁是渐进主义的，没有改变政策的根本基础，各联盟地位并没有发生实质性改变。由此推测，积极主动的内生性学习的目的之一是保住联盟在政策子系统中的地位。两个联盟间发生外生性学习的情况也曾出现，一次发生在新中国成立初期，"提高普及"体育方针的提出，这是一次根本性的改变，此后政绩体

育联盟占据主导地位几十年。另一次是北京奥运会后提出的建设体育强国目标，民生体育联盟将主宰未来我国体育发展。相互对立论实际上体现的是一种政策僵局，也发生在两个联盟间。该理论认为，体育与竞技应各按其自身的规律发展。而计划体制下提高运动水平和普及群众体育、增强人民体质是一对不可调和的矛盾，实践中只能重一方面而轻另一方面[①]。显然，政策僵局是双方不可接受的状态，两个联盟通过相互学习、相互妥协（这里也有政策经纪人的作用），最终相互对立论被取代。相互对立论主要发生在20世纪70年代，持续了十余年，这个政策僵局的消融意味着重启竞技体育和群众体育关系之门，为民生体育联盟重新占据主导地位打下了坚实基础。

依照倡导联盟框架理论，政策取向学习多发生在次要方面体系，作为一种实质性学习，讨论的是政策问题的严重性、政策问题的原因以及替代性解决方案给政策目标带来的可能影响等[②]。这方面论述是对外生性学习的进一步阐释，尽管外生性学习导致的是突破性的变化。但是，联盟的政策核心信仰未有大变动，主要变化在表层信仰。对于体育子系统政策而言，近一个时期内，若再突出竞技体育优先发展政策，真正的体育强国目标将难以实现，这体现了政策问题的严重性。替代性解决方案就是加强社会体育或群众体育的制度设计和建设，比如关于这方面的研究得到了空前重视，2014年国家社科基金项目课题指南中就新增了"全民健身的政策法规研究"条目。

三 对倡导联盟理论适用的一些思考

（一）信念与利益

倡导联盟框架理论基本能够解释我国体育政策变迁问题，但是，一些具体情况值得我们重视。以往研究体育政策多关注利益，无论是民生体育联盟还是政绩体育联盟都与相关部门的利益争夺、体育资源如何配

[①] 梁建峰：《政策学习与政策范式视角下的农村社会保障建设》，硕士学位论文，陕西师范大学，2008年，第9页。

[②] [美] 保罗·A. 萨巴蒂尔编：《政策过程理论》，彭宗超等译，生活·读书·新知三联书店2004年版，第161页。

置有关。政策行动者的动因到底是政策信念还是政策利益？组织形式到底是倡导政策联盟还是利益团体？这些值得我们进一步思考。

（二）联盟成员构成

依照联盟框架理论，政策行动者的范围是非常广泛的，这些主体在政策子系统对政策有不同的影响，但是，很显然，在体育政策子系统中最为活跃的不是所谓的"铁三角"，而是行政官员和专家学者。许多利益相关者——比如庞大的运动员队伍虽然成为社会大众所诟病的主要矛头，但是并未表现出公开的、强烈的、组织化的反驳行为。如此，使得体育政策子系统行动的结构化方式要简单得多，这与该理论描述有一定出入。

（三）内部震荡问题

依照联盟框架理论，内部事件同样会影响政策变迁。本书针对我国实际情况对该理论做了一些修正。政策子系统内部事件的影响可能会进一步加速或强化优势联盟的政策。最明显的例子就是兵败1988年汉城奥运会。1986年原国家体委下发《关于体育体制改革的决定（草案）》，其中含有实施"奥运战略"的具体措施，1988年我国在汉城奥运会上仅取得5枚金牌，国人上下痛心疾首。为此，原体委主任李梦华提出了"进一步加强奥运战略"的八点意见。1993年原国家体委制定和实施《奥运争光计划》。由此，进一步强化了竞技体育优先发展的政策。

思考题

（1）西方的研究方法（ACF）是否能完全应用于中国的体育法学领域？

（2）体育法学是否有属于自己的较为独特的研究方法？

（3）如何看待体育法学研究方法的体系化？

第二篇

体育规则论

第 三 章

体育规则的本质

第一节　体育规则理论阐释

一　关于体育规则起源概说

体育起源理论一直是体育史学界一个重要的议题。长时间以来，关于体育的起源有着若干学说。学者刘德佩有过总结，体育起源生产劳动说、体育起源于教育说、体育起源于战争说、体育起源于宗教祭祀说、体育起源于生理舒展说以及体育起源于疗疾说①。各种体育起源皆有其道理，本书并不关心体育的起源，但是，体育起源与体育规则起源所经历的年代大体相同，虽然体育规则在原始社会时期以及封建社会时期都存在，但是，可能并不固定。张彩珍的研究认为，在旧石器时代的中期随着复杂劳动的增多以及人类语言思维能力的提高，身体锻炼活动逐渐从劳动中分离出来，不再是本能的而成为一种有意识的活动。在新时器时代（5万到10万年以前）人类模糊的意识更加自觉并出现了舞蹈和竞技性体育活动②。

到了封建社会，各种运动项目的规则在历史沿革的基础上以固定形式保存下来，比如中国古代的蹴鞠，当时就有关于蹴鞠的各种游戏，既然是游戏，就应该有规则，并且这些规则已经成形。19世纪末期，现代体育出现在英国，同时，现代奥运会诞生，许多体育项目规则开始在世

---

① 刘德佩：《关于体育起源与发展的社会学思考》，《西安体育学院学报》1998年第4期。
② ［英］Benny Josef Peiser：《关于中国古代体育起源的两个问题》，李辉编译，《山东体育学院学报》1998年第2期。

界范围内传播,人们对体育项目规则开始变得熟知。表 3-1 是一些常见运动项目出现的时间。

表 3-1　　　　　　　　常见运动项目和出现时间一览

项目	出现的时间
篮球	1891
排球	1895
手球	1917
橄榄球	1839
乒乓球	1890
羽毛球	1860
网球	1873
棒球	1839
垒球	1860 年代
花样游泳	1920

谈到体育规则,我们耳熟能详,没有规矩不成方圆,体育更要讲规则,某种意义上说,体育就是规则。

二　体育规则理论阐述

(一)　游戏与体育规则理论

谈到游戏,国内外大批的学者都对其有过研究,国外一些学者专门写专著探讨游戏,如荷兰学者写的《人—游戏者》、伽达默尔写的《真理与方法》、心理学家斯蒂芬森的《传播的游戏论》等。其中伽达默尔从哲学和美学角度对游戏进行了论述。本书认为,游戏与体育最为相像,很多游戏规则与体育规则更是有着一定的相似度。故本书首先用游戏理论来探讨体育规则。

对于游戏,哲学上认为可以从存在论、本体论意义上进行探讨;伽达默尔阐述的实际上是三个游戏理论,即"自为论""融合论""复合论",对于规则的论述,伽达默尔认为,游戏在现象学层面上呈现为一种来回重复的运动;但由于游戏总有一定的规则,因此它又能包含一定的理性精神于自身；人们通过这种无目的、非功利的运动最终又能够达到一定的功利目的，这就是游戏者的自我表现①。另外，我们熟知的博弈论，它的本质就是游戏理论。博弈论的重要内容就是冲突、合作与竞争规则。姜世波教授在一次与谢晖教授的访谈中谈到了游戏与体育规则②，访谈中的一些观点应该说与本书更加切题。第一，学者谢晖先将游戏按照关系进行了分类，一共分为三类：（1）天人关系；（2）群己关系；（3）身心关系。他认为群己关系最为重要，体育领域用得较多，由这个关系引出的是权利、义务规则，突出了交往的相互性。进而，他认为体育关系主要凸显的是群己关系，从这个意义上讲，这些关系体现出的规则对于我国的体育法治具有一定的启发意义。

（二）马克思"规则观"与体育规则理解

马克思的"规则观"应该体现的是实践，主要体现在"变""用""态""性"等具体的文字上。先说"变"，马克思"规则观"涉及的"变"源于人的感性认识的实践方式以及生产方式等的变迁。当然，这一点也可以适用于体育规则。以乒乓球规则的变迁为例，乒乓球是我国的国球，近些年来，规则变迁较大，无论是团体比赛规则的变迁，还是球拍、比赛用球、发球规则以及场地器材等使攻守趋于平衡、提高裁判员判罚的客观性、吸引观众以及适应市场化，最为关键的是推动了乒乓球在世界范围内的普及与发展③。可以说，没有一个项目像乒乓球一样，在最近二三十年里规则变化这么大，明显地体现了马克思"规则观"中"变"字的意味。其二是"用"字，体现的是规则的作用，源于社会关系的必然性，源于人的实践能力的有限性以及资源的有限性等④，同样，这也适用于体育规则。马克思始终强调规则具有两面性，一方面规则具有保障、支持作用；另一方面，规则也有可能是一个陷阱。体育规则又何尝不是呢？体育规则是体育活动、比赛乃至组织开展

---

① 蒋孔阳、朱立元：《西方美学通史》（第七卷），上海文艺出版社1999年版，第235页。
② 姜世波：《游戏规则与法律治理》，《体育与科学》2017年第1期。
③ 房巍、冯狄、张守忠：《乒乓球规则演变及其发展研究》，《吉林体育学院学报》2010年第5期。
④ 陈忠：《规则论》，人民出版社2008年版，第143页。

工作的保障，比如每次比赛前，都要组织裁判学习竞赛规则，就是为了更好地保障比赛正常进行。另外，还要防止掉进规则的陷阱，这一点体育规则体现得最明显。比如拳击比赛或者举重比赛为什么赛前要称体重？制定这样的体育规则很重要，因为绝大多数规则隐藏着不公平的因子，某种规则下的胜者可能是另一种规则的失败者，体育最讲公平，制定这样的规则就是为了防止规则的陷阱。第三字是"态"，主要谈及规则的形态或者类型。从空间维度看，体育规则包括体育习惯、习俗、体育道德以及体育法律等；从时间维度看，体育规则包括前现代体育规则、现代体育规则以及后现代体育规则，前文所述，在探讨体育规则起源时体育规则的变迁就较好地说明了这一点。最后，"性"主要谈及的是规则的根本属性以及主要特点，体育规则作为一般规则的一种或者一类，具有与规则一样的基本特点，即规则在本质上是一个存在论问题，而非价值论问题[①]。当然，在空间和时间的统一过程中存在着多种形态的体育规则。体育规则类型是空间与时间的辩证统一、历史和逻辑的辩证统一。

马克思"规则观"除了这几个字，其他还包括"源"以及"是"，限于篇幅，也由于本书认为"用""变""态""性"与体育规则最为关联，所以，重点论述了这四个字。

（三）哈耶克"社会秩序规则观"与体育规则

1. 哈耶克"社会秩序规则观"理解

哈耶克是西方自由主义学者，奥地利经济学派的代表人物，在其看来，社会秩序得以扩展的基础是历史文化传统自发创造的，否则就会陷入理性设计的深渊。哈耶克指出，社会秩序的型构不能仅靠社会秩序规则或个人目的行为实现，实为其在即时环境下遵循不定向的行为规则的结果，也就是哈耶克阐释自发秩序形成的根源。哈耶克社会秩序分类学为哈耶克自由主义社会理论的构建奠定了基础，在他的论域下秩序与规则的划分也是同根同源：内部规则对应内部秩序，也称自生自发秩序，外部规则对应外部秩序。哈耶克认为，自生自发秩序

---

① 陈忠：《规则论》，人民出版社2008年版，第152页。

所遵循的内部规则"可以被认为是一种只想不确定的任何人的'一劳永逸'的命令"①，在这里，内部规则具有否定性、目的独立性和抽象性的特征。笔者个人理解，由于个人行为受规则支配，个人善用这些规则去实现某种特定目的，且这些个人的目的在很大程度上是那些确立这些规则或有权修正这些规则的人所不知道的，满足上述要求的行为规则才得以型构一种秩序，而这种秩序就是哈耶克所发现的"自生自发秩序"，是可以自发扩展并可持续发展的社会秩序。

哈耶克的整个理论体系，一言以蔽之，就是人类的有限理性使得人类无法真正按照理性主义原则建构社会秩序，其推崇的自发—扩展秩序通过内部规则衍生出市场这一机理，其效率高于任何政府调控行为。但是，深入研究市场行为不难发现：市场是一个公共领域，其间人的行为是交互的，在这个机制下，一个人的行为易产生影响，有时可能会造成伤害，使市场存在诸多失范行为，进而哈耶克转向法治，一种适合的法律规则既可保存市场竞争，又尽可能保证其发挥有利的作用，创设出自由且可持续的社会秩序。这种适合的法律规则具备一般性规则的特征，也是该理论的重要组成部分——内部规则，决定着自发秩序的路向演绎。

经由上述对哈耶克理论脉络的把握，应用其框架去探讨体育领域中的规则、秩序，能够揭示体育规则的内在发展机理。体育的竞争可以归结为人的本体需要，也是体育规则具有自然法特征的根源，解释体育规则的自然生成是塑造公平竞争游戏法则的关键，探寻体育规则的影响因素是理解体育规则特征的前提，因此，要想找到体育规则的核心价值，就要从规则论者的角度出发，对体育社会的规则化秩序不懈追问。

2. "社会秩序规则观"下体育规则理解

说到体育规则，我们最容易想到的是运动项目的规则，是微观层面的研究，体育规则包含运动竞赛规则但不局限于此，属中观层面的探讨。哈耶克认为，我们所处的社会包含着一个重叠的规则结构，他将规则分为三个层级：一是遗传规则，属于顽固的规则层级；二是习得的行为规则；三是经由人之理性设计出的规则，居于规则结构层次的最高层，包

---

① 贾文彤：《体育的规则之治》，《体育学刊》2007年第1期。

括法律、规章制度。体育规则主要属于第二个层面。体育规则较为普及，其制定不像法律结构那么严格，但也必须经由一定程序并非任意而为。如国际乒联规则改革的过程，需经严格的审议程序，在某方面类似法律的制定。要理解体育规则的内涵，可以从体验、知识和行动这三个层面入手。"尊重"和"遵守"体育规则即让人体验体育规则的"敬"与"畏"，是体育规则的自发状态。与之直接相对应的是行动层面，就是体育参与者对体育规则的自觉运用的自为状态。在知识层面上，体育规则关乎体育的正常运行、体育社会结构的形成等问题。体育规则的形态则主要表现为体育习俗、体育道德以及体育制度等。

三 体育规则理论解释的思考

目前应该尚未有成形的体育规则理论，体育规则源于规则，规则有自己的一些解释理论。前文有过述说，诸如马克思关于规则的论述，哈贝马斯的规则交往理论以及芬博格的选择规则理论等。上述三个理论与体育规则更为贴近，也就是说，这几个理论能够更好地解释体育规则。相比较而言，这三个理论与体育规则的亲疏关系可以如此排列，先是游戏理论，游戏与体育有着密切联系，特别是竞技体育，体育社会学的教材中提到，竞技体育的演化是从玩耍、游戏逐步变迁过来的，其中规则性是游戏的特点之一[①]。某种意义上说，用游戏解释体育规则是一种"本色"解释。第二是哈耶克理论，哈耶克内部规则理论解释体育规则是非常恰当的，笔者前期曾经撰文，运用哈耶克内外部规则理论来阐释体育规则治理，应该说解释得比较合理。第三是马克思实践规则论，也许这个理论用来解释体育规则有些勉强，所以，本书在使用该理论时并没有将其全部内容拿来解释体育规则，只是选择了部分内容，如果能够解释得通畅，也算是本书的一个创新吧。

当然，上述三种理论主要偏重竞技体育一些，本书一直强调，目前，体育的四分法解释是主流观点，其中如何看待和解释体育产业规则、学校体育规则以及大众体育规则值得进一步探讨，似乎，马克思规则理论

---

① 卢元镇：《体育社会学》（第四版），高等教育出版社2018年版，第250页。

解释的功能更强大一些，这种理论更注重宏观。

第二节 体育规则的基本内涵

一 关于体育规则内涵理解

借用前期研究成果，将规则系统两分为"内部规则"和"外部规则"。其中法律规则与政策性规则属于外部规则，体育行业规则属于内部规则[①]。本书的重点是内部规则，内部规则又俗称"行规"。规则一般分为社会规则和技术规则，我们常常将体育规则归入技术规则范畴，所谓技术规则，就是从人与自然的关系方面调整人类行为的具有相对普适性和稳定性的指示系统[②]。本书认为，体育规则既包括社会规则，又包括技术规则，某种意义上甚至偏向于社会规则，比如体育协会的章程包含许多会员与会员之间的关系，个人会员与个人会员的关系、个人会员与集体会员的关系，等等。

规则到底是什么？有研究认为，规定是供大家共同遵守的制度或章程。具体而言，是人为规定的，规范人类行为的伦理道德、规章制度、法律条例、标准规范的总和[③]。它包含多层含义，在研究过程中，形成了大量的规则理论，如前文所说的马克思的关于规则的实践观理论、哈耶克的秩序规则观理论、游戏论。另外，哈贝马斯的交往规则观理论、诺思的知识规则观以及芬伯格等的可选择规则观等也会给我们以有益的启示。

对于体育规则，我们可以做两个向度的考察，一个是内涵向度；另一个是形态向度。所谓内涵向度，就是对体育规则进行逻辑形态的研究，具体而言，可以将内涵向度分为三个层次：体验、知识和行动。作为体验层次，就是让人体验体育规则的"畏"和"敬"，体验层面则是体育规则的自发状态；作为知识层面，就是关于体育正常运行、体育社会结构

[①] 贾文彤：《体育的规则之治》，《体育学刊》2007年第1期。
[②] 徐梦秋等：《规范通论》，商务印书馆2011年版，第529页。
[③] 华新等：《规律规则原理》，科学出版社2010年版，第2页。

等问题的形成以及与他人的共享；关于行动层面，就是体育运行的动态稳定与平衡有序，也就是体育参与者对体育运行方式的自觉遵守，对于体育规则的自觉运用，这是一种自为状态。所谓体育规则的形态向度，也就是对体育规则的外在表现、历史形态的具体确认，在这个向度上，体育主要表现为体育习俗、体育道德以及体育制度等。

另外，我们还应该注意体育规则观与体育规则论的联系与区别。其中，体育规则观主要论述了体育规则的作用、分类、变迁；所谓体育规则论，就是从存在论角度揭示体育规则与社会的具体关联，揭示社会与体育规则、体育参与人与体育规则的本体性互动关系，揭示体育规则的多样化历史形态[1]。

最后，体育规则论是体育秩序的基础性理论，没有坚实的体育规则理论就没有体育秩序论。众多研究探讨过规则的起源问题，比如哈耶克认为，规则变迁是一个自然的文化进化过程[2]。从体育规则观到体育规则论经过了一个过程，这一过渡阶段就是秩序论。

二 体育规则逻辑结构

关于规则的结构，有一些研究进行过探讨，比如哈耶克认为，我们存在的社会是一个重叠的规则结构，为此将规则分为三个层级，第一个层级是遗传规则，属于顽固的规则层级；第二个层级是习得的行为规则；第三个是设计的规则，属于最高层，主要包括法律、规章制度。以此作为依据，体育规则应该主要是第二层级。体育规则的结构不像法律，有着严格结构，诸如法律规范＝假定＋处理＋制裁，很难具体勾勒出体育规则的结构。体育规则较为普及，但是，它的制定也需要经过一定的程序，并非随意而为。特别是一些协会章程制定时经过了严格程序，在某些方面类似于法律。考虑到规则中都包含因果律[3]。进而，有关技术规则的研究认为，技术规则由三要素组成，即以人的主体目的性为前提，以客

---

[1] 陈忠：《规则论》，人民出版社 2008 年版，第 197 页。
[2] 陈忠：《规则论》，人民出版社 2008 年版，第 202 页。
[3] 潘天群：《论技术规则》，《科学技术与辩证法》1995 年第 4 期。

体对象的本体属性为基础,以主体的价值判断和目标定位为标尺。三个要素缺一不可,要素之一缺失或者不作为将会导致技术规则的失效①。

其实,上述研究所谈论的结构问题,实质上研究的是逻辑结构问题,所谓逻辑结构就是研究各要素之间的逻辑联系方式。因循这个思路,本书认为,体育规则结构就是体育规则的各要素间的逻辑联系以及必然关系,主要包括体育规则的内部构成,而不包括外在于体育规则的其他要素。借鉴前述研究,将体育规则的结构界定为4个要素:主体、行为、条件与结果。具体解释为:主体是体育规则的发出者和后果的承担者,这是体育规则的第一要素。其次是行为,包括违规行为和合规行为,主要表现为在一定的体育领域内合理利用权利(权力)行为以及滥用权利(权力)行为。第三是条件,广义上指影响体育事物发展的各种因素,诸如上文的因果律,不包括体育规则适用的条件,因为它处于体育规则之外。具体而言,条件包括主体条件和行为条件,主体条件包括资格和某种身份,限定主体主要在于体育规则对体育行为的评价总是对特定体育主体的评价。行为条件包括时空条件和行为与后果、行为对象,等等。与法律有些类似,结果包括肯定性后果和否定性后果。合规行为导致肯定性后果,违规行为导致否定性后果。后果的承担既取决于体育行为,又取决于体育主体,体育主体不同,后果也会有差异。

这里值得注意的是,体育规则是否与体育规范类似,这个将在法律规则的研究中提出来。关于差别,有两种表述,一种是规则范畴大于规范,另一种是规则等同于规范,本书在同意后者的基础上讨论体育规则。另外,体育规则是否也区别于体育规则条文?是否可以比拟法律规则?本书认为,法律毕竟不同于体育规则,它有严格的制定程序和内容要求,而体育规则较为随意,所以,不在细节上考量体育规则。

总而言之,上述四个要素缺一不可。特定的体育主体在一定条件下产生的体育行为以及出现的相应后果会因为体育规则的不同而略有不同,但是这四个环节不可缺失,体育规则的逻辑结构是有效引导体育行为和调

---

① 别应龙:《论技术规则的结构功能及其特点》,《湖北经济学院学报》(人文社会科学版)2007年第9期。

控体育社会关系的理论反映。

三 体育规则特点

曾经有一些关于规则特点的探讨。笔者前期直接对足球行业规范特点进行了研究，总结了三个特点：自律性、规范性和专业性[1]。另外，刘淑英在其专著中论述了运动竞赛规则的特点，包括客观性和主观性的统一、权威性和灵活性的统一、惩罚性和激励性的统一以及普适性和具体性的统一[2]。还有研究总结规则的一般特征：规则的作用是规范的、规则的形式是一般的、规则的效力是普遍的以及规则的存在是公开的[3]。分析总结这些规则特点，有益于我们得出体育规则特点，包括规范性、惩罚性、普遍性、自律性、权威性以及标准性。

所谓规范性，就是很多体育规则的制定都经过了一定的程序，比如协会章程，它通过需要会员代表大会认可。一些体育规则的制定类似于法律规则，对于权利、义务的保障有着明确规定。具体而言，对于竞赛规程，从语言表达的陈述功能方面来辨识，规程通知的体例形态应当具备妥帖、简洁、完整三个要素[4]。

所谓惩罚性，这是一个行业规范的必备，有奖有惩能够刺激一个行业正常发展。体育领域违反体育规则的行为可能会给体育主体带来巨大的收益，对其进行惩罚，体现的是公平公正，有利于保证体育的顺利发展。比如运动竞赛原则，特别是足球、篮球等接触、对抗性项目非常奉行"有利"的体育规则，作为裁判，不能做出有利于犯规方的判罚，必须对犯规方做出惩罚。特别是对于一些偏技术性的体育规则，这种惩罚是由客观规律决定的，其基础就是客观规律，违反规律就会受到惩罚，比如违反科学的训练规律，有时会导致运动员出现伤害事故乃至付出生

---

[1] 贾文彤、张华君：《我国职业足球行业规范若干问题研究》，《上海体育学院学报》2005年第3期。

[2] 刘淑英：《运动竞赛规则的本质特征、演变机制与发展趋势》，北京体育大学出版社2010年版，第51页。

[3] 童世骏：《论"规则"》，《东方法学》2008年第1期。

[4] 李金海：《关于规则内涵的思考》，《体育与科学》1989年第5期。

命。当然前后两者的惩罚方式不同，但是作为体育规则，绝大多数的惩罚属于体育活动的组织者所施加的。

普遍性，这个普遍性是有限度的，只对体育领域的人有效，或者只对体育参与者适用。在体育领域中普遍性体现在对某个体育行为的惩罚或者倡导，不是只发生一次的，对某个特定场合均适用。比如学生上体育课站队必须背光背阳，对于特定情境而言，虽然它不是一条规则，但是由于蕴含了特定要求，因此它转化为一条规则，不仅仅用于某时某地。再者，体育规则的效力是普遍的，适用于体育领域内的任何体育行为。

自律性，某种意义上讲，体育规则是体育组织者自己给体育参与者制定的，对每一个体育参与者都具有较强的自我约束力。这种自我约束力贯穿于体育领域的各个环节，从始至终，类似于自治，体育参与者自我管理，对于违反体育规则的行为，体育规则予以惩罚；同样，有利于体育发展的行为，体育规则予以奖励。这些体育行为主要在体育内部进行。

权威性，体育规则一经制定出来，在一个时期内相对固定，不能随意更改。对于执行体育规则，更是具有不可违抗性。这种不可违抗性通过各种监督措施保证其实施。在研究体育法修改的过程中，学者们一致认为，我国体育实行的是一种强力秩序，权力发挥了巨大作用，充分体现了行政命令的权威性。

标准性，这是体育规则的一个显著特点。体育规则中有一些技术规则，一些项目特别依赖技术，比如撑竿跳高。美国工程师墨菲（Edward Murphy）在许多实验中发现，如果做某一项工作有多种方法，而其中有一种方法将导致事故，那么一定会有人按这种方法去做。这就是我们熟知的"墨菲法则"[①] 体育规则的出现就是尽力避免各种事故或者意外的出现，避免因为事故和意外带来的巨大损失。所以，出台高标准、严格的体育规则成为必然。

---

① ［美］爱德华·特纳：《技术的报复——墨菲法则和事与愿违》，徐俊培、钟季廉、姚时宗译，上海科技教育出版社 2000 年版，第 21 页。

第三节　体育规则层级结构和多样性分析

谈论体育规则的层级结构类似于从纵向上谈论体育规则，不同于下文谈到的类型划分，类型划分类似于从横向上谈论体育规则。横纵两个向度上探讨体育规则有利于我们更好地理解体育规则。

一　体育规则的层级结构

探讨体育规则的层级结构问题，可以借鉴哈耶克重叠规则分层理论以及哈特的法律规则层级理论的分析，只不过哈耶克重叠规则分层理论的范围更广，而哈特的规则理论主要限于法律规范内部。关于哈特的文献，除了他的《法律的概念》外，学者们探讨较多的是他的法律规则、规则丛、二阶规则以及规则谱系和社会规则等。由此可以揣度：他的规则是多向度、有层次的，哈特的一大贡献就是提出了"内在观点"，曾经有学者就他的"内在观点"提出了质疑：内在观点与外在观点之间的区分到底是不同层次上的区别，还是意志上的主动遵守程度上的差别[①]。这至少验证了哈特的规则体系可能是分层次的，应该说，哈特的规则体系、规则谱系甚至社会规则体系都是围绕他的二阶规则建构的，二阶规则分为初级规则和次级规则，其中次级规则又分为承认规则、审判规则以及改变规则。法律规则可以如此划分，体育规则的内涵应该比法律规则更为丰富，是否也可以如此划分呢？由此，哈耶克的重叠规则分层理论给了我们很好的借鉴。

哈耶克的重叠规则分层理论对于规则的论述分为世人皆知的三个层次，第一个层次的规则被称为"本能"的规则，又叫遗传规则，受制于生理结构；第二个层次的规则被称为习得的规则，这类规则形成的秩序并非人为设计的，而是通过自然演化竞争得来，这些规则包括习惯、惯例以及道德规则等；第三个层次就是常说的人为设计出来的，包括立法、

---

① ［英］尼尔·麦考密克：《法律推理与法律理论》，姜峰译，法律出版社2005年版，第278页。

部分的法律法规等，第三个层次应该是最高层次。但是，哈耶克推崇第二个层次的规则，认为最好的秩序应该是自生自发的秩序，第三层次的规则是保障，而第二层次的规则是根本。哈耶克重叠规则分层理论同样可以解释体育规则，前文所述，体育规则是一个历史性概念，可以将其分为两个层次，第一个层次和第二个层次，即哈耶克重叠规则分层理论中的第二、第三层次。当前，体育规则存在着大量自然演化的规则，如现代足球规则，在诞生之初一共只有 13 条规则，后来不断发展变化，形成了今天大量的规则。同样，我们人为建构设计了体育法律规则，如《体育法》以及多部行政法规等。

这样一个层级结构的规则体系时刻都处在变化中，不断出现体育规则法律化、体育法律规则化甚至体育政策法律化以及体育法律政策化等诸多变迁。

二 体育规则的多样性分析

体育规则的体系宛如哈耶克重叠规则理论一样，不但是一个重叠的结构，而且也是一个多缠绕、多样化的结构。

体育规则基本遵从哈耶克重叠规则理论，需要认清的是体育规则源于体育社会生活实践，正是体育社会生活实践成为体育规则变迁的动力和新的体育规则出现的源泉。正是由于体育社会生活实践的复杂造就了正式规则与非正式规则之间的混杂、竞争、优胜劣汰，我们把这种情况下出现的规则称为"实践的规则"。体育实践是很复杂的。过去，我们对体育的认识是三分法：竞技体育、大众体育、学校体育，大众体育是由过去的群众体育演进而来的。现今对体育的认识，主流观点是四分法，除了上述三个，再加一个体育产业。体育产业是一个很复杂的产业，学术界对其涉及的领域尚未搞清楚。由此产生的许多规则作为"实践的规则"，体现了体育规则的一个多样性变化。

另外，体育社会实践的复杂性致使体育规则呈现多样性变化还可以用卡多佐的司法哲学观点加以说明，卡多佐将司法过程形容成"酿造一种化合物"。① 当一个法官判决一个案子时，他需要考虑很多问题：是否有先例？在什么情况下遵循或者拒绝先例？他如何获得一个规则而同时又为未来制定一个先例？诸如此类问题等。最后，他将法官决定选择的因素分为两类，一类是有意识的，另一类是无意识的。法官受这些因素的影响，但是，这些因素不是随意的，而是受一些表层、显性的即有意识的、隐性的即下意识的支配。法官的这种支配性力量来源于长期生活中对各种因素和变化的审时度势和准确把握。

三　如何理解体育规则的层级性和多样性

在法学领域，著名英国法学家哈特的法理论将法律规则分为两阶规则，一阶是初级规则，另一阶是次级规则；其中初级规则即义务，次级规则则是授予权力。由此，构成了一个法律规则体系。无独有偶，这一观点与前文所述的体育规则借鉴了哈耶克的重叠规则理论有异曲同工之妙。由此说明，体育规则是一个庞大的体系，如果谈论层次性，本书认为可以从体育规则的缘起谈论，比如体育习惯应该属于第一个层级的，项目规则一般属于第二个层级，它们都是自然演化、不断试错选择的结果。

体育规则的多样性说明了体育规则具有丰富性的特点，最直观的表现就是体育规则种类繁多，比如体育规则、体育惯例，等等。体育规则与法律相比，它的层级性和多样性同样代表了体育规则的突出特点。

思考题

（1）体育规则是规则的下位概念，体育规则从逻辑结构上看有无特殊性？

（2）体育规则的特点是什么？

（3）如何理解体育规则的层级性和多样性特点？

---

① ［美］本杰明·卡多佐：《司法过程的性质》，苏力译，商务印书馆2000年版，第2页。

第四章

体育规则变迁机制

第一节 体育规则变迁机制内涵

一 机制和变迁机制

（一）机制

当今，很多学科谈到了机制，比如生物学和医学当中涉及了机制的概念，并将其解释为有机体的构造、功能及其相互关系[①]。这是一种接近本意的解释，社会学当中大量借鉴了此概念，比如竞争机制、管理机制、激励机制等。之所以将各种名词与机制结合在一起使用，关键在于将某事物看成了一个生命有机体，对于体育而言，便是将抽象的体育关系问题拓展到体育中来，使之更加具体、形象。

（二）变迁机制

如前所述，变迁机制是众多机制中的一种，体育和体育发展是一个巨大的系统，其中存在很多不确定性，组成这个系统的每一个元素与元素之间都互为因果，相互作用，相互制约。这些元素随着周围环境的变化而受到影响，受到影响的元素对其他因素产生作用与影响。如此周而复始，不断循环，造成前文所说的不确定性。

（三）体育规则变迁机制

首先应该把体育规则变迁看成一个大系统，并且是复杂多变的系统。

[①] 李重言：《运动竞赛规则变迁机制的内涵阐释》，《吉林省教育学院学报》2016年第1期。

对于一个竞赛规程，包括运动员参赛的人数、报名方法、体育比赛的组织、管理方法，以及有关场地设施的要求、规格为什么要变迁？如何变迁？以及未来如何发展。西方经济学家科斯在制度变迁中形成自己的理论，对于解释体育规则变迁具有借鉴意义。具体包括变迁主体、变迁动力、变迁方式、变迁依据四个方面。

首先是体育规则变迁的主体。过去，体育规则较为单一，主要体现在竞赛方面，作为一种社会文化现象，竞技运动的参与者和体验者主要是人，也就是说，人是体育规则变迁的主体，也就是体育运动的参与者。对于体育规则而言，规则不同变动各异，比如奥林匹克仪式规则的变迁就是缓慢的，而具体的竞赛规则会因每届奥运会的不同而有所变化，变化相对较快。

关于变迁动力，包括两种，一种内部动力，另一种是外部动力。内部动力主要源于体育规则的不尽合理导致结果的测量或者评判困难。公正、公平是体育比赛的本质特点之一，很多比赛的结果都要胜两分才算赢，就是避免比赛的偶然性，确保比赛结果的公平。还有就是有些体育规则之间前后矛盾，造成执行不畅更需要修改。外部动力包括较多，如新的技战术的出现，比如排球运动，以往只允许膝盖以上部位触球，现今发展到全身各部位都可以触球；另外，还包括运动员自身素质的不断提高以及体育赛事的过度商业化等。

关于体育规则变迁方式，包括体育规则改良和体育规则创新。所谓体育规则改良就是对体育规则不合理或者不利于比赛发展内容进行改正。体育规则创新就是对体育规则进行较大改动，重新形成一套新的、独立完整的体系。体育规则改良比较简单，每年都会出一些新竞赛规则，比如足球竞赛规则、篮球竞赛规则，其中都会有一些小变动。关于体育规则创新，软式排球就是一个极好的例子，软式排球源于排球，但是又不同于排球，规则具有较大变化。

关于体育规则变迁依据。依据包括两个方面，一是符合体育参与者需要；另外，还要符合事物发展的客观规律。首先，符合体育参与者的客观需要。体育规则应该符合人的价值追求、价值需要，以运动竞赛规则为例，自古以来，体育参与者热衷于对记录的追求，很多项目记录不断被刷新，曾经认为不可能的记录变成了往事，比如 100 米跑，人们曾认为 10 秒便已是人类的极限，现在则达到了 9.5 秒多。人类究竟能跑多快？无法预测。另外，记录越来越难打破，但是，人类一直在努力，彰显了体育价值。其次，符合事物发展的客观规律。前文谈到规则与规律的关系，体育规则变迁一定要遵循客观规律的发展，我们对客观规律的认识越深刻，体育规则也会越加完善。

二 变迁阶段划分

（一）变迁阶段划分再论

毫无疑问，这是一个历时态的研究，基本概括出了竞赛规则的演变规律。相比体育规则，运动竞赛规则只是其中的一部分，内容要少得多。抛开历时态研究，从逻辑角度考虑，体育规则具备了运动竞赛规则的演变轨迹，除此之外，本书认为体育规则还经历了一个从单一到多元化变迁的过程。所谓单一，主要体现为过去的体育规则表现为运动竞赛规则，是一种较为单纯的"游戏规则"。变迁过程中体育的形式越来越丰富，组织越来越复杂，特别是职业体育的出现，一开始，还不是光明正大，逐渐地，登堂入室，体育变成一种职业，相应地，大量体育规则出现，并不断日趋完善。直到今天，演变成了体育的过度职业化、商业化，甚至成为奥林匹克运动进一步发展的障碍。

再者，体育规则是一个集体验、知识、行动的具体历史统一过程，不是一个简单的知识创造、转换过程。比如禁止足球背后铲球的规则，这个明了的规则肯定经过了许多人的体验、认知，也不乏反对的声音，但是，最终还是得到了人们的"禁止"认可。

（二）具体的变迁阶段划分

1. 单纯化、单一化阶段

这个时期大概在封建社会，一些运动项目逐渐固定下来，项目规则也逐渐固定下来，这个时期的体育规则非常纯粹、单一，比如就是方便玩耍、游戏，没有其他目的，这个在少数民族体育项目中表现得较为明显。后来，体育规则就是为了保证比赛的正常进行，当然，这种比赛还属于区域性的，所以，体育规则也不是普适性的，有时，只是为了适合某一特定区域的需要。

2. 多元化阶段

本书多次谈到体育的划分,现在主流观点是体育四分法,即在原有的基础上增加了体育产业,这是一个相当庞大的产业,所涉及的内容方方面面,其中运动员的转会就是一个非常重要的内容。比如美国 NBA 的选秀制,表面上涉及的是金钱,但是,它的原则是公平,即保证每个俱乐部能够公平地比赛,从而使篮球运动健康发展。体育产业领域的规则凸显了公平与效率,同样,其他领域有的突出了公平原则,有的突出了秩序原则,由此显示了体育规则的多元化。

3. 精细化阶段

体育规则这个阶段的出现主要还是为了某一运动项目在全世界的健康发展,比如乒乓球项目、健美操项目、体操项目,等等。尤其是乒乓球项目,在一二十年里比赛规则修改了若干次,比如乒乓球的大小尺寸问题,某种程度上讲,达到了精益求精的地步,这种对体育规则的修改可谓精细,目的还是项目的世界性发展。

三 变迁的影响因素

关于影响体育规则变迁过程的因素的相关研究虽然没有直接进行探讨,但是,运动竞赛规则研究给出了很多,比如刘淑英的博士学位论文研究总结到,包括运动员不道德行为、兴奋剂行为、不能保证比赛公平公正、规则条文表达不清不利于保证裁判权威等十几个因素,涉及三个方面,包括运动竞赛规则价值合理性、运动竞赛规则工具合理性以及运动竞赛规则形式合理性[1]。当然,也有硕士学位论文对相关内容进行了社会学研究,认为政治、经济、文化都对运动竞赛规则的变迁形成了一定影响[2]。由此看来,体育规则在变迁过程中受到各方面的影响。综合已有研究,比较直接的影响因素包括内外两大因素,内部因素主要是体育规则自身的形式合理

---

[1] 刘淑英:《运动竞赛规则本质特征、演变机制与发展趋势》,北京体育大学出版社 2010 年版,第 67 页。

[2] 刘叶深:《法律规则与法律原则:质的差别》,《法学家》2009 年第 5 期。

性；外部因素主要是体育规则的价值合理性。首先是体育规则的形式合理性，指体育规则条文应该前后一致，清晰顺贯，利于实际操作和执行。

（一）体育规则条文不够清晰明确，不利于操作

法律条文存在模糊性，体育规则与法律条文相似甚至有过于法律条文，体育规则总是不断变化和不断完善的，比如，运动竞赛规则总是根据场上情况的变化而不断变化完善。再者，体育条文的不够清晰源于体育规则定义的不确定性，以及体育规则规范体育生活的需要。运动竞赛规则中常常有这样的话语，诸如竞走规则中"腿必须有瞬间的伸直"，如何把握、确定"瞬间"成为关键。

当然，诸如此类的体育规则不够清晰明确的现象很多，人们在体育实践中不断发现问题，不断完善体育规则。众所周知的撑竿跳技术，其规则要求在变迁过程经受了系列考验，最初对于如何过杆并没有明确要求，日本选手钻空子爬杆而过，在当时情况下，成绩虽然有效，但是，针对这种情况还是做出了修改规则的决定。诸如此类的例子还有很多。

（二）体育规则条文规定前后不一，出现矛盾

一般而言，体育规则条文的前后不一，肯定会造成执行或者操作出现偏差。体育规则条文的不统一会造成运动员的体育道德行为出现不一致，裁判员的判罚出现不同的判罚尺度；比赛会出现不公正的局面，进而导致竞赛的观赏性降低，人们观看比赛的热情降低。以职业球员转会制度为例，我国足球进行职业化改革，其中球员转会是重要内容，尽管出台了球员转会办法，并且前后修改了若干次，但是，依旧纠纷多多，纷争不断。与英国、意大利等职业足球开展较早的国家相比，我国的职业足球则处于刚刚起步阶段。1994年正式实行职业联赛，1995年10月运动员转会细则出台。在转会实践中逐步走出了尝试自由转会—有限制的转会—自由转会的道路。

个案一

1998年转会中，北京国安队员曹某东[①]，意属前卫寰岛队，同时前卫

---

① 《辽沈晚报》1998年12月30日。

寰岛队也准备摘下他的名牌，不料摘牌时被排名靠前的青岛海牛队截留抢摘，曹限东无奈之中开出百万元天价意在吓退海牛队，但这一做法却被斥责为漫天要价，双方闹到足协，险遭足协的处罚，最终曹限东心有不甘地加盟海牛队。

分析：这是实行摘牌制后一个影响较大的案例，一方面摘牌制遏制了私下交易、黑箱操作的现象，而另一方面却暴露了该制度在保证运动员的自由和权益方面、在俱乐部选择人员的灵活性方面存在着很大局限，致使一些运动员成为牺牲品。

个案二

2000年转会中，上海申花队员申某[①]被大连队摘牌，但在被摘牌后几天申思重新与原俱乐部签订了工作合同，大连队不依，遂起纠纷，申思最终还是留在了原俱乐部。

分析：当时的转会细则中有条款规定，运动员虽然被摘牌，但在签订转会协议之前，仍属于原俱乐部，所有活动应服从原俱乐部的安排。上海队正是利用了这项条款，挽留住申思。随即大连队又导演了一连串的"悔婚"纠纷。

这两个案例的主要问题出在了自身规则的身上，诚如前文所说，一方面杜绝了某些问题，另一方面又加重了某些问题的出现，由于体育规则自身出现问题，发生不统一现象，导致了大量纠纷案件的出现。

第二节　体育规则与规律

一　探讨体育规则与规律的意义

对于体育规则，前文已有所交代，探讨体育规则与规律的意义有点类似于讨论法律规则与法律原则的关系，所以，本书按照这个理路进行分析。法学领域一般不说法律规律，关于法律规律是否构成一个词还在

[①] 《新民晚报》2002年1月7日。

两可之间。在此本书将规律或者体育规律比拟成法律原则，旨在更好地说明问题。关于法律规则与法律原则的区别与联系的研究较多，有的研究很深入。法律规则与法律原则的区别有若干标准，比如区分的标准：法律规则具有确定性、法律原则具有模糊性；两者差异的原因：法律原则抽象，具有价值维度；法律规则具体，不具有价值维度；等等①。这些区分点同样适用于体育规则和规律/体育规律，体育规则具有确定性、具体性特点，而规律/体育规律具有抽象、模糊性甚至隐性等特点。其实规律/体育规律的内涵和外延的模糊性特点正好可以弥补体育规则的不足。相关研究特别把法律规则和法律原则看作两种不同的规范类型，这一点与体育规则与规律/体育规律更加相像。

探讨体育规则和规律/体育规律的意义还在于，倘若二者发生冲突，如何解决二者的矛盾。此是其一；其二，规律/体育规律的适用如同法律原则是否有所限制？这又是一个学术问题，值得进一步探讨。

二 关于规律与体育规律概说

（一）规律概说

谈到规律问题，我们往往联想到自然规律和社会规律。当然，还有很多其他方面的规律，如系统规律、教育规律、技术规律等，但是，基本上这些规律都归属于自然规律或者社会规律。规律揭示的就是事物运动发展中本质的、必然的、稳定的联系②。自然规律指自然物质运动变化的规律，它以自然物质包括天然自然、人工自然甚至人的自然身体为载体，存在和形成于自然事物的相互作用和运动变化过程中，并通过事物之间的相互作用和运动变化表现出来；自然规律的存在和作用离不开特定的物质载体如分子、生物、金属材料等及其条件（指对物质产生作用的其他事物）③。毫无疑问，自然规律是客观的；另外，前文所言，体育领域很多体育规则属于技术规则，遵守自然规律。比如一个体操动作，或

---

① 刘叶深：《法律规则与法律原则：质的差别》，《法学家》2009 年第 5 期。
② 龚培河、万丽华：《论自然规律与社会规律的逻辑共性》，《理论探讨》2014 年第 3 期。
③ 罗天强：《论技术与自然规律》，《科学学研究》2008 年第 4 期。

是其他动作，它主要遵循的是力学、解剖学以及生理学等学科的一些基本原理，这些基本原理能够保证动作的顺利完成，自然要遵守自然规律。也有研究专门探讨了体育课要遵守自然规律，这与前述有相似地方，除开动作技能形成规律，体育课还应遵守人体机能适应规律、人体生理机体活动能力的变化规律，等等①。

除开自然规律与体育规则有关，随着时代发展，体育越来越社会化、生活化，体育规则当然还要遵从社会规律。所谓社会规律，按照现有的研究显示，具有代表性的定义有5个之多，具体如下：（1）社会规律是主体运动的规律；（2）社会规律是客体运动的规律；（3）社会规律是历史主客体运动的统一，是主体选择与历史决定论的统一；（4）社会发展规律就是人的社会活动的规律，就是主体选择的规律；（5）社会规律是主观规律②。在这几个概念中第3个概念符合本研究的需要，社会规律同样具有客观性，在有关社会规律的规律和特点的研究中，有学者认为，社会领域至少存在三种规律：必然性规律、统计性规律以及选择性规律，这三个规律交织在一起发挥作用③。必然性规律作为闭合性系统起着基础性作用；而统计性规律则是开放性系统，处在较高层次；选择性规律作为自主性系统处在更高层次。体育活动从根本上讲是一种创造性活动，选择性规律则依赖于创造性活动，必然性规律制约人的活动，统计性规律则既制约人的活动又发挥人的自主性和能动性。这三者以客观性为前提，交互作用在一起。以体育社团的纪律规则为例，它总是能在不同程度或者不同层面上反映着体育社会生活的某种必然性，不是随意制定的。为什么体育社团必须以民事法人的身份出现？为什么不能以营利为目的？

自然规律和社会规律存在本质的区别也存在必然的联系。首先，自然规律与社会规律存在本质的区别，其一就是客观性，自然规律属于纯粹的客观性，而社会规律则有着明显的主体性特征。何兆武教授就认为，自然科学与人文学科在本质上是不同的，不同点主要就在于"自然现象

---

① 吴从新：《体育课改革应该遵循自然规律》，《田径》2017年第5期。
② 陈江丰：《关于社会规律问题的探讨综述》，《党校科研信息》1995年第5期。
③ 秦湘源：《社会规律的种类及其特点》，《学术交流》1994年第4期。

不夹杂有任何人的意志和思想在内,而人文现象(也就是历史)则是自始至终贯彻着人的意志和思想的,它本身就是人的意志和思想的表现"[1]。即人在社会活动中体现着作为人的能动性和创造性。其次,自然规律表现为"可重复性"与随机性,前文谈到的人体机能适应规律、人体生理机体活动能力的变化规律等可随时在每节课后或课上观察到。社会规律则很难表现出这些特征,人处在复杂的社会环境当中,这个社会环境充满了不可预知性、不确定性。以东京奥运会推迟举行为例,历史上的现代奥运会遇有不可抗拒力(比如战争)不能举行外,像这种因为疫情推迟举行的情况非常少见,可重复的可能性很小。当然,除了这些本质的区别外,自然规律和社会规律还有着诸多联系,查阅文献时可以发现这样的题目:《社会规律与自然规律的异中之同》《论自然规律与社会规律的可通约性》《论自然规律与社会规律的逻辑共性》等。具体而言,从逻辑上看,自然规律与社会规律两个范畴之间的差异是显而易见的。但从两个范畴基本内涵上看,二者含有相同的因果逻辑关系,并由此规定二者的客观必然性、重复性、预见性等基本属性也都是一致的,没有本质区别[2]。

对于可通约性问题,是指哲学家在研究自然规律与社会规律时,尽管研究的是不同领域的对象,运用的词汇不同,研究方法也不一样,但最终的目的都是发现规律、认识规律、运用规律[3]。这种可通约性表现在两者的客观性方面,由此,两者可以相互借鉴,第一种表现为自然规律可以放到社会科学领域;第二种表现是自然科学的方法可以借鉴到社会科学领域;第三种表现为两种规律可以相互影响、相互作用[4]。

应该说,体育领域较好地将这两者结合在一起,在体育领域的每一个层面两种规律较好地发挥作用。

(二)体育规律概说

很难将体育规律归入自然规律或者社会规律,它应该是矛盾的统一

---

[1] 何兆武:《社会形态与历史规律》,《历史研究》2000年第2期。
[2] 龚培河、万丽华:《论自然规律与社会规律的逻辑共性》,《理论探讨》2014年第3期。
[3] 乔佩科:《论自然规律与社会规律的"可通约性"》,《社会科学辑刊》2009年第1期。
[4] 乔佩科:《论自然规律与社会规律的"可通约性"》,《社会科学辑刊》2009年第1期。

体。我国研究体育规律的学者认为，体育规律是指体育所固有的本质的必然的联系[1]。体育规律的特点包括以下三个：第一，体育规律是体育现象所固有的、客观存在的。第二，体育规律是反复起作用的。体育在任何状况下都受到自身规律的制约。第三，体育规律的认识受社会条件的制约和影响。从这三个特征可以看出：第二个特征偏向于自律规律，第三个特征则倾向于社会规律。在总结了体育规律基本概念和特征的基础上，更有研究从哲学角度分析了体育规律的内涵：体育规律是各体育现象及各体育现象与其他客观事物的内部联系；体育规律是各体育现象及各体育现象与其他客观事物的本质联系；体育规律是各体育现象及各体育现象与其他客观事物的必然联系；最后一点是体育规律是各体育现象及各体育现象与其他客观事物的重复联系[2]。

体育规律是体育领域应该率先遵守的规律，类似于法律原则和法律规则。当然，法律原则理论很复杂，可以牵涉到哈特和德沃金的"原则理论"和"规则理论"，对于这些理论本书暂且不谈。具体到体育规律和原则，有研究认为，体育活动本身的攻击性和危险性与体育法"外部规则"的规范性和强制性的冲突明显，相对于其他社会活动而言，体育活动不仅具有一定的特殊性，更具有内在的风险性[3]。紧接着，学者胡旭忠的论述验证了本书的假设。他认为，法院在处理体育伤害事故时，会充分考虑体育运动的特殊性原则。这里必然要涉及原则与规则的关系，尤其在解决体育纠纷时，原则与规则发生冲突，如何正确处理二者的关系，笔者认为原则是第一位的。

三 体育规则与体育规律的联系与区别

我们常常将体育规则与规律联系在一起，实际上，体育规则和规律二者既有联系又有区别。区别是：（1）规律具有客观"自在性"，而规则具有"人为性"。（2）规律客观、自发地发挥作用；规则却依靠人们的自

---

[1] 李祥：《学校体育学》，高等教育出版社2003年版，第5页。
[2] 黄一飞、严少诚：《对体育规律涵义的哲学剖析》，《浙江体育科学》1995年第5期。
[3] 汤卫东：《侵权法视角下体育运动中的人身损害责任探析》，《体育科学》2014年第1期。

觉遵守来发挥作用。(3) 规律是关于存在的普遍性的陈述和判断，规则则是对行动者如何行动发出"规范"和"命令"。

只有规则才存在遵守与违反的问题，而规律不是。对于联系，规律决定规则，规则反映规律①。同样，这些一般的规律与规则的联系与区别也适用于体育规则（见前文）。我们出台一项体育规则，总是要因循一定的体育规律，只有体育规则符合了体育某一领域规律的要求，这项规则才能被扩展与执行，不能够反映客观规律的体育规则很难持久，往往遭到人们的非议。这样的例子在前文已经列举了很多，比如乒乓球规则的改变、体操规则的改变等均是顺应了这一领域的体育发展规律，否则，人们通过实践会反对它。

由此可见，规则判断是事实判断和评价判断相结合的产物，是真和善的统一。它所包含的真的成分，反映的是客观的因果必然性。即应然中有必然，规则中有规律②。通俗地讲，体育规则和规律固然存在区别，但是两者关系密切，相互影响、相互作用。

第三节 体育规则演进的基本方向

一 体育规则演进方向研究的意义

体育与规则有着天然的契合，探索体育规则演进方向是本书的必然。本书的写作原则上秉承了"原理化""体系化"的写作模式，力图勾勒出体育规则的来龙去脉，充分体现了"体系化"的写作模式。前文探讨了体育规则的起源和发展，本节是对体育规则未来发展的一种预测。

这种"体系化"的研究，一方面为人们提供了相对完整的体育规则知识框架；另一方面，使人们对体育规则更加清楚明了。当然，这些"体系化"研究的优点也许正是其缺点，因为它提供的框架成为人们继续深入探索的障碍。休谟曾经指出，人们往往希望、喜欢追求到一个终极的

---

① 王化冰：《影响运动竞赛规则的社会因素考察》，硕士学位论文，山东师范大学，2005年，第29页。

② 徐梦秋等：《规范通论》，商务印书馆2011年版，第22页。

原因，但是所谓终极原因其实只是人在一定条件下的一种结论并不具有终极性[①]。

体育规则发展至今已经有几百年历史，其间很多规则经历了重大变化，对其发展变迁做一总括式的探讨，有助于人们对未来体育规则发展的预测和把握。

二 体育规则总体演进方向

体育是社会的一个微小领域，但是，麻雀虽小，五脏俱全。过去，我们对体育的分类一直秉承三分法：体育分为竞技体育、大众体育和学校体育；随着社会发展，对体育的认识也在不断加深，现在，对体育的理解为四分法：竞技体育、大众体育、学校体育以及体育产业。各自领域的体育规则如何发展？下文会进行分述，但是，对于整体的体育规则演进更需要做出一个宏观的把控。

体育的核心价值是公平正义，所以，体育各领域的体育规则首先应该以此为总的方向性目标；其次，体育规则还要以效率为价值目标，当然，所有这些体育规则最终的追求就是良好的体育秩序。所以，秩序还是整个体育领域的基础规则价值。

三 体育各领域体育规则演进方向

（一）竞技体育

竞技体育规则的演进主要以公平为方向，这也是竞技体育的核心价值。一直以来，竞技体育就是追求更高、更快、更强，在这个过程中公平一直伴随着竞技体育。前文曾经谈到，为什么举重比赛、摔跤比赛和拳击比赛的规则是按体重分级别？就是为了追求公平。再以刀锋战士参加奥运会为例，刀锋战士身体残疾，虽然他的运动成绩很好，达到了奥运会参赛标准，但奥运会比赛中并没有大肆宣扬他，毕竟这是一个残疾人，他能够参加比赛说明他能力出众，但是，从另一个角度讲，这也意味着不公平，并非奥运精神所倡导的。所以，未来竞技体育规则的发展应

---

① 陈忠：《规则论》，人民出版社2008年版，第7页。

该以公平作为主旋律。

(二) 学校体育

有的研究在探讨《体育法》的价值时分别对竞技体育、学校体育以及大众体育等的价值进行了分述,前文所说,竞技体育主要体现的核心价值是公平,学校体育的核心价值则是自由,所以,有关学校体育的规则应该围绕着自由,该研究从目的的自由性和手段的自由性探讨了自由作为学校体育核心价值的合理性[1]。体育法律规则是一种更严谨的体育规则,虽然现今研究的体育规则有别于法律规则,可能是一种更宽泛的规则。体育法律规则是一种精髓,既然体育法律规则都在追求自由,作为外围的体育规则更应如此。

(三) 大众体育

大众体育规则遵循的价值是秩序,同样,上文研究认为,原则有序和组织有序是大众体育秩序价值的核心。长期以来,我国实行的是精英体育体制,锦标主义一度盛行,2008年北京奥运会成功以后,胡锦涛主席提出,我国应该从体育大国向体育强国迈进。[2] 实现体育强国是一个长远的目标,其中大众体育就是短板,许多具体、实在的指标我国远没有达到,比如人均场地面积、体育人口的数量,等等,其中体育社会组织未来会在我国体育发展中起到重要管理、引导,甚至桥梁作用,但是,这些指标不能无序地发展。所以,突出秩序价值,要求我们国家大众体育规则的制定与出台要有序,这样才能保障大众体育的健康发展。

(四) 体育产业

体育产业在我国是一个新兴产业,体育将其纳入其中,当成主要的一部分,足见体育产业发展的势头之猛。即使这样,我国体育产业的现状无论是从自身来看还是与国外比,差距还是很明显的。以美国为例,2012年美国的体育产业总产值达到4350亿美元,占GDP的3%;同样是2012年,我国的体育产业总产值仅为498.92亿美元,占GDP的0.6%[3]。

---

[1] 陈凯:《"三位一体"的中国〈体育法〉核心价值》,《成都体育学院学报》2017年第5期。

[2] https://www.gov.cn/ldhd/2008-09/29/content_1109754.htm.

[3] 卢元镇:《体育社会学》(第四版),高等教育出版社2018年版,第74页。

由此可以看出，美国几乎是中国的 10 倍，我国体育产业总产值占 GDP 的百分比连 1% 都不到。所以，我国体育产业发展要围绕着体育产业制定的体育规则，遵循效率原则。同时，围绕体育产业制定的体育规则要与欧美国家接轨，特别是在一些体育产业统计指标上，有些指标在我国各省、直辖市统计的时候都不统一。另外，一些规则的制定应该有利于一些特色体育产业的形成与发展，前一个时期对体育产业的研究认为，我国体育产业的发展主要依靠外围产业，如制造业，而本体产业发展缓慢。相比国外，如英国，提起体育产业就是足球产业，特色很明显。

思考题

（1）体育规则是如何起源的？
（2）如何看待体育规则的演进？
（3）体育规则演进总的方向是怎样的？
（4）体育规则和体育规律的联系和区别是什么？

第 五 章

体育规则的类型、价值和功能

第一节 体育规则的类型

一 规则和体育规则分类回顾

（一）规则分类回顾

这是一个普遍而重要的问题。关于规则的分类研究很多，包括宏观方面，对于规则的研究；微观方面，关于运动竞赛规则的研究，唯独缺了中观层次，关于体育规则的探讨。首先，关于宏观方面的探讨，最著名的当属哈耶克的秩序规则观。依照他的理论，将规则分为以下四类：第一，分为内部规则和外部规则，外部规则主要以组织生存、具体目的为导向，内部规则就是行动者经验积累意义上的规则。第二，分为抽象规则与目的性规则。所谓抽象规则，就是在人类长期文化进化过程中，在人类经验性行动而非抽象理智活动中发现、经提炼检验适用于人类长期目标，却又没有具体特定目的的规则。目的性规则就是一个具体组织制定，为实现某些具体目标而人为设计的规则。第三，分为本能性规则、行动性规则与知识形式化规则。第四，分为否定性规则和肯定性规则。所谓否定性规则是一种约束式规则[①]。另有探讨社会规则分类的研究认为，按其性质和来源划分，社会规则分为法律规则、政策性规则、道德性规则和传统性规则。按照其开放性特点来分，可以分为开放式规则、

[①] 陈忠：《规则论》，人民出版社2008年版，第194页。

半开放式规则和封闭性规则①。还有类似研究，将社会规则分为法律规则、道德规则和管理规则②，更有研究总结了十数种规则，包括正式规则和非正式规则、实体性规则和程序性规则、成文规则和非成文规则、强制性规则和非强制性规则、基本规则和非基本规则、单一规则和规则体系、竞技规则、政治规则以及文化规则和以民生为重点的社会建设规则、生态规则，最后是潜规则和显规则③。上述凡此种种，概括出了常见的几种规则分类，由于划分的角度、层次以及逻辑意义不同，有些研究关于规则的划分比较直接，甚至有交叉，比如后两种；有些就比较隐晦、意义不清，比如关于哈耶克的研究。但是无论如何，这些研究成果对本书都有一定的借鉴意义。

（二）体育规则分类简要回顾

应该说，体育规则的分类应该属于横向型分类。体育学术界关于运动竞赛规则的研究在借鉴相关内容后提出了自己的观点，有研究者认为，运动竞赛规则可以分为正式规则和非正式规则（阐明的规则和未阐明的规则；显规则和潜规则）、构成性规则与范导性规则和技术性规则④。目前，真正探讨体育规则的文献并不是太多，除了上述研究成果，还有研究提到了规则中的"灰色地带"问题，所谓"灰色地带"，是指某个行业中的一片说不清道不明的区域，它的行为方法介于合法与非法之间，而且又往往不被人们通常的道德规范所接受。由此看出，这种处于"灰色地带"的规则又和道德有了些许联系，对于造成"灰色地带"的原因，该文作者给出了进一步解释，包括"唯获胜论"驱使、团队人员的道德水平等⑤。

前文所述，研究竞赛规则的文章不少，但是研究体育规则的内容并不是太多，显而易见，体育规则的范围要大于竞赛规则，并且这些研究

---

① 肖辉：《社区规则的分类研究》，《河北学刊》2007年第2期。
② 李正华：《社会规则论》，《政治与法律》2002年第3期。
③ 黄谋琛：《社会规则的外延和类型》，《兵团党校团报》2014年第1期。
④ 刘淑英：《运动竞赛规则的本质特征、演变机制与发展趋势》，北京体育大学出版社2010年版，第46页。
⑤ 李荣：《竞技体育规则"灰色地带"的形成与掣肘》，《信息记录材料》2017年第7期。

多涉及内涵、文化角度审视以及特征方面的研究，真正从分类角度进行探讨的非常少，难以给本书以有益的借鉴。

二 体育规则具体分类

关于技术性规则，上文回顾了规则以及体育运动竞赛规则的分类，应该说规则的分类包括了体育规则的分类，作为规则的一小部分，体育规则既包括其中，又体现了自己的特色。体育规则作为一个中观层次的名词应该包括管理规则、技术性规则、道德规则以及其他方面规则。

关于管理规则，特别是体育发展到现在，组织形式越来越多，自然很多管理规则也随之出现。比如一个俱乐部，肯定需要一些管理方面的规则，保障俱乐部的正常运行。不像在过去，缺少行业协会或者俱乐部的约束，人们认可或者了解的游戏规则，实质上就只是一种约定，是对娱乐性或者竞赛性项目的规则约定。当然，这种管理规则还应该包括一些程序规则。

规则属于一种"假言命令"，也就是一种有条件的命令[1]。尽管现代社会偏向于社会类体育规则，但是，其中的技术性规则也不在少数。技术性规则往往与客观规律联系在一起，比如竞赛项目，总是与人的生理极限联系在一起，无论是竞赛还是训练，都不能违反客观规律。一般而言，违反技术规则就是违反客观规律，违反了客观规律，会受到客观规律的惩罚。

关于体育道德规则，实质上是一种定言命令[2]，主要体现为以善恶观念或者道德意识为前提的规则，体育领域这类规则比较多，主要因为体育道德更多体现为一种职业道德，要求更高一些。比如一些项目要求团结协作，大多数项目要求刻苦顽强。如果运动员遵守了规则，行动者会对自己的行为感到心安，所属团队或者组织对这种行为表示赞许。另一方面，如果运动员违反了道德规则，自己会感到羞愧，同时，所属团队

---

[1] 童世骏：《论"规则"》，《东方法学》2008年第1期。
[2] 刘淑英：《运动竞赛规则的本质特征、演变机制与发展趋势》，北京体育大学出版社2010年版，第30页。

或者组织会对运动员表示谴责、给予处分。一般而言，运动员的内在羞愧一定会比外在惩罚（或者认为惩罚）更加持久或者严厉。其他方面的规则主要是因为管理体育的组织越来越多的是行业协会或者是俱乐部，所以管理涉及方方面面，比如对外交往规则中，我们一般倡导平等互利，等等。

三 体育规则之间的关系

不同类别的体育规则不能随意转换或者代替，比如道德规则与技术规则之间不能相互替代，若将体育道德规则当作体育技术规则，我们会认为，体育道德规则也是以客观规律为基础的，并且认为它是亘古不变的，如果违反客观规律必然导致客观的惩罚；反过来，当人们违反道德规则没有受到谴责，或者当人们遵守道德规则没有得到预期的收益时，道德规则随之就会失去作用。

当然，道德规则也不能当作管理规则，虽然道德规则和管理规则一样，都以人与人之间的关系为核心，但是，体育道德规则不能像管理规则那样以约定为基础。理论上将体育道德规则等同于管理规则，容易掉进道德相对主义的泥潭。实践过程中，将体育道德规则等同于管理规则，表面上看是遵循规则，实际上是缺失了"良知"。

最后，技术性规则不能等同于管理规则，否则，就意味着把客观规律当作儿戏，任意取悦或者献媚会时有发生，甚至在前者达不到的情况下，"威胁"的情况也会发生。

总而言之，各种规则应该各司其职，不应该任意替代或者混同，否则，不但起不到应有的作用，甚至还会破坏规则。

第二节 体育规则的价值

一 体育规则价值的研究意义

一定意义上讲，没有体育规则，就没有体育，没有体育整合。体育和体育整合与体育规则具有共生性，因此，探讨体育规则的价值和功能就显得极有意义。体育最讲规则，甚至体育就是规则。在很多研究规则的学者当中，哈耶克算是杰出的一位。他的内部规则和外部规则广为人知，在他那里，秩序与规则构成规则化秩序，规则类型就是秩序类型，同样，秩序类型也就是规则类型①。当然，哈耶克的话语同样也适用于体育领域，体育领域最看重秩序、公平以及效率等价值，秩序、公平以及效率等体育规则的价值使得体育更显现出其本真的存在。功能因为这些价值，对体育起着管理、标准以及示范等作用。

二 价值和体育规则价值

（一）关于价值

价值是一个哲学范畴，学者们对此进行了很多研究，比如有学者认为，价值主要是表达人类生活中一种普遍的关系，就是客体的存在、属性和变化对于主体人的意义②。由此看出，"价值"既有肯定意义，又有否定意义，我们常说的"好""坏"就是一种最简单的价值判断。研究价值的文献如汗牛充栋，关于价值现今已形成了一套理论体系，它与存在论、意识论并列成为三大基础理论。价值论是一个相对独立的、具有较层次的理论领域。研究内容包括存在论：价值基础、价值本质和价值类型；意识论包括价值意识、价值评价、社会评价和评价标准；实践论包括历史与价值、真理，等等。这是一个广博的体系。其中，价值存在论研究中主体客体化与客体主体化研究是研究中的热点；再比如价值的意识论研究中关于价值评价以及价值实践论研究中的价值冲突研究等都是当前研究的热点。

（二）体育规则的核心价值概说

1. 体育规则主导体育参与者行为

哈耶克在有限理性和无知观的基础上型构而成的社会秩序内部规则是人之行动而非人之设计的结果的命题③，由此可透视出体育内部规则与体育参与者行为是共生的，体育规则经体育参与者行动实践直接体现，

---

① 陈忠：《规则论》，人民出版社2008年版，第190页。
② 陈忠：《规则论》，人民出版社2008年版，第190页。
③ Hayek, *Law, Legislation and Liberty*, *Politics and Economics*, London: Routledge & Kegan Paul, 1967, p. 96.

体育参与者以体育规则为导向，行为受规则支配；反过来又具有缔造新规则的能力，构成体育内部秩序系统，为体育领域的活动创造条件。没有秩序，人类的公共性活动就不可能正常进行[1]。而体育的大多数活动都存在于公共领域之中，因此，体育内部规则秩序为参与者活动正常进行创设基本条件。

中国足协近些年来制定与完善了一系列自治规则，比较重要的有《中国足球协会纪律规则》《中国足球协会足球比赛违规违纪处罚办法》《中国足球协会纪律准则及处罚办法》《中国足球协会球员身份及转会暂行规定》《中国足球协会职业联赛俱乐部准入实施细则》《中国足球协会职业联赛俱乐部准入条件和审查办法》《关于俱乐部参加中超联赛的申请、审核办法》《中超足球俱乐部标准》等[2]。从这些自治规则名称不难看出目标对象参与其中需要履行哪些程序，以及如若产生失范行为怎么管控和惩罚。国际奥委会虽不是政府组织，却是体育领域内最高的权力机构，其下设的国际体育仲裁院制定的《奥林匹克运动会仲裁规则》第一条和《国际足球联合会章程》第十三章第六十三条第三款均规定，"体育组织成员之间的体育争端在用尽行业内救济之前，不得向法院提出诉讼"[3]。

我国各体育单项协会脱钩之前存在着权力集中与权力重叠的"头重"趋势，这是体育内部规则"内卷化"的表现，导致的间接结果就是体育腐败等体育异化现象的出现。内卷化是市场秩序中的普遍现象，可被理解为一个社会体系或制度在一定历史时期在同一层面上的自我维系、自我复制，表现为一种社会或文化模式在某一发展阶段达到一种确定的形式后，便停滞不前或无法转化为另一种高级模式的现象[4]。我国体育因实行举国体制获得了很多荣誉，但伴随市场经济体制的推行，体育产生的经济效益与日俱增，在原有权力秩序下的权力坐拥者容易受到利益冲击

---

[1] 张文显：《法治与国家治理现代化》，《中国法学》2014年第4期。

[2] 韦志明：《论体育行业自治与法治的反思性合作——以中国足球协会为中心》，《体育科学》2016年第4期。

[3] 郭树理、李倩：《奥运会特别仲裁机制司法化趋势探讨》，《体育科学》2010年第4期。

[4] 朱富强：《扩展秩序是如何生生不息的？——兼评自发秩序的内在缺陷》，《江苏社会科学》2002年第5期。

进而自律性被侵蚀。孟德斯鸠认为，一切有权力的人都容易滥用权力，这是一条万古不易的经验，有权力的人使用权力一直到遇有界限的地方才休止[①]。在原有规则支配下的行为未转化出新的权力秩序直接或间接制约着体育的发展。因此，体育规则主导体育参与者行为形成自发秩序，根据自身需求继续扩展，必要时外部秩序也需辅助体育促其内外联动可持续。

2. 体育规则影响参与对象的体育道德观念

通过体育规则建立公平有效的竞争机制，参与对象在运用体育规则的过程中逐渐形成公平平等、团结协作等体育道德观念。学校教育善用体育规则这一价值，在学校场域中教师有计划、有目的地培养学生遵守各项制度和章程，学校规则教育属于德育教育的范畴，而体育教育本身就是一种规则教育，因此，德育教育与体育教育存在密切联系。体育锻炼塑造道德品格，学生在体育活动中，特别在体育比赛中，每个人必须遵守比赛规则，规则面前人人平等，违反规则都要接受处罚。这种来自比赛实践的知识和经验是非常深刻的，能够在学生心中打下深深的烙印。同时，在场上遵守规则、接受规则能够给他们在日常生活中的行为带来示范作用。体育教育在进行身体文化生产的同时，实现了德育教育中组织纪律教育的主要内容，学生体育道德观念深受体育规则影响。布迪厄认为，学校作为一个社会机构，维系着个体、群体的认知结构和社会结构间的对应关系[②]。学校体育教育向参与者传输如体育规则这一形式的文化资本，体育是一个对身体进行控制和转化的特殊组织形式[③]，使文化资本向身体进行传达，进而参与者通过习得的这一社会规则，一部分内化成"默会知识"构成个体道德观念，另一部分构成个体抑或群体的行动秩序，从而实现个体的社会化。

3. 体育规则改变体育竞争的模式

竞争一直存在于体育之中，不只是体育比赛、体育游戏，更多的竞

---

① 兰薇、姜世波：《权利法哲学视野中的体育腐败及其治理原则》，《北京体育大学学报》2017年第12期。

② 高强：《布迪厄体育社会学思想研究》，知识产权出版社2014年版，第80页。

③ Heinemann, Klaus. Sport and the Sociology of the Body, *International Review for the Sociology of Sport*, No. 15, 1980, p 51.

争行为通过体育的经济价值以及带来的经济效益而得以体现。20世纪90年代以来,随着我国市场经济体制的改革,以足球为代表的职业化体育改革拉开帷幕,足球产业不断发展壮大,尽管足球水平有限,但从观众席的上座率到转播权的高额交易都见证着革新的效率。体育竞赛表演业随着新传播技术的兴起得到迅猛扩张,打破传统电视媒体有限供应传播渠道的规制,数字、网络技术在体育赛事转播的广泛应用冲破了之前形成的特定的经济秩序。在原有的秩序中,只有具备足够资金和实力的电视机构才能获得体育内容生产和播出的权利,而权利的寡头垄断是电视机构"丰厚利润"的根本所在①。现今欧洲形成电信、广电、互联网三方竞争的格局,体育传播经营的主体日趋多元复杂。纷繁的竞争参与方改写体育传播行业的竞争模式,加速体育竞赛表演的传播效率,提升受众的服务体验。政治经济学的研究表明,新媒体技术并不会对新自由主义市场构成威胁,大型传媒机构关于"零和游戏"的忧虑反将导致"越来越封闭、专有和垄断的数字内容市场"②。在体育领域的直接表现是新媒体技术不会抑制体育传播市场的自由竞争,相反,过度争抢容易使其他体育传播经营主体利益受损,传播秩序闭合,造成转播权竞争模式再次停滞。因为市场结构处于动态演化之中,体育的经济功能会随体育领域的行为规则变化而扩展。受新技术影响的体育产业竞争模式,需要与其相符合的体育产业竞争规则,而体育竞赛表演业又是体育产业的核心,因此,我国在这一方面出台的政策性规则紧跟时代发展。近日发布的《体育赛事活动管理办法》(以下简称《办法》)展现了体育部门推进体育竞赛表演业发展的决心,是体育领域"放管服"改革的重要体现③。《办法》第十八条的规定是针对国内体育的竞赛表演知识产权,该知识产权首次得到条款明确保护,提升赛事的商业价值同时推进赛事无形资产

---

① 邹举、朱浩然:《模式、竞争与规制:媒体融合背景下的欧洲体育传播市场》,《体育与科学》2018年第5期。

② John Dart, New Media, Professional Sport and Political Economy, *Journal of Sport and Social Issues*, Vol. 38, No. 6, Dec 2014, p. 528.

③ 丰佳佳:《〈体育赛事活动管理办法〉为竞赛表演业发展护航》,《中国体育报》2020年3月27日第1版。

交易。体育的自发秩序与外部规则联动创造体育竞争的模式。

（三）体育规则的具体价值解释

刘淑英在她的博士论文中对运动竞赛规则的价值进行了定义：运动竞赛规则的价值依附于运动竞赛，服务于满足个人、群体和社会对运动竞赛的需要[①]。

实质上，关于运动竞赛规则的研究较多，仅从数量上看，能够达到将近 20 篇，但是大多数对其概念并没有清晰的定义，而是想当然地使用这个名词或者依靠具体事例进行说明。体育规则范畴要大于运动竞赛规则的概念，或者说，运动竞赛规则只是体育规则其中的一部分。体育规则的价值就是存在于体育领域，满足人们健康生活、娱乐身心的需要。运动竞赛规则的价值属性具有属人性和社会性、客观性和主体性、应然性和实然性以及局限性和拓展性[②]。

1. 基础价值——秩序

体育规则的基础价值是秩序，任何社会的法，总意味着某种理性和秩序[③]。这里的法可以做宽泛的理解，可以延伸到规则。新中国成立以来，体育快速发展，体育规则一直是体育稳定发展的助推器。体育规则无论是作为管理规则，还是技术性规则，在新中国成立初期经历了多种思想的变化，比如"普及与提高相结合"、"大鸣大放"思想、"八字方针"、"文化大革命"中的体育思想等，以及竞技体育腾飞的 20 世纪 80 年代，如增强体质为主、体育强国和奥运战略、各类体育协调发展的思想等都以稳定发展为核心，90 年代出台《体育法》，体现了很多体育规则的《体育法》的核心价值就是管理秩序。进入 21 世纪，我国的体育产业大力发展，各种大型体育赛事频繁举办，职业体育不断走向成熟、开放，北京奥运会的成功举办是一个标尺，标志着体育进入了一个新的秩序层

---

① 刘淑英：《运动竞赛规则的本质特征、演变机制与发展趋势》，北京体育大学出版社 2010 年版，第 30 页。

② 刘淑英：《运动竞赛规则的本质特征、演变机制与发展趋势》，北京体育大学出版社 2010 年版，第 31 页。

③ 刘淑英：《运动竞赛规则的本质特征、演变机制与发展趋势》，北京体育大学出版社 2010 年版，第 31 页。

面。不断完善的体育法律体系和协会管理使得体育规则治理成为主要举措，法治下的体育自治成为必然。

2. 根本价值——公平

体育规则的根本价值是公平。首先，我们最容易见到的就是体育比赛的公平，这是一种表象的公平。主要表现就是在同一条起跑线上起跑，同一个重量级的运动员进行拳击比赛、举重比赛等。除此之外，还有深一层的含义。罗尔斯的公平理论认为，公平还包括实体的公平和程序的公平，主旨就是平等地分配各种基本权利、义务。当今世界，我们强调体育权利，突出以人为本，就是想平等地将体育权利分给每个公民，在这个角度看，还有谴责歧视和偏私之意。特别是一个时期以来，体育研究的热点关注弱势群体及农民工，希望给予他们体育权利，就体现了公平这一价值。

3. 基本价值——效率

中国体育规则追求效率，主要体现在竞技体育方面，特别是在 20 世纪 80 年代，竞技体育腾飞，举全国之力，第一次参加奥运会得到金牌，从那以后，我国在世界杯和世界锦标赛以及奥运会上获得冠军无数，充分体现了效率在起作用，这是一个方面。另一方面，体育产业的快速兴起也彰显了效率价值，从 20 世纪 90 年代，以足球为代表的职业化体育改革拉开帷幕，足球产业不断扩大、发展，足球场的上座率、足球比赛的转播权等成为见证效率的重要内容。尽管足球水平不高，但是上座率不断攀升，各地形成了一定的金牌球市。转播权由过去的无人问津到后来的卖出高价。其他体育产业也在蓬勃发展，方兴未艾。

三　体育规则的价值合理性

所谓价值合理性，就是体育规则要追求公平正义、积极向上的体育理念。这其中与价值发生直接冲突的是运动员的不道德体育行为甚至违法行为，这样的事例比较多，如：在比赛场上运动员的故意犯规、在场下运动员赌球、裁判员的不道德行为甚至违法行为以及兴奋剂问题。裁判员的不道德行为包括很多，比如"吹黑哨"问题在 2001 年前后达到了一个顶峰，在那期间制裁了一些裁判，其中一个裁判被判刑 10 年。最后是关于兴奋剂问题，经历了漫长的由不重视—重视—立法控制的过程。最早兴奋剂用于马术比赛，主要是提高赛马的兴奋性，后来，人类出于利益考虑，服用兴奋剂。现在，随着科技的发展，服用和禁用相随相长，国际体坛对于兴奋剂的判罚使用的是严格责任，即使这样的判罚，也无法阻止服用兴奋剂的运动员以及国家不断出现，现实情况令人震惊，里约奥运会前俄罗斯很多运动员服用兴奋剂的问题引起世界轰动。

第三节 体育规则的功能

一 体育规则功能研究的意义

功能是体育规则存在的终极意义，探讨体育规则我们总是会问，这条体育规则有什么用？研究体育规则就是不断挖掘、拓宽体育规则的用途，使我们对体育规则更加清楚明了，更好地发挥功能的作用。当然，探讨问题总要分析两面，本书主要以分析正向功能为主，若要使体育规则发挥正向功能，一些必要的因素需要研究探讨。具体包括利益因素、程序因素以及实效性因素。首先是利益因素。体育领域无论是体育行政部门、体育社会团体还是个人总会涉及利益或者说利益倾向性，利益倾向性其实是一个价值判断问题，一般情况下关涉为了谁？代表谁？伦敦奥运会中国羽毛球选手让球，虽然符合体育规则，但是，这种体育规则的背后反映的是利益或者利益倾向性的问题。体育规则由人制定，而人又是属于一定团体的，需要我们考虑到底体育规则是为了某一团体还是为了体育竞赛的公平？其次是程序因素。程序因素不单单是程序规则，重要的是程序民主性，它体现的是独立性价值，公开、公正、公平是其主要表现。最后是实效性因素。关于这一点，前文曾经说过，体育规则制定的目的就是看实施效果、与预期的重合度较高等。如果一个体育规则制定出来，可操作性不强，人们不遵守，那就形同虚设。

综上所述，研究体育规则功能，一是探讨体育规则功能自身；二是探讨影响功能的诸多因素，这样，才能对体育规则功能有一个全面了解，更好地设计体育规则（当然，有些规则是自发形成的，但是，要形式完备，也需要人的设计），发挥它的功能。

二 体育规则的功能

关于规则的功能，相关研究有一些分析，比如有探讨技术规则的研究认为，技术规则具有认识论功能、价值功能以及美学功能[①]。还有研究直接表明了体育规则的作用，包括三点：首先，体育规则包括着一些正面的规定，规定参与者必须做什么，允许做什么。其次，规则的作用在于，确定竞赛过程中，通过使用规定的技战术达到什么样的目标。最后，规则的功用是禁止某些不法行为[②]。当然，有关社会规则论的研究认为：社会规则的作用包括协调、分配作用，引导、激励作用，以及惩戒、补救作用[③]。综合以上研究内容，本书认为，体育规则的功能包括如下几项：管理功能、惩戒功能、示范功能、标准功能和秩序功能。

所谓管理功能，未来，我们将建成小政府大社会，也就是说体育协会或者俱乐部在当今以及未来的管理中起到主要作用，体育规则是其中的重要管理手段。体育规则如协会章程，对体育协会的性质、协会会员以及协会的诸多内部事务起到定性、指导、管理的作用。

所谓惩戒功能，这是体育规则的基本功能之一，惩戒功能主要表现在体育协会组织或者俱乐部对会员或者成员做出的各种处分，如取消比赛资格、禁赛处分和罚款处分等，具体如我们熟知的对服用兴奋剂的处罚（零容忍）等。体育管理自成体系，有一套类似于法律的规则，体育规则的惩戒功能是其中一个重要内容。

所谓示范功能，如前所述，体育规则包括着一些正面的规定，规定参与者必须做什么，允许做什么。这也体现了体育的最直接价值，体育让人们参与并且做出示范。

所谓标准功能，与下文谈到的内容有关联，体育发展到现在，越来越与标准相联系。标准有多种定义，本书采用的定义是：标准是指为在

[①] 中共中央马克思恩格斯列宁斯大林著作编译局：《马克思恩格斯选集》（第 2 卷），人民出版社 1997 年版，第 538 页。

[②] 别应龙：《论技术规则的结构功能与特点》，《湖北经济学院学报》（人文社会科学版）2007 年第 9 期。

[③] 刘淑英、王建平：《哲学视野中的体育规则》，《体育文化导刊》2005 年第 4 期。

一定的范围内获得最佳秩序，对活动或其结果规定共同的和重复使用的规则、导则或特性的文件。它以科学、技术和实践经验的综合成果为基础，经有关方面协商一致，由主管机构批准，以特定形式发布，作为共同遵守的准则和依据[①]。从本性上看，标准体现的是自愿性。以此，体育标准就是体育领域内，为了获得最佳的体育秩序，对体育活动或其结果规定共同的和重复使用的规则、导则或特性的文件。当今，体育产业发展迅猛，与体育产业有关的各类标准层出不穷，如体育制造业标准、体育表演业标准等。随着体育的进一步发展，相关标准的制定会越来越多，体育标准将会成为一项重要的功能。

秩序功能，本书将其作为总结性或者表征性功能，好的体育秩序表明体育规则符合体育发展潮流，能够体现体育的公平正义，获得了人们的普遍共识。从表面上看，秩序功能应该排在最后，上述功能都能够得到实现，自然地体育秩序也就好了。具体到体育规则，体育秩序取决于体育规则的性质，体育规则的完备程度。当前，我国的体育秩序处在一个良好的状态，说明体育规则发挥了较好的作用，当然，这距离我国实现体育强国的目标还有相当大的差距。

三　体育规则功能与作用的区分

功能：所赋予的用途。指事物或方法所发挥的有利作用或效能。

作用：所赋予的用途＋被额外开发的用途。作用从广义上讲，如果做了某些事或者某些物品在另外一件事上或者物品上起到了改变的效果称为起作用，而作用在某种意义上说可以等同于效果。

功能和作用是两个既相互联系又相互区别的概念。功能是事物内部固有的效能，它是由事物内部要素结构所决定的，是一种内在于事物内部相对稳定独立的机制。功能一般是指褒义词，而作用则不同，它是事物与外部环境发生关系时所产生的外部效应。同样的功能对外界的作用，既可能是正面作用，又可能是负面作用，这要看功能与外部环境的互动方式。一般来说，功能是作用产生的内部根据和前提基础，客观需要是

---

① 任端平等：《标准问题的法律分析》，《世界标准化与质量管理》2007年第3期。

测评产生作用的外部条件，作用就是测评的功能与客观需要相结合而产生的实际效能。

由此看出，作用与功能相比较，内容更加丰富些。体育规则功能并不完全等于作用。实践中人们往往将二者混为一谈，本书也没有刻意地将二者区分，只是在宏观层面上对体育规则功能进行了描述。

思考题

（1）体育规则体现的几个价值之间的基本关系是怎样的？
（2）未来体育社会发展中体育规则将起到怎样的作用？
（3）如何区分体育规则的功能和作用？

第 六 章

体育规则与技术法规和强制性标准

第一节　体育标准问题

一　体育标准一般理解

标准有多种定义，本书采用的定义是：标准是指为在一定的范围内获得最佳秩序，对活动或其结果规定共同的和重复使用的规则、原则或特性的文件。它以科学、技术和实践经验的综合成果为基础，经有关方面协商一致，由主管机构批准，以特定形式发布，作为共同遵守的准则和依据[1]。关于标准，一般分为推荐性标准（任意性标准）和强制性标准，二者相比，对强制性标准探讨得较多。实际上国际上不存在强制性标准，1988年七届全国人大修订通过了《标准化法》，才将标准分为强制性标准和推荐性标准。不过，有学者建议我国应该取消强制性标准和推荐性标准的划分以便与世界接轨[2]。从本性上看，标准体现的是自愿性。依此，体育标准就是体育领域内，为了获得最佳的体育秩序，对体育活动或其结果规定共同的和重复使用的规则、导则或特性的文件。当前，对体育标准的认识存在两种观点：一种是体育标准就是体育服务标准，依据为2003年国家统计局根据《国民经济行业分类》发布的新的三次产业划分规定，体育被列在第三产业的服务业中[3]。另一种是

---

[1] 任端平等：《标准问题的法律分析》，《世界标准化与质量管理》2007年第3期。
[2] 程晓敏：《关于标准的强制性、推荐性及技术法规探讨》，《理论与研究》2015年第10期。
[3] 秦椿林：《体育管理学高级教程》，高等教育出版社2009年版，第153页。

按照体育事业新的四分法，即群众体育、竞技体育、学校体育和体育产业进行了划分①。本书赞成后一种观点，并且实践中也存在着大量的群众体育、竞技体育或学校体育方面的标准，如《国家体育锻炼标准施行办法》《社会体育指导员技术等级制度》《国家学生体质健康标准》，等等。实质上，第一种划分主要是从体育产业角度考虑的，范围较窄，显而易见，它应该内含于第二种认识当中。

体育标准有着自己的制定程序，包括计划、准备、起草、审查、报批5个阶段；可以分为许多不同的类型。如按照使用范围划分，标准可以分为国际标准、区域标准、国家标准、地方标准、专业标准以及企业标准；按成熟度划分，可以分为法定标准、推荐标准、试行标准以及标准草案等；依其强制性的不同，可以分为强制性标准、推荐性标准。具体举例，欧盟下属的三个体育方面的标准化技术委员会制定的标准就是区域标准；中国足协制定的《关于职业联赛俱乐部准入标准》是行业标准；《国家体育锻炼标准施行办法》是法定标准；而国家体育总局、教育部公布的《中等体育运动学校设置标准（试行）》则是试行标准；从体育场所管理入手，近年来国家体育总局陆续制定了多项《体育场所开业条件和技术要求》——强制性标准和《体育场所等级划分》——推荐性标准。从位阶角度看，体育标准有着与法律相似的特点，国际标准、区域标准、国家标准、专业标准、地方标准以及企业标准自上而下，比较明显。以地方标准为例，《标准化法》第二章第六条规定：对没有国家标准和行业标准而又需要在省、自治区、直辖市范围内保证统一的工业产品的安全、卫生要求，可以制定地方标准。一旦有了国家或行业标准，该地方标准即行废止。另外，行业标准、地方标准、企业标准不得与有关国家标准相抵触，有关标准之间应保持协调统一。

查阅中国标准信息网发现，目前国家体育标准有89条信息，其中强制性标准将近20条，主要是关于高危体育项目的规定，其余皆为推荐性体育标准。体育行业标准征集了6条，皆为推荐性标准，如《游泳、跳水、水球和花样游泳场馆使用要求及检验方法》。地方体育标准建设方

---

① 仲宇等：《中国体育标准体系的构建研究》，《西安体育学院学报》2005年第1期。

面，以 2007 年国家标准化管理委员会批准 223 项地方标准备案为例，其中地方体育标准占了 9 项，如《体育场所安全管理规范》。

值得注意的是，对于尚在发展中的一些领域，需要有相应的标准文件引导其发展或具有标准化价值，可以制定标准化指导性技术文件。如《北京市基层公共体育设施规范性建设指导意见（试行）》。

二 体育标准演变

新中国成立以来，我国在体育领域先后制定了大量的体育标准，如群众体育方面，1982 年发布的《国家体育锻炼标准》、1987 年国家体委下发的《全国体育先进县的标准和评选办法》《全国体育先进县标准的细则》；运动员、裁判员等级方面，1984 年发布的各项目运动员等级制度、国际裁判员和国家级裁判员考核办法，等等。这些标准都收录在我国的体育法规汇编当中，按体育法规对待。

现行标准体系是在 1988 年《标准化法》的基础上建立起来的，尽管《标准化法》具有明显的计划经济时代的特征，但是，它的一大进步是，规定了标准分为强制性标准和推荐性标准。《标准化法》第七条规定："国家标准、行业标准分为强制性标准和推荐性标准。保障人体健康，人身、财产安全的标准和法律、行政法规规定强制执行的标准是强制性标准，其他标准是推荐性标准。省、自治区、直辖市标准化行政主管部门制定的工业产品的安全、卫生要求的地方标准，在本行政区域内是强制性标准。"由此使得标准与法律逐渐剥离，即明确地将我国的标准从过去的"一经批准发布就是技术法规"的一种强制性标准，分为强制性标准和推荐性标准两种。依照《标准化法》第十四条的规定，强制性标准，必须执行。不符合强制性标准的产品，禁止生产、销售和进口。所以，强制性标准形式上是标准，实质上却具有法的强制执行效力。依此，而今的体育标准演化为两种情况：一般情况下，占绝大多数的推荐性体育标准没有法的强制效力；而强制性体育标准某种程度上继续扮演了"技术法规"的角色，具有法的强制执行效力。

三 体育标准体系建构

体育标准在我国大约于 20 世纪 80 年代出现，最早应用于体育器材方面。目前，对于体育标准体系的研究并不是太多，但是，相关研究为了构建体系还是给出了体育标准的范围、注意的问题等，比如 8 个方面标准的论述，即体育基础与通用标准、体育场所服务标准、体育设施设备器材标准、体育活动组织标准、体育组织评价标准、体育人员标准、体育科研标准和其他体育标准[1]。当然，还有研究按照对体育的划分给出了体育标准的范围，比如三分法，竞技体育、学校体育和社会体育，相对应地，就是竞技体育标准、学校体育标准和社会体育标准。如果按照四分法，除了前面的三方面，再加一个体育产业，体育产业标准[2]。两者相比，显然，前者的研究更加细化、科学、全面，从时间上看，前者显然距离现在更近。

在此基础上，有研究认为，构建体育标准体系应遵循明确标准对象区别、具备兼容性和扩展性、着重反映逻辑关系的原则，掌握体系目标定位、标准适用性分析、标准体系结构设计的方法，标准体系的最后成果应该是体系表、结构图体系表的编制说明以及实体标准汇编[3]。

通过体育标准体系的研究可以发现，体育标准研究明显具有"体系化""原理化"建构的特色，体育标准尽管还处在研究的稚嫩期，但是，体系建构已经成为研究热点，充分说明了我国学科知识研究所具有的特色。

第二节 体育规则、技术性法规与强制性标准关系梳理

一 关于技术性法规问题

技术性法规在我国存在着诸多问题乃至误解，首先就是正名问题，

---

[1] 雷厉等：《我国体育标准体系架构初探》，《武汉体育学院学报》2009 年第 11 期。
[2] 仲宇等：《中国体育标准体系的构建研究》，《西安体育学院学报》2005 年第 1 期。
[3] 赵英魁、刘晓东：《构建我国体育标准体系若干基本问题的思考》，《中国标准导报》2012 年第 6 期。

一是技术法规的名称究竟起源于何处？二是如何理解技术法规？我们先看技术性法规的名称究竟起源于何处？对于这个问题，有的研究认为，我国出现技术法规源于加入 WTO，即 WTO/TBT 协定中对英文 Technical Regulations 的翻译。而过去，我国几乎不用"技术性法规"这个词，我国的法律体系中也没有这个词语①。

这个观点有一定道理，但是，不一定正确。技术性法规在我国有着悠久的历史，技术法规这一名词，在加入 WTO 之前就已经在使用。当然，这可以找到很多证据，如国务院 1963 年颁发的《工农业产品和工程建设标准化管理办法》和 1980 年颁布的《交通部交通标准化管理办法》等行政法规、部门规章中就有关于"技术法规"的名词，这些行政法规规定，标准一经发布，就被视作技术法规。当然，有此规定的并非这一部法规，实际上，我国关于"技术性法规"的称谓很多，如"技术规程""技术规则""技术条例"，等等。不过，现在很多词在我国都有特定的含义，切忌乱用。而我国法律体系内的技术性法规与 WTO 中的英文名称"Technical Regulations"确实存在一定差异。

那么，到底如何界定"技术性法规"呢？这种界定有两种，一种是简单的拿来主义，直接把 WTO 的 TBT 协定中的"技术性法规"定义拿来即可。另一种是国内学者结合自己的理解做出的。有学者认为，技术性法规是特定的国家机关依照法定的职权和程序制定和颁布的，反映国家统治阶级利益的，以国家强制力保证实施的具有普遍约束力的一切规范性技术文件的总称，简称为法律技术规范，或直接称为技术法规。简言之，技术法规是上升为法律的技术规范②。还有的学者从技术性法规自身的特点出发，认为技术法规是指这样一些有强制执行力的文件，它规定了产品的特征或与其有关的处理过程和生产方法，以及相关的管理条款。具体到某一项产品、某一项处理或某一种生产方法时，它主要涉及相关的术语、符号、包装、标志或标签要求。换言之，技术法规就

---

① 王晓亮：《技术法规与标准分析及对策》，《中国质量技术监督》2005 年第 6 期。
② 朱宏亮等：《从标准与技术法规的关联区别谈我国技术法规体系的建设》，《标准科学》2010 年第 3 期。

是对产品的质量、外观、安全性、尺寸以及如何进行包装和标签的强制性规定①。当然，还有其他的定义，仅从这两个定义看，本书还是偏向后一个。这些技术性法规的制定和实施最起码要符合合法性目标。也许有人会问，体育法学探讨这个问题有实际意义吗？本书在前面探讨时认为，我国的体育产业目前还是以外围产业为主，与国外比存在巨大差异。有研究认为，体育在国民经济中的分类主要是球类制造业，配件制造，体育器材，训练健身器材制造，其他的体育用品制造，运动防护用具，体育场馆，体育组织，休闲健身娱乐活动，其他体育活动②。如此众多的体育行业需要技术性法规的保障。

二 关于强制性标准问题

强制性标准是我国特有的一类标准，具有法律属性。即强制性标准是依据法律规定判定的，但其理论依据仍然是标准化理论③。它的定义是根据某项普通法或被法规唯一性引用而强制使用的标准。同时，它包括三个构成要素：（1）与立法机关的目标一致；（2）被引用的标准体现的是立法机关的意志，即使推荐性标准被立法机关引用，也就变成了强制性标准，这一点与第一点有类同的地方；（3）被技术性法规引用的标准属性发生变化④。关于强制性标准应该与推荐性标准区分开的问题，1988年，全国人大常委会通过的《标准化法》第二章第七条规定：国家标准、行业标准分为强制性标准和推荐性标准。保障人体健康，人身、财产安全的标准和法律、行政法规规定强制执行的标准是强制性标准，其他标准是推荐性标准。这里要处理好强制性标准中的推荐性条款和推荐性标准中的强制性条款问题，对于后者"推荐性标准中的强制性条款"，毫无疑问，这种强制性条款当然就变成了强制性标准。对于前者，强制性标准中的推荐性条款要视情况而定，如果强制性标准中的推荐性条款和强

---

① 张明燕：《WTO与我国国土资源技术法规体系的建立》，《国土资源》2002年第3期。
② 王琦：《构建我国体育标准体系的分析与研究》，《当代体育科技》2018年第20期。
③ 程志军、李小阳：《技术法规和标准概述》，《工程建设标准化》2015年第1期。
④ 刘春青、于婷婷：《论国外强制性标准与技术法规的关系》，《科技与法律》2010年第5期。

制性条款没有关联，并且也没有其他法律法规要求强制执行，则按推荐性条款对待。除此之外，还是按强制性标准处理。

本书试以体育领域的两个标准举例：《大学生体育合格标准》和《中国成年人体质测定标准》。从属性上看，认为《大学生体育合格标准》是强制性标准，因为保障的是人体健康，由法律、法规规定并强制执行，学生体育不合格不能评奖学金，大学四年体育不合格不能毕业。而《中国成年人体质测定标准》属于推荐性标准，因为对于成年人没有铁定的尺子进行衡量。这其中就涉及前面提到的问题，比如大学生体育测试的指标属于推荐性条款，那就按推荐性条款对待；成年人体质测试的方法或者测试过程属于强制性条款，那就按强制性标准执行。

三 技术性法规、强制性标准与体育规则的关系

2000年，国家质量技术监督局发布了《关于强制性标准实行条文强制的若干规定》，在该规定的编制说明中宣称："强制性标准在我国具有强制约束力，相当于技术法规。"由此，从法律上确定了体育标准中的强制性标准与技术性法规具备一样的效力效果。实质上，强制性标准与法律关系的研究领域存在两种观点：一种是强制性标准等同于"技术法规"。这种观点主要体现在加入世贸组织的实践中，在不修改我国现行法律的基础上，为了满足世贸组织对标准的定义，在我国入世前夕，《关于强制性标准实行条文强制的若干规定》的编制说明中宣称"强制性标准在我国具有强制约束力，相当于技术法规"，明确了强制性标准的技术法规地位。为此，有研究认为：强制性标准"变身"技术法规，是我国在入世背景下形成的一道独特的"法律景观"，甚至是一个"法律怪胎"[1]。另一种观点则持否定态度，认为标准与技术法规虽有关联，但是两者性质截然不同，分别属于法律规范与标准两个不同领域。本书赞成第二种观点，从WTO/TBT协定清楚地看出，标准的本质特点是自愿性。从某种意义上讲，强制性体育标准的存在混淆了体育标准与体育技术法规的界

---

[1] 邓红梅、黄静：《关于强制性标准法律问题的思考》，《齐齐哈尔高等师范专科学校学报》2011年第3期。

限，使得体育标准问题进一步复杂化。为此，相关研究认为：强制性标准从本质上看仍然属于标准范畴，只是通过相关法律法规对其"强制性"进行了规定①。还有研究认为：应该逐步淡化标准的强制性，恢复其"非强制执行"的本来面目；在我国当前情况下，应逐步将强制性标准转化为技术法规②。现实也反映出国家对强制性标准的态度，即2016年，国家强制性标准数量大幅降低。拟废止的强制性标准比例占19%，拟转化为推荐性标准比例占33%，拟整合的强制性标准比例占11%，拟修订的强制性标准比例占13%，仅有24%的强制性标准结论为继续有效。

过去一个时期，体育标准与体育法规不分，体育标准成为一类体育法规。1988年颁布的《标准化法》标志着真正的标准化工作的开始，该法区分了强制性标准和推荐性标准，尽管对强制性标准的法律性质认识不一，使得标准与法律开始剥离。原则上讲体育标准与体育法规应该分属两类不同的规则，当前体育标准成为一个既包括体育法规，又含有强制性标准与推荐性标准的混合体。其中推荐性体育标准开始占据多数地位，从这个角度讲，体育标准化建设正朝着标准的"自愿性""非强制性"的本原特点发展。

综上所述，体育规则与强制性标准、技术性法规的关系是一样的，都是规则与法律的关系。未来，随着强制性标准的不断消退，即一些强制性标准转化为技术性法规，体育规则与这些强制性标准就转化为法律与规则的关系；一些强制性标准有可能转为推荐性标准，那么这些推荐性标准就从属于体育规则。

第三节　体育标准治理

一　体育标准治理的意义

有研究认为，体育标准对体育发展的意义体现在：第一，制定体育

---

① 朱宏亮等：《从标准与技术法规的关联区别谈我国技术法规体系的建设》，《标准科学》2010年第3期。

② 杨辉：《技术法规与标准的定位及我国技术法规体系的建设》，《航天标准化》2011年第2期。

标准、第三方认证标准的管理形式是政府实现现代化管理的要求；第二，企业对提升自主创新能力、赶超国际品牌、获得社会认可的愿望也正在形成标准需求的内驱力；第三，随着体育消费的不断增加，消费者需要通过体育产品的标准来甄别体育产品与服务质量[①]。本书赞同这一观点，但是，总体感觉还是略微偏向体育产业。

对于整个体育发展而言，体育治理标准的精细化符合体育的本质特点，有利于体育的全面管理。再者，体育标准治理可能更贴近体育实际，被体育接受，从而更符合体育发展的精神。

二　体育标准治理

（一）体育自治机制

体育标准的推行是一项艰苦工作，国外曾经采取立法推进标准的模式，但是效果不佳，最后还是通过社会自治方式取得了成功。前文所述，目前我国国家体育标准有89条信息，其中强制性标准占了将近四分之一，而行业性标准只有几条。当然，这与我国体育转型存在诸多问题，需要强化管理不无关系。未来体育发展，应该充分体现体育自治，发挥行业性标准的作用，因为"体育自治的实质是一种行业协会自治"[②]。自治的体育行业协会往往是自我规制组织，它们一般掌握比较充分的信息，规制的控制和实施成本比较低；规制与组织实际能够执行的标准之间的契合度较高，并且自我规制组织的规范性较低，因此，修正标准的成本也比较低[③]。

（二）开放机制

体育标准推行是一个不断"试错"的过程，通过吸收与甄别体育实践中的经验和错误，以此对体育标准治理的策略进行纠偏和完善，不断适应体育发展的需要。《国家体育锻炼标准》从颁行到终止实施是一个很好的实例，1982年颁行的《国家体育锻炼标准》促进了学校体育

---

① 彭菲、林莉：《我国体育标准研究现状综述与展望》，《中国标准导报》2015年第2期。
② 彭昕：《体育自治原则的法理解读》，《天津体育学院学报》2010年第6期。
③ 杨志强、何立胜：《自我规制理论研究评介》，《外国经济与管理》2007年第8期。

工作和体育教学、提高了学生体质健康水平、吸引了人们积极参加锻炼活动[①]。但是，实践中不断出现的诸多问题（如评分标准不合理、评分方法存在缺陷等）以及难以调和的矛盾（如与体育教学的矛盾）使得《国家体育锻炼标准》再也难以适应时代发展，最终被其他标准所替代。

开放机制是体育标准有效治理的基础。作为软法，体育标准具有的开放性特征使得体育标准规则体系的自我调整成为可能，体育标准规则的适用性更强、时间更持久。

（三）民主协商机制

民主协商机制是体育标准治理的本质体现，标准制定过程中体现的协商一致已经成为原则性要求，它包括标准的制定过程中利益各方的相互协商与理解；也包括政府与标准化组织之间的互动协商。哈贝马斯程序民主思想中有一个核心概念是"商谈政治"，它所包含的民主因素能够确保尽可能广泛的参与、多数人的统治、多重选择，其着眼点在于合理地推动一致意见，从而省略了一些重要的内部分化[②]。从本质上，体育标准治理应该是这种程序民主的商谈政治的具体折射。当前，体育标准制定的实践过程中，虽然也有一些调研，但是缺乏广泛的参与，几位专家起草人在调研基础上，借鉴相关材料，体育标准就此而生。参与程度低、缺乏沟通，可能与人们不了解以及制定标准不如制定法律那样影响大有关，例如《全民健身条例》出台前夕，通过网上征集了很多有益的建议，为正式颁布实施做了积极铺垫。为此，应该加强体育标准的宣传力度，充分利用现代信息技术，加强相关各方的互动与沟通。

（四）市场机制

标准与市场相互依存、密不可分，市场是标准的动力也是标准的目的。具体而言，市场需求决定了标准的主要内容和发展趋势，反过来，标准又是规范和协调市场经济正常运行秩序的依据。在治理中引入市场机制是现代公共治理的一个重要制度安排，而体育标准化过程应该更好地

[①] 黄勇前：《〈国家体育锻炼标准〉出台背景、实施情况研究》，《体育文化导刊》2005年第5期。

[②] 哈贝马斯：《在事实与规范之间——关于法律和民主法治国的商谈理论》，生活·读书·新知三联书店2003年版，第380页。

利用这一机制。

体育商品生产与经营由体育市场需求定位,通过体育市场调研,不断将需求信息加以充分地揭示与发掘,包括收集、识别、评价和转换,其中转换就是制定体育标准的过程。体育标准制定出来要经受市场检验自不待言。而"标准具有规范秩序的社会属性"[1]。以市场机制实施标准,体育标准能够规范体育服务质量、准入条件、体育设施和设备的质量、从业人员职业资质等,从而有力地保障体育市场正常的运行机制。所以,引入市场机制是体育标准治理方式中的一个重要变革。

(五)体育标准治理外在作用机制分析

在"法即硬法"的传统思想下,强制力是法律的主要特征。随着"体育标准治理"现象的兴起,非强制性的作用机制逐渐彰显。

虽然体育标准存在着强制性标准、推荐性标准,从而导致不同标准的实施方式存在差异,但是,无论是什么标准,即使是强制性标准也不例外,通常只是规定了"标准是什么"的一组经过实践检验了的数据或者一套模型,并没有就"如何实施标准"以及"违反标准应当承担的法律责任"做出规定。另外,诸多国外体育标准化的实践看出,绝大多数体育标准不是由国家制定的,如韩国只有一家国家级的认证机构,而民间的认证机构有4—5家,日本标准的实施完全靠企业自律。实质上,体育标准发挥作用,第一,靠的是"社会为确保它的实施而组织起来的约束力",如直接依据那些赋予这种体育标准以执行力与适用力的硬法规定。第二,靠的是"谴责—丢面子"带来的"出局"压力来实施,不符合或违反某个体育标准必须承担"出局"的责任后果,如体育协会或联盟的会员必须遵守某项标准,否则会被停止会员资格甚至被开除会员资格。为了避免这种尴尬局面的出现,人们就会有动机遵守这些没有国家强制力的体育标准规则。第三,靠的是市场作用与政府的积极引导,市场机制是体育标准发挥作用的重要机制,市场是标准的动力也是标准的目的。在确保健康安全的基础上,由市场的消费者主体进行选择,同时政府通过非强制性的行政权力运作方式,如行政指导、政府采购等方式

---

[1] 胡延龄、黎昀:《标准与市场秩序》,《中国市场》2005年第8期。

来引导市场选择体育标准，能够收到更好的效果。

体育标准治理是非强制性的具体体现，如若一味用硬法机制可能会导致体育标准化的失灵。当前，我国体育标准化工作刚刚起步，对高危项目或公共体育场所安全要求进行硬法规定或强制性标准要求的确有必要，这样能够快速建立起有序的体育经济服务秩序，保障体育经济快速发展。但是，如果过分夸大硬法机制在体育标准化建设中的作用，将强制力任意扩展到推荐性体育标准领域（推荐性标准经过法律引用，也可以具有法律强制力），可能会出现政府管制失灵的情况，这样有违标准的本质初衷。

三　法治视野下的体育标准治理

（一）降低体育法治与体育发展的成本

我国正处在市场经济建设转型期，由此决定了法治建设的转型。体育法治建设是法治建设的缩影，同样面临着由政府主导型向法律约束型的转变。在这个转型过程中，体育法治承受着阶段性高成本的风险，主要包括立法与执法两个方面。从立法角度看，《体育法》早在1995年就颁布实施了，近年来，修改《体育法》的呼吁一度高涨，为何迟迟未见动静，这其中高昂的立法成本（修改法律也是立法的一种形式），恐怕是一个不得不考虑的因素。

这种情形下，探讨体育标准治理问题，有助于推动体育法治和体育发展成本的降低。首先，对体育标准提出法治化要求，使体育标准治理与硬法的目的更加趋向一致，本身就是节约成本的一种具体体现。其次，体育标准在其调整领域内，因为具有制度变革的回应性、制定过程的协商性、制度安排的合意性、实施方式的非强制性等特点，能够以较低的创制、实施与遵守成本，理顺各种体育关系。最后，体育标准治理在创制、制度安排过程中体现出来的优点对体育法治建设（硬法）能够起到一种引领、示范作用，由此可以弱化甚至减少二者的对抗与冲突，无疑降低了各种成本、提高了效益。

（二）体育标准治理是彰显实质法治精神的途径之一

从原始意义上看，体育标准常常是一组数据、工序或者模型，但它们体现的是客观、中立、科学、理性,体育标准化过程已经将原始意义上的体育标准演化为一种治理模式,而这种治理模式传递的是一种实质法治的精神。

法学上有形式法治与实质法治之论争。形式法治论,只关心法治的形式要件,但不考虑法治的实质内容和价值目标。实质法治论,不仅要求法律要合乎形式要件,更要合乎实质内容①。作为一种价值判断,实质法治表达的是法治要求合乎正义、公平。实践证明:硬法的实质法治精神很容易随着时间的推移而受到质疑与挑战。再以《体育法》修改为例,诸多研究认为,《体育法》具有计划经济时代的烙印,体现的是国家本位。为此,应该全方位修改《体育法》,特别重视对体育权利的保障。由此看出,诸多非议反映的是人们对《体育法》的实质法治精神的质疑。实质法治精神是一种生生不息的法治资源,要保持这种法治精神,必须对体育领域出现的问题做出及时灵活的反应。作为体育标准,在实施过程中所表现出来的广泛参与与协商特征有利于这种实质法治精神的不断汲取。再者,良法是实质法治论的核心内容之一,良法在内容上必须反映客观规律、体现正义、促进社会进步,同时良法也要求形式上的科学性②。而体育标准恰恰是一组经过了一定的实践验证,客观、科学化了的数据或模型。某种意义上讲,两者是一种暗合。

(三)推动体育法治建设目标的全面实现

倡导体育法治,实质上是尊崇法律权威的存在。以往理解体育法治建设往往是从硬法角度,诚然,硬法是实现体育法治目标的基础。但是,单靠硬法显然无法完全胜任全面实现体育法治目标的重任,只有破除国家中心主义观念,真正实现了硬法与体育标准治理的优势互补,才能形成体育法治合力。

首先,就体育标准探讨其治理问题,有助于拓宽体育法治领域,全面认识与深刻理解体育法治建设内涵,我们一直认为体育法治精神和法

---

① 车传波:《综合法治论》,《社会科学战线》2010 年第 7 期。
② 陶红武:《论以良法标准指导我国的立法》,《西南科技大学学报》(哲学社会科学版) 2009 年第 6 期。

治原则是体育法治建设的灵魂。其次，体育标准治理能够使我们更加辩证地、能动地体会刚性的体育法治目标和弹性的体育法治化之间的关系、客观优化与主观满意的互动平衡关系以及实现诸如公平与效率等不同体育法治目标之间的关系。再次，体育标准治理使得体育法治资源得到合理配备，体育标准治理与硬法在体育法治化过程中各有不及的地方，硬法任意进入体育组织内部，恐怕不会收到较好效果，所以，司法介入体育领域方面的研究值得回味。为此，两者应该各施所长、各得其所。最后，从体育法治化的过程与方式看，体育标准治理不再意味着简单的国家强制，而是寻求更加开放与多样化的治理方式，自愿与强制并肩而行。

体育标准治理的出现使我们认识到：体育法治呈现的是一种混合结构，而非只有硬法的单一构造。体育标准治理能够在较大范围内激发民众参与热情，运用更加多样化的制度资源，采用更合理的方式，从而更加广泛全面地推动体育法治建设目标的实现。

思考题

（1）怎样看待体育标准的变迁？体育标准是法律吗？

（2）如何看待体育标准治理的法治意义？

（3）如何理解体育规则、技术法规和强制性标准的关系？

第 七 章

体育规则的另外一种解释

第一节 吉尔茨"地方性知识"理解

一 地方性知识定义

什么是地方性知识？美国人类学家吉尔茨并没有给出明确的定义。主要因为地方性与非地方性具有很多高度特殊的区域与历史内涵，这些内涵并不总是适应于其他民族志的情境，导致比较归纳相当困难[①]。在吉尔茨的论文集——《地方性知识》的最后章节中讲述了一个地方性知识的经典案例：由于对村议会没有采取措施把瑞格瑞格离家出走的妻子找回来，他非常不满意，由此拒绝担任村议会轮值的义务。最终他被村议会驱逐，失去了他在村庄中的一切，离开一个和谐的社群，最终他只有倒下来死掉。尽管新来的地方首长用符合现代精神的讲话来劝导民众，民众肯定首长的讲话，也承认自己的落后，但是，该村固执的规则把瑞格瑞格逼疯了。没有人能否认此处有一种强有力的法律意识的存在：这种意识有其形式、个性、固守不变，并且不需要借助于法学院、法学家、重新说明、期刊或者界标判定这类东西就已有一种坚定、成熟且几乎是固执的自我认识[②]。后来，若干研究者根据时代发展以及各自发展需要分别尝试着给出了各自的定义，比如认为地方性知识是一种传统知识；地

[①] P. Roy Ellen, Peter Parkes, and Alan Bicker, eds. *Indigenous Environmental Knowledge and Its Transformations: Critical Anthropological Perspectives*, Amsterdam: Harwood Academic Publishers, 2000, p. 356.

[②] [美]克林福德·吉尔茨：《地方性知识》，中央编译出版社2000年版，第232页。

方性知识是一种本土知识等,甚至提出了地方性知识应该与公民知识或者精英知识相对,乃至与全球化知识相对的观点。现在我们已经知道,地方性知识不是指任何特定的、具有地方特征的知识,而是一种新型的知识理念。不同于劳斯的地方性知识概念,即一种哲学实践意义上的概念,时至今日,这个概念自产生以来,一直作为一个不言自明的术语存在。尽管如此,出于本书研究的需要,总结了以往有关概念,还是借用了一个概念,地方性知识是某个地域范围内的人类群体通过与周边的生态环境长时间的互动与适应,形成了具有地方性特征的一类文化现象,且在不同的代际进行传递与延续[1]。

二 地方性知识内涵

有学者认为,理解地方性知识应该从两个层面展开:地方性知识是一种新的知识观念,它更多地提供一种认识论和智识上的启发,它首先具有批判的意义,其次才谈得上实质性的和建设性的意义[2]。

地方性知识也有其具体、实在的内容,是与现代科学知识相对而言的那些知识,是在一定情境中具有实际意义的规范、价值、认知模式等,往往与地域性、传统性、多元性、经验性和民间性相联系[3]。由此看出,理解地方性知识的内涵应该到地方性的情境中去。具体而言,地方性知识与多元化文化密不可分,相较一个国家、民族的主流文化而言,一些区域性或者少数民族文化成了地方性知识,如前文提到的吉尔茨文集中的瑞格瑞格事件,他被村议会开除好似离开了一个和谐团结的集体,只能是躺下来死去。他的心中始终存在着这样一种观念,而这种观念只能到他们的社会中才能被理解。

对此,有研究认为:每一种地方性知识都具有自身的价值取向、解释系统和资料积累框架,以及各自的逻辑推理的规范。不同之处仅在于,地方性知识的这整套内容只适用于相关民族或特定社群,其他民族或其

---

[1] 蒋培:《国内外地方性知识研究的比较与启示》,《青海民族研究》2015年第4期。
[2] 盛晓明:《地方性知识的构造》,《哲学研究》2000年第12期。
[3] 王静:《"地方性知识"对中国现代化问题的启示》,《重庆科技学院学报》(社会科学版)2011年第12期。

他社群由于不了解、没有学习过，而无从知晓，更谈不上发挥效用①。以足球文化为例，相较于体育文化应该是一种地方性知识，足球文化中的转会制度对于一般的体育人而言，可能不太懂或者不了解。可是，对于足球领域的运动员则时时刻刻上演着转会行动。

三　地方性知识外延

理解地方性知识，可以将其看作一种区域性知识系统以及一种开放性知识。前文谈过，地方性知识不是在特定区域或者某一特定地方的意义上说的，因此，它强调所有知识的平等与特性，反对以西方文明为中心的文化中心主义，任何一种地方性知识都有无可比拟的独特魅力。在此，地方性知识具有了文化批判、实质性的和建设性意义，某种程度上甚至将它与后现代主义看齐。另外，将地方性知识看成一种开放性知识，这是在另一个情境中通过开放性不断转换获得的。这种转换意味着地方性知识在不断地发展和超越自己。地方性知识虽然区分于普适性知识，但是，并不是说其不具有真理性，我们应该关注以及反思将地方性知识当作普遍性真理的思维和行为模式。最后，从外延看，它同时包含有关异文化经验、观念的两个层面，囊括了人类学文化概念的一切所指层面。也就是说，人类学视野中的一切文化现象和文化行为，从行为到观念，从风俗、习惯到法律、制度，从艺术到科学、技术再到几乎所有的社会组织、生产生活等，都可纳入地方性知识的范畴②。

第二节　吉尔茨"地方性知识"视野下的体育规则

一　现代奥运项目规则是一种普遍性知识

普遍性知识与地方性知识相对，同是知识结构的两个方面，二者辩证统一。关于普遍性知识研究的文献不是太多，在不多的文献中有些谈

---

① 杨庭硕：《生态人类学导论》，民族出版社2007年版，第105页。
② 李清华：《地方性知识与后工业时代的设计文化》，《南京艺术学院学报》2013年第3期。

到了普遍性知识的性质，将普遍性知识进行了划分，一是绝对普遍性知识；二是相对普遍性知识。对于第一种绝对普遍性知识，研究者将共识或者同意归入其中。从实践来看，体育规则应该属于绝对普遍性知识，因为对于体育规则的普遍认同或认可使得全世界的人走到一起。现代奥运会起源于19世纪末期，发展至今已有一百多年历史，很多体育项目规则也随着时间的推移而不断变迁完善，这里变化比较大的如前文所说的乒乓球规则（虽然这个项目进入奥运会的历史不是太长即1988年）、体操规则等，所有奥运会项目规则已经被全世界熟知。

体育最讲规则，体育与规则有着天然的契合。全世界体育项目越来越多，参与体育的人也越来越多，似乎人们对体育的理解并没有障碍和隔阂，其中体育规则起到了重要作用，某种意义上说，体育规则起到了一种普遍性知识的作用。比如，举重一定要按照体重差别分别进行比赛、百米跑一定要在同一起跑线处起跑、全世界各地的人们在一起按照一定的规则踢足球比赛等。有研究将地方性知识进行了层级划分，地方性知识下面又分为，一是固有的地方性知识；二是可传播的地方性知识，而可传播的地方性知识又细分为强、弱可传播的地方性知识[1]。借用这个理论，意义地理解普遍性知识，可以看出普遍性知识属于可传播的知识，并且可传播性就是普遍性知识的本身特点之一。由此推演，体育规则具有传播性。世界各大体育组织每年都会发布当年新修订的本项目规则，这个规则很快就会到达世界各地，各地的人们就能够很快清楚规则的变化，进一步与规则看齐，了解与参与该项目的活动和发展。具体事例如中国足协的章程，与亚洲足协章程以及国际足球协会章程相似，和法律相互抵触的章节与它们如出一辙，凸显了可传播性特点。

体育规则是一种普遍性知识，因为这种知识"得到了更多的实验室的检验，能够回答比当地更多的问题，能够被更多的科学共同体所接受"[2]。

---

[1] 次仁多吉、翟源静：《论地方性知识的生成、运行及其权力关联》，《思想战线》2011年第6期。

[2] 安维复、郭荣茂：《科学知识的合理重建：在地方知识和普遍知识之间》，《社会科学》2010年第9期。

体育规则在体育领域中起着至关重要的作用，它决定着体育行为和技术的正确与否。有研究认为：一旦没有了项目规则，体育将变得毫无组织性和竞争性可言①。具体而言，体育规则的作用主要有三个方面：第一，体育规则体现在正向功能上，包括运动员应该知晓什么、做什么；第二，体现在竞赛方面，明白什么样的技战术能够达到什么样的目的；第三，体育规则还体现在禁止性功能方面，主要就违规动作和行为而言。体育规则种类繁多，有学者从哲学角度将其分为两类：一类是构成性规则，另一类是规范性规则②。当然，也有研究引用了英国学者的分类，将其大致分为四类。暂且不论这些分类是否全面合理，作为体育领域的普遍性知识，由于最贴近体育实践，往往在具体体育实践中起着"定分止争"的作用。当然，作为普遍性知识的体育规则在前一个时期里还存在着自己的"偏见"，一些体育规则公然与地方性知识的体育法律相抵触。目前，追求地方性知识，强调法律至上，达成体育法治目标是当务之急，这与国家建设目标一致。未来，强调体育自治，突出普遍性知识的作用，从而达到地方性知识的"无为"。

当然，除开这些普遍性知识——体育规则，体育领域还有小部分的体育惯习或习惯，这一部分应该属于地方性知识范畴，这部分地方性知识不同于前者谈到的以法律为代表的地方性知识，比如中国队有在竞技体育比赛中根据各种需要，主要还是爱国主义，内定比赛的习惯。比如曾经有一个时期，在小球类比赛中打到最后，与国外选手争夺冠军，就会考虑国内谁与国外选手较量最有把握取胜，为此，国内个别选手就会为了大局让出比赛，确保另一名选手与国外选手对峙。这种体育习惯可能只有某一地区或者国家所有，有时体育习惯的力量不容小视。

二　少数民族体育项目规则是一种地方性知识

世界民族林立，各民族都有自己喜爱的体育项目。以中国为例，我

---

① Robert C. R. Siekmann：《体育规则：足球规则修改与集体项目规则的比较研究》，《体育科研》2014 年第 6 期。

② 刘淑英、王建平：《哲学视野中的体育规则》，《体育文化导刊》2005 年第 4 期。

国幅员辽阔、地大物博，有着广为人知的56个民族，每一个民族都有自己的体育项目，很多文献显示，各地都在整理各自的体育项目，如甘肃、广西、广东等。为此，我国专门设立了全国少数民族传统体育运动会，举办至今已经有11届，当然，各地也举办各自的少数民族运动会，举办运动会需要体育项目，更需要体育竞赛规则，有些项目受地域限制，项目不普及，参与的人较少，对于规则也较为陌生。以木球比赛为例，木球是回族的传统体育项目，宁夏是木球运动的发源地，宁夏民间的木球游戏又称"打毛球"，毛球不是木制球体，而是羊毛制作的"毛旦球"。相传"打毛球"是放羊娃们在荒滩野地上开展的娱乐活动，用手中的鞭杆木棒争相击打"毛旦球"，也称为"打毛球"。如果你没有观看过比赛，可能就不知规则要求以及如何比赛。

由此看出，作为少数民族体育项目，它的规则体现的是地方性特征，具有自身特定的价值取向、解释系统和资料积累框架。比如它源于实践或者源于工作之余的休闲娱乐，可能是小范围的一种文化。

三　两种知识系统的转换与悖论

前面两个问题阐明了普遍性知识和地方性知识虽然是两个并行系统，但是，二者一方面并非完全独立，它们能够相互转化，甚至相互融合。其中地方性知识转化为普遍性知识似乎是一种主流。从另一方面看，二者确实又存在着悖论，对地方性知识的确认某种意义上意味着对传统的一元化的科学知识观的颠覆与解构，它强调知识总是在特定的环境中生成并得到维护，否认普遍性知识。再者，地方性知识常常意味着多元文化，也就是说地方性知识意味着各地文化存在差异，

普遍性知识和地方性知识可以相互转换，尤其是地方性知识向普遍性知识的转化。以跆拳道项目为例，该项目源于花郎道，具有上千年的历史，韩国将花郎道的各种技击方法整合，命名为跆拳道。2000年悉尼奥运会将其列为正式项目，自此，跆拳道项目规则在全世界流行。按照奥委会的规定，每一届奥运会所设项目不超过28项，后来又规定，从2020年起奥运会所设核心项目25项，以后每届固定25个项目，另外，最多可增设3个临时项目。根据这些规定，有些项目会被奥运会淘汰，

这样，一些项目规则由普遍性知识逐渐转化为地方性知识，历史上这样的项目不少，比如板球、兜网球、摩托艇、高尔夫球项目，等等。某种意义上，它们的规则由普遍性规则逐渐变化为地方性知识，现代很多人可能不知板球的各项规则，同理，对于摩托艇项目也是如此。

第三节 体育法律是一种地方性知识

一 法律是一种地方性知识，体育法律更是一种体育领域内的地方性知识

"法律是一种地方性知识"作为一个论断由吉尔茨提出，越来越得到法学家们的青睐，当然，质疑者也不在少数。照此类推，"体育法是一种体育领域内的地方性知识"的命题也应该可以成立。法律虽然某种程度上讲是一种放之四海而皆准的知识，并且我们一直在讲法律全球化问题，但是，它总是与特定的文化相关联，为此，特定的价值判断、道德规范与观念都应该考虑到国家立法之中。尤其具体到《体育法》，《体育法》本身就是一种文化，它的出台与我国体育文化以及体育法文化密切相关。比如体育文化崇尚集体文化，体现在《体育法》中就有相关的法条，《体育法》第二十七条规定：培养运动员必须实行严格、科学、文明的训练和管理；对运动员进行爱国主义、集体主义和社会主义教育，以及道德和纪律教育。尽管世界上很多国家已经出台了《体育法》，并且它们都表达了一定的文化选择趋向。具体而言，从条款上看，《体育法》1995 年颁布的时候共有 56 条，现在经过两次修改条款变为 54 条，在这 54 条当中竞技体育章节一共 10 个条款，多于学校体育（7 个条款）、体育社会团体（5 个条款）和社会体育（7 个条款），缘何竞技体育章节条款要多于其他各项内容？一个主要因素在于《体育法》起草于 20 世纪 80 年代，彼时我国正处于竞技体育腾飞时代，《体育法》关注竞技体育自然要多一些。另外，从较为抽象层面看，很多学者研究《体育法》的价值问题，多认为《体育法》体现的主要是一种管理秩序，或者说体现更多的是一种秩序。应该转变这种立法理念，突出体育权利、以人为本。究其原因，20世纪 80 年代我国正处在计划经济时代，政府管理体育，在体育发展中起主导作用无可厚非。除开具体的体育法，在体育法律体系中还有其他法规，有的在颁布时间上可能早于《体育法》，但是，它们体现出的若干特点都与当时我国的年代背景密切相关，比如行政立法主导特点，即很多法规源自国务院以及体育最高行政部门。进一步而言，20世纪90年代我国的体育产业勃兴发展，作为体育法律体系一个重要组成部分的地方体育立法快速跟进，各省市一大批关于体育产业的立法纷纷出台，有力地保障了体育产业的发展。我们曾经有一个计划，20世纪末期到21世纪初期，基本建成中国的体育法律体系，目前，这个目标基本达成。

二　对"法律是一种地方性知识"论断的思考

上述凡此种种，无不印证了"法律是一种地方性知识"的论断。吉尔茨认为：法律是建立在特定的语境之下的一种本土化资源，具有时代性和地方性[1]。现在很多人批评体育法，认为无论从立法宗旨到立法技术每个环节都要进行大的修改，但是，我们不能忘了，理解一种法律必须站在地方性的、当时的文化背景中去解释，吉尔茨还认为：一个模糊物体的真实画像只能是模糊的而不可能是清晰的[2]。

尽管我们现在强调法律全球化，但是，必须认清各国体育法存在的差异，比如，有学者认为：中西法律的形成和有关对法律的理解从一开始就确确实实是遵循两种不同的道路[3]。

以中英两国体育法为例（英国主要以贝落夫等撰写的体育法为例），英国体育法作为西方体育法律的代表，注重自然法价值、关注职业体育运动、突出保障运动员的权益，我们国家可能更兼顾体育发展的各个方面，某种意义上是一种衡平。最后，吉尔茨曾经说过文化是一种地方性知识，法律作为一种文化，应该是一种地方性知识。

---

[1] 刘青山：《格尔茨的"地方性知识"对中国法治建设的启示》，《中国石油大学胜利学院学报》2012年第2期。

[2] 梁治平：《法律的文化解释》，生活·读书·新知三联书店1998年版，第126页。

[3] 梁漱溟：《东西文化及其哲学》，商务印书馆1999年版，第24页。

三 对两种"地方性知识"的理解

少数民族传统体育项目规则是一种地方性知识,但是,它明显区别于"体育法律是一种地方性知识"的论断,从性质上讲,它们是两种性质不同的规则,类似于哈耶克的内部规则和外部规则。二者在知识内涵和样态上可能截然不同,对于不同的本土社区,现有的社会环境、文化资产和社会背景可能截然不同,因而他们所认为的有效、合法并经过多年时间检验的知识和智慧也可能不同[①]。但是,少数民族传统体育项目规则作为一种内部规则,应该是集合了哈耶克重叠规则结构中的两个层次,即第一层次和第二层次,一般而言,体育规则属于第二层次,习得的规则。对于少数民族传统体育项目规则而言,除了是第二层级的规则还应该考虑第一层级的规则,遗传规则,出于对本民族文化的保护和发展,他们对本民族运动项目的热爱是发自内心的、刻在骨子里的,必须使本民族运动项目规则代代相传,作为遗传规则在其中起着重要作用。也许这正是少数民族传统体育项目规则的一种特殊性。毫无疑问,体育法律是外部规则,也许两者并没有明显的交集,但是,《体育法》第六条规定:国家扶持少数民族地区发展体育事业,培养少数民族体育人才。也许能够给我们一定的启示。体育法律这种建构规则的诸多理论问题将在下一篇中论述。

四 新形势下体育法治建设多元化分析

从地方性知识视角探讨体育法治建设问题,首先,可以从法律多元角度入手研究体育法治建设问题。体育法治建设是一项系统工程,它的实现需要经过一个漫长过程,绝非建成一个体育法律体系所能涵盖的,应该用更加宽泛的思维看待体育法治建设问题,避免用狭隘的形式主义来理解体育法治建设,作为一种普遍性知识的体育规则在体育领域中最贴近体育实践,广泛地操控着体育领域。所以,体育法治建设除开体育法律体系建设,还应该包括体育规则建设,普遍性知识和地方性知识都在

[①] 李长吉:《论农村教师的地方性知识》,《教育研究》2012 年第 6 期。

体育领域里发挥着各自作用。其次，从体育法治发展模式角度讲，同中国社会发展一样，后发外生的体育法治建设不能简单移植国外的普遍性知识和地方性知识，尤其是地方性知识——体育法律，即使对于普遍性知识也不能随手拈来，这方面最突出的例子就是足球运动员转会制度。最重要的是构筑体育法治内在的深层次的普遍性知识根基（这种普遍性知识可能比表面化的知识更为深层，比如一个项目的发展规律等）。当然，在中国体育法治建设问题上，存在一种误区，即地方性知识上我们缺乏一种深层次的东西，具体到体育法律，就是缺乏体育法律信仰，也就是说，我们的体育法治建设得不到价值理念和法律信仰的有力支撑，尽管引进移植了很多体育法律制度，但是，很难开花结果。

目前，两种知识系统呈现出越来越多的融合性，如前文谈到的两个事例，但是也绝非没有矛盾出现。前一个阶段，体育领域拒绝司法介入，很多案件已经违法犯罪，还是不让法律解决，即拒绝地方性知识。普遍性知识没有太大问题，关键在于地方性知识，特别在法律全球化趋势下，人们对体育的公平、正义、人权的追求是趋同的，但是我们不应该忘记，虽然世界各地的体育法有着如此多的、共同的法律属性和特质，然而，我们面临和需要解决的诸多问题是不同的。以中国《体育法》为例，下一步修改《体育法》，我们面临的主要问题就是：如何面对下一步的体育改革？如何体现体育改革带来的丰硕成果？

思考题

（1）如何看待体育规则是一种普遍性知识？
（2）如何看待体育法律是一种地方性知识？
（3）体育规则和体育法律能否相互转换？
（4）地方性知识视角下如何进行体育法治建设？

第八章

体育领域的"潜规则"

第一节 相关概念含义与辨析

一 规则与潜规则释义

规则一词所对应的英文并不单一,如(Rule & Regulation),它们在释义上均有所侧重因而呈现出语境的差异。在中国《汉语词语》中,规则被释义为万物运行规律所依循的法则。俞江认为"'规则'存在于人类语言之中"[1],它不是实在的物质,不具备高度、深度、广度等可以测量的外在属性,也没有颜色和重量;无法通过特定的符号与意义的对应关系来概括自身;在现实世界中找不到确定的对应物,只有在场景的疏离中才能被我们感知[2]。而潜规则是指"未被察觉或不具备形式正当性的规则"[3]"它是人们私下认可的行为约束"[4]。从名称形式的相似性到概念外延的共性,可知,潜规则寓于规则之中,两者是一种包含与被包含的关系。

(一)一元观视域下的潜规则

陈红艳的一元观,即潜规则只有不良的一面。在《明规则虚化与潜规则盛行》一文中,以《红楼梦》中薛蟠与人争抢丫鬟,将无辜之人冯

---

[1] 俞江:《规则的一般原理》:商务印书馆2017年版,第2页。
[2] 俞江:《规则的一般原理》:商务印书馆2017年版,第39页
[3] 吕小康:《社会转型与规则变迁》,南开大学出版社2012年版,第35页。
[4] 吴思:《血酬定律——中国历史中的生存游戏》,四川人民出版社2013年版,第307页。

渊打死这一事例引出潜规则，为后文明规则与潜规则的厘定做了铺垫。明规则是明文规定的法律法规。"潜规则是隐藏于社会正式规则之下，背离社会正义观念或正式制度，以获取最大私利为终极目的并能够在社会大行其道的一种行为约束"①，它是一种与明规则、显规则不同，又区别于元规则的规则。也正是基于对事物间关系明晰命名的习惯，使得"规则"在称呼上对"潜规则"做出一种应变性反应，这也就是"明规则"一词的由来。基于称呼的转变，使"规则一词处于非常尴尬的境地"的局势得到了缓解，但不可避免地产生了对规则的新认识：其应该包含明规则与潜规则以及还未提及的软规则。从命名的角度，三者兼具"规则"字样的共性特征，似乎使"规则"被迫成为一个统称性表达也变得顺理成章。对于学界对风俗习惯、伦理道德等一类社会规范的划分，陈红艳肯定了其具有规范、影响人行为的作用，但并不属于潜规则，而是以软规则著称。这正是其观点鲜明的地方②。

（二）二元观视域下的潜规则

韩新君等人以体育领域潜规则现象为论述的着眼点，其中，就潜规则问题进行了辩证的二元分析。在《体育竞赛中的潜规则及其治理》一文中，从体育竞赛的角度阐述潜规则的概念，指出体育竞赛潜规则是存在于体育竞赛之中，又与显性化的技术性规则和社会性规则相区别的规则，它被参与体育赛事的主体所认可和暗自遵循。这种规则能为实施行为的主体带来收益，或者给他方带来伤害，它是与体育竞赛主流价值观相悖的不成文规则或规范③。在文中又通过列举的方式介绍了体育领域特有的潜规则现象，并由现象归纳体育领域潜规则的特征。

体育竞赛与社会体育、学校体育同是体育领域的重要组成部分。文中虽仅就体育领域竞技体育部分潜规则进行列举就足以让人咋舌。组织竞赛、竞赛中、竞赛结果判定、奖惩以及精神利益等，潜规则贯穿于赛

---

① 陈红艳：《"明规则"虚化与"潜规则"盛行——探析腐败犯罪的一项重要原因》，《理论月刊》2011年第12期。
② 陈红艳：《"明规则"虚化与"潜规则"盛行——探析腐败犯罪的一项重要原因》，《理论月刊》2011年第12期。
③ 韩新君等：《体育竞赛中的潜规则及其治理》，《成都体育学院学报》2014年第8期。

事的各个环节。台前幕后潜规则事件轮番上演,主导了多少不为圈外人所知的黑暗?它侵蚀着公平、正义的体育精神,与体育领域倡导的价值观念背道而驰的行径,尽现了竞赛中体育潜规则丑陋恶劣的一面,必须加以肃清似乎成为治理潜规则刻不容缓的决定,但后文,潜规则却在惩处办法中获得了一线转机。从效用上讲,潜规则不尽然是坏的、恶劣的,还有能够弥补体育法律空白的效用。更多的是在体育发展过程中人们自觉形成的以体育习惯为例的潜规则,对这部分潜规则,韩新君等人没有再做明细的划分,这是与三元观所不同的地方。从治理主体的复杂性以及社会多方影响因素方面进行考量,治理潜规则的可行性方案必须经过全方位考虑而制定。惩罚恶性、弘扬善性不失为治理潜规则的一项正确举措。文中在治理建议中提到,应适时地将优良的潜规则上升为显规则,这一做法既为解决问题提供了方略,又从侧面反映出潜规则具有良性的一面。体育习惯中很多成分是被人们所普遍接受的,很大程度上有助于秩序的维护和领域的团结,属于良性的潜规则,应当予以保留。从惩罚恶性行为的角度,严肃处理具有危害性的潜规则(不良潜规则),体现出的是对潜规则中不良一面的否定,应从完善立法、加强监督、加快民主进程,坚持贯彻与依法治体相结合来遏制不良潜规则的发展,是维护体育竞赛秩序稳定与体育发展的关键[①]。

(三) 三元观视域下的潜规则

吕小康在其《社会转型与规则变迁》这一著作中阐述了对潜规则的三种认识(三元观)。这一点从分析"'不成文性'是否为潜规则的本质特征"说起。第一,"它们(潜规则)虽然客观地存在,但没有被官方意识形态所承认",判断的重点在于"官方意识形态";第二是"或不被社会道德观接纳"着重强调潜规则与公众道德相悖为其劣性一面的体现;第三,"或不具备法律及正式制度所规定的正当性"是用形成正式制度的程序来解释"潜"的含义,侧重说明可能存在一种行之有效的规制方法(潜规则),却因尚未进入制定正式制度程序而成为另一类规则。它可能行之有效、在实质上又具有合理性的一面,这正是另类规则良性的体现。

---

① 韩新君等:《体育竞赛中的潜规则及其治理》,《成都体育学院学报》2014 年第 8 期。

由于潜规则的概念具有较大的模糊性，而该书的意图又"在于对潜规则作中立的考察"，因此，研究的创新点就落在"潜规则具有中性一面"的论断上。下面将对此进行介绍①。

谈到潜规则的本质特征时，上文提及"官方意识形态"这一判断标准。因此，那些没有得到官方意识形态肯定的情形，并不能一并表示该规则会被否认，它可以是处于没有被注意或被忽视的中立状态，该状态下的规则称为中性潜规则。它来源于规则的陈旧化或是通过权利强制实行的被动遵从，它在形式与实质形成的四种分类中属于形式正当、实质不正当的行列，即规则制定者不沿用规则的内在精神而旁开左道的情形，是"说一套，做一套"的同义语。如体育官员不以体育法律所强调的公平、正义为宗旨实施的自由裁量行为。这种立法与执法不符的状况，人们有相当充足的理由认为在正式规则背后还存在着实质不正当的行为，因此，从实质的角度进行划分，这类看不见的规则属于潜规则。在事实上，这样的做法似乎又并不适宜。虽然，类似的事件会遭到人们发自内心的排斥，但鉴于实施不正当行为的权力机关具有名义上的正当性，因此，在旧的规则制度没有被废除，新的规则没有产生之前，他们所实施的行为规则，依然是形式上具有合理性的显规则。而人们也因规则是权力机关颁布的或者领导个人宣布的，把它称为显规则、正式规则。由此，根据实体潜规则的性质——"只能局限于不具备形式正当性的规则"，使该类贴着显规则标签的潜规则不宜归入潜规则的行列。

最终，潜规则的释义依然要遵循形式逻辑上的合理性，只将未被察觉的和形式上不具备合理性的规则称为潜规则，并将潜规则定义为"是指未被察觉，或（在已被察觉的规则中）不具备形式正当性，即没有通过广受认可的方式（程序）明确宣布自身的规则"②。

除去上述的研究观点外，还有一个值得提及的词，它与潜规则的归属相关，即规则与潜规则的关系。陈红艳指出，规则实指明文规则，是法律法规在内的正式制度，它与潜规则呈并列关系。而吕小康

---

① 吕小康：《社会转型与规则变迁》，南开大学出版社2012年版，第44页。
② 吕小康：《社会转型与规则变迁》，南开大学出版社2012年版，第45页。

的观点并不其然。他认为"规则可以通用于指涉人类社会和自然界的规律性现象"①。与老子所言的天地道法相通,他们都肯定了大自然存在规律的事实,并指出人类社会的规律以制度为主体的被称为规则,是借鉴自然界规律的体现。此两者一脉相承的特性决定了自然与社会的规律均属于规则的范围,只是鉴于研究自然规律与社会科学在内容研究上的差异②,使"规则"在吕小康的论文中,局限于对人类社会的概括。由此,他认为规则与潜规则的关系是包含关系。通过关系的对比,我们可以总结相关概念的属性,以便更准确地把握研究对象,关于这一问题的研究论述,无疑是吕小康的观点更具有说服力。

二 体育领域潜规则

前文很多例子举的是体育领域的事例。体育领域潜规则是潜规则领域化的一种特殊表现形式。这种表现形式根据语言环境或描述对象等因素的不同而不同,如官场潜规则、销售潜规则、金融潜规则、历史潜规则等,而体育领域潜规则,则特指体育内部或与体育活动密切相关的潜规则事件。这类潜规则事件是"未被察觉的"或"不具备正当形式的",又得到"人们私下认可的"规则。由此,体育领域潜规则被概括为"是指体育领域内未被人们察觉,或不具备正当形式,却得到人们私下认可的规则"。

三 体育领域潜规则的分类

按照是否存在越轨行为,将体育领域潜规则大致分为良性潜规则和不良潜规则。良性潜规则是可以上升为法律,能够弥补法律不足的那部分潜规则,抑或是人们感觉舒适不愿再轻易做出调整的部分。它与人们的日常生活密切相关,如赛龙舟是民间端午节定要举办的体育活动;摔跤是那达慕大会上不容遗漏的一场体育表演。这些体育活动与民族节日结合而成的体育习俗文化,渗透于人们的行为,丰富着人们的生活。这

---

① 吕小康:《社会转型与规则变迁》,南开大学出版社2012年版,第51页。
② 吕小康:《社会转型与规则变迁》,南开大学出版社2012年版,第52页。

种积极向上的体育文化活动，正是良性潜规则的体现。此外，良性潜规则还包含体育道德、体育习惯、体育精神、体育价值观等在内的不具备正当形式，却有益于人们生活的其他潜规则现象。

而不良潜规则是与现行主流文化、主流秩序的要求与期望，存在行为与思想不相符合的一类潜规则。这里的主流文化与主流秩序主要指法律、法规等制度。并在通常情况下，它们以冲突的形式表现出来[①]。如体育领域暗自流通的钱权交易、权色交易等。实则，不良潜规则按事件的严重性可分为两种情形，没有触及法律红线的不良潜规则，抑或是已经冒犯了法律精神，但没有法律条文进行规制的那部分不良潜规则。如利用体育规则的缺漏，进行混水摸鱼的行为；利用法律赋予的自由裁量权，进行谋私利的行为等。它们游刃有余地穿行在体育领域内部，是体育领域畅谈体育公平与道德精神的反面素材。下面将重点阐述体育领域内部分不良潜规则的表现。

第二节　体育领域"潜规则"具体表现

一　"金牌内定"背后的钱权交易

"金牌内定"是体育领域赛事中的多发事件。通俗地讲，"金牌内定"[②]是指比赛双方还没有经过正式的竞争较量，就已通过特殊的渠道决定了竞赛主体胜负的一种体育竞赛现象。据官方报道，俞某作为国家游泳中心负责人，因为参与"金牌内定"被带走调查。

二　永不过时的"黑哨"

"黑哨"是裁判违反正式规定的一种执裁行为。一般是指裁判以不正当的形式接受他人利益的赠与或受人委派、受人指控等情形下，在比赛中利用职权有意使比赛胜负双方发生颠倒的行为。2016 年，一批裁判由于行贿受贿吹黑哨而受审。"四大黑哨"的陆俊、黄俊杰、周伟新、万大

---

① 乐国安：《法制建设与越轨行为控制》，天津人民出版社 2006 年版，第 27 页。
② https：//www.163.com/sports/article/AA9GLKL500051CAQ.html.

雪，关于行贿受贿一案得以审判（见表表8-1）。以此为节点，前后相继接受审判的还有部分机关及相关的企事业要职人员。由此产生的问题是，是否通过纠察判罚部分"黑哨"事件，就能起到杀鸡儆猴的效果，就不会再出现类似的失职与不法行为？从"黑哨"具有悠久的历史这一点来看，答案是否定的。它的悠久不同于名胜、文物、风俗文化等事物，因承载的历史信息价值而流传、闻名于世。从价值性质上，"黑哨"的行为价值因更多地体现局部利益团体的公平而被多数人否定，也正因为它是能满足局部利益团体的一条捷径而获得经久不衰的"殊荣"。

表8-1　　　　　　　前足球"四大黑哨"裁判审判情况

人物	时间	地点	罪名	判处
黄俊杰	2016-12-20	丹东市中院	非国家工作人员受贿罪	有期徒刑7年，没收个人财产20万元人民币
周伟新	2016-12-20	丹东市中院	非国家工作人员受贿、对国家工作人员行贿	有期徒刑3年6个月
陆俊	2016-12-21	丹东市中院	非国家工作人员受贿罪	有期徒刑5年零6个月，罚金10万，没收非法所得71万元
万大雪	2016-12-21	丹东市中院	非国家工作人员受贿罪	有期徒刑6年

体育不仅仅是体育，它与政治、经济关系密不可分。在这一点上，权力与金钱交易、商业赛事赌球、"黑哨"相互串联，构成一个闭合的利益关系主体。由此，各种体育问题频频发生。据相关人士表示，"黑哨"的发生有一个循序发展的过程。开始并不以金钱作为交换的筹码，更多的是依靠亲属关系、地缘关系以及人情等。通常以"打声招呼"的托词为开端，有时是为了保证事件的公平正义，还有很多的时候却是在双方都默许条件下的另有所指[①]。相类似的事件发生在足球项目上，也会发生在其他项目当中。

---

① 《半岛都市报》2010年9月13日。

三　竞赛中的"兴奋剂"事件

兴奋剂，一般指激素类药物。从使用历史的角度，兴奋剂可大致分为三类：传统刺激剂药物，合成类固醇和内源性激素[1]。随着科技的不断发展，更多种类的兴奋剂被发明，为检测的难度增加了砝码，并成为一项在大型运动赛事中，耗资巨大且不得稍有疏忽的工作。人们慢慢总结发现，这种科技带来的物质发展首先发展的是人作恶的能力[2]。在体育运动中，运动员长期服用兴奋剂会引发一些体征上的变化，如：女子开始长喉结，胸部萎缩，男子的体毛也会因此出现增多的迹象，有人戏称服用兴奋剂会导致"女人变成男人，男人变成野人"，当然，这种说法存在部分夸大的成分，但论及兴奋剂的危害性时，却并不危言耸听。在第17届罗马奥运会自行车比赛现场，丹麦选手马克·詹森，在比赛途中突然倒地死亡，事后彻查该事件发生的原因时发现，是由苯丙胺和酒精为重要成分的兴奋剂服用过量所致。由此来看，体征上的变化和支持主体进行一切活动的生命相比，似乎仍有些分量不足。既然兴奋剂的使用会关系到生命的存在，又为何兴奋剂事件依旧屡禁不止？

兴奋剂事件依旧频繁发生，令加拿大兴奋剂专家鲍勃·戈德曼疑惑的是，"是什么原因让如此卓越的运动员将金牌的位置凌驾于生命之上"？他对现场的百余名运动员进行询问：假设世间有一种奇特的药物，可以使你们在所有比赛中百战百胜，但其期限只有5年，5年后你们将会离开这个世界，试问这样的药物你们还愿意吃吗？问题的回答出人意料，在场的198名运动员，有半数以上的人表示愿意。面对这种具有危害性的事，人称"傻子都不会去做的事"，反而吸引了不少聪明人。由此可见，荣誉和利益的价值对部分人而言，是可以用生命来衡量的，甚至超过生命！这应该就是兴奋剂事件不断发生的诱因，就是部分运动员服用兴奋剂的勇气来源，也是反兴奋剂行动难以攻克的症结所在。说到反兴奋剂行为，在1960年之前，世界各国没有成立任何反兴奋剂的机构，而关于

---

[1] 吴亮：《法社会学视野下的兴奋剂事件》，《广州体育学院学报》2017年第4期。
[2] 赵汀阳：《赵汀阳自选集》，广西师范大学出版社2000年版，第7页。

兴奋剂的斗争也多是由被动引起的。其主要因为运动队及其成员间的抗议，而且在赛事组织者试图对这种违反公平竞技的行为进行管理处罚时，反而遭到抵抗。这一情况引起了国际奥委会的重视，开始对兴奋剂使用者进行严格检查[①]。

根据国际禁用兴奋剂管理规定，我国对国内兴奋剂的监测工作进行了严格的部署。从1990年在获得兴奋剂检测认可资格后，1992年成立中国反兴奋剂委员会。1995年《体育法》出台，其中明确规定了违规使用兴奋剂的法律责任。2007年中国反兴奋剂中心成立。同时，原国家体委、国务院以及现行的国家最高体育管理部门——国家体育总局也曾发文，表示国家对体育赛事中兴奋剂事件的重视，然而，国家实施的各项具体工作并没有使体育领域的兴奋剂事件完全消失。2016年，也正是北京奥运会举办后的第八年，国际奥委会对此次运动会的尿样进行重检，抽取454个样本31例被检测为阳性，其中冠军选手被没收金牌，取消冠军头衔。2016年的里约奥运会，中国选手陈倩、陈欣怡尿样皆被检测为阳性，结果取消竞赛成绩，并处以禁赛的惩罚。

兴奋剂事件是体育领域典型的潜规则事件，国家明令禁止类似的违反公平竞技的体育行为，然而，新的"合法"的兴奋剂又孕育而出。据一项资料介绍，目前发明出一种含酮的饮料，可以降低乳酸分泌，提升耐力，快速恢复体力，这种饮料称为△G，开始是为美国军队研发，目前虽未正式投入商用，但已经向300多名顶尖级运动员提供了该类产品[②]。面对这项最新发明，我们可以为人类智慧的进步而赞叹，同时又不得不承认它与体育所强调的公平竞技相悖，并对兴奋剂检测的技术水平、科研能力提出了更高的要求，因此，完全消除兴奋剂事件并非易事。

四　规则之下的"混水摸鱼"事件

混水摸鱼是个成语，也是古代兵法《三十六计》中的一计，意指在敌方内部问题重重、混乱之际，趁机夺取胜利的一种计策，而现在，体

[①] 陈书睿：《反兴奋剂法律制度研究》，《西安体育学院学报》2017年第2期。
[②] 陈英：《运动员的合法"兴奋剂"》，《检查风云》2016年第9期。

育领域出现的"混水摸鱼"事件，并不是出现所谓的"敌人"，但不排除这种与体育规则相对立的情形。这里主要是指在体育规则不健全或存在疏漏的情况下，部分人利用时机，钻规则的空隙以谋取利益的不道德行为。

一项发生在某高校高尔夫球比赛项目中的"漏规"事件引起了笔者的注意。其涉及队员分组与技术等级评定相关联的问题。甲、乙、丙、丁四人曾多次参加全国运动会，在高尔夫球个人项目中成绩均位列前八，运动技术等级为一级。按择优原则应入选参加本次高尔夫球团体赛事，但事实并非如此。参赛团队由三名一级运动员和一名未达二级技术水平的运动员组成，目的是帮助该运动员顺利获得二级运动员水平资质。根据"高尔夫球二级运动员技术评定标准"第七条的规定"全国学生运动会个人成绩第九至十六名，团体成绩第七至十二名"[①] 可以获得国家体育局颁布的二级运动员等级证书，相类似的标准也在健将级、一级、三级运动技术评定中出现。

由此，出现的问题是产生了运动员技术评定质量可靠性的质疑。团体赛事成绩是技术评定中的重要标准之一，在参赛资格中规定"各参赛单位最多可组两支男队和两支女队参赛。但男、女只各取一支队的团体成绩计入官方排名（各队需在第一阶段报名时确认计入官方排名的队伍并提交运动员名单），另外一支队参与成绩排名但不计入官方排名，所有运动员均参与个人赛官方排名"[②]。关于第一阶段确认计入官方排名队伍的运动员名单，教练员具有很大的决定权。部分队员为了技术级别评定，不单要在技术能力上努力，更为关键的是成为教练上报官方排名队伍中的一员，以便实现不通过个人成绩取得技术级别的愿望。

利用规则的漏洞进行投机倒把，运动员个人成绩在技术评定中不达标，却因参与团体赛使达标的梦想成为可能。试问，这样组队的团体赛如何谈及公平，这样的运动质量怎么符合相应的技术等级？

---

① 国家体育总局：《高尔夫球运动员技术等级标准》，https://www.sport.gov.cn/n4/n207/n209/n23554520/c23616751/content.html，2021 年 7 月 21 日。

② 新浪体育：《报名 2016 年全国高尔夫球团体赛》，http://sports.sina.com.cn/golf/chinareport/2016-07-13/doc-ifxuapvw1890584.shtml，2016 年 7 月 13 日。

第三节 体育领域"潜规则"发生机制

一 利益驱动与诱使

利益是贯穿上述四类体育潜规则的共同点。"金牌内定"的动机,兴奋剂事件背后的目的以及"黑哨""假赛"敢于违反规则的勇气等,没有一个案例不体现着对利益的执着。结果可知,过度执着的效果并不全然正确,情节严重则可能导致违法犯罪。由此,以利益为因素,剖析其与体育领域潜规则的联系。

作为一种诱惑的形式,利益会吸引着人们违法犯罪。悖论的是,如果没有利益这种诱惑,如何谈体育的发展?或者说,体育不具方向和目的性的行动,似乎和做原地踏步运动并无分别。思考一下当今体育事业的成就是如何发展而来的?由此可见,利益并没有到达一无是处的境地,但它确实能主导一无是处的犯罪行为。如何能将利益局限于犯罪范围之外,平衡于法律和事实之间,是探寻体育领域潜规则利益诱因的关键。

从利益的表现形式分析,似乎以金钱、权力、名誉与地位为代表的利益,自古以来,就是大众梦寐以求的几样身外之物。对此,中国社会科学院经济学教授樊纲,亦有相似的见解:"钱没有人不爱,多多益善……;权也是有用的,有胜于无……;博学亦是美事……亦可流芳百世。"[①] 对此,不免存在部分相左的看法,即不完全认同"这几样身外之物"是人梦寐以求的,试图通过列举一例,便可驳倒上述绝对性极强的论断,如"不为五斗米折腰"一事。"没有人愿意能在变好的机遇下,积贫积弱一生。"假设这一现象存在,似乎早已不会被世人所见。这样的原因有两点:其一,就该现象的主体而言,生存的天生条件或保障条件无法满足的存在必然是短暂的存在,因而不被世人所见;其二,从相对的角度而言,似乎不具有竞争性的同类,总是极少的,因危机感引起他人耗费时间的关注。相反,也许他们更愿意利用这一偶有的时间去体验更高层次的生活。因为这可能是能够推动进步的方法以及生活意义之所在。

[①] 樊纲:《走进风险的世界》,广东经济出版社1990年版,第208页。

在这一点上，体育官员、裁判以及体育领域内的其他管理与被管理者采取了同样的行动。否则，我们很难想象若没有迫切要求改变现状的动力、处理问题得心应手的能力，是如何推动体育事业发展的。因此，体育领域的主体对利益的获得同样表现出赤诚之心。但结局为何却呈现差异？有的人平步青云，成为领域的管理者；有的人急功近利，人财两空终落法网。他们的问题在于：获得利益的途径与数量上存在差异。此外，还有很多兢兢业业，抑或投机取巧之人潜藏于体育领域，而法律的规制与行政的监察终会揭露他们的行为。如果能以积极形式出现，势必会在很大程度上减少不良潜规则的发生。

然而，执着于追求利益的背后，最终需求是什么？它在利益形式的背后各有所指。从不法的角度讲：利益，可能是运动员"混水摸鱼"后，对其竞技能力的褒奖；可能是裁判员受贿后，执裁地级市比赛到国家、国际级赛事的荣誉差异；也可能是官员公权私化后，职位升迁带来的权力。从表面看，合法的角度里也不能排除这些利益的表现形式，但有所不同的是动机与初衷。除此之外，或者还有其他人所认为的利益形式，但利益如若只停留在物质层面的需求上，似乎很难解释经济条件足够殷实的家庭却仍存在违规犯法的潜规则行为。这种情况下，利益图景的变化偏向于更高一层，称它为"势"。

"势"是个集合体，是一个令人敬仰与向往的东西。它在形式上同潜规则相似，不被人所见，但可以感受到它。从"陆俊"——"裁判员陆俊"——"国际级裁判员陆俊""体育局局长"——"国家体育局局长"可以感受到，它是一种让人产生震撼之感的东西，这个东西就是"势"。它是人们梦寐以求的，是追求金钱、权力、名誉与地位的终极需要。它与马斯洛需求理论中对高级需求的概括有相似之处，两者的差别是：它不完全是一个升级的过程，如在满足初级需要后再逐步靠近中级，以至高级需要的过程。"势"是人们不论是否满足初级需求，还是已经达到追求高级需求的阶段，都在一直追寻的东西，它和需求的级别并无必然的关联。如：没有能力吃饱饭的人和亿万富翁同样需要尊重，而尊重的资本就是"势"。也正是这种存在于无形之中的"势"，让很多人在利益面前已经迷失，或者还有更多的人正走在迷失的路上，直至罪恶的边缘。

体育主体为满足"势"的欲望,也在法律与道德之外另辟蹊径。官员在规则之外另立规则。口头通告、命令、通知甚至"眼色"也成为规范下属的"法律"规则。而对底层被管理者而言,到底什么才是规则?"官大一级压死人"里面做了最好的解答——上级就是规则,以致形成"不懂法律可以,不懂领导不行"的风气。上级下达"这次运动会游泳队至少拿一块金牌"的命令,下属在没有条件的情况下创造条件也必须完成,结果只要"完成",至于采取的方法并不作为他们检验的对象。这也是一种典型的"上有政策,下有对策"的案例,否则,就用"官大一级来压人"。人都不想被压制都希望获得"势",因此,搞"混水摸鱼"事件的数量居高不下,法庭、仲裁院处理的不法、不道德的案件相应增多。由此总观体育领域,上演的是一场场利益角逐与瓜分的场景,以及这期间暗自涌动的潜规则。

二 体制的缺陷

体育体制问题是发展体育事业的关键,也是探寻潜规则发生机制的关键。曾因足坛赛事黑暗事件盛行,人们提高了对这一问题的关注。无论是"金牌内定事件",还是"黑哨""假球"都无一例外地反映了管理——作为内部深层次结构的缺陷。

一人身兼多职的体育组织管理模式为潜规则的发生创造了条件。以足球主管部门为例,国家体育总局按项目细分的足球运动管理中心和民间足球管理组织(即中国足球协会)均对足球事业的发展起到监督与管理的作用。其中"某局长兼任协会主席/中心主任""总教练兼任带训教练/公司总经理"的现象甚是常见,一面是体育政府组织部成员,另一面是行业民间协会的带头人,还有部分人员在外经营着公司。这种政府代非政府组织的模式,是否会提高体育官员为亲属或其他个人、组织提供方便的概率?

从"高官落马事件"来看组织模式对潜规则发生的影响。自反腐倡廉工作实施开展以来,大量的潜规则事件浮出水面。从缘由分析可知,多半的官员利用职权进行行贿受贿的行为,利用法律赋予的自由裁量权满足私欲,无视体育公平与正义。在赛事批复、选拔队员以及赞助商的选择上纵横捭阖，以谋求个人利益最大化或成本最小化，这种行为不会促进体育的良性发展。最后总结，体育领域"一个机构，两块牌子，一套人马"的体制结构渗透出的问题是：管办不分的混乱局面为潜规则的运行提供良机。

三 制度的疏漏

潜规则属于一种非正式制度，那么，体育法律法规或者其他法律法规就属于正式制度了。近些年，体育领域潜规则一度大肆横行，某种程度上与正式制度的缺失有很大关系，众所周知的"黑哨"闹得沸沸扬扬，难以定罪，这与我们的正式制度中对于"黑哨"没有相关的罪名不无关系。最后，还是靠最高检察院出台了对"黑哨"定罪的司法解释，"黑哨"问题才得以解决。无独有偶，《体育法》规定了体育仲裁制度由国务院出台具体法规执行，体育仲裁制度作为非诉讼解决机制的一种，其快捷、灵活、高效解决体育纠纷的方式赢得了体育人的喜爱。但是，时至今日，体育仲裁制度仍旧是《体育法》中的名词，在研究中一般人认为，《体育法》是体育仲裁制度立法的依据，实质上，这种认识也是有误的，体育仲裁制度具有民间性质，属于私法领域。而《体育法》目前具有一定的行政法属性，二者属性不同。

《体育法》因其立法时间较早从其本质、内容到形式上看无不渗透着浓厚的行政色彩，而体育仲裁的私法属性决定了其立法基础应是私法属性，与《体育法》的立法初衷和实施结果是不符的[①]。

制度本身存在缺陷，一定程度上导致了潜规则的发生。除此之外，问题的严重性还在于，"制度"本身也形成了一些潜规则，即形成了"制度潜规则"，它的危害和破坏性更大。具体表现为，一些人按制度办事，一些人可以不按制度办，比如熟人哨可以不按制度吹。

综上所述，体育领域潜规则的发生机制主要包括利益的驱动、体制的缺陷以及制度的疏漏。目前，体育领域正在进行体育体制的改革——体育协会与政府机构脱钩就是逐渐剥离体育协会的多重身份，还体育协

---

① 张黎等：《建立我国体育仲裁制度的法律依据》，《西安体育学院学报》2007年第6期。

会单一的民间属性；同时，体育法学领域呼吁《体育法》的修改，同样，也在避免制度的漏洞。由此看来，三个诱因中两个正在积极变革，以减少潜规则。另外，我们还应该看到，消除潜规则几乎是不可能的，即使制度完善、体制通畅也不可能完全杜绝潜规则，所以，加强体育人的思想教育必不可少。

思考题

（1）如何认识体育领域"潜规则"？

（2）体育领域"潜规则"的发生机制有哪些？

（3）体育领域"潜规则"的主要表现有哪些？

第 九 章

体育规则教育

第一节 体育规则精神

一 规则精神及体育规则精神

对于规则精神，相关研究并不是太多，一般而言，人们多是在意会的基础上使用它。有研究认为，规则精神是规则制定的理念与价值取向，是规则执行的意愿与行为意志。如果稍加解释，规则精神反映了社会核心价值的共同取向和人本精神，以及在规则执行中的行为精神[①]。

同样，这也适用于体育规则，只不过体育规则精神具有自己的特殊性，相关研究多在某项目的技战术思想方面使用这个词，比如对于足球某一战术，教练员常常对运动员说，领会战术规则精神。规则精神与下文的规则意识相比应该更偏向于理念和精神层面，规则意识则偏向于行为层面。

首先，体育规则精神是体育规则制定的理念和价值取向。体育规则是基于一定体育社会公平、效率、正义理念的规范体系，而这种公平、效率、正义理念就是体育规则精神。我们常说，体育是社会的一个缩影，它既可以反映现代文明社会的一般性要求，如公平、进步、民主、正义等，又可以反映体育领域里的人文精神以及价值准则，如公正、平等和正义等。其次，它是体育规则执行的意志表达，这是体育规则执行中的行为精神。在

---

① 陈飞：《基于规则精神的大学生诚信品质培育思考》，《思想政治课研究》2018年第10期。

这一过程中包括如下内容：(1) 体育规则认知的意向性；(2) 体育规则执行的主动性；(3) 体育规则行为的习惯性；(4) 违背体育规则的严肃性①。对于规则精神的理解，我们应该将其视为规则教育的精髓。

二　体育规则精神的异化

（一）关于异化的理解

异化是一个很有意思的词语，来自拉丁语，有着丰富的内涵。可以在语义学和文化学中使用，有转让、脱离、疏远之意。异化能够很好地保留和传递文章原来意思的文化内涵，使译文具有异国情调，有利于各国文化的交流。当然也可以在生物学上使用，是指从主体中分裂出来的东西在摆脱主体的控制并获得独立性后逐渐发展壮大，反过来控制、支配、压迫或扭曲主体的现象②。当然，马克思还有关于异化的理论，属于哲学范畴，他认为，异化主要指商品的价值"让渡"给他人，也指个人权利"让渡"或是"转让"给共同体，后来被引申为一种关系的疏远或背离③。上述看来，"异化"并非都是贬义，但是，本书主要从贬义入手。

体育领域也使用"异化"一词，不过只在技术层面使用，比如有学者在探讨奥林匹克存在的问题时使用了"异化"一词，该研究认为，技术异化破坏了公平竞争精神，主要内容包括滥用兴奋剂、鲨鱼皮泳衣的使用使成绩大幅提高等④。由此可见，"异化"既可以在技术领域使用，也可以在思想领域或者意识形态领域使用。本书主要在体育领域的精神层面使用该词，算作一次大胆的借鉴和尝试。

（二）体育规则精神异化的主要表现

1. 体育规则主体偏移

体育规则是调和多方参与体育活动的契约，一个时期以来，多方参

---

① 陈飞：《基于规则精神的大学生诚信品质培育思考》，《思想政治课研究》2018年第10期。
② 郭嘉星：《现代奥林匹克运动会异化的研究》，《体育世界》（学术版）2019年第6期。
③ 刘国新：《从概念到理论：关于马克思异化思想的探源》，《山西高等学校社会科学学报》2019年第9期。
④ 刘芳梅：《现代奥林匹克运动的技术异化及消解》，《邵阳学院学报》2019年第4期。

与体育活动的契约出现某一方的缺失。体育规则被完全放在当权者的手中，强势地没收了体育参与者的部分权利，让体育参与者臣服于各种生硬的命令之下，这一点在职业足球改革初期表现得尤为明显。一些俱乐部状告足球协会，往往无功而返，实际上这种命令只会收到短暂的效果，体育参与者——职业球员没有体育规则主体的体验，有些甚至规避、仇视体育规则，导致遵守体育规则成为空谈。笔者曾经在刊物上写道，依法治体之前的治理都是政策，而政策体现的就是人治，体现的是国家主义，即国家至上、国家掌管一切，如此，契约一方的缺失也就在所难免。

2. 体育规则地位的越位

遵守体育规则只是一种手段，其目的是达到更安定和谐的体育秩序。很多时候，我们已经本末倒置，将遵守体育规则当成目的，盲目地追求。体育规则制定者这样做，主要是盗取体育规则的权威，片面地利用体育规则资源，意图降低体育管理成本。再引申一步讲，这样做的结果就是隐蔽了体育规则本体价值。

3. 体育规则重心的转移

惩罚是体育规则中的一项重要内容，但是，如前文所言，体育规则的存在是为了达到更安定和谐的体育秩序。然而，在体育改革的一段时间里，体育惩罚成为主要内容，比如足球协会的处罚令（如足协对甲 B5 队的处罚）、中国篮协的处罚令等，虽然在一定程度上降低了体育管理成本，维护了体育秩序，但是，单靠惩罚不能完全应对体育的复杂工作。一些球员将惩罚与犯错做交易，用惩罚来弥补过错。惩罚似乎成了体育规则顺理成章的结局，体育领域成了以处罚为中心的世界，凸显了体育规则重心的偏离，致使体育规则和惩罚成为体育领域的支配方式。

三 造成体育规则精神异化的原因

造成体育规则精神异化的原因多种多样，但是，不管怎样，究其根源还是人的异化，是人的权力的异化。人的异化是指人的现实存在游离于人的本真生命状态，背离人的全面和谐发展的目的[①]。人的权力异化主

---

① 李志强：《论竞技体育中人的异化与体育精神的缺失》，《智库时代》2019 年第 2 期。

要表现为权力任性以及权力腐败，实质上权力异化也是一种现象，只不过本书将其作为不遵守体育规则的根本原因，权力异化破坏体育规则，实质是破坏了公平和正义。由此可以揣度，为什么要进行体育协会的改革？我国的体育协会多是自上而下成立的，由此，形成了其"官民二重性"的特殊身份，在处理"民"的事件上也动用"官"的身份，难免造成权力的乱用，形成权力腐败，最终造成肆意践踏体育规则。

应该恪守体育规则面前人人平等，同样，无明确规定的体育权力坚决不允许使用。

第二节 体育规则意识

一 体育规则意识的内涵

规则意识由两个词语构成，规则与意识。先谈规则，依照《现代汉语词典》的解释：规则是规定出来供大家共同遵守的制度和章程，是由书面形式规定的成文条例，也可以是由约定俗成流传下来的不成文的规矩[1]。当然，还有一些学者同样对规则进行了界定，童世骏教授把规则视为正当的、普遍的人类行动规范，他还进一步将规则划分为技术规则、游戏规则、道德规则以及法律规则[2]。意识，一般说来，意识是对自我和环境的觉知。觉，从见，指的是从睡梦中觉醒，睁开眼睛看到了周围的一切，标志着人从无意识的状态转向自愿的、有意志的状态[3]。所谓规则意识，就是指一个人实施规则时的认真自觉、意愿认同以及行为践行。如果界定再严谨、学术化一些，就是指社会个体关于规则的认知，以及在多大程度上愿意并且能够自觉地遵守规则。它是由规则认知、规则情感、规则意志、规则信念诸因素组成的[4]。除此之外，还有学者认为，是指人

---

[1] 牛楠森、余清臣：《公民规则意识：反思与培育》，《贵州师范大学学报》（社会科学版）2017年第2期。

[2] 童世骏：《学者谈规则意识的重要性：决定做事的效率及做人的境界》，http://www.cssn.cn/zx/201509/t20150905_2146626.shtml，2015年9月5日。

[3] 李恒威：《觉知及其反身性结构》，《中国社会科学》2011年第4期。

[4] 李和民：《论大学生规则意识的培养》，《中国林业教育》2007年第1期。

们发自内心的、以规则为自己行动准绳的意识,包括规则认知、规则认同、自觉遵守规则的意志和习惯①。本书认为,二者在定义时表现出一定的趋同性,相比较而言,更倾向于第二个概念。在实施规则时,特别要考虑规则具有较强的公共性特征,规则命题的天然特点就是义务大于权利。

体育规则意识属于一种规则意识,而规则意识又属于法律意识,是法律文化的深层结构。谈到这一点,我们就应该谈论法治型规则与伦理型规则,传统的体育规则多属于伦理型规则,比如体育讲究集体主义等,现在,我们要进行从伦理型规则向法治型规则的转型,自然地,过去的伦理型规则意识也要转化为法治型规则意识。对于法治型规则而言,它的特殊性就在于是规则形式合法性和规则实质合法性的统合。同样,体育规则以及体育规则意识隶属于规则和规则意识。

体育规则意识是体育参与者对体育惯例、体育风俗等有形的或无形的体育规则的内心认同。关于体育规则的内涵包括如下几个方面:首先是关于体育规则的知识;比如什么是体育规则、体育规则的功能、如何制定和实施体育规则等。这是体育规则意识形成的一个前提。其次,体育规则意识是一种内心意愿,自觉遵守与服从发自内心,是主观认可与服从的体现。再次,体育规则意识是一种内心的自觉意识的外在化,也就是体育规则内化于心、外化为自觉的行动。最后体育规则成为体育参与者行动的指南。

在体育社会里,体育参与者自觉遵守体育规则是追求自我利益的理性选择。

二 体育规则意识教育是体育规则教育的重要内容

谈到体育规则意识教育与培养自然会联系到体育规则教育,或者说体育规则意识教育是体育规则教育的重要内容。一般研究直接用"规则意识教育"这个词,甚至认为规则意识教育自古就有[②]。上文谈到的规则

---

① 韩传信:《青少年规则意识教育:意义、内涵特征及路径》,《合肥师范学院学报》2019年第2期。

② 韩传信:《青少年规则意识教育:意义、内涵特征及路径》,《合肥师范学院学报》2019年第2期。

精神是规则教育的精髓与核心，属于纯精神层面，那么，规则意识则偏向于行动层面。体育规则教育应该源于规则教育，谈到规则教育，一些研究总是在体育教学中进行，比如有研究认为，体育教学中的规则教育，主要是指以体育为特色的规则而定制的，旨在规范学生的体育行为。例如体育赛事中的竞争规则、体育课堂的纪律规则[1]，高校体育教学规则教育的实施，超越了单纯的体育项目规则、竞赛规则的要求，通过借助运动项目与比赛的规则，帮助大学生养成遵纪守法、团结协作的优秀品质[2]。

还是以体育教学为例，体育教育本身具有实践性、交往性等特征，作为复杂、多变以及动态的系统对老师组织体育教学提出了较高要求，这些对培养学生规则意识具有良好的情境教育作用。如果进一步扩大，体育竞赛是体现体育规则的绝佳场所，是进行规则教育的理想场地，当然，也是体育规则意识培养的直接场所，因为它最直观、具体、最具有说服力。进而，在体育的各个领域都会涉及体育规则教育，比如体育产业领域，体育规则意识的培养主要关涉诚信、平等交易等。

体育规则意识教育具有自己的特性，一般研究显示有四个特性：人本性、公正性、规约性和自主性[3]。本书认为，后三个特性更适合于体育规则意识教育。公正性，体育规则更加强调公平性，任何体育活动，无论是体育产业的交易、比赛场上，还是学校的体育教学等，都应该在公平环境下进行。破坏公平环境和规则的人将会受到惩处。美国社会学家罗伯特·K.默顿认为破坏规则有两种心理：一是利益驱动，二是非遵从行为[4]。如果不守体育规则的人大行其道，一个是正常的体育活动不能开展；另一个就是对守规则的人不公平，出现"劣币驱逐良币"现象。其次是规约性，体育规则是不能触碰的底线，犯规是体育领域特有的一

---

[1] 卞胜林：《谈规则教育在初中体育教学中的渗透》，《赤子》（中旬）2014年第18期。

[2] 李克雷、孔艳君：《高校体育教学的规则教育价值与开展》，《青少年体育》2016年第4期。

[3] 韩传信：《青少年规则意识教育：意义、内涵特征及路径》，《合肥师范学院学报》2019年第2期。

[4] ［美］罗伯特·K.默顿：《社会研究与社会政策》，林聚任等译，上海三联书店2001年版，第83页。

种现象，这种情况与社会现象相比好像存在着一种悖论，允许犯规但是必须接受一定的惩罚和制裁。规约性是体育规则的一个基本内容，体育规则讲究常态坚守，这种规约性可以固化体育人的体育行为，由此，可以减少体育管理的成本，产生若干"价值链"。最后是自主性，体育人对于规则经过充分认知后，逐渐感受到了体育规则的深刻意义，从而产生主动自觉遵守体育规则的意愿。体育规则特有的权威源自体育人内心的拥护和对体育规则的信仰，当然，产生这种意愿需要长时间的一个过程，体育人刚刚进入体育领域时，这些体育规则往往是一种外在的强制性规定，不是内在的一种需求，经过不断的适应、受挫、得到表扬等过程，体育规则真正内化在心，实现了体育规则的外化转化成内化，即"体育规则要我这么做"变成"我要这么做"，那么体育人的自主性特点也就开始显现、发挥作用了。

三 体育规则意识面临的挑战

（一）质疑体育规则拒不执行体育规则

因为认定的体育规则不是"良法"而对其合理性、合法性产生怀疑，从而为自己拒绝执行体育规则辩护。体育领域这样的事例不算少，比如，前一个时期，中国的职业足球为何罢赛颇多？当然，罢赛理由很多，但是，其中应该有质疑比赛规则，从而拒绝执行比赛规则的因素在里面。导致这种现象的出现有着深刻的历史原因，有研究认为，近百年来中国的发展和人们所获的利益基本上是建立在对既有规则质疑的基础之上的，这种成功又导致了社会集体对质疑规则的态度的自信，而个人通过对社会既有规则的态度的观察和模仿，为自己对规则的质疑寻找到更广泛的依据，并且对质疑规则的后果持乐观态度[1]。在国内我们常常如此，但是，在国际赛场上我们却因为规则问题常常吃亏，这似乎形成了一种悖论。

---

[1] 牛楠森、余清臣：《公民规则意识：反思与培育》，《贵州师范大学学报》（社会科学版）2017年第2期。

(二) 以"潜规则"之实消解体育规则

当代中国,现代性的规则虽然取得正当的话语权和形式上的垄断地位,但并未完全占据人们的全部思维方式。对于体育规则而言,同样如此。体育领域始终存在着"潜规则",只不过一个时期比较隐晦,一个时期比较明显甚至猖獗,比如 2000 年前后体育领域出现的"假球""黑哨"就是比较明显的例子。"潜规则是隐藏于社会正式规则之下,背离社会正义观念或正式制度,以获取最大私利为终极目的并能够在社会大行其道的一种行为约束。"[①] 前文所言,"潜规则"在体育领域一直存在,某种意义上就是以"潜规则"之实消解着体育规则。由此看出,"潜规则"也在一定程度上起着作用,当然,"潜规则"也不都是消极的,关于这部分内容本书将在其他章节讨论。

(三) 以非正义程序对抗不当规则

当人们在受到具体的不合理的规则的伤害时,因视野的狭窄,不能超越具体规则看到更上位的普遍规则,也未能跳出该具体规则看到可以制衡此不合理规则的其他规则,结果便是束手无策,要么隐忍要么暴力相向[②]。孙杨兴奋剂事件的结果就是导致了"暴力抗检"的发生。此类行为往往不能取得满意的效果,甚至给体育事件中的当事人带来更大更久远的伤害,孙杨因为"暴力抗检"导致国际反兴奋剂组织上诉国际体育仲裁院,最后,给予孙杨禁赛 8 年的处罚,运动寿命就此终结。

四 体育规则意识培养途径

(一) 不断完善体育规则

我国的体育规则正处在不断完善当中,计划经济时代,体育规则主要是一些体育政策,政策治理是我国前一个时期的主要治理模式,当然,一些行业协会也在不断出现,各种规章制度在不断建立完善,比如足协、篮协等的章程。有研究早就认为,足协的规章制度是最健全的,建立了

[①] 陈红艳:《"明规则"虚化与"潜规则"盛行——探析腐败犯罪的一项重要原因》,《理论月刊》2011 年第 12 期。

[②] 牛楠森、余清臣:《公民规则意识:反思与培育》,《贵州师范大学学报》(社会科学版) 2017 年第 2 期。

完整的规则系统①。但是，一些规则很粗糙，实践中常常发生规则间相互矛盾问题，比如足协章程中就有会员与足协发生矛盾，不得提交法院的规定，这明显与法律规定矛盾。未来，行业协会规则将会起到重要作用，不断完善规则是主要任务。

（二）严格训练，不断内化

对于体育参与者而言，特别是运动员，一方面他们严格训练不断提高成绩，这是训练的本意。另一方面，对于体育规则同样应该对他们进行指导性教育，遵循体育规则达到内心的一种自觉，形成体育规则的内化。这个过程需要时间以及必须付出极大的艰辛，比如加强文化课的学习，使运动员真正成为有文化的体育人，在这个基础上，进行体育规则意识的培养。

（三）加强对重点群体教育

体育发展至今，涉及的领域越来越多，体育产业就是其中之一。职业足球、职业篮球等在我国出现并且不断发展成熟，对于职业球员，要求会高一些，因为职业体育道德高于一般社会道德，所以，对于职业球员的要求就会高于一般人，自然地，体育规则会更多关注职业球员。所以，培养重点群体的规则意识成为必然，因为，他们一般会成为公众人物，具有明星效应。

第三节 规则教育与体育规则教育

一 规则教育及体育规则教育的理解

有学者认为，规则如同一个国家的文化面子，是一个社会文明表征的"晴雨表"②。查阅现有文献，很多研究并没有给规则教育一个明确的概念，只是在想当然、尽在不言中的意义上使用它。但是，不管怎样，规则教育的重要性是显而易见的。在了解国外研究时，发现荷兰和美国

---

① 葛洪义：《法治如何才能形成？——中国足球职业联赛的个案分析及其启示》，《西北政法学院学报》2002年第6期。

② 谢翌：《规则教育：守护社会文明的底线》，《中国德育》2018年第6期。

的研究成果十分突出，其中荷兰将法治教育与规则教育相提并论，美国的规则教育则将尊重和责任放在了首位。前些年，相关文献主要集中在幼儿园，探讨培养幼儿的规则意识，近些年，研究范围扩大到全社会，认为规则教育是社会公民教育的重要内涵；对于家庭教育以及基础教育而言同样重要①。

体育规则教育的内涵要远小于规则教育，主要指体育领域中的规则教育，当然，规则主要指体育规则了。体育规则教育对体育法治建设具有重要意义。有研究认为，高校体育教学有利于实施规则教育，其中特别指出，高校体育教学的实践性有利于规则教育的开展；高校体育教学的多元性交往以及规则性有利于规则教育的开展。最后，提出几点对策：（1）优化规则教育的内容与契机；（2）树立教师榜样；（3）以评价来促进规则遵守的自觉性②。

综上所述，规则教育与体育规则教育存在着密切联系，既可以单独说体育规则教育，当然，目前的文献尚未见到如此说法；也可以说体育领域的规则教育，二者大致的意思相近。

二 体育规则教育的类别

（一）关于体育教育专业的体育规则教育解释

体育教育是我们非常熟悉的一个研究领域，它包括体育教育目标、过程、内容等方面，相关研究文献如汗牛充栋。所谓体育教育，就是指根据国家的教育方针、学生的年龄特征和体育本身的职能，教师运用各种体育手段来发展学生的身体，传授锻炼身体的知识、方法和技能，增强其体质，培养其道德和意志品质的教育过程，是学校教育的组成部分③。从目标结构看，有研究将其分为四个层次，一是健康目标，二是技术技能

---

① 谢翌：《规则教育：守护社会文明的底线》，《中国德育》2018年第6期。
② 李克雷、孔艳君：《高校体育教学的规则教育价值与开展》，《青少年体育》2016年第4期。
③ 李平、张文锁：《论学校体育教育目标体系的建构与实施》，《黄石理工学院学报》2007年第4期。

目标，三是终身体育思想目标，四是体育文化目标①。

学校规则教育就是在校园环境中教师进行的有计划、有目的地培养学生遵守各项制度或章程，使学生逐渐把对规则的遵守内化为自己的自觉行为的教育活动②。本书认为，体育教育首先是一种规则教育，主要因为规则教育归属于德育教育，而德育教育与体育教育又存在着密切联系，德育教育作为学校教育的首要任务，自始至终贯穿于体育教育中。法治与组织纪律教育是德育教育的主要内容，学生在体育活动中，特别在体育比赛中，每个人必须遵守比赛规则，规则面前人人平等，违反规则都要接受处罚。这种来自比赛实践的知识和经验是非常深刻的，能够在学生心中打下深深的烙印。同时，在场上遵守规则、接受规则能够给他们在日常生活的行为带来示范作用。从体育教育实践过程看，很多院校往往将目标实现重点框定在第一、第二目标上，忽略了第四个目标，而与本书主旨有关的规则教育恰恰包含于这个目标当中。当然，第二个目标中也包含一些规则教育，严格来讲，应该是一种规则说教，主要是竞赛规则方面。很多院校在体育教育过程中将此当成了主要内容，由此产生了"以偏概全"的问题。其次，有研究认为，在让学生学好规则的同时，还应该让他们学会利用规则，目的是争取更好成绩，这或许是体育的魅力之所在。本书极力反对这一点，如果将之置换到法学界，利用规则好似"法律规避"或者"钻法律的空子"。这样做的一个不利结果是，默契比赛或者消极比赛的出现，比如伦敦奥运会上我国和国外各一对女双羽毛球选手被取消比赛资格就属于这种情况，它践踏的是体育最核心的价值——公平。某种意义上，还可以将其看成一种潜规则。从表现形式上看，潜规则是一种隐性的、看不见的规则；从形成机制上看，是人们在互动过程中自发形成的规则，是一种私下认可的规则；从内容上看，潜规则是一种背离正式规则的规则，它是不太合法的，侵犯了主流意识形态或正式制度所维护的利益③。上述两者相比较，有时我们更加注重后者，

---

① 洪圣达：《体育教育目标论》，《学理论》2013 年第 15 期。
② 平保南：《在体育课中渗透"规则教育"的四点尝试》，《体育教学》2009 年第 3 期。
③ 贾文彤：《体育的规则之治》，《体育学刊》2007 年第 1 期。

甚至还得益于此。

内部规则教育存在缺失，更遑论法律规则教育了。一份调查研究显示：通过对师范类院校体育专业学生的学校体育法知识调查，了解到59.4%的学生知道《体育法》的存在，却对其内容没有任何了解，在学校体育法知晓度的调查中平均知晓率仅为79.83%[1]。数据显示应该引起深思，因为师范类院校体育专业大学生的日后就业方向主要是做体育教师或者从事体育工作，提高师范类体育专业大学生对学校体育法相关知识的认知水平有助于学校体育的开展与体育法的传播。相关研究的认识更为深刻：中国体育人对法律不是无认知而是无认同[2]。另外，在服用兴奋剂方面更应该引起我们的关注。过去我们常常认为，成年运动员为了取得好成绩，服用兴奋剂；而现实情况显示，服用兴奋剂者有越来越年轻的趋势，在体育高考甚至体育中考中服用兴奋剂的学生越来越多。一些研究通过调查进行了论证，有的是对某省运会青少年运动员的调查，有的是对全国青少年比赛的调查，有的是对某地体育高考进行的调查等。其中2008年对全国青少年比赛的调查显示：服用兴奋剂年龄最小的运动员竟然只有11岁[3]。从体育规则角度看，一直以来，我们都用内部规则进行规制，虽然也有一些体育总局颁布的规章，但是并没有引起人们太多的重视；2003年《反兴奋剂条例》出台，作为法律位阶较高的行政法规，对涉及兴奋剂的诸多问题进行了规定，比如行政、民事、刑事责任的规定，但是，一些人依然故我，从事着兴奋剂方面的违法行为。盖因模糊了内外部规则的界限。相关研究对此也有印证：体育界人士具有双重身份，一是体育人，二是社会人。就体育人而言，他们仅受体育界潜规则的约束，过着一种似乎与法律无关的生活；就社会人而言，他们才在体育之外的现实生活中重归法律调整的范围。法律与体育在他们身上只存在平行的转换关系，而并无同在的重叠关系[4]。

---

[1] 王曼等：《师范院校体育专业学生对学校体育法认知情况调查研究》，《搏击》2012年第9期。
[2] 张春良：《建构体育法治信念的中国攻略》，《武汉体育学院学报》2012年第4期。
[3] 叶丹等：《我国青少年反兴奋剂教育策略探析》，《辽宁体育科技》2012年第6期。
[4] 张春良：《建构体育法治信念的中国攻略》，《武汉体育学院学报》2012年第4期。

由此，体育教育实践中我们常常看到下面不好的现象，比如一种是在体育赛场上能够遵守比赛规则，但是，赛后或者赛场外却无视法律法规，打架斗殴或做其他违法的事情等，导致赛场内外判若两人；另一种则是不论赛场内外都无视规则，无事生非。这样的事例多很常见，特别是引言中的第二个案例。德沃金曾经说过：当一个民族有良好的道德风尚时，法律就会变得简单化[①]。但是，体育现实并没有出现德沃金所说的，内部规则的效应向外部规则的迁移。本书认为，上述两种情况相比，第一种情况更为复杂一些，因为这些涉事人员遵循的是两套规则系统。所以，如何将这两种规则结合起来进行教育，使学生表里如一，内外兼修，真正理解、遵守体育规则（体育法）成为一个重要的课题。什么原因造成上述问题的出现，值得我们反思。

首先是认识方面。在人们的意识里，似乎大学生已长大成人，不需要进行遵纪守法的教育了。由此导致在众多文献中，研究中小学规则教育的文献偏多，缺乏大学生特别是体育专业大学生这方面的研究。当然，规则教育初衷是针对中小学生的，旨在培养他们良好的习惯和规范，但是，在"应试教育"背景下，一切为学习让步使得大学生在成长过程中远离了规则教育；特别是大学生正处在世界观形成时期，非常有必要补这一课。另外，对体育规则大概念割裂开认识，很多人认为体育规则指的就是体育内部规则，没有看到作为法律规则的外部规则。一般而言，法律课是公共基础课，一方面，学生对法律学习望而生畏；另一方面，在法律教育过程中没有将法律与体育有机地结合起来，造成学生没有兴趣学习。

其次是课程设置方面。经过调查，很多高校体育院系由于师资等原因没有开设体育法学这门课程，一些学校虽然以选修课形式开设了这门课，但是，上课时简单的法条说教难以引起学生的兴趣，导致学生厌学。

（二）关于体育人的体育规则教育理解

从国外情况看，比如朝鲜将"人民体育人"作为一种荣誉称号颁发

[①] 周文华：《论法的正义价值》，知识产权出版社2008年版，第13页。

给对体育做出突出贡献的人。从我国文献出版时间看，"体育人"应该由学者易剑东等最先撰文提出①，后续研究多在一般意义上使用，如对直接或者间接从事体育工作的人的称谓。此时，"体育人"一词多处于中义甚至贬义词性。值得关注的是，有研究在"体育人"基础上又提出了"体育文化人"的定义，指体育从业人员中具有良好的伦理道德素质、丰富的人文知识和扎实的自然科学知识的优秀分子②。由此，赋予了"体育人"积极的文化内涵。本书正是在积极意义层面上使用该词。从上述定义看出，具有良好的伦理道德素质是成为"体育人"的第一要素，而伦理道德与规则又存在着密不可分的关系，体育伦理道德规则是体育规则系统的"细胞"，它渗透到其他各种类型的规则之中，成为他们的构成要素。所以，作为现代的"体育人"，首先应该具备规则文化。广义的文化分为三个层次，物质文化、制度文化和精神文化，规则文化理所当然属于制度文化的范畴。强调规则是体育社会不同于一般社会的基点，规则是体育存在的根本保障。"体育人"是体育社会的主体，规则文化是"体育人"发展的前提。缺失了规则文化的"体育人"不是一个真正的体育人。作为进一步引申，规则文化还应该属于精神文化的范畴，具备良好规则文化的"体育人"还体现了一种公平竞争的精神。随着社会经济的快速发展，体育尤其是竞技体育已经成为人们展现自我的舞台，拥有良好规则文化的"体育人"展现给世人的是完美形象，有礼貌讲规则友好地竞争，由此带来的是极具影响的"放大效应"，给整个社会做出的是积极、正面的榜样，以此促进社会和谐有序发展。

（三）全社会人的体育规则教育阐释

体育规则教育从属于规则教育，是社会主义核心价值观的重要内容之一。

社会人应该是除开体育教育专业学生以及体育人之外的其他人，可以说是全社会的人。社会人的规则精神教育是不好集中的，应该分层次。对于其他人的体育规则教育，一是鼓励他们直接参与体育活动或者比赛，

---

① 易剑东、韩淑艳：《论"体育人"的哲学内涵》，《浙江体育科学》1998年第6期。
② 李玉文：《论体育人的文化》，《吉首大学学报》（自然科学版）2007年第3期。

直接感受体育规则，这是最直接的方法。比如现今草根体育方兴未艾，全社会人参与体育活动或者比赛，其中足球比赛最为常见，一个时期打架斗殴的事情屡见不鲜，这就是没有体育规则教育。其次可以鼓励他们学习体育领域里的榜样，树立遵守规则，为国争光，提高民族的自豪感、正义、公平、效率的理念，全力做好自己的事情。以球迷看球为例，看台上球迷为球星的高超技艺鼓掌喝彩，更为球星宁可不进球也不伤害对手的做法击节叫好，宛如"志行风格"，这是最好的、无声的道德教育，给人留下的印象是极其深刻的。

三 体育规则教育的意义

（一）体育教育专业学生的体育规则教育

体育规则教育是体育教育的一个基本内容，难怪有研究认为，把规则教育与体育学科教育结合起来，教师在教学过程中贯彻规则意识的教育理念，课堂上讲授知识的同时通过形象生动的案例将规则意识教育融入体育课的学习中，让学生充分认识到遵守规则的重要性，增强规则意识[1]。具备良好规则文化的体育人是体育教育要达至的一个目标。分析过程中发现：体育教育过程中存在着体育规则教育缺失的问题，具体包括只注重内部规则教育，即使如此，也存在着以偏概全的问题，主要是讲解体育竞赛规则以及一些潜规则为主，甚至故意违反体育规则，以犯规为例，其中的故意犯规就是故意违反了体育规则，可能这是体育的特殊性。但是，国外研究认为，即使如此也不行，属于消极越轨；忽视外部规则教育，导致法律与体育两分；最终致使具备良好规则文化的体育人目标难以达成。为此，应该在发现问题的基础上，通过加深对体育规则理论的理解、强化学生整体规则意识、严格执行奖惩机制等措施，达成体育人目标的实现。

学校体育规则教育是实现制度化教育愿望的主要渠道，体育教育与其他教育相比，具有明显的规则性特征。在体育教育中纯思维活动的占比相对较小，更多地需要学生在不同的空间、时间及自然条件下进行动

---

[1] 范莉莉、陶士俭：《简论体育教学中学生规则意识的培养》，《运动》2018年第9期。

态的运动，在以规则限制竞赛为主要组织行为、身体练习为基础手段的活动中，通过脑力和体力的共同活动，获得知识技能和思维素质的全面发展和提高，即体育教育是一种抽象思维与形象思维的高度契合①。

（二）体育人的体育规则教育

体育人很多受过体育教育，如何保持受到的体育规则教育至关重要。有的体育人在学校中可以控制自己，出了校门以后，感觉再没有制约了，参与体育活动忘乎所以，不再有体育规则的束缚。这是很不对的。对于体育人来讲，一方面自己首先要体现出受过良好的体育规则教育；另一方面，还要做好讲解员，为大家讲授体育规则，使大家更好地遵守体育规则，以使体育活动或比赛更好地进行。所以，体育人在体育规则教育中具有重要的作用，一是接力棒作用，传承体育规则；二是桥梁作用，对于体育规则还要上传下达，比如向上（裁委会）反馈体育规则的使用意见、存在的问题等，向下讲授体育规则的精神和要义等。

当然，除此之外，体育领域的范畴在不断地扩大，体育产业作为一个新兴的产业，发展蒸蒸日上，与其他产业相同的是，体育产业照样要讲诚信、公平竞争，比如球员转会出尔反尔，这样做就会丧失诚信，前些年，在我国职业足球中出现的"关联"俱乐部问题就是违反了公平竞争原则。前述体育规则的遵守可能是一场比赛、一次活动，相对来说是暂时的，但是，对于后者，诚信的缺失可能会影响终身。

（三）全社会人的体育规则教育

体育社会学认为，竞技体育的规则是社会法规的模拟，包括五个方面②：（1）体育规则与法规一样，具有明确适用的条件；（2）体育规则必须对场上各种情况做出明确规定；（3）体育规则在逻辑上与法律具有一致性；（4）体育规则对判定胜负做出了明确的指示；（5）体育规则如同法律具有权威性，不得随意更改。

简言之，体育规则教育对于社会人来讲具有一种形象、直观的教育作用，同时，更有一种示范作用，它"在培养人类基本价值观念方

---

① 潘春江：《论体育教育中的规则教育及其价值》，《运动》2018年第4期。
② 卢元镇：《体育社会学》（第四版），高等教育出版社2018年版，第258页。

面"做出了积极贡献,同时"这种价值观念是各国人民得以充分发展的基础"①。

阅读材料:

2012年伦敦奥运会羽毛球双打比赛,作为当时世界排名第一的中国组合于洋/王晓理,在对阵韩国队时,频繁制造"失误",目的是避免小组第一,以免在淘汰赛中碰上另一对中国组合,如此必须淘汰一对中国选手。也就是说,中国选手无法都进入决赛。

规则规定方式:双打比赛,小组赛的前两名出线,第二阶段进入淘汰赛,采取交叉对阵方式,当时,另一个小组的第二名正好是中国组合,为了避免自己人在比赛中过早相遇,所以,中国组合才如此做。

都是规则惹的祸。

---

① 罗晓中:《联合国教科文组织"体育运动国际宪章"》,《国际社会科学杂志》(中文版)1984年第2期。

第三篇

体育法律论

第 十 章

体育法律规范

第一节 法律规范与体育法律规范及其结构

一 法律规范和体育法律规范

法律规范是由国家制定或认可的、逻辑上周全的、具有普遍约束力的行为规则，它规定了社会关系参与者在法律上的权利和义务[①]。应该说，法律规范是法学上的基本核心概念，当然，这是一个由法律+规范的合成词。对于法律，我们很明确；而规范，则源于拉丁文，当然，汉语中也有相对应的意思，诸如"尺规、模具"以及"标准、法度"。对于规范，存在着规范与规则的区分。依照哲学家冯赖特的划分，他将规范分为三类：（1）游戏规则。在此意义上使用规则，意同规范。（2）国家法律意义上的规范。（3）适用指示意义上的规范[②]。最终，法律与规范加在一起构成了法学上最核心的词。但是，如果依照上述分类，二者结合有无重复之意？

论述完法律规范，具体到体育法律规范，作为由国家制定或认可的、逻辑上周全的、具有普遍约束力的行为规则，它规定了体育社会关系参与者在法律上的体育权利和义务。这其中始终交织着规范、规则与法律，到底如何看待三者之间的关系？值得我们进一步思考。这是一个学术问题，本书无意对此展开研究，在此将体育规范与体育规则等同看待，尽

[①] 朱景文：《法理学》，中国人民大学出版社2008年版，第347页。
[②] 王莉君：《法律规范论》，法律出版社2012年版，第2页。

管两者存在着差异。

二 体育法律规范的结构

体育法律规范如同法律规范，虽然具有自己的特色，但是，也遵循一般的法律规范。在法学界，关于法律规范的结构，存在着多种学说。目前大致有以下几种观点，具体如下：

观点1　法律规范＝假定＋处理＋制裁

观点2　法律规范＝假定＋处理

观点3　法律规范＝行为模式＋法律后果

上述观点各异，第一种观点是传统观点，曾占据主流地位。但是，一些新观点层出不穷，特别是一些新观点有着自己独特的解释，因为体育法具有自己的特色，学者们常常认为，体育法是促进法，由此决定了体育法律规范不同于一般法律规范。但是，本书赞成第一种观点，假定是指法律规范中规定适用该规范条件的部分，处理是指法律规范中为主体规范的具体行为模式，制裁是指主体违反法律规定应当承担的法律责任[1]。尽管制裁不是主要目的，主要在其促进、鼓励功能，对于体育行为模式，体育法律规范主要是鼓励积极的意义，当然，对于不好的体育行为模式，法律规范给予一定的处罚。以《体育法》为例，第三十四条规定：体育竞赛实行公平竞争的原则。体育竞赛的组织者和运动员、教练员、裁判员应当遵守体育道德，不得弄虚作假、营私舞弊。体育竞赛实行公平竞争的原则应该是假定条件，教练员、裁判员应当遵守体育道德，不得弄虚作假、营私舞弊。对于制裁，如果违反了公平竞争，弄虚作假等要承担一定的法律责任。

上述三要素，联系紧密，是一个统一的整体，这种结构实际上表达了这样一种情形："如果……则……否则……"在逻辑上存在着一种因果关系。对于体育法律规范，学者张志铭认为，法律规范不只是一种社会规范，它既调整人与人之间的关系，也调整人与自然的关系[2]。本书认

---

[1] 朱景文：《法理学》，中国人民大学出版社2008年版，第349页。
[2] 张志铭：《法律规范三论》，《中国法学》1990年第6期。

为，这是对的，特别是现代奥运会不断扩大规模，大兴土木，对自然形成一定威胁。

三 体育法律规范的本质与作用

体育法律规范是人们的体育行为规范，是否意味着人们的所有体育行为都要由体育法律规范来调节呢？不尽然，一方面，体育文明程度还达不到可以预见一切的程度，因此，很难制定出包揽一切、事无巨细的体育法律规范；另一方面，我们一直强调体育自治，所以，一些体育行为无须体育法律规范来调节，那么，问题就来了，体育法律规范调节体育行为的标准是什么？这个问题涉及体育法律规范的性质。

从本质意义上讲，体育法律规范是体育领域所共同的，体现了体育利益和需求。但是，由于人们的身份和地位不同，对体育自然产生了不同的利益需求。如何对人们满足自己的需求和愿望做出合理的安排，以实现愿望的达成与实现，就是体育法律规范所要体现的基本价值。哪些体育行为有利于个人需求的实现，有助于体育合作与进步；哪些体育行为虽然实现了个人愿望，却损害了体育发展。体育法律规范便以规范这两种体育行为为基本内容。所以，体育法律规范并不调节所有的体育行为。

从存在论来讲，法的本质就是以社会的发展和谐为核心的个体自为和社会自在的对立统一[1]。同样，这也适用于体育法律规范。从存在论角度讲，体育法律规范的本质就是以体育的发展完善为核心的体育个体自为和整个体育社会自在的对立统一。

有研究在论述法律的作用时探讨了几种作用，包括规范作用、作用的客观性、作用的普遍性、作用的强制性以及作用的有限性[2]。陈春龙认为，法律规范为人们的行为提供了选择、应该和禁止三种模式[3]。实质上，陈文的观点与王广辉的观点有类似之处，只是表述不同，王广

---

[1] 王广辉：《法律规范的性质及作用》，《法律科学》1995年第6期。
[2] 陈春龙：《法律规范作用新探》，《现代法学》1990年第4期。
[3] 陈春龙：《法律规范作用新探》，《现代法学》1990年第4期。

辉认为，法律规范人的有利行为与禁止行为，还有一种行为是中性行为，这种中性行为就在于人们如何选择了。任何人的行为，只有涉及他人的那部分才需对社会负责，在仅涉及本人的部分，他的独立性在权利上是绝对的①。对于体育法律规范作用而言，前面提到的几种作用并非完全适用，其中可以考虑去除作用的普遍性，另外，作用的强制性发挥得并不明显，这就是为什么人们常常说《体育法》是一种"软法"的缘故。

第二节 体育法律规范的种类与效力

一 体育法律规范种类介绍

一般研究多将法律规范分为两类或三类。首先是两类划分，（1）奖励性规范和制裁性规范；（2）又分为两种情况：其一是根据法律规范的调节方式分为权力保护规范、义务强制性规范和权力控制规范；② 其二是根据行为人的意志自由程度把法律规范分为任意性规范、强行性规范和相对任意规范。③ 其次，较多的还是三类划分，（1）义务性规范、禁止性规范和授权性规范。④ （2）义务性规范、权利性（授权性）规范和职权性（权义合成性）规范三类。⑤

二 具体种类分析

体育法律规范在基本遵循一般法律规范基础上，更多表现为调整性规范、保护性规范、授权性规范和义务性规范。

所谓调整性规范，就是体育法律对体育社会关系具有直接调整职能的规范。比如《体育法》第四条规定：国务院体育行政部门主管全国体育工作。国务院其他有关部门在各自的职权范围内管理体育工作。

---

① ［英］约翰·密尔：《论自由》，许宝骙译，商务印书馆1959年版，第136页。
② 李琦：《法律规范的分类研究》，《厦门大学学报》（哲学社会版）1993年第4期。
③ 李琦：《法律规范的分类研究》，《厦门大学学报》（哲学社会版）1993年第4期。
④ 罗玉中：《法律规范的逻辑结构》，《法学研究》1989年第5期。
⑤ 张文显：《对法律规范的再认识》，《吉林大学社会科学学报》1987年第6期。

所谓保护性规范，就是表现为体育法律对体育社会关系具有保护职能的规范。比如《体育法》第五条规定：国家对青年、少年、儿童的体育活动给予特别保障，增进青年、少年、儿童的身心健康。

所谓授权性规范，就是规定体育主体享有做出和不做出某种体育行为的权利。比如《体育法》第二十六条规定：参加国内、国际重大体育竞赛的运动员和运动队，应当按照公平、择优的原则选拔和组建。具体办法由国务院体育行政部门规定。

所谓义务性规范，就是规定体育主体应当或者必须做出一定积极行为的规范。从目前情况看，《体育法》中这类义务性规范较多。比如《体育法》第二十七条规定：培养运动员必须实行严格、科学、文明的训练和管理，对运动员进行爱国主义、集体主义和社会主义教育，以及道德和纪律教育。

三 体育法律规范的效力

（一）体育法律规范效力的概念

探讨体育法律规范的效力，实际上是法律规范的适用问题，即法在什么期间、什么地方、对什么人有效的问题。体育法律规范的效力包括按我国法律规范应该有的效力和实际拥有的效力[①]。本书以国家体育总局颁布的体育法律为基准进行分析。

（二）体育法律规范的效力等级

也就是在体育法律体系中具有不同渊源形式的各种体育法律规范在效力方面的差别。制定体育法律规范，其效力等级应该遵照如下规则：第一，应该确定制定机关的地位，人民代表大会及其常委会制定的《体育法》的效力肯定高于国家体育总局制定的行政规章。第二，在制定或者修改法律中，程序越严格，其法律或规章效力越高。第三，后法优于前法。第四，特殊法优于一般法。第五，对于授权立法，被授权机关制定的法律一般低于授权机关。第六，成文法一般高于体育领域特有的体

---

① 卢云：《法理学》，四川人民出版社1992年版，第361页。

育惯例等不成文法。也就是说,考虑效力层级应该注意制定主体、制定范围以及制定时间①。当然,也有研究重新划分了法的层级效力,认为包括逻辑效力、事实效力和伦理效力等,如果只处在逻辑效力和事实效力层级,那么我们的社会还处在法治的初级阶段②。另外,体育法律规范的效力还应该考虑效力范围,包括对象和时空范围。

(三) 具体情况分析

关于"法规性文件"一词,按照当时情况判断,应该属于体育法规一类。实质上,对于其他规范性文件研究,按照制定主体不同分类,可以分为法规性文件、规章性文件和一般规范性文件③。显然,此"法规性文件"非彼"法规性文件"。此处的法规性文件指的是国务院制定的其他规范性文件,如《国务院办公厅关于进一步加强残疾人体育工作的意见》可以称作法规性文件,以此类推。如此划分,主要想说明,行政机关之间有着严格的行政隶属关系,不同文件之间的效力等级是不同的。由此,使我们能够正确认识这些文件之间的效力等级关系。按照法律效果划分,可以分为创制性、解释性以及指导性文件。所谓创制性文件,是指行政主体未启动行政立法程序而为不特定相对人创设权利义务的行政规范④。而指导性文件是指行政主体对不特定相对人事先实施书面行政指导时所形成的一种行政规范。之所以突出这两种,是因为经过认真分析,体育行政立法以外的规则主要表现为这两种形式。比如,指导性文件在内容上主要表现为倡导、号召、建议等,《中共中央国务院关于进一步加强和改进新时期体育工作的意见》《全民健身计划纲要》等非常符合这类要求。对于创制性文件,又分为依职权和授权两类,不管怎样,它们都可能创设新的权利义务。如《国家体育总局、民政部、公关部关于加强健身气功活动管理有关问题的意见》对组织或者个人习练健身气功设定了权利义务;而《关于加强各类武术学校及习武场所管理的通知》对单位、

---

① 张文显:《法理学》,法律出版社1997年版,第90页。
② 张宇飞:《从法的效力的层次性看我国法治发展的进程》,《湖北省社会主义学院学报》2010年第3期。
③ 叶必丰:《行政法学》,武汉大学出版社1996年版,第171页。
④ 朱景文:《法理学》,中国人民大学出版社2008年版,第352页。

个人开办武术学校设定了权利义务。更为重要的是，新时期我国体育发展迅速，出现了很多新的体育社会关系，比如职业体育俱乐部的出现，而我国相关法律对此未有规定；再比如，体育公共服务是近一个时期以及未来发展的重点与热点，属于给付和授益行政领域，相关研究认为，此领域应该许可行政规范性文件创设新的权利义务[①]。总之，创制性文件是《体育法》的必要补充，为《体育法》所未穷尽的领域提供了可以遵循的准则。从法律效果角度看，创制性文件具有类似于行政法的法律效果，对内对外都有强制性和约束力，在这个问题上，一些法学者认为，应该将其看作行政法的渊源；而相关研究的观点则走得更远，我国的创制性规范性文件是法律规范[②]。相比而言，指导性文件没有明显的法律效果。

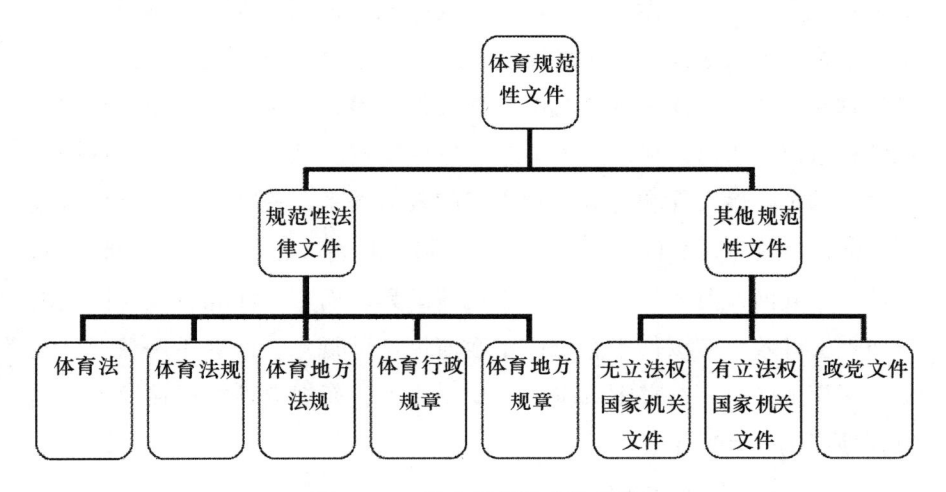

图 10-1 体育规范性文件示意

创制性文件一经发布就具有普遍效力。那么这些其他规范性文件与规范性法律文件的关系如何？首先是其他规范性文件中的法规性文件与规范性法律文件之间的关系，法规性文件由国务院制定，它不能与《宪法》和《体育法》相抵触；同时，它的效力低于国务院颁布的体育行政

---

① 陈丽芳：《行政规范性文件的法律地位分析》，《党政论坛》2007 年第 4 期。
② 林庆伟、沈少阳：《规范性文件的法律效力问题研究》，《行政法学研究》2004 年第 3 期。

法规，如《反兴奋剂条例》或者《全民健身条例》等，主要依据是《国家行政机关公文处理办法》第二条规定，法规性文件是为执行行政法规等而制定的，是行政法规等的具体化。其次是其他规范性文件中的法规性文件与行政规章的关系。依据《立法法》第七十一条的规定：国务院各部、委员会……可以根据法律和国务院的行政法规、决定、命令，在本部门的权限范围内制定规章。由此，其他规范性文件中的法规性文件效力应该高于行政规章。这些解释应该不难理解。但是，在这个问题中存在两个难点：一是其他规范性文件中的法规性文件和体育地方性法规、规章的效力等级关系，法律、法规对此没有明确规定。相关研究倾向于地方性法规、规章效力高于法规性文件，作为一种理论上的认定，相关研究从地方政府的法律属性、司法审查的规范适用、内部行政行为的法效力以及中央与地方关系等方面进行了分析[1]。本书认同这种观点，进一步解释是：作为体育领域内的法规性文件多是指导性文件，并没有明显的法律效果，所以，在效力上不及地方性法规和规章。二是其他规范性文件中的规章性文件和行政规章之间的效力关系，关键点在于上级行政主体制定的规章性文件与下级行政主体制定的规章之间的效力等级关系，对此认识同前，前者效力应该低于后者。具体而言，河北省政府制定的规章性文件效力应该低于石家庄市政府制定的规章，两者不一致时，在规章适用地区——石家庄市应该以规章为准，而规章性文件在河北省内其他地区仍具有法律效力。

（四）关于效力外部化问题

我们常常见到"内部管理规范性文件"，它应该归属于其他规范性文件。当前国家体育总局公布的现行有效的这类文件多达40余件，某种意义上其类似于德国学者毛雷尔所称的组织规则和业务规则。依照相关研究，这类文件具有三个特征：不直接对外发生效力、制定不须法律授权以及在发布程序上不必公告[2]。一般传统观点认为，内部文件不引起复议

---

[1] 金伟峰、张效羽：《论国务院规范性文件与省级地方性法规冲突的处理》，《法治论丛》2008年第6期。

[2] 陈亚雄：《内部行政规则的外部化》，《法学研究》2011年第5期。

和诉讼的法律后果。但是，随着行政的不断扩张，这类文件开始有了间接的外部效力，同样会对相对人的权利义务产生影响。平等原则、行政自我约束和信赖利益保护原则是内部行政规则效力外部化的主要依据①。本书基本赞同国外学者对这类文件进行的组织规则和业务规则的划分，其中业务规则还可作进一步细分，包括解释性规则、裁量性规则以及补充性规则。综合已有研究成果，这两类规则都可能产生外部效力，其中业务规则更为突出一些。以裁量性规则和补充性规则为例，当体育行政机关通过这类文件将裁量标准予以具体化并适用于实践时，就必须遵循这种裁量性规则，这是上述平等原则、行政自我约束原则的基本要求。类似文件包括《国家体育总局政府采购管理实施办法》《国家体育总局专业技术职务聘任暂行办法》等。对于补充性规则，主要基于相关法律法规的缺位，类似于创制性规则。某种意义上，此类规则是替代法律法规发挥作用，常常超越内部规则的界限，所以其效力外部性表现比前述其他规则要明显和直接。这类文件如《关于鼓励和支持学校创建青少年体育俱乐部的通知》《关于在全民健身活动中推行业余运动员技术等级标准的通知》，等等。

第三节 体育法律规范的冲突

一 体育法律规范冲突的概念

在体育法律体系中我们常常看到体育法律规范的冲突，有研究认为，体育法律规范中存在着原则与规则的冲突，而法律原则存在于法律规范中②。所谓法律冲突，存在很多解释，本书采用的观点是在体育法体系内部，两个或两个以上的不同的体育法律规范同时调整同一个体育法律关系，而在这些体育法律规范之间产生了相互背反甚至矛盾的社会现象③。通过概念解释，我们会发现，体育法律规范冲突存在着多元化问题，体

---

① 张宝羊、时进刚：《行政规则及其效力外部化初探》，《江南社会学院学报》2004年第4期。
② 胡旭忠等：《体育法原则与规则的冲突》，《西安体育学院学报》2016年第4期。
③ 赵震江：《法律社会学》，北京大学出版社1998年版，第366页。

育领域有着众多的这类法律规范，比如组织纪律、体育习惯、体育道德等，尽管许多类法律制度不是严格意义上的法律，但它们却常常模仿国家法律的机构和符号形式①，它们常常与体育法律规范发生冲突。比如足协章程中关于会员之间纠纷不得提交法院的规定，明显与法律规范相悖。

二 体育法律规范冲突的分类

对于分类，相关研究探讨较多。这其中既包括国际私法上的分类，又包括法理学上的一般分类。本书主要探讨后者，具体如下：（1）权利冲突、权力冲突和义务冲突；（2）原则冲突和规则冲突；（3）纵向冲突和横向冲突；（4）静态冲突和动态冲突；（5）内部冲突和外部冲突；（6）绝对冲突和相对冲突；（7）选择性冲突和排他性冲突；（8）真实冲突和虚假冲突②。作为法理学上的一般分类适合丰富多彩的体育法律规范，比如前文谈到的内容应该属于第（2）类，当然，还有很多其他类的冲突，比如第（1）类关于权利、权力和义务的冲突。职业体育俱乐部在我国是一个比较新鲜的事物，运行模式等还很不成熟，实践中难免发生权力、权利和义务的冲突。另外，我国是一个多地域国家，在广袤的国土中存在着不同的体制制度，比如中国香港、中国澳门、中国台湾。这些区域的体育制度在某些方面肯定不同于我国大陆方面，一些分类形式的冲突在所难免。

三 体育法律规范冲突的表现形式

体育法律规范冲突的表现形式就是法律规范冲突分类的进一步具体化。比如第一类权利冲突、权力冲突和义务冲突，包括法律权力与法律权利的冲突；法律权力与法律权力的冲突；法律权利与法律权利的冲突；非法律权力与法律权利、法律权力的冲突；义务冲突。在现实中存在着大量法律之外的权力，它们不由法律调整或规范，诸如体育行业协会拥有

---

① 童之伟：《再论法理学的更新》，《法学研究》1999 年第 2 期。
② 董皞：《法律冲突概念与范畴的定位思考》，《法学》2012 年第 3 期。

的处罚权、管理权,它们往往过度使用这些权力,使得这些权力与法律规定相悖。至于法律权力与法律权力的冲突,还可以细分为立法权冲突、行政权冲突等。权力和权利关系是法律调整的最重要关系,二者之间的冲突也具有重要地位。这一冲突导致权力主体行使权力妨碍公民的合法权利。再比如真实冲突和虚假冲突。它们可能在国际私法上用得较多,但是在国内法上也有实际应用,这种分类不是基于相互冲突的法律规范是否牵涉到立法主体背后的利益,而是从相互抵触的法律条文之间有效的法律体系内是否真的"你死我活",在"虚假的法律冲突"下,也并不需要在制度上宣布冲突的双方条款其中之一为无效[①]。再比如纵向冲突和横向冲突,国家之间表现为横向平行关系,一国之内的法律制度则是具有隶属关系的纵向关系,都灵冬奥会发生了反兴奋剂国家法律和奥委会规章制度冲突事件,最终意大利表示冬奥会期间暂用本国法律。意大利的法律和奥委会的规章制度存在不一致、相互抵触,即使这样也不存在宣布哪一方撤销或者无效的问题,只能双方协商解决。国内的纵向冲突更易理解,我国立法包括中央一级立法和地方立法,二者容易导致法律冲突,此类现象较为常见,以《全民健身条例》为例,该条例作为国务院颁布的行政法规属于中央一级立法,规定了全民健身日,即每年的8月8日,但是,各地方立法却与此不同,时间规定不一,由此出现法律冲突。

第四节 两类特殊的体育法律规范

我国以《体育法》为核心的体育法体系刚刚形成,这方面的研究较多。但是,其中研究、批评《体育法》存在问题的居多。如刘凤霞的硕士论文《修改〈中华人民共和国体育法〉若干问题研究》,专门从形式和内容方面对《体育法》进行了全方位解读,再如田思源的《〈体育法〉修改的核心是保障公民体育权利的实现》、姜熙的《依法治国背景下〈体

[①] 刘凤霞:《修改〈中华人民共和国体育法〉若干问题研究》,硕士学位论文,华南师范大学,2004年,第5页。

育法〉修改若干问题的探讨》，等等，体育法学界对《体育法》修改充满激情，各种各样的立法建议也琳琅满目。在《体育法》中大量出现"国家鼓励""国家坚持""国家实行"等表达方式，按照刘凤霞的统计整部法律（《体育法》）出现了29个"应当"，9个"鼓励"，9个"实行"[1]。在我国《宪法》中也有类似规范，在《体育法》体系中只不过被放大了，但是，我们不能简单地将《体育法》中的这些规范与《宪法》相比，由于《体育法》中的这些表达范式和流行的政治话语一般无二，由此，常常出现人们藐视《体育法》，执行难、适用难的问题。

本书借用民法学者提出的倡导性规范概念，从倡导性规范的一般原理入手，分析我国体育法体系中的一些非典型性法律规范的制度含义及其背后蕴含的制度理念。

一 关于倡导性规范分析

（一）倡导性规范定义与特征

1. 定义释义

倡导性规范最早由民法学者漆多俊提出，又可以称作"提倡性规范"。他将提倡性规范归结为"法律在什么条件下，鼓励人们为或者不为某种行为的一种规范"[2]。后来，还是民法学者王轶提出了"倡导性规范"，所谓倡导性规范，即提倡和诱导当事人采用特定行为模式的法律规范，这种规范与其他性质的法律规范一起，调整《合同法》所协调的利益关系，倡导性规范所起的是一种"补充调整的作用"[3]。当今中国，经济发展快速，所以，经济法中出现的此类规范较多。当然，还有部分学者从分析法律规范角度提出了法律的倡导性问题，同样，关涉到了该问题。如有研究认为，法律具有倡导性，原因在于法律具有道德性、意志性和体现了社会期望值的特点，进而提出奖赏也是一种法律规范[4]。同样，类似的研究对于上述文献进行了确证，认为法律倡导性适合企业社

---

[1] 漆多俊：《论经济法的调整方法》，《法律科学》1991年第5期。
[2] 王轶：《论倡导性规范——以〈合同法〉为背景的分析》，《清华法学》2007年第1期。
[3] 张辉：《倡导性规范与上市公司治理》，《证券市场导报》2011年第11期。
[4] 马忠泉、廖大刚：《论法律的倡导性》，《湖北公安高等专科学校学报》2001年第4期。

会责任立法，是法律确立的道德化规范①。

同样，体育法体系中也存在着诸多这类规范。如《体育法》第九条规定：国家鼓励开展对外体育交往。对外体育交往坚持独立自主、平等互利、相互尊重的原则，维护国家主权和尊严，遵守中华人民共和国缔结或者参加的国际条约。第十条规定：国家提倡公民参加社会体育活动，增进身心健康。《深圳市退役运动员就业安置办法》第十三条规定：高等院校应当优先聘用具有教师岗位任职资格的下列退役运动员从事体育教学工作，等等。倡导性规范是一种法律规范，同时也是一种治理方法、模式，如最近的研究认为治理地沟油应该采取倡导性规范与强制性规范相结合的观点②。同样，上市公司治理应该采取倡导性公司治理规范③。由此看出，对于倡导性体育规范而言，不能一概予以否定，它们绝非像一些研究者简单认为的那样：倡导性体育规范原则性较强，不具有可操作性，难以适用。

2. 倡导性规范特征

（1）确定《体育法》中的倡导性规范特征

对于倡导性规范特征，一些研究进行了总结和分析，比如有研究认为，它是一种非典型性规范、指导性规范、表达国家对特定行为的一种提倡和鼓励的态度，或者国家对特定事业的一种政策倾向或者政治态度，倡导性规范不具有可诉性、倡导性规范对行为一般不做否定性评价以及倡导性规范具有多元化表述，等等④。也有研究认为，它应该包括非强制性、法律后果的非制裁性、政策规范性和内容引导性⑤。还有研究认为，它包括法律规范的内在逻辑结构不同、立法者的价值取向不同、法律规范的确定性不同⑥。上述研究中的有些特征大同小异，经过对照分析，结

---

① 杨仕兵：《论提倡性法律规范》，《齐鲁学刊》2011年第5期。
② 宋文丽：《地沟油治理模式再思考》，《商品与质量》2012年第7期。
③ 张辉：《倡导性规范与上市公司治理》，《证券市场导报》2011年第11期。
④ 朱同琴：《论教育法体系中的倡导性规范》，《中国人民大学教育学刊》2013年第4期。
⑤ 李姗、万珏：《论经济发展方式转变背景下提倡性规范的价值体系》，《法治与社会》2013年第9期。
⑥ 罗玉中：《法律规范的逻辑结构》，《法学研究》1989年第5期。

合《体育法》的倡导性规范，它的特征包括内在逻辑结构不同、具有不可诉性、法律的确定性不同以及内容引导性、多元化表述。

(2)《体育法》中的倡导性规范特征分析

首先，内在逻辑结构不同。

关于法律规范的研究较早，尽管如此，仍然莫衷一是。关于法律规范的分类研究主要集中在20世纪80年代末期和90年代中期，个别的出现在21世纪初期，目前出现的规范种类有七八种。在此基础之上，法律规范的逻辑结构又分为"三要素说""两要素说""新三要素说""四要素说"。对照体育法规范，我们发现倡导性体育法规范既不属于义务性规范，也不属于禁止性规范，更不属于授权性规范。如《体育法》第十五条规定：国家鼓励、支持民族、民间传统体育项目的发掘、整理和提高。进而，无论是比照逻辑结构中的任何一种观点都难以应对。具体而言，以行为模式+法律后果为例，《体育法》第二十五条规定：国家鼓励、支持开展业余体育训练，培养优秀的体育后备人才。这条法律规定可以看作行为模式，但是，如果出现"不开展体育训练、培养优秀的体育后备人才"这类违法行为时不用承担法律后果，不会受到法律的制裁。此类条款处处皆是，如《体育法》的第十八条、第二十三条、第二十四条，等等。倡导性体育规范有自己独特的肯定性和否定性法律后果，尽管很多研究认为，《体育法》的法律责任条款较少，不利于法律的实施。

其次，具有不可诉性。

学界有关于具体行为不可诉的理论。作为表达国家政策、方针的倡导性体育规范同样不具有可诉性。也就是说，公民或者各类体育组织不能因为体育法规范表达了国家政策而请求强制国家行为。作为倡导性体育规范，比如一些鼓励或鼓励特定行为的倡导性规范，如《体育法》第三十六条规定：国家鼓励、支持体育社会团体按照其章程，组织和开展体育活动，推动体育事业的发展。假如国家限制体育社团开展活动，其成员不得为此提出诉求。一些表达国家政策、方针的倡导性体育规范，不能因为国家不作为或者执行不力而起诉政府。倡导性体育规范一旦实施后，可能会产生新的法律关系，当当事人处于新的法律关系中而起诉，此时并非倡导性体育规范的内容，此时可诉。如《体育法》第四十二条规定：国家鼓励企业事业组织和社会团体自筹资金发展体育事业，鼓励组织和个人对体育事业的捐赠和赞助。如果在自筹资金过程中发生纠纷，那么，这种新的法律关系可诉。

霍姆斯曾言："法律是法院事实上将做什么的预测。"① 对于倡导性体育规范而言，此话一般并不适用。

（3）法律规范的确定性不同

不同于义务性规范、权利性规范、禁止性规范，它们都具有明确的规定。比如禁止性规范，禁止行为人一定不为某种行为都是很明确的。但是，倡导性规范就没有明确的标准，可为或者不可为，没有具体的规定。如《体育法》第八条规定：国家对在体育事业中做出贡献的组织和个人，给予奖励。国家奖励在体育事业中做出贡献的组织和个人，至于奖励什么，如何奖励都不明确。此条款只是体现了立法者的立法取向，是一种价值指向。很多研究认为，我国《体育法》体现了一种管理色彩，表述的是一种管理秩序，应该转变这种管理模式。以公平为核心体育价值，保障公民体育权利。现有的《体育法》是一种命令—控制型立法模式，体现了政府命令甚至制裁作为国家进行体育治理的基本方式。但是，在这个过程中，由于倡导性体育规范的存在，使得我们做一些事情较为灵活，是对命令—控制型立法模式这种"事后治理"的较好修复，极大促进了体育发展，为下一步大规模修改《体育法》打下了基础。

（4）内容引导性

倡导性体育规范具有内容上的引导性，体现了法律的作用。通过刚才研究的不可诉性、非强制性等特点，我们发现，倡导性规范多存在于社会经济发展中的薄弱产业，或是需要政府更多地提供服务的产业②。20世纪80年代起草的《体育法》正好处于我国经济发展期，中国体育虽然从新中国成立之初就开始了她的征程，但是，真正的崛起还是在20世纪

---

① ［美］奥利弗·温德尔·霍姆斯：《法律的道路》，李俊晔译，中国法制出版社2018年版，第78页。
② 林璐：《论我国环境法律倡导性规范》，硕士学位论文，山东师范大学，2011年，第4页。

80 年代。距今也不过数十年，仍然存在着竞技体育和大众体育发展不平衡、体育产业发展没有崛起、体育改革难以进一步深化等问题，急需要法律发挥其作用，引导体育发展的方向，鼓励、诱导人们从事体育活动。它只是提倡和诱导交易关系的当事人采取特定的行为模式，以求最大限度地实现自身的利益，犹如陡峭山路上的指示牌，目的在于提醒路人注意自身安全[1]。

（5）肯定性结果

一般情况下，倡导性规范导致的往往是肯定性结果，这是倡导性规范的显著特征之一。法律后果分为肯定性后果和否定性后果。我们常常认为，只有否定性后果能够引起制裁。正如比利时法学家豪埃克教授从法社会学的角度指出，当我们定义法律时，强调制裁是必要的；但这并不意味着制裁对每一种法律制度而言都是必不可少的[2]。肯定性后果是确认行为以及由此产生的利益和状态具有合法性和有效性，予以保护甚至奖励[3]。法的发展将从以惩罚机制为主逐渐向以奖励机制为主[4]。

长久以来，我们忽视了肯定性后果对于体育法治秩序建构的作用，以及倡导性规范对于体育建设、发展的积极影响。如《体育法》第三条规定：国家坚持体育为经济建设、国防建设和社会发展服务。体育事业应当纳入国民经济和社会发展计划。该条倡导性体育规范导致的肯定性后果为：突出了体育的巨大作用和潜力，能够与国民经济发生关联，为经济、国防和社会服务，为此，体育发展应该认真斟酌，纳入国民经济和社会发展计划。当人们违反倡导性体育规范时，一般情况下，不承担法律责任，这与前文谈到的不可诉特征相吻合。当人们遵守倡导性体育规范时，则有奖励这种法律后果。

（6）表述多元化

倡导性体育规范具有表述多元化的特征。前文论述了法律规范的分类，其中包括义务性规范、禁止性规范和授权性规范。其中授权性一般

---

[1] 王轶：《论倡导性规范——以〈合同法〉为背景的分析》，《清华法学》2007 年第 1 期。
[2] Mark Van Hoecke, *Law as Communication*, Hart Publishing, 2002, p. 29.
[3] 王杰：《提倡性法律规范的价值与法理学启示》，《乐山师范学院学报》2014 年第 4 期。
[4] 倪正茂：《法律效力的投资及其价值选择》，《现代法学》1995 年第 5 期。

采用"可以""享有某某权利",等等。禁止性规范通常采用"不得""禁止",等等。与上述较为固定的法律规范的表达方式相比,倡导性规范更加灵活多样,并没有太固定的表达方式。我们常见到"鼓励""推进""提倡""支持",等等。显而易见,这些规范受我国政策影响较大。也有一些体育法规范,采用"应当"的表述,如《体育法》第三十九条规定:体育科学社会团体是体育科学技术工作者的学术性群众组织,应当在发展体育科技事业中发挥作用。这种倡导性规范表明,国家支持体育科学社会团体,充分肯定其在群众中的管理作用。

前文谈到的逻辑结构不同、法的确定性不同、不可诉性、内容引导性以及肯定性后果这些特征属于倡导性体育规范的内部特征,比较真实、直观地反映了倡导性体育规范的特点。而表述多元化则体现的是外部特征。如此划分,使我们对倡导性规范特征有了一个全面的认识,对于倡导性体育规范有了更深刻的了解。

(二) 倡导性规范的类型划分

倡导性体育规范的类型划分包括如下几种: (1) 奖励类规范;(2) 指导类规范;(3) 扶植类规范;(4) 标准类规范。首先是奖励类规范。奖励类规范是倡导性体育规范较为显著的一种表现形式。条款较多。如《体育法》第八条规定:国家对在体育事业中做出贡献的组织和个人,给予奖励。第二十八条规定:国家对优秀运动员在就业或者升学方面给予优待。这类条款的存在,无论是当时还是过去都给体育发展带来了积极影响。由于其具有直观性特点,表明了政府发展体育的一种态度、一种指引,容易形成示范效应以及起到带动作用。

指导类规范。由于体育法具有的行政色彩,采取的是命令—控制型立法模式,所以,这类规范较多,也最为突出,如《体育法》第四十四条规定:县级以上各级人民政府体育行政部门对以健身、竞技等体育活动为内容的经营活动,应当按照国家有关规定加强管理和监督。当前,体育正处在管理型政府向服务型政府转变的过渡期,而立法模式没有变,但是,体育行政机关单方面的强制性手段已经渐渐不再深入人心,于是倡导式体育规范所特有的一些特征开始显露,指导、劝告、建议等非强制性行为开始盛行。《体育法》第四十二条规定:国家鼓励企业事业组织和社会团体自筹资金发展体育事业，鼓励组织和个人对体育事业的捐赠和赞助。目前，有很多个人或者组织关注体育事业发展，为体育事业发展捐助和赞助。体育行政机关就应该采取欢迎、支持、协商等态度看待此事。即通过自主选择性特点来引导行业对人进行一定的作为和不作为。

扶植类规范。体育是社会政治经济发展到一定水平的产物。在某一阶段，体育发展肯定要得到国家的大力扶植，这种扶植包括政策方面的、物质方面的，等等。比如《体育法》第四十一条规定：县级以上各级人民政府应当将体育事业经费、体育基本建设资金列入本级财政预算和基本建设投资计划，并随着国民经济的发展逐步增加对体育事业的投入。这属于经济利益方面的。第三十四条规定：体育竞赛实行公平竞争的原则。体育竞赛的组织者和运动员、教练员、裁判员应当遵守体育道德，不得弄虚作假、营私舞弊。这属于政策方面的，表明国家倡导体育比赛的公平竞争，反对用不当手段获取荣誉。

标准类规范。这类规范在体育法体系中比比皆是，这体现了体育的特点。尤其在地方体育关于市场、场地设施的立法中。如《内蒙古自治区体育设施管理条例》第十二条规定：城市新建居民区，规划部门必须按照人均不低于0.2平方米的用地指标预留用于建设公共体育设施的用地。居民区改造也按照上述规定执行。依照笔者前期的研究，《陕西省全民健身条例》第二十五条规定：学校应当按照国家和本省规定的学校体育设施配备标准，建设配置体育场地、设备、器材，保证体育教学和学生开展体育锻炼的需要。体育标准是一个包含着技术法规、强制性标准和推荐性标准的混合体，具有软法性质。所谓标准是指为在一定的范围内获得最佳秩序，对活动或其结果规定共同的和重复使用的规则、导则或特性的文件。从本性上看，标准体现的是自愿性[1]。所谓软法，就是原则上没有法律约束力，却有实际效力的行为规则[2]。也就是说，软法没有强制性，暗合了前文谈到的倡导性规范的特征。标准类规范的大量存在

---

[1] 罗豪才：《公域之治中的软法》，《法制日报》2005年12月15日第1版。
[2] 张文显：《法理学》，北京大学出版社2002年版，第25页。

有助于降低体育法治成本，体现实质法治的精神，最终促进体育法治目标的全面实现①。

(三) 倡导性体育规范是法律确立的道德化规范

倡导性规范是道德规范向法律规范的中间过渡形态。通常情况下，我们探讨道德法律化问题，其实就涉及这个问题。体育法体系中大量的体育道德转化为体育法律，"道德是人们关于善与恶、正义与非正义、光荣与耻辱、公正与偏私等观念、原则和规范的总和"②。体育道德，按照前人的研究，其构成分为两部分，一是一定社会的共同生活对人们的体育行为提出的道德要求，即社会体育公德；二是社会对从事体育的工作者提出的道德要求，即体育职业道德③。在当前体育商品化、体育职业化推动下，体育道德更多地表现为一种职业道德，体育职业道德与一般体育道德相比，具有自身特点，一些研究所述的运动员唯利是图，不讲信用地随意转会，是体育道德滑坡的表现④。这种观点值得探讨。因为这种转会符合职业道德，是市场化的产物。由于《体育法》起草于20世纪80年代中期，那个时候我国还没有职业体育、体育还没有商品化，所以，倡导性体育规范的关注点都是社会体育公德，道德法律化都是以社会体育公德为基础。比如《体育法》第二十四条规定：国家促进竞技体育发展，鼓励运动员提高体育运动技术水平，在体育竞赛中创造优异成绩，为国家争取荣誉。第二十七条规定：培养运动员必须实行严格、科学、文明的训练和管理；对运动员进行爱国主义、集体主义和社会主义教育，以及道德和纪律教育。将来，修改《体育法》将从这个角度作出调整。

总之，法律秩序来源于道德，以道德为根基形成和生长。法律天然即具有一种道德属性，在其形式的外壳之下，流动着伦理的血液⑤。

---

① 李卫平等：《刍议体育道德推脱》，《体育与科学》2012年第1期。
② 张文显：《法理学》，北京大学出版社2002年版，第25页。
③ 李卫平等：《刍议体育道德推脱》，《体育与科学》2012年第1期。
④ 李莉、程秀波：《体育道德的现状与体育道德建设》，《河南师范大学学报》（哲学社会科学版）2001年第5期。
⑤ 胡旭晟：《论法律源于道德》，《法制与社会发展》1997年第4期。

（四）倡导性规范的价值分析

1. 规范性价值

何谓规范性价值？简单地说就是由规范而确定的价值，是一种与实在性价值相区别的被社会、历史、文化所规定的价值。实在性价值立足于主客体关系的角度，侧重的是一定客体对于主体的生存发展需要的满足，从而达成客体的存在、功能、作用与主体发展目的的一致性[1]。也就是说，规范性价值和实在性价值是一对相对范畴，同时，规范性价值又不同于"规范的价值"。规范的价值应该属于实在性价值。倡导性体育法律规范作为法律调整方法的最主要价值内容，利用其所特有的指导、鼓励等肯定性机制，通过对奖惩内容的不同对待，对诸如体育产业、竞技体育等不同领域的体育社会关系进行调整，用倡导性规范所具有的不同特征激发人们的积极性。现今，人们对体育秩序颇有微词，现有秩序正处在一种消极维护当中，为了过渡到"新秩序的积极构建"上，应该发挥倡导性规范的天生优势，促进体育改革进一步深化。

2. 经济性价值

经济性价值应该源于法律经济学，其最大的贡献在于将成本、收益的概念引入法律规范之中。倡导性体育法律规范由于有天生的优势，在成本、效益资源等方面所表现出的价值成功引人注目。主要表现在了节约成本、提高效率两个方面。

3. 节约成本

体育法的成本主要表现在创制成本、执法成本、司法成本以及监督成本。因为体育法体系具有独特的规范形式，在某种程度上大幅度节约了体育法体系的创制和运行成本。通过其特征的独特发挥，极大提高了人们的获利行为；通过奖惩机制，并且以奖为主的机制，激发了人们自觉、积极的能动心理，主动为体育事业服务。这些无形中降低了法律的运行成本。同时，倡导性体育法律规范的调整模式不同于传统模式，其不可诉性的特征大大节约了体育法成本。

---

[1] 马俊峰：《规范性价值在价值体系中的地位和作用》，《学术研究》2011年第1期。

4. 提高效率

我国的制度变迁是政府主导下的强制性制度变迁。表现为政府起主导作用。变迁路径包括多种，其中还包括一种主要的自下而上的需求主导性变迁，具有非强制性、自愿性等特点，正好与倡导性体育法律规范的特征相配，倡导性体育法规范以其特有方式诱导人们的体育改革，以此配合政府主导性下的制度变迁定会事半功倍，极大提高效率。

二 关于《体育法》中的奖励性规范

（一）体育法体系中的奖励规范展示

1. 《体育法》中的奖励规范

我国《体育法》中的奖励规范主要涉及两条，即第八条：国家对在体育事业中做出贡献的组织和个人，给予奖励。第二十八条规定：国家对优秀运动员在就业或者升学方面给予优待。

2. 体育行政法规中的奖励规范

第一是《全民健身条例》，其第七条规定：对在发展全民健身事业中做出突出贡献的组织和个人，按照国家有关规定给予表彰、奖励。

第二是《学校体育工作条例》，其第二十六条规定：对在学校体育工作中成绩显著的单位和个人，各级教育、体育行政部门或者学校应当给予表彰、奖励。

第三是《公共文化体育设施条例》，第八条规定：对在公共文化体育设施的建设、管理和保护工作中做出突出贡献的单位和个人，由县级以上地方人民政府或者有关部门给予奖励。

3. 国家体育总局颁布的规章中的奖励规范

国家体育总局制定的部门规章较多，现从中摘取几例。

第一是《社会体育指导员管理办法》第四条规定：各级体育主管部门应当组织和推动社会力量支持社会体育指导员开展志愿服务，依法保护社会体育指导员的合法权益，加强社会体育指导员工作的宣传，扩大社会体育指导员工作的社会影响，对取得显著成绩的社会体育指导员给予表彰、奖励。第三十六条规定：各级体育主管部门应当定期开展评选表彰活动，对在社会体育指导员工作中做出突出贡献的组织和个人予以表彰、奖励。

第二是《关于加强体育法制建设的决定》，在其第三部分的第七条款中涉及奖励内容，即各级体育行政部门要组织体育法制工作经验交流，对体育法制工作的先进集体和个人予以表彰和奖励。

第三是《健身气功管理办法》第二十四条规定：各级体育行政部门对在健身气功工作中做出贡献的单位和个人，给予表彰和奖励。

4. 体育地方法规规章中的奖励规范

体育地方法规规章中的奖励规范就更多了，几乎涉及各省、自治区、直辖市以及具有立法权的各个市。现从中摘取几例。

第一，《北京市全民健身条例》第十一条规定：本市对组织开展全民健身工作成绩显著的单位和个人给予表彰和奖励。第一款规定：市和区、县体育行政部门对参与全民健身活动突出的个人颁发健身奖章。

第二，《天津市全民健身条例》第六条规定：各级人民政府及其体育行政部门对组织开展全民健身活动成绩突出的单位和个人，应当给予表彰和奖励。

第三，《内蒙古自治区实施〈体育法〉办法》第七条规定：各级人民政府对在组织、从事、支持体育事业中做出突出贡献的组织和个人给予奖励。

5. 专门的奖励规章

上述展示的是体育法规中的奖励规范，除此之外，还有专门的体育方面的奖励法规。比较突出的如原国家体委与人事部共同发布的《运动员教练员奖励实施办法》以及《授予优秀运动员、教练员体育运动奖章的暂行办法》，相比而言，这类专门的法规较少。

（二）奖励形式

奖励规范在体育法体系中主要表现为两种形式，一种是在总则中设置一条，这种情况较为普遍，比如前文提到的《健身气功管理办法》以及《体育法》等，只是简单设定了"对在体育事业中做出贡献的组织和个人，给予奖励"的内容；另一种是设置专章，这种情形不多见。比如《学校体育工作条例》《社会体育指导员管理办法》《山西省体育设施管理条例》，等等。它们专门设置了奖励与惩罚专章，往往是奖励条款在前。从内容来看，这些奖励多为精神奖励，少有物质奖励，而且多是事后奖励，某种意义上讲缺乏直接的引导和促进作用。

三 对两类特殊体育法律规范的思考

我国体育法律规范中出现相当比例的倡导性规范和奖励性规范，体现出较为鲜明的政策性原则，显示出国家对体育发展和进步的态度和导向，而且特别在我国的《体育法》中出现这两种比较特殊的体育法律规范属于一种顶层设计。通常会为具体体育政策、法规的制定提供依据，以此发挥巨大作用。

倡导性规范和奖励性规范属于比较典型的"软法"法律规定，国家一般不会强制执行，换言之，体育领域相关的人不会为不积极履行义务、责任而承担法律责任。但是，倡导性规范和奖励性规范代表着体育领域的价值取向，代表了一种体育伦理和道德的价值判断。体育法律规范中设立倡导性规范和奖励性规范充分显示了体育领域倡导积极向上的体育文化，有助于构建文明、合理、有序的体育环境。

最后，倡导性规范和奖励性规范在体育法律规范中的设立还有利于强化体育行业自律意识。同时，一定程度上保持了体育立法的前瞻性。倡导性规范通过法律支持、鼓励和引导等方式有助于体育的综合治理，这是一个指向未来的体育行为向度。

思考题

（1）从《体育法》呈现的各种规范特性看，《体育法》到底是一种怎样的法律？

（2）如何看待体育法律规范的冲突问题？如何解决？

（3）如何看待体育法律中的两类法律规范？

第十一章

体育法律关系

第一节 体育法律关系释义

法律关系是法学上的重要概念，体育法律关系只是体育＋法律关系的一个组合。在体育领域，研究体育法律关系的并不是很多，随着市场化程度的不断提高，很多新型的法律关系不断出现，比如谭小勇等著的教科书中提到了运动员和俱乐部的法律关系、运动员和管理机构的法律关系等，所以，体育领域的法律关系值得进一步探讨，并使人们进一步了解和熟知。

一 体育法律关系释义

给体育法律关系下定义，首先应该了解法律关系。对于法律关系，其定义为：根据法律规范产生、以主体之间的权利与义务的形式表现出来的特殊的社会关系①。随即，研究体育法学的学者给出了大同小异的定义。体育法律关系是指体育法律规范所调整的人们在进行体育运动过程中形成的权利义务关系。这种权利义务关系是根据《宪法》《体育法》以及相关的体育法律规范的规定建立起来的，反映体育参与主体的意志，如公民和公民之间，公民与法人之间，法人与法人之间，公民、法人与国家之间，以权利和义务为内容的社会关系②。一定的法律规范调整一定

---

① 朱景文：《法理学》，中国人民大学出版社2008年版，第428页。
② 董小龙、郭春玲：《体育法学》（第二版），法律出版社2006年版，第17页。

的社会关系领域，形成特定的法律关系，体育法律关系便是调整各种体育社会关系的结果[1]。体育法律关系是指体育法律规范在调整人们体育行为过程中所形成的体育权利和体育义务的关系[2]。体育法律关系是指根据体育法律规范产生的、以主体之间权利与义务关系的形式表现出来的特殊的社会关系[3]。体育法律关系概念给出了两个，两者相比，第一个体育法律概念更具体一些，后一个与法律关系概念更接近。本书倾向于后一个概念。对于这个概念，一定要记住：体育法律关系是一种特殊的社会关系，表现为人们有目的、有意识建成的社会关系，它依法建立，是主体之间的法律上的权利和义务关系。

二 体育法律关系的种类

（一）法律关系界说

类似于法律关系，体育法律关系的分类是研究中的一个重点。体育法律关系与一般法律关系相比，具有复杂多样的特点。相关学者将体育法律关系分为绝对体育法律关系、平权型体育法律关系、隶属型体育法律关系、诉讼型体育法律关系和保护型体育法律关系，并分别列举了实例，如体育法律关系主体的人身权关系属于绝对体育法律关系；运动员之间、群众体育锻炼主体之间、职业体育俱乐部之间的关系和联系属于平权型体育法律关系[4]。除此之外，缺少这方面的研究。此研究经过了认真思考，在理论上具有一定创新性。本书认为，既然体育法律关系从属于法律关系，而法律关系种类的研究已经很充分了，我们可以从中进行选择，找出适合体育领域的体育法律关系种类。其实，上述研究列出的种类并没有脱离法律关系种类的范围。张文显的研究列举了八类法律关系，即按照法律关系形成的法律部门，分为民事法律关系、经济法律关系、行政法律关系等；按照法律存在的形式，分为一般法律关系和具体

---

[1] 王小平、马宏俊：《论体育法律关系主体资格特征及其确立》，《北京体育大学学报》2005第9期。

[2] 闫旭峰：《体育法学与法理基础》，北京体育大学出版社2007年版，第225页。

[3] 张家喜、沈建华：《体育法主体理论的研究》，《体育文化导刊》2000年第9期。

[4] 宋亨国、周爱光：《对体育法律关系分类的研究》，《体育科学》2009年第8期。

法律关系，等等①。本书认为：参照张文显以及前述体育论文和其他文献的分类，体育领域的体育法律关系大致可以分为以下几类：一般法律关系和具体法律关系、绝对法律关系和相对法律关系、平权型法律关系、隶属型法律关系、诉讼型法律关系和保护型法律关系。

（二）具体体育法律关系分析

首先是一般法律关系和具体法律关系。一般法律关系就是根据《宪法》形成的国家、公民、社会组织及其他社会关系主体之间的普遍存在的社会联系②。

《世界卫生组织章程》指出："享受最高标准的健康，是每个人的基本权利。"依据《宪法》和《世界卫生组织章程》，推导出的体育权利与义务所产生的法律关系就属于此类。其特点在于：该法律关系的主体不是一个个具体存在的人、社会组织和国家行政机关。依照我国《宪法》规定，国家尊重和保障人权，其中人权之中就含有体育权利之意。依据这个规范建立起的一般法律关系的主体不特指某一个特定公民，而是包括所有的中国公民。所以，一般法律关系是每一个人与每一个人的法律联系，它体现了一个国家范围内全部社会关系主体间的稳定性、持久性的法律状态。作为一般法律关系，不是因为某一个具体事实而产生，它是由某一种持久的事实引发的。正是由于一般法律关系具备上述特点，使得一般法律关系通过具体主体间的法律关系具体化，由此，一般法律关系成为具体主体权利与义务实现的初始阶段。

具体法律关系说明这个关系的主体是具体的，它不但要求有法律规定，还应有具体事件的发生。

其次是绝对法律关系和相对法律关系。前面的研究中提及了绝对法律关系，这种关系以一人对其他一切人的形式变现出来。诸如人身权关系，其中公民和法人享有的生命健康权、姓名权（名称权）、肖像权、名誉权、荣誉权等是人身权的典型表现。当然，张文显在《法律关系论

---

① 张文显：《法律关系论纲——法律关系若干基本问题的反思》，《天津社会科学》1991年第4期。

② 朱景文：《法理学》，中国人民大学出版社2008年版，第432页。

纲——法律关系若干基本问题的反思》一文中还列举了大众体育和竞技体育领域的绝对法律关系①。相对法律关系，以某一个人对某一个人的形式表现出来。如教练与运动员之间的法律关系是具体的，教练员有权利要求运动员刻苦训练，并且有义务保障运动员的安全。如果一方不履行自己的义务，另一方的权利就不可能实现。

再次是平权型法律关系和隶属型法律关系。同样，前述论文中也提到了这一对法律关系。平权型法律关系的主体间是平等的，比如运动员和运动员之间、运动员与俱乐部之间。这些主体共同享有对等或对应的体育权利，承担对等或对应的体育义务。同时也产生了一个问题：如俱乐部任何人在其他俱乐部兼职，如何保证公平、公正、公开的比赛关系和联赛环境？隶属型法律关系强调的是主体间地位不对等，存在着命令与服从、管理与被管理关系。体育流传着"体育是计划经济的最后一块自留地"的说法，主体之间存在着上下级关系，使得他们具有一种支配、强制性意味。

最后是诉讼型法律关系和保护型法律关系。诉讼型体育法律关系是一种特殊的法律关系。当不同体育主体间出现了违法行为或法律纠纷时，一方体育主体被体育法所肯定的体育权利和体育义务受到了破坏或受到了破坏的危险，即法定的体育权利和义务的平衡性被打破，此时一方体育主体要求通过法院或体育仲裁委员会审理予以解决时，此类体育法律关系就产生了②。当前，随着体育的职业化、商业化程度的不断提高，体育纠纷也不可避免地增加，比如美国体育律师达到了千余。此类诉讼包括民事诉讼和行政诉讼，根据中国的现实情况，初期一般行政诉讼多一些，比如2002年，长春亚泰足球俱乐部对中国足球协会的行政诉讼；③ 2004年，奥神俱乐部对篮球运动管理中心的行政诉讼；④ 2000年，深圳平安足球俱乐部对《广州日报》的行政诉讼⑤，等等。后期民事诉讼会占多数，

---

① 宋亨国、周爱光：《对体育法律关系分类的研究》，《体育科学》2009年第8期。
② 宋亨国、周爱光：《对体育法律关系分类的研究》，《体育科学》2009年第8期。
③ http：//sports.sina.com.cn（2002-3-16）.
④ https：//sports.sohu.com/68/82/sports_news/63708268.shtm/.
⑤ http：//sports.sina.com.cn（2001-4-25）.

当然，行政诉讼也会大量增加。诉讼型法律关系是一种特殊类型的法律关系。诉讼型体育法律关系是因为主体间原有体育法律关系的阻断而产生的①。保护型法律关系是因为主体的权利义务在难以正常实现的前提下通过法律制裁形成的法律关系。主要就是体育主体违反了宪法、体育法的规定。其目的是恢复主体间被阻断的体育法律关系。保护性体育法律关系着重体现了法律对体育内在和发展秩序的维护和保护作用②。

三　体育法律关系的性质是一种物质关系

谈论体育法律关系是一种物质关系，并不是否认体育法律关系也存在着意志性关系、思想性关系，体育法律关系是人与人的关系，都承载着人的意志和思想，都显示出一定的意志性与思想性。另外，"关系"是指事物之间的相互影响和依存，本身是无形的、非"物质"的。它有赖于我们的认知③。但是，体育法律关系是真实客观的社会关系，在体育生活中总是以真实客观的状况出现。

我们讨论体育法律关系是一种物质关系，在某种程度上就是探讨体育法律关系是主观的还是客观的，探讨这个问题应该区分开体育法律关系的物质性与下文探讨的体育法律关系客体的物质性，即两者是不同的。不能因为体育法律关系的主体是"有形"的物，就将其称为物质关系，同样，也不能因为体育法律关系的主体是思想就想当然地称为思想关系。马克思曾经指出："每当工业和商业的发展创造出新的交往形式（社会关系），例如保险公司等的时候，法便不得不承认它们是获得财产的新方式（即法律关系）。"④ 在体育领域中大体存在着竞技体育法律关系、学校体育法律关系、社会体育法律关系以及体育产业法律关系，它们都是客观存在的，有的可能"无形"，有的可能"有形"，比如体育产业法律关系以及竞技体育法律关系可能显得比较物质，学校体育和社会体育法律关

---

① 宋亨国、周爱光：《对体育法律关系分类的研究》，《体育科学》2009年第8期。
② 宋亨国、周爱光：《对体育法律关系分类的研究》，《体育科学》2009年第8期。
③ 庞正：《法律关系基础理论问题论辩》，《法治研究》2010年第6期。
④ 中共中央马克思恩格斯列宁斯大林著作编译局：《马克思恩格斯选集》（第1卷），人民出版社1972年版，第71页。

系可能显得"无形"。只要坚持和信奉体育法律关系的本原样态是真实、客观的体育关系，就可以得出体育法律关系的本质是物质性的结论。

第二节 体育法律关系主体与客体

一 体育法律关系主体

对于法律关系的构成要素，一般法学者认为由三要素构成：包括主体、客体和内容。同样，体育法律关系也包括相同的三个要素。何谓主体？主要指在法律关系中享有权利和履行义务的人或组织。具体到体育法律关系，就是享有体育权利和履行义务的人或组织。具体而言，涉及个人、国家机关、社会团体等，从属性上划分包括两类，一类是自然人，另一类是法人。一般而言，体育法律关系具有社会性和法律性的特征，首先关于社会性，体育法律规范规定了什么人和组织成为法律关系主体，这不是随意的，一般取决于物质生活条件。其次是法律性。体育法律关系主体由法律规范规定，由此形成了与其他形式的社会关系主体的区别。

在体育法学界有学者专门探讨了体育法律关系主体的资格问题，总结了宽松性、包容性、强制性和保障性等特征[1]。

二 体育法律关系客体

（一）体育法律关系客体概说

对于法律关系的客体向来是有争议的。虽然主流观点是法律关系主体的权利和义务所指向的对象。但是，其他观点仍然存在，归纳起来，大致有如下几种观点：第一种观点认为，法律关系客体即是"权利客体"，这种观点来自徐显明的《法理学》和孙国华、朱景文的《法理学》，有些类似于主流观点。第二种观点认为，法律关系和权利客体既有联系又有区别，这种观点源于葛洪义的《法理学》。第三种观点认为，一切法律关系的客体均是行为[2]。除此之外，还有学者认为法律关系客体无

---

[1] 王小平、马宏俊：《论体育法律关系主体资格特征及其确立》，《北京体育大学学报》2005年第9期。

[2] 高健：《试论民事法律关系的抽象客体》，《政法论丛》2003年第5期。

外乎物、行为和精神财富;还有学者认为利益也可作为法律关系客体[①]。

本书不敢妄自菲薄,每一种观点都有其存在的道理。按照主流观点,体育法律关系的客体就是体育法律主体的权利和义务所指向的对象。另外,不同的法律关系中的客体具有不同的特点。同样,体育法律关系应该随法律关系的不同而有所变化。

(二)不同法律关系客体存在差异

前文对法律关系进行了划分,比如在体育绝对法律关系和相对法律关系中,它们的客体存在着差异。所谓绝对法律关系就是表现出明显的权力主体,而没有明显的义务主体。这类研究逐渐成为研究的热点,如体育法律关系主体的人身权关系,具体如学校体育中主体的人身权关系等[②]。同样,这种差异也体现在一般法律关系和保护性法律关系当中。所谓保护性法律关系,就是体育主体违反了各类法律(如《体育法》)而产生的,体育领域中的吹"黑哨"、打假球、服用兴奋剂等都属于保护性法律关系。

相关研究总结了体育领域中法律关系的种类,基本上包括四类,以上仅仅提出了两类,这些不同种类的法律关系的客体也存在差异。

(三)体育法律关系客体种类

体育法律关系的客体大致可以分为以下几类:

首先是国家、社会和个人的基本经济、政治与文化财富。

其次是物质。它既可以是自然物,如土地;也可以表现为人的创造物,如各种产品;也可以表现为货币。

再次是非物质财富。它包括创作活动产生的产品,比如编创的一套健身操、体操动作等。当然还包括体育脑力劳动者的科研作品等。

最后是行为结果。

三 体育法律关系主客体理论的思考

法律关系的提出应该归功于德国的萨维尼。很多《法理学》教材都

[①] 孙春伟:《法律关系客体新论》,《上海师范大学学报(哲学社会科学版)》2005年第6期。

[②] 宋亨国、周爱光:《对体育法律关系分类的研究》,《体育科学》2009年第8期。

对法律关系及主客体理论进行了论述，当然，现在也有研究认为，法律关系的主客体是对立的，由此造成了困境①。

首先，主客体划分标准具有模糊性，按照主客体理论，自然人是当然的主体而非客体，当人身体上的某一部分与身体分离，比如运动员受伤或者某一物件成为身体的一部分（钢钉），由此暗示，在主客体问题上缺少一个一贯的标准，判断客体的标准需依主体的情况而定。其次，人死了以后，失去了作为法律主体的资格，突出的问题是人死亡后，遗体是否有法律地位？关于这一点，应该也适用于体育法律关系，人一旦死亡，他或她是否有法律地位？再次，法人也是法律主体。实践中对法人财产的侵犯仅认定为侵犯财产权（客体）而不是侵犯法人人身（主体）的行为，这样，主客体理论在法人问题上就存在一定的问题。最后，动物在主客体理论的解释上也存在偏颇，比如赛马对运动员，在现有主客体理论模式下，赛马不能成为主体，将其划入"客体"之列更是不恰当。

综上所述，利用法律关系及主客体理论解释体育问题可能会得出一些似是而非的结论，法律关系及主客体理论需要进一步完善以适应或应对体育领域及其他领域的相关问题。

第三节 体育法律关系中的权利和义务

一 体育法律关系中的权利与义务界定

法律关系中的权利，是指法律规定的法律关系主体具有的作出一定行为，并要求别人作出相应行为的可能性。法律义务是指法律规定的对法律关系主体必须作出一定行为（包括作为和不作为），以满足权利实现条件的约束②。由此，体育法律关系中的权利与义务概念也可以顺利推导得出。但是，体育法律关系中的权利与义务比较复杂，体育法律对此并没有明示，只能靠推导得出，为此，很多研究认为，修改《体育法》，一

---

① 姜朋：《穿马褂与扒马褂：对法律关系主客体理论的初步反思》，《法制与社会发展》2005年第3期。

② 吴新耀：《权利与义务的矛盾是法律关系内在的必然联系》，《中南政法学院学报》1987年第4期。

定要将体育权利明示出来，真正体现"以人为本"的立法宗旨。

二　体育法律关系中的权利与义务具体内容

前文论述到了体育法律关系主体包括公民、法人、体育组织以及国家，从体育法律关系的主体上看，只有参加到一定的体育法律关系之中，通过其行为将这种体育法律规定付诸实践，体育权利对其才有现实、积极意义。

（一）国家体育行政机关的职权和义务

国家体育行政主管机关主要包括国务院下属的国家体育总局和各级政府下属的体育局和文体局，另外，还包括所有对体育有行政管理职能的各级政府和部门。如教育部、民委、民政、工商等部门。

国家体育总局所具有的管理职能：

（1）研究制定体育工作的政策法规和发展规划并监督实施。比如：制定分两个阶段实施的《全民健身计划》。

（2）推动体育体制改革，指定体育发展战略，编制体育事业的中长期发展规划；协调区域性体育发展。

（3）推行全民健身计划，指导并开展群众性体育活动，实施国家体育锻炼标准，开展国民体质监测。

（4）统筹规划竞技体育发展，研究和平衡全国性体育竞赛、竞技运动项目设置与重点布局；组织开展反兴奋剂工作。

（5）管理体育外事工作，开展国际间和与中国香港特别行政区及中国澳门、中国台湾地区的体育合作与交流；组织参加和举办重大国际体育竞赛。

（6）组织体育领域重大科技研究的攻关和成果推广。

（7）研究拟定体育产业政策，发展体育市场；制定体育经营活动从业条件和审批程序。

（8）负责全国性体育社团的资格审查。承办国务院交办的其他事项。

从上述可以看出：这种管理职能既包括对内职能又包括对外职能。这些管理职能也意味着诸多义务。类似的研究认为，政府具有发挥主导作用、鼓励、引导社会支持、制定政策法规的责任①。同样在相关法规中对政府责任的规定更加明确具体。如《全民健身条例》，明确要求各级政府将全民健身事业纳入国民经济和社会发展规划，将全民健身工作经费列入财政预算，有计划地建设公共体育设施，定期开展公民体质监测和全民健身活动状况调查，制订、调整全民健身计划并组织、协调落实，定期举办群众性体育比赛活动。对于体育主管部门，责任要求更加细化、具体。如对于与全民健身相关的经营活动，《全民健身条例》还规定经营高危险性体育项目必须获得许可，并对以高危险性体育项目指导为职业的社会体育专业人员执业提出了资质要求。

其他各级行政部门的职能以此类推。对于体育义务而言，它与体育权利相对应，包括体育行政决策权，即在法定权限内，为实现体育法律规定的若干体育事务做出决策。

体育行政立法权，依照宪法和法律规定，有权制定和修改体育领域的行政法规和规章。

体育行政监督权，依照法律，有权将体育行政管理对象是否遵守体育法律和执行体育法律进行监督与检查。

体育行政执法权，依照法律，有权对体育管理中的某些事物采取措施，进行解决。体育行政奖惩权，依照法律，有权对遵守体育法律的行为进行奖励；有权对违反体育法律的行为进行惩罚。

体育行政裁判权，依照法律，有权对当事人双反的争议与纠纷，以裁判者的身份依法进行裁决。

体育行政委托权，依照法律，有权对某些体育事务委托给某些组织和个人②。

(二) 体育社会团体

在我国，有很多体育社会团体，如项目协会，全国足球协会、篮球协会等。还包括各行各业的，如火车头体协等，本书主要介绍全国性的

---

① 冯宝忠：《政府与体育社会团体在全民健身活动中的责任》，《武汉体育学院学报》2012年第10期。

② 王建中：《体育法学》，北京师范大学出版社2010年版，第42页。

体育社会团体。

有研究认为,体育社团在全民健身活动中确实起着一定作用,有着自己的责任,包括完善协会自身建设,研究制定各单项的全民健身活动发展规划,建立行业规范,进行业务指导和行业管理、宣传、推广全民健身活动等[①]。如《体育法》规定,工会等社会团体应当根据各自特点,组织体育活动。

具体而言,体育社会团体的权利包括:依法成立的权利;依法按照章程开展业务活动的权利;对于业务范围内的内容具有决策的权利;对于社团内部具有奖惩的权利;依照法律,具有代表我国参加国际组织比赛的权利;体育社会团体的权利主要表现在内部管理方面,比如很多研究都在探讨处罚权问题,认为体育社会团体的处罚权是来自国家权力的授权。体育社会团体的处罚权从性质上看,是类似于行政机关的行政处罚权,我们可以称之为"准行政权",因为行使这种权力的主体不是国家行政机关而是社会团体,所以它又不能等同于国家行政机关的行政处罚权。但因为它是一种公共管理权力,必须有法律上的明确授权[②]。

至于体育社会团体的责任,大致有以下几点:遵守国家法律制度,接受体育主管部门的监督、检查;依法开展活动;在国际交往中维护本国权益;遵守体育主管部门的对外政策与纪律。

(三)个人类

包括国家体育公务人员、公民、运动员、裁判员和教练员等。

1. 国家体育公务人员

我国公务员应该概括为国家依法定方式任命的代表国家从事社会公共事务的管理,行使行政职权,在中央和各级地方行政机关中履行国家公务的人员,不包括各级国家行政机关中的工勤人员。国家体育公务人员与其他公务员一样,享受一定的权利与义务。享有的权利包括身份保障权、经济利益权、保障请求权[③]。具体而言,包括领取法定工资享受法

---

① 冯宝忠:《政府与体育社会团体在全民健身活动中的责任》,《武汉体育学院学报》2012年第10期。
② 汪全胜等:《论体育社会团体的处罚权》,《北京体育大学学报》2010年第5期。
③ 刘莹:《试论我国公务员的权利保障机制》,《现代妇女》(下旬)2014年第11期。

定福利待遇的权利；享有继续教育权利；依法提出辞职权利，等等。应该履行的义务：遵纪守法；服从指挥；不得以权谋私，等等。

2. 公民

依照《体育法》规定，国家提倡公民参加社会体育活动，增进身心健康。再有，公民参加体育活动主要是为了增进身心健康，除此之外还包括丰富业余生活。

《体育法》对此进行了规定。国家推行全民健身计划，实施体育锻炼标准，进行体质监测。城市应当发挥居民委员会等社区基层组织的作用，组织居民开展体育活动。

主要权利：参加体育活动权利；自由参加体育组织的权利；获得体育福利的权利；自由表达体育意愿的权利，等等。

主要义务：遵纪守法、不得损害他人的体育权利；尊重他人，包括运动员、裁判员、管理人员等。

3. 运动员

关于运动员的权利与义务研究得比较多，比如有研究认为：运动员成为市场经济中独立、平等和自主的主体，体育法对运动员的规范要由义务为本转向权利为本，尤其对公平竞争权、安全健康权、劳动经济权和文化教育权加以保护[1]。还有研究认为，运动员权利包括身体健康权、公平竞争权、教育权和职业保障权以及建议权、听证、申辩等权利救济的程序性权利[2]。还有研究认为，"运动员权利"概念本身尚未为我国现行法律体系所接受和采用，仅仅是在体育法研究领域为学者所使用的法学概念，而非法律概念[3]。由此看出，尽管观点林立，但是，都承认运动员权利与义务的存在。只不过在当前情势下，凸显了"举国体制与运动员权利保障的背后反映的是中国作为民族国家的主权诉求与人权保障之间紧张的内在关系"[4]。

运动员的权利一般有：进行体育训练和竞赛的权利；获得比赛和训

---

[1] 张厚福：《对我国运动员几个主要权利的保护》，《武汉体育学院学报》1999年第4期。
[2] 韩新君：《对奥林匹克运动中运动员权利问题的研究》，《体育科学》2007年第8期。
[3] 钱侃侃：《运动员权利的法理探析》，《法学评论》2015年第1期。
[4] 张凌云：《举国体制与运动员权利的保障》，《体育成人教育学刊》2015年第5期。

练报酬的权利；拒绝使用违禁药物、取得成绩的权利；公平竞赛的权利；接受教育的权利；退役后重新获得工作和学习教育的权利。

一般义务：为国争光、争取荣誉的义务；遵守比赛规则、服从裁判尊重对手的义务；学习科技、文化知识的义务，等等。

4. 裁判员

裁判员的权利与义务。最初体育法学界对于裁判员的身份研究较多，关键是我国的法律未有明确规定，因此，在裁判员犯规判罚时遭遇了困境，对于裁判员的身份，早期的研究大致存在如下两种观点：（1）以公司、企业人员受贿罪论处；（2）以国家公务员受贿罪论处。若以国家公务员受贿罪论处，则将裁判员归为体育公务人员。事实上，情况并非如此。

裁判员的一般权利包括参加裁判工作；执行各项裁判工作；审批组织的裁判员学习和培训；检查、监督本级裁判员组织。

一般义务：在竞赛中严格、公正执法；培养和指导下一级裁判员等。

5. 教练员

有研究认为，争论多年的《体育法》修改问题也少有关于增加教练员权利的保障条款，建立体育行业协会内部纠纷解决机制的呼声中也缺少对教练员权利保障的关注。进而勾勒了教练员的权利特征：教练员权利的明确具体性、教练员权利的发展完善性、教练员权利的绝对与相对的辩证统一性[①]。鉴于此，教练员的一般权利包括：带队参加训练和体育比赛的权利；获得劳动报酬的权利；劳动休息的权利。

一般义务包括：培养人才的义务；为国争光的义务；对运动员关心、爱护的义务；尊重对手、裁判的义务，等等。

三 体育权利的考量

（一）体育权利概念综述

此问题是对上一个问题中普通公民的体育权利的进一步探讨，公民

---

① 巩庆波：《教练员权利表现特征与保障机制研究》，《西安体育学院学报》2015年第6期。

来自全社会，所以极具代表性、基础性（下将"文公民的体育权利"简化为"体育权利"）。对于体育权利探讨较为悠久，同时，给出的概念较多。较早探讨体育权利的是谭华教授，他认为，体育权利是体育法学的基础性问题。[①] 对于这个预测，到了20世纪90年代，于善旭教授给出了回应，撰写了几篇体育权利的相关文章，一时间成为研究热点，时值《体育法》颁布前后，形成了一定社会影响，随后在2005年《体育法》颁布10周年前后，又形成了一个研究高潮。此时，人权入宪，人们呼吁体育权利写进《体育法》的要求日益高涨。具体而言：于善旭认为，"公民的体育权利就是通过法律规定的公民在有关体育的各种社会生活中所享有的权利，是国家以法律确认和保护的公民实现某种体育行为的可能性"[②]。汤卫东认为，体育权利是体育法规定和保护的体育法主体所享有的体育权能[③]。刘举科认为，公民的体育权利是指宪法以外的体育法及相关法律所规定的权利[④]。

董小龙认为，体育权利是国家通过体育法律规定，对体育法律关系的主体可以自己决定作出某些行为的许可和保障[⑤]。王岩芳认为，体育权利是指由宪法和法律所保障的，人们能够通过接受体育教育、进行体育锻炼和参与体育竞赛的方式，获取身体健康和精神满足之利益的意志和行动自由[⑥]。后来，法学学者参与进来，认为体育权利就是指公民或者组织在社会生活中，可以获得身体健康和进行体育锻炼的自由以及平等竞争的机会和资格，从而享有能达到最高体质和心理健康标准，最终实现最大自我利益和公共福利的可能性[⑦]。

基于本书需要，选取的体育权利研究的观点主要包括：（1）体育权利概念的称谓。在体育权利研究过程中，使用了多种称谓，如"公民体

---

① 谭华：《试论体育的权利和义务》，《成都体育学院学报》1984年第3期。
② 于善旭：《论公民的体育权利》，《体育科学》1993年第6期。
③ 汤卫东：《体育法学》，南京师范大学出版社2007年版，第61页。
④ 刘举科：《体育法学》，广西师范大学出版社2005年版，第66页。
⑤ 董小龙、郭春玲：《体育法学》（第二版），法律出版社2006年版，第20页。
⑥ 王岩芳、高晓春：《论体育权利的内涵及实现》，《武汉体育学院学报》2006年第4期。
⑦ 冯玉军、季长龙：《论体育权利保护与中国体育法的完善》，《西北师大学报》（社会科学版）2005年第3期。

育权利是一项基本人权，属于宪法权利"① "体育权利是受宪法保护的一项基本权利"② "体育权利是我国公民的基本权利"③ "体育权利诠释着尊严的'民权'含义"④。（2）体育权利的定义。张振龙等学者认为：体育权利就是由法律确认的人在接受体育教育和从事体育运动过程中所应享有的自由和利益。在此基础上，特别强调体育权利是人生来就有的，而不是法律赋予的⑤。（3）体育权利的性质。在体育权利性质界定上又大致存在三种观点。一种是均衡论，体育权利既属于生命自由权利，又可归为经济社会文化权利⑥⑦。也有观点认为，我国体育权利总体上归属于社会文化权利⑧。还有一种观点认为，体育权利主要属于宪法确认的公民的社会经济、教育、文化方面的权利（社会权），体育权利还是《宪法》规定的生命健康权的下位权利（自由权）⑨。（4）体育权利的分类。此类研究尽管较少，但总结较为详细与全面。如公性质与私性质、体育权利划分、宪法与部门法体育权利划分、可诉的体育权利和不可诉的体育权利，等等⑩。在研究过程中，关于体育权利理论的探讨和不同群体体育权利的研究应该是体育权利分类的一个具体写照，特别是对于宪法与部门法体育权利划分而言。另外，谭小勇认为，体育权利属于私权范畴的论点也体现了公性质与私性质、体育权利划分⑪。（5）体育权利的实现。这方面研究认为，体育权利应该写进《宪法》；或者在修改体育法时，明确体育权

---

① 谭小勇：《国际人权视野下我国公民体育权利的法学诠释》，《体育与科学》2008 年第 5 期。
② 王湧涛、刘苏：《论公民体育权利的法律保障》，《首都体育学院学报》2008 年第 3 期。
③ 巴玉峰：《我国公民体育权利的理论分析》，《山西师大体育学院学报》2006 年第 4 期。
④ 刘成：《从"尊严论"探视公民体育权利的发展契机》，《体育科学研究》2011 年第 5 期。
⑤ 张振龙等：《体育权利的基本问题》，《体育学刊》2008 年第 2 期。
⑥ 冯玉军、季长龙：《论体育权利保护与中国体育法的完善》，《西北师大学报》（社会科学版）2005 年第 3 期。
⑦ 王岩芳、高晓春：《论体育权利的内涵及实现》，《武汉体育学院学报》2006 年第 4 期。
⑧ 董小龙、郭春玲：《体育法学》（第二版），法律出版社 2006 年版，第 20 页。
⑨ 姚学英等：《论我国公民体育权利的内涵与实现》，《山东文学》2007 年第 8 期。
⑩ 葛卫忠：《我国体育权利的分类》，《体育学刊》2007 年第 6 期。
⑪ 谭小勇：《国际人权视野下我国公民体育权利的法学诠释》，《体育与科学》2008 年第 5 期。

利的保护原则，不断完善体育法规体系。简言之，就是体育权利的法律化[1]。(6) 体育权利的救济。相关研究提出了通过司法途径获得体育权利的救济、建立体育调解和体育仲裁制度的设想[2]。

不经意间，我们列举了这么多"体育权利"的概念，如此多的概念说明了很多问题。一方面，说明人们越来越看重体育权利，它确实是一个体育法学的基础词；另一方面，对于其实质的认识越来越深刻。实践中我们确实没有将体育权利化作为实际的法律词汇，也就是说，体育法律中没有相应的体育权利词汇。这好似成为体育法学人的短处，到处游说、诉说成为我们的业务。

当前，这个词已经成为普遍词，是否入法不再成为关键，而关键在于人们对其的认识是越来越普遍、具体，已经成为生活的一部分。

(二) 体育权利的分类

1. 体育权利性质

关于体育权利性质，很多学者有过探讨，有的研究进行了总结与分析，比如研究总结了体育圈里的几种学说，包括"基本人权说""宪法权利说""社会文化权说""受教育权说"以及"体育运动权说"等，认为它是一个范围在不断扩大、内容在不断丰富的权利，是一项综合性的权利[3]。

体育权利内涵丰富，无论哪种学说都有一定道理。本书更倾向于第二种"宪法权利说"和"基本人权说"，可能会有人认为，体育权利到不了这个层次，毕竟，宪法中虽然有关于体育的内容，但是没有明示体育权利，它可能是推定的权利。尽管如此，也显示了国家对体育的重视，对体育权利的认可，同时又受到了宪法的保护。目前，很多人对体育权利在法律中没有明确规定耿耿于怀，体育权利不以法律的存在为前提，但是，以法律的保护为最佳方式[4]。另外，从宪法中找到一些依据能够使我们安定下来，不再为没有最高法律的相关规定而心焦。

---

[1] 雷金火：《论公民体育权利的法律化》，《军事体育进修学院学报》2006年第2期。
[2] 吴宋姣：《公民体育权利救济的法律方法分析》，《科教文汇》2011年第2期。
[3] 徐剑：《论公民体育权利的历史演变及其性质》，《体育研究与教育》2014年第6期。
[4] 何志鹏：《权利基本理论：反思与构建》，北京大学出版社2012年版，第28页。

2. 体育权利具体分类

关于体育权利分类，许多学者做过尝试，比如张厚福教授将体育权利划分为普通公民的体育权利和体育劳动者的体育权利，并进而对公民基本的、主要的体育权利归纳为参加权、平等权、健康权、自由选择权、娱乐权、教育权、劳动权、名誉荣誉权、获社会保障权、对外交往权、管理监督权和知识产权等 13 项[1]。按照权利主体的社会属性将体育权利划分为公性质体育权利和私性质体育权利。公性质的体育权利又可分为国家的体育权利和非国家的、带有公共性特征的主体的体育权利。私体育权利是指以满足个人需要为目的的个人体育权利[2]。按照体育权利的表现形式不同，于善旭教授将体育权利分为明示的体育权利和推定的体育权利。明示的权利是法律文件中明确规定，直接表达的权利。例如，《国家体育锻炼标准施行办法》规定，达到达标等级标准的高考考生，享有优先录取权。"推定的权利是以明示的权利，或与之相关的法律原则为依据而推导出来的权利，这一过程称为权利的推定"[3]。当然，也有学者按照体育权利客体的形态将之分为物质性的体育权利和非物质性的体育权利[4]。

上述学者从不同角度对体育权利进行了论述，显示了体育权利有着较为丰富的内涵，为进一步研究提供了巨大舞台。本书认为，分类要简单，能够说明问题即可。所以，进行了划分，某种程度上是一种大致的分类，其实也可看作一种层次划分。具体如下：

（1）基本体育权利

基本体育权利又称"对世权利"，是体育法律关系中具有绝对主体资格权利能力，《宪法》规定的公民权利即属于此类权利[5]。作为一种宪法权利，能够得到国家权力保障，同时，获得司法救济是作为体育权利实现的最后屏障。所以，从宪法层面考虑体育权利显示了体育权利的重要

---

[1] 张厚福、罗嘉司：《体育法学概要》，人民体育出版社 1998 年版，第 103 页。
[2] 葛卫忠：《我国体育权利的分类》，《体育学刊》2007 第 6 期。
[3] 于善旭：《论公民的体育权利》，《体育科学》1993 第 6 期。
[4] 翁文刚、卢东陵：《法理学论点要览》，法律出版社 2001 年版，第 75 页。
[5] 宋亨国、周爱光：《体育权利的分类》，《体育学刊》2015 年第 3 期。

性，一般而言，基本权利在本质上是道德权利，不是法定权利。2004年人权入宪，实现了一种由道德权利向法定权利的转化。即体育权利能够进入宪法，在宪法中得到明示，充分彰显了体育在一个国家中的地位。

（2）普通体育权利

普通体育权利是指公民、法人或非法人单位等各类体育主体在一般体育关系中享有的权利，目的在于推动体育法律关系和社会关系的顺利运行①。在一般体育法律规范中规定体育权利，比如，2009年颁布的《全民健身条例》，出现了体育权利，说明了体育权利的生活化、日常化，某种意义上，强化了体育权利已经成为日常生活的一部分，参与体育健身是追求体育权利的具体表现。

（3）补救性体育权利

补救性权利指当一般性权利和具体性权利受到侵害时，所享有的获得救助和补偿的权利②。当前，我国的社会发展已经出现分层，引起人们关注的社会现象、社会问题很多，比如农民工问题，一些研究探讨了农民工体育权利缺失问题，对于他们，特别需要补救性体育权利。

四 理论上对体育权利研究的进一步思考

（一）体育权利：到底是什么权利

上文列举了体育权利诸多观点，其中一些观点相互间存在差异与矛盾，体育权利到底是什么权利，观点的表述不尽相同；有些观点甚至是相悖的。这些作为基本问题，首先应该加以澄清。有的观点将体育权利分为宪法与部门法权利的做法值得商榷，如此划分容易形成体育权利既是宪法权利又是部门法权利的情形。后果将导致"一种既受到宪法保护又受到法律保护的权利"，这样的逻辑设计实质上否定了宪法对权利保护的特殊意义。具体而言，两个法律规范同时对某个权利给予保护，那么，

---

① 宋亨国、周爱光：《体育权利的分类》，《体育学刊》2015年第3期。
② 刘玲等：《法律权利基本问题研究》，《河池学院学报》（哲学社会科学版）2005年第4期。

这两个法律规范实际上只起到一个法律规范的作用，如此推理，不是宪法没有存在的必要，就是法律没有存在的合理性①。综合已有研究，多数观点表达的是一种主流趋向：体育权利是一种基本的权利。在此基础上，体育权利应该总体上归属于社会文化权利范畴。本书赞同这种观点。体育权利有多种称谓，具体涉及人权、宪法权利、基本权利、公民权利、民权等概念，某种意义上讲，多数研究是在宏观层面上对这些概念不加区分的前提下展开的。实质上，上述概念是有区别的，体育权利到底如何表述更为准确，才能够真正反映体育权利的本质是值得探讨的。

第一，关于人权的理解。人权概念的产生与天赋人权理论紧密相连，它的理论依据是抽象人性。依照天赋人权理论，人权是与生俱来和不可让渡的；在抽象意义上，人权理论具有巨大的道德力量，人权可以看作道德与应然层面的权利，往往被看作一个国家的政治宣示。在制度层面上，诸多国家只是有选择性地将一部分人权规定在宪法中。

第二，关于基本权利的理解。基本权利理论经过了一个历史变迁过程，最初只包含自由权，后来发展到社会权的加入，并具有如下特征：作为一种个人权利，是一种实定法上的权利，是个人对国家要求以及依赖司法救济，等等②。

第三，关于宪法权利的理解。宪法权利是与普通法律权利相对的。宪法权利有广义与狭义之分，广义的宪法权利与基本权利同义；而狭义的宪法权利主要指对抗国家和要求国家不作为的权利（自由权）③。

第四，关于公民权利的理解。公民权利是以主体是否具有一国公民资格作为获取权利的前提，国家能够给予也能取消，体现了个人对国家的依附。

综合以上概念分析并结合体育权利的理论与实践，"体育权利是一种基本权利"的表述较为准确。这里的人权、基本权利和宪法权利概念可能最容易混淆：虽然基本权利与宪法权利有重合的地方，但是狭义宪法

---

① 莫纪宏：《现代宪法的逻辑基础》，法律出版社2001年版，第436页。
② 郑贤君：《基本权利原理》，法律出版社2010年版，第7页。
③ 郑贤君：《基本权利原理》，法律出版社2010年版，第7页。

权利体现的是自由权，而体育权利主要归属为社会权，所以，"体育权利是宪法权利"的称谓难以全面涵盖体育权利。体育权利总体上归属于社会权，学理上对于社会权是有争议的，存在着肯定说和否定说，其中否定说认为，社会权不具有人权的属性，不是每个人都能享有的，因而不能成为人权的一部分①。如此，两者不能兼得，至少在学理上存在分歧，所以，用"体育权利是一种基本权利"的表述更为妥帖。作为一种积极权利，体育权利主要体现的是对国家积极作为的价值诉求。

（二）体育权利法律化

体育权利是一种基本权利，有的观点认为，体育权利的实现需要体育权利宪法化，进而再进行体育权利宪法化的具体化。这种观点体现的是法律实证主义思想，具有一定的普遍性。相关研究认为，"一个基本权利主体"不可能直接行使基本权利，作为个人行使的权利只能是经过立法机关具体化了的法律权利②。据此，基本权利不是由宪法而是由法律"赋予"的，个人行使的只能是法律权利而非基本权利③。由此思考的问题接踵而来，问题一是体育权利作为一种基本权利能够自我实现吗？体育权利总体上归属社会权范畴，一般而言，应该遵从相关观点提出的路径。因为社会权规范主要包括规则与原则两种类型，一般而言，规则意义上的社会权具有确定效力，而原则意义上的社会权只具有初步的效力，不能被直接主张。在社会权规范中具有规则意义的是例外，而原则意义上的社会权规范是常态。如目前所公认的体育权利的依据是《宪法》第二十一条第二款："国家发展体育事业，开展群众性的体育活动，增强人民体质。"某种意义上讲，它就是一种原则性规定。尽管如此，德沃金、阿列克谢等学者还是从理论上肯定了原则所具有的拘束力，特别是图施耐特将社会权规范分为了不具有司法强制性、弱效力与强效力三类④。具体到体

---

① 夏正林：《社会权规范研究》，山东人民出版社2007年版，第94页。
② 马岭：《宪法权利冲突与法律权利冲突之区别》，《法商研究》2006年第6期。
③ 徐振东：《基本权利冲突认识的几个误区——兼与张翔博士、马岭教授商榷》，《法商研究》2007年第6期。
④ 夏正林：《社会权规范研究》，山东人民出版社2007年版，第94页。

育权利，并非一种完全抽象的权利，目前它是一种推定权利①，属于非真正未列举基本权利（未明白出现在宪法中，但已在宪法列举基本权利之保护范围之内）②，在体育法规范关于体育权利的相关制度制定之前，体育权利在本质上已经作为一种具体权利出现。依照相关研究，从权利推定结果看，被推定的权利作为一种存在的实态，只能是法定权利③。所以，体育权利作为基本权利，属于公民可以直接主张的权利，并非只有诉诸法律具体化才有实效性的权利，这个性质应该予以肯定。问题二在于，我们是否真正理解了现代立宪主义和基本权利的本质？多数研究认为，我国体育法制不健全以及宪法文本存在诸多缺陷，强调通过修改体育法，增加体育权利保护的内容，完善体育法律体系，使之具有可操作性，让公民真正能够享有体育权利。而现代立宪主义和基本权利的本质在于，宪法中添加某些权利，恰恰在于为了防止普通法律通过具体化方式加以限缩、侵害④。再者，体育权利法律化还可能导致积极的立法侵权与冲突问题。体育权利法律化可以使体育权利从宪法、法律、法规、规章中获得法源依据，由此，体育权利具有了多层次法律加以保护的特点，它们之间开始呈现复杂关系。过多的立法（也可以看作过度要求国家的积极作为）难免会出现立法侵权现象，从这个角度看，我们也能够理解权利的限制理论：一种是内部限制，即权利之间的限制；另一种是外部限制，即实现秩序、福利及良俗美德所必需的对权利的限制⑤。而各类法律、法规由于制定机关的不同，出于利益考虑，同样会出现体育权利的冲突问题。如对于公共利益的考虑，行政法规与地方性法规常常会从自己的视角出发，做出一些不同反应。

（三）体育权利清单之具体表现

1. 体育权利构成反思

迷恋体育权利清单的表现之一是对体育权利组成的建构。关于体育

---

① 马岭：《宪法权利冲突与法律权利冲突之区别》，《法商研究》2006年第6期。
② 卜洁文：《未列举基本权利论纲》，《西藏大学学报》（社会科学版）2010年第4期。
③ 程燎原、王人博：《权利及其救济》，山东人民出版社2002年版，第210页。
④ 姜峰：《权利宪法化的隐忧》，《清华法学》2010年第5期。
⑤ 程燎原、王人博：《权利及其救济》，山东人民出版社2002年版，第210页。

权利构成，诸多研究给予了关注。其中有研究提出了体育信息知情权、体育活动的自由权、体育发展决策权、体育文化要求的平等诉求权、体育管理权、体育教育权[①]。也有研究认为，从体育权利中可以引申出体育结社权、体育劳动权、受体育教育权、体育活动权、体育创作权、体育社会保障权等多项子权利[②]。在此基础上，相关研究总结的体育权利更有13项之多[③]。还有研究对体育权利构成作了体育教育权和体育运动权的两分[④]。既然保障体育权利，那么体育权利的划分就越细致越好，以免产生歧义。从实证主义研究视角出发，这应该是逻辑上的当然之举。反过来讲，如果一项法律规定得过于详细，有可能使得该项法律成为判断政府侵犯人们正常体育生活的依据，导致问题更加复杂。另外，即使法律规定再详细，也难免有疏漏，由此可能造成一种错觉：写入法律的体育权利可以保护，未列入法律清单的潜在体育权利无须法律保护。

2. 体育权利主体的细化

体育权利主体细化也是迷恋体育权利清单的一种具体表现。有一类具体研究涉及农民工、学生、教练员、弱势群体等的体育权利，由于存在城乡二元体制、社会认同障碍等问题，农民工、弱势群体的体育权利问题被提到显要地位，成为研究热点。相关研究认为，为了保障这些群体的体育权利，应该为他们专门立法。如建立特殊群体体育权保护法[⑤]；再比如，由于在制度的设计和执行过程中没有充分考虑到我国现有的经济结构和社会发展状况，忽视了农民工这一庞大的群体，为此，应该制定相关法规保障农民工体育权利[⑥]。有些权利的主体需要特定化，所以，我国有诸如未成年人保护法之类的法律。盖因普通法律难以涵盖这些特殊群体的一些利益。

[①] 刘玉、田雨普：《社会学视野中的农民工体育权利缺失研究》，《天津体育学院学报》2009年第1期。

[②] 于善旭：《再论公民的体育权利》，《体育文史》1998年第2期。

[③] 张厚福：《体育法理》，人民体育出版社2001年版，第238页。

[④] 张振龙等：《体育权利的基本问题》，《体育学刊》2008年第2期。

[⑤] 黄世昌、熊茂湘：《大学生特殊群体体育权利保护的研究》，《中国特殊教育》2011年第6期。

[⑥] 刘玉、田雨普：《社会学视野中的农民工体育权利缺失研究》，《天津体育学院学报》2009年第1期。

但是，对农民、一些特殊群体的体育权利保护而言，则不尽相同。之所以出现农民体育权利的失衡，主要是因为一般的公民体育权利没有得到较好的贯彻落实，具体表现则是利益表达、追求渠道不畅。某种意义上讲，这已经超出法律的层面，归因于政治范畴。若因循上述研究的观点，可能会导致下列问题的出现：体育权利主体的细化会减弱对一般性体育权利的共识，容易形成各自为政、自说自话的局面，特别在司法实践中给体育权利解释制造不必要的麻烦。另外，如此立法还会增加立法者的思维负担。

3. 体育权利可诉性问题

没有救济就没有权利。这个问题在某一方面应该是体育权利法律化的进一步延伸。体育权利属于社会权范畴，然而，社会权可诉性问题一直存在争议。社会权不具可诉性的观点认为，社会权根本不是权利，只是宣言；并且它的概念模糊，内容难以确定；特别是作为积极权利，社会权被理解为国家向个人提供福利①，所以社会权不具有可诉性。然而，支持社会权具有可诉性的意见一直未曾停息过，在我国司法实践中，关于社会权受到司法保护的案件也不在少数。本书赞成社会权具有可诉性，即体育权利具有可诉性。对于"可诉性"，我们不应该简单化为司法诉讼。它是一种包括所有"法定机构"在内的纠纷"解决和裁判"机制。既可以通过司法解决途径，也包含一系列准司法途径，诸如申诉、人权报告制度等②。所以，体育权利救济提供的诸多体育纠纷解决方式有一定道理。需要进一步引申的是，体育权利可诉性的限度问题，就是体育权利可诉到什么程度。即作为一种积极权利，体育权利救济到什么程度才算义务主体尽到了义务。这里的义务主体包括国家和非国家行为主体两类。目前，社会权国家中心责任有向非国家行为者转移的趋势。这是因为社会权保障国家中心责任的乏力和不足③。当前关于可诉性程度的探讨

---

① 袁立：《传承与嬗变：社会权可诉性的多重面相》，《中南民族大学学报》（人文社会科学版）2011 年第 2 期。

② 袁立：《论社会权可诉性的几个基本理论问题》，《宁夏大学学报》（人文社会科学版）2010 年第 6 期。

③ 郑贤君：《非国家行为体与社会权——兼议社会基本权的国家保护义务》，《浙江学刊》2009 年第 1 期。

主要有两类观点,一种是依赖于义务履行的难易程度,为此,按照履行难易程度将义务内容分为三个层次:尊重、保护和给付①;另一种观点直接提出了"最低限度"标准概念②。其实,这两类观点是有关联的。对于体育权利而言,尊重和保护义务是直接的、能够立即生效的,也就是说,在这两个层面上,体育权利受到侵害可由司法进行裁决。问题的关键是给付义务的可诉性。所谓给付义务,是指国家以积极作为的方式为公民提供某种利益的义务。给付的内容可以是物质性的利益,可以是法律程序,也可以是服务行为③。它依赖于国家财政支持、可以获得的资源等条件,然而,有限的财力和体育资源的稀缺性难以全面保障体育权利的实现。在这种现实情况下,国家应当承担维持人的尊严的最低限度(最基本水平)的义务,这句话也可以表述为"对个人保持个体性特质极为必要的最低限度的义务"。比如当前的迫切任务是,一方面,加强体育制度建设和体育权利宣传;另一方面,加快体育基础设施建设等。下文将要探讨的体育公共服务均等化问题应该是对这个内容的进一步诠释。

思考题

(1) 作为法律关系的下位概念,体育法律关系有无特殊性?
(2) 如何看待体育法律关系中的权利和义务?

---

① 龚向和:《理想与现实:基本权利可诉性程度研究》,《法商研究》2009年第4期。
② 雷金火:《论公民体育权利的法律化》,《军事体育进修学院学报》2006年第2期。
③ 张翔:《基本权利的受益权功能与国家的给付义务》,《中国法学》2006年第1期。

第十二章

体育法律责任

第一节 体育法律责任的概念、分类和本质

一 体育法律责任的概念

法律责任是法理学的一个重要范畴。对于这个概念一般研究较多，给出的定义也较多，包括处罚说、后果说、责任说、义务说、新义务说、责任能力说、手段说以及负担说，等等[①]。

这些学说各自给出了自己合理的理由。体育法学界也有关于体育法律责任的研究，马宏俊的研究主要探讨了体育法律责任主体以及种类，认为包括三种责任形式：行政法律责任、刑事法律责任和民事法律责任[②]。同样，汪全胜等的研究也分析了体育法律责任主体，同时，就如何设定体育法律责任进行了探讨，包括设定依据、设定的协调等，并且就立法技术存在的缺陷进行了分析[③]。最后，谭仲秋也探讨了体育法律责任问题。纵观这些研究，共同点就是都没有给出体育法律责任的概念，也就是说，认可一般意义上的研究，在此，本书尝试着给出体育法律责任的定义，即由于违背了体育法律义务或者基于特定的体育法律联系，有责的体育主体应该接受谴责以及必须接受的体育法律上的不利后果。看此定义，有些近似于义务说和法律后果说。

---

① 田旭：《法律责任学术观点综述》，《法制与社会》2013 年第 1 期。
② 马宏俊：《论体育法律责任》，《体育文化导刊》2003 年第 4 期。
③ 汪全胜等：《体育法律责任的设定及其完善》，《体育学刊》2010 年第 2 期。

二 体育法律责任的分类

关于分类,马宏俊有过阐述,除了提到的三种法律责任,一般研究认为还有违宪责任和诉讼程序责任①。考虑到体育的特色,体育产业发展越来越呈现蓬勃向上之势,大有占据体育主要内容之意,即由过去的三分法:学校体育、竞技体育和大众体育,转为四分法,再加上体育产业。为此,是否考虑经济法律责任。经济法律责任是近年来出现的一个新的法律责任形式,很多研究正在为其存在的独立性做出呼吁和探讨。经济法律责任与上述几种法律责任有着明显的不同,即其主要以经济活动主体的违法责任为主。尽管与几种法律责任有交叉,但是本质上仍然属于经济法律责任②。进而认为经济法律责任具有社会性和现代性等特点。这些应该与体育产业的方兴未艾具有一致性。具体而言,民事法律责任,主要以财产责任为主,具体到体育领域如破坏公共设施的侵权行为;行政法律责任,如国家公职人员违反纪律、任意挪用体育资金的行为;刑事责任,如竞技体育比赛中使用兴奋剂,利用竞技体育从事赌博活动的行为。经济法律责任,如职业体育中俱乐部违规操作,球员转会中阴阳合同、暗箱操作,等等。

三 体育法律责任的本质

法律责任的本质具有多种理论观点,影响比较大的有道义责任论、法律关系说和综合说③。体育法律责任是公民基于体育社会关系的状况所决定的自由意志进行自由选择的结果。本质上,自由意味着责任,一个自由的人应当为自己的违法行为负责;同样,一个自由的人意味着其有自主选择能力,选择违法,应该受到道义的谴责。再者,公民的选择行为不是一个孤立的行为,受到了体育社会关系诸因素的内在约束。这些社会因素中具有决定性作用的是统治阶级的体育利益诉求和价值行为选

---

① 朱景文:《法理学》,中国人民大学出版社2008年版,第476页。
② 贺克宏:《关于经济法律责任的若干问题思考》,《企业改革与管理》2014年第5期。
③ 赵世峰:《试析法律责任的本质》,《辽宁行政学院学报》2008年第10期。

择。体育法律责任是一个国家通过体育法律对一定体育行为的否定性评价，所以，首先它反映着国家的意志，维护着统治阶级的体育利益，出于自身体育利益的考虑，对于很多体育行为的社会危害程度予以评判，最后给出相应的否定性评价。在整个过程中充斥着体育价值评判的偏向性以及统治阶级体育利益的有限性。设定体育法律责任，预示着体育社会中占据主导地位的统治阶级自觉运用国家强制力来维护现有治理秩序的主动性。而体育法律责任的实现措施制度，包括实现方式和实现程度，关联着体育社会公共利益水平以及体育社会各方力量此消彼长的对比。

第二节　体育法律责任的构成与实现

一　体育法律责任的构成

关于法律责任的构成又是一个充满争议的问题。一般而言，包括如下几个条件：（1）责任主体；（2）违反法律义务的行为；（3）损害后果；（4）因果关系；（5）过错①。资料显示，20世纪以前的研究多以四要素为主：首先，必须有违反法律规定的行为；其次，违法必须是侵犯了法律所保护的社会关系的行为；再次，行为人必须具有主观过错；最后，违法的主体必须是具有法定责任能力的人②。

所谓责任主体，也就是承担责任的主体。包括自然人、法人或者其他体育社会组织。

违反法律义务的行为，指造成具有法律意义上的损害的体育行为。这里法律义务包括两个方面：约定义务和法定义务，如果违反了约定义务，不一定引起法律后果。

损害结果包括物质和非物质两个方面。比如对公共设施的损害就是物质的。因果关系，就是损害结果和违反法律的体育行为存在因果关系。

过错是一种体育主体的心理状态。这其中可分为过失和故意。

---

① 朱景文：《法理学》，中国人民大学出版社2008年版，第480页。
② 周永坤、范忠信：《法理学——市场经济下的探索》，南京大学出版社1994年版，第351页。

二 体育法律责任的实现

从狭义上说，法律责任的实现就是责任主体通过实际履行由法律责任产生的特殊义务，即实际接受惩罚或给他人以某种补偿，从而结束其受责的特殊义务，以消灭法律责任。从广义上讲，就是狭义的法律责任除外，还包括责任主体并未由法律责任产生的特殊义务，即在并未实际接受惩罚或给他人以某种补偿的情况下就从受责状态下解脱出来，从而消灭法律责任[1]。

（一）法律责任的归责原则

体育法律责任的归责原则包括责任法定原则、公正原则、因果关系原则、适度性原则以及程序保障原则。

所谓责任法定原则，就是归责一定要具有合理性，遵循法律责任的实体性规定。人们抱怨体育法，其中就有体育法律责任规定太少，不能实现责任法定原则。

公正原则，这是体育自身特有的一个原则，公正原则首先要求有责必究，要求责任与违法均衡。

因果关系原则，只有在因果关系上追责才是核心恰当，因此，查明损害行为和后果之间的因果关系具有极大意义。

适度性原则，判定法律责任大小、轻重应该贯彻这一原则，不能加重也不能过轻，要做到责罚相适应。

程序保障原则，就是追责必须通过一定的合法程序。

（二）制裁

法律制裁包括民事制裁、经济制裁、刑事制裁以及行政制裁。所谓民事制裁，就是对应当承担民事责任的责任主体施加的惩罚性措施，主要包括返还财产、恢复名誉、训诫，等等。

所谓刑事责任，就是对应当承担刑事责任的责任主体施加的惩罚性措施，这应该是最严厉的一种处罚，主要包括刑罚、管制、拘役，等等。

所谓行政制裁，就是对应当承担行政责任的责任主体施加的惩罚性

---

[1] 杜飞：《试论法律责任的若干问题》，《中国法学》1990年第6期。

措施，主要包括行政处罚、行政处分，等等。

所谓经济制裁，就是对应当承担经济责任的责任主体施加的惩罚性措施，主要包括罚款等。

（三）法律免除

这是学者们比较感兴趣的一个论题，在学校体育伤害事故的研究中，我们常常见到"风险自担"作为抗辩的一个理由，在体育领域，很多高危项目充满风险，比如滑雪项目。随着我国申办冬奥会的成功，参加滑雪的人数日渐增长，由此，我们常常听到某地某人滑雪出事故了，这里面，发生事故的原因很多，比如管理方面的因素，但是滑雪运动自身充满风险也是很大的一个原因。

所谓法律免除，责任主体的侵害行为符合法律责任的相关规定，应当承担法律责任，但是，由于法律的特别规定或说明也可以免除责任。

体育领域的法律责任免除是体育特有的一种情况。

三 体育法律责任竞合问题的考量

法律责任竞合是一个历久弥新的问题，该问题最早来自犯罪竞合理论。犯罪竞合理论不仅在刑法理论中占有重要的地位，而且对法律责任竞合理论的形成和发展产生了深远的影响[1]。当前，法律责任竞合的领域越来越宽。所谓法律责任竞合，是指行为人的同一行为符合两个或两个以上不同性质的法律责任之构成要件，依法应当承担多种不同性质的法律责任的制度[2]。我国《体育法》第七章是法律责任的专门章节，六个条款。在具体实施体育法律规范时可以适当考虑如下原则[3]：

（1）坚持罪刑法定原则，如何区分违法和犯罪，需由法律明确规定，《体育法》对各种常见的犯罪行为进行了具体描述，所以，罪刑法定原则作为刑法的一项法定原则，是区分一般违法与犯罪的标准。

（2）要依据行为人行为过程的情节。

---

[1] 孙华璞：《法律责任竞合理论初探》，《人民司法》2017年第4期。
[2] 马鸿玲：《浅析法律责任的竞合问题研究》，《职工法律天地》2015年第9期。
[3] 沈文星、马天乐：《试谈对法律责任适用中竞合问题的处理》，《林业经济问题》2000年第4期。

（3）根据行为作用的对象区分一般违法行为和犯罪行为。

另外，在处理法律责任竞合问题上还要注意与适用罚则的匹配，体育犯罪行为既违反了体育法律法规，又违反了刑法，这种双重性致使在法律上既要追究体育犯罪行为人的行政责任，又要追究刑事责任。在具体实施中，两种法律责任之间在形式上和功能上存在差异性，这就决定了某一违法行为同时违反了某个法律规范的几个规定，或某一违法行为同时违反了几个不同法律规范，存在着并处和不同机关对同一违法行为进行不同的处罚问题①。

在体育法律责任研究中应该逐渐重视法律责任竞合问题，这个问题在体育法律责任研究中是一个新问题，以往的研究并没有涉及。正所谓理论和实践是不断发展的，现在涉及不到的问题不代表未来也涉及不到。

第三节 具体研究：体育地方立法法律责任分析

法律责任关乎公平、正义和法治，它是绝大多数法律法规不可或缺的内容，地方立法概莫能外。体育地方立法是我国体育法律体系的重要组成部分，20世纪90年代以来，我国体育地方立法发展迅速，现行有效的体育地方性法规、规章多达百余件。以体育地方性法规、规章中的法律责任为研究对象，探讨其设定问题，旨在使体育地方立法的法律责任符合法律责任设定的一般原理，真正能够体现公平、正义与法治，进而在整个体育法律体系中发挥更大的作用。

一 法律责任外部结构形式

（一）名称使用

体育地方立法中法律责任条款的名称使用较为繁杂，以国家体育总局网站公布的地方立法为依据，通过统计发现以下几种形式：（1）立法分章节，其中一章直接使用"法律责任"名称，如《北京市体育竞赛管

---

① 沈文星、马天乐：《试谈对法律责任适用中竞合问题的处理》，《林业经济问题》2000年第4期。

理办法》第四章就是关于法律责任的专门规定。（2）立法分章节，其中名称为"罚则"的一章来规定法律责任的内容，如《无锡市体育经营活动管理暂行办法》第五章。（3）立法分章节，法律责任的内容归结在"奖励与处罚"一章中，如《山西省竞技体育人才培养和退役安置办法》第六章；另外，《杭州市全民健身设施建设和管理办法》的序列表现为大写的"一"或"二"，其中第五个序号为"奖励与处罚"。（4）没有章节安排，只是在最后几个条款中规定法律责任的内容。从数量上看，第（4）种情况占了绝大多数，有90件左右；第（1）种情况比第（4）种情况少一半还多，居于第二位；第（3）种情况只有十几件；第（2）种情况则不足十件。相关研究认为，一般行政法规以"罚则"或"法律责任"一章表述，政府规章一般只是用专门的责任条款对其加以规定[1]。分析体育地方立法看出，只有少数的几个省、自治区遵循了这个一般性规定，如河北省、内蒙古自治区。绝大多数立法处在一种自己的偏好当中，如宁夏回族自治区体育立法一共6件，其中4件立法中的法律责任的设定属于第（3）种情况；当然，还有很多立法不分法规与规章，一概采用的是第（4）种情况。值得一提的是山西省，在总共不到十件立法中，这四种情况全都出现，并且各种情况出现的频率较为平均。综上，诸多名称的使用容易导致混乱，使这些法律文件显得不规范，进而影响实施效果。

（二）设定模式

法律责任条文的设定模式研究认为，我国的立法实践中，主要包括"集中"和"分散"排列两种模式。其中"集中"排列显示的是法律责任条文与各项义务性行为条款相分离，集中于法律文本的某一部分。相对应地，"分散"排列模式中，法律责任总是在设定义务性行为规范的同一个条文中被同时表述出来[2]。我国体育地方立法几乎无一例外都是采用的"集中"排列模式，进而在表述方式上又多采用条（款）序对应式。如《大同市体育市场管理办法》第二十三条规定：违反本办法第九条第三

---

[1] 胡峻、毛姗姗：《行政法中法律责任条款的构设问题研究》，《山东社会科学》2011年第4期。

[2] 徐向华、王晓妹：《法律责任条文设定模式的选择》，《法学》2009年第12期。

款、第十条、第十六条规定的,由体育行政部门给予警告,责令限期改正,没收全部违法所得,可并处 1000 元以上 1 万元以下罚款,情节严重的吊销其《体育经营许可证》。当然,其他表述形式也存在,如行为叙述式,典型的例子《太原市体育场地建设和管理办法》第二十条规定:公共体育设施的管理单位有下列情形之一的,由体育行政主管部门责令限期改正,没收违法所得,违法所得 5000 元以上的,并处违法所得 2 倍以上 5 倍以下的罚款;没有违法所得或者违法所得 5000 元以下的,可以处 1 万元以下的罚款:(一)开展与公共体育设施、用途不相适应的服务活动的;(二)违反本办法规定出租公共体育设施的。"集中"和"分散"排列两种模式没有优劣之分,但是,一定要兼顾"一阅则明,避免重复、条文膨胀"的原则[1]。依据此原则,《广州市体育竞赛表演市场管理办法》中法律责任的设定应该采用"分散"排列方式为宜。该立法中法律责任单章设定,采用条(款)序对应式表述。从第三十四条到第五十条都是关于法律责任的条款,基本上都是对前面三十三条义务性行为的逐一回应。看此规章的法律责任条款使人觉得眼花缭乱,不得不前后反复观看。

(三)编排顺序

关于法律责任条款的编排顺序问题,相关研究也给出了一定原则:应该先规定行政主体的法律责任,再规定法律法规授权的组织的责任,最后才规定行政相对人的法律责任[2]。同样,体育地方立法也没有依此原则,多采取先规定行政相对人法律责任的形式,并且规定得较为详细;而行政主体随后规定,并且较为原则,甚至一些立法就没有行政主体法律责任的规定。如《北京公共体育场所管理办法》《天津市全民健身条例》。某种意义上,这些体育地方立法突出了"管理"色彩。法律责任的完善与否直接关系着权力的依法运行和权利的依法保障,没有责任的权力必然导致权力肆行。从体育立法这个角度看,体育法治理念有

---

[1] 徐向华、王晓妹:《法律责任条文设定模式的选择》,《法学》2009 年第 12 期。
[2] 胡峻、毛姗姗:《行政法中法律责任条款的构设问题研究》,《山东社会科学》2011 年第 4 期。

待进一步强化。

二 体育地方立法中法律责任设定的主要种类

(一) 地方立法中的法律责任种类概说

人们对法律责任存在多种理解,学说林立。从广义上讲,是指任何组织或个人都应当遵守法律的义务;从狭义上讲,是指行为人由于实施了某种违法行为所必须承担的相应制裁的法律后果①。法律责任自成体系,包括违宪责任、刑事责任、民事责任、行政责任以及国家赔偿责任。其中,行政法律责任具有双重性特点,即行政主体和行政相对人的法律责任。依照我国的立法体制和国家机关权力分工的不同,地方立法机关只能在法律、法规规定的范围内设定行政责任。所以,体育地方立法中的法律责任主要体现的是行政法律责任。与行政主体对应的法律责任是行政处分;与行政相对人对应的是行政处罚。其中行政处分分为若干种,依据《国家公务员暂行条例》的规定,行政处分主要包括警告、记过、记大过、降级、撤职、开除等方式。而行政处罚从法理上讲主要分为四大类:申诫性处罚,警告是其中典型的一种;财产性处罚,罚款最为普遍;行政性处罚,如责令停产停业、暂扣或吊销许可证、执照等;人身自由处罚,主要是行政拘留。存疑的问题在于,"通报批评"是否为行政处罚或者行政处分?"责令改正"或者"限期改正"是否为行政处罚?对于"通报批评",相关研究观点不一,有的研究认为,警告可以包括通报批评②。有的研究则持反对观点,认为行政处罚法未将通报批评列为行政处罚种类,公务员处分条例也没有将其列入公务员处分种类,可见,通报批评既不是行政处罚也不是行政处分③。还有研究持折中论的观点,认为应该具体情况具体分析,当用于单位内部上级处理违纪的下级时是一种行政处分。对行政相对人而言,当行政机关将通报批评写入行政处罚决定中,并在一定范围内书面通报批评的,就是行政处罚④。本书赞同第

---

① 方忠炳:《关于地方立法中的法律责任审议》,《人民政坛》1999 年第 12 期。
② 吕振凡:《地方立法设定行政处罚的几个问题》,《中国人大》1999 年第 4 期。
③ 陈军:《立法设定行政处罚需要明确的十个问题》,《江淮法治》2007 年第 21 期。
④ 吉明发:《行政处罚的种类分析与探讨》,《现代农业科技》2008 年第 1 期。

一种观点，尽管通报批评未列入行政处罚法，但它可以看作或者理解为警告的一种情形，因为其对行政相对人的名誉、信誉等产生了影响。同样，对于"责令改正"或者"限期改正"是否为行政处罚的问题也存在类似于上面的三种观点，但是，本书对此则持一种否定观点，尽管很多地方法规规章有此规定，然而，它不是行政处罚，而是对当事人实施行政处罚时，还要责令当事人履行义务，可作为行政处罚普遍使用的原则。其实，根据具体条款规定，也能做出这种判断，如《北京市体育运动项目经营单位安全生产规定》第三十四条：体育运动项目经营单位违反本规定，有下列情形之一的，由体育行政主管部门责令改正，并按照下列规定给予行政处罚。显然，这里的"责令改正"与行政处罚并列，不属于行政处罚。

（二）地方体育立法中法律责任具体种类分析

分析国家体育总局网站公布的体育地方立法发现，行政主体的法律责任主要体现为行政处分，比较笼统，偶有具体规定。如《安徽省实施〈中华人民共和国体育法〉办法》第四十九条规定：有下列行为之一的，由体育社会团体按照国家体育社会团体的有关章程的规定给予处罚；直接责任人员为国家工作人员的，由体育行政部门给予记大过以上的行政处分。行政相对人的法律责任种类较多，包含了前文所论述的四大类中的前三类，具体为警告、批评、罚款、没收违法所得或非法所得、责令停产停业、暂扣或吊销许可证、执照。实例如下：《河北省全民健身活动办法》第二十六条规定：违反第十一条第二款规定的，由体育行政部门责令其改正，拒不改正的，对单位给予通报批评。《广西壮族自治区体育市场条例》第二十二条规定：经营者违反本条例第十五条第一款规定，未做好体育设施、器材的维修保养工作，可能危及消费者安全的，由体育行政部门责令改正；拒不改正的，由工商行政管理部门责令停业。《天津市游泳场所管理办法》第二十条规定：因游泳场所的责任，造成游泳者溺水死亡或者伤残的，由市体育行政部门暂扣或注销其游泳场所开放许可证。非常值得关注的是，体育地方立法的实践中行政处罚还包括其他一些种类，如取消体育竞赛、取消资格、许可证作废以及某种活动终止执行等。具体实例为《山西省体育竞赛监督管理办法》第三十七条规定：体育竞赛的主办者有下列行为之一的，体育行政部门或者登记机构可以根据情节轻重分别给予警告、暂停或者取消该体育竞赛的处罚。《西藏自治区登山条例》第三十一条规定：登山团队违反本条例第十三条和第十六条规定，不按计划开展登山活动的，所交注册费不退，领取的登山许可证作废，登山计划终止执行。

行政处罚应该遵循法定原则。我国《行政处罚法》第八条规定了7类行政处罚种类，其中前6类具体为警告，罚款，没收违法所得，没收非法财物，责令停产停业，暂扣或者吊销许可证、执照，与上文讲到的法理学上的分类一一对应。第7类是法律、行政法规规定的其他行政处罚，比较特殊。前文类似于取消体育竞赛、许可证作废以及某种活动终止执行的处罚应该归属此类。要真正认定其他行政处罚并不是一件容易的事情，需要精确把握行政处罚的内在特性。体育地方立法实践中还常常见到这样的规定，如《河北省全民健身活动办法》第二十五条规定：社会体育指导员在进行体育健身指导服务时，造成严重事故的，由发证机关收回其资格证书。其中关键词为"收回其资格证书"；《贵州省体育经营活动管理办法》第十七条的规定：有下列行为之一的，由体育主管部门给予警告，并责令限期改正；逾期不改正的，处以500—5000元的罚款；情节严重的，由体育主管部门撤销原审核文书并通知同级登记部门。关键词为"撤销"；《山西省体育设施管理条例》第二十六条规定：改建公共体育设施，减少原有面积的，由县级以上体育行政部门责令限期恢复原有面积。关键词为"恢复"。凡此种种。如果有"收回其资格证书""撤销""恢复"等关键词的法律规定出现在"法律责任"或者"罚则"一章中，可以认定为行政处罚；如果出现在没有章节的立法中，也就是最常见的第（4）种情况，如何认定呢？退一步讲，即使在"法律责任"或者"罚则"一章中，它们就必然是一种行政处罚吗？所以，非常有必要明确行政处罚的内在特性。相关研究对此进行了深入探讨，该研究认为可以从形式和实质标准进行判断，最关键的还是实质标准，为此总结了行政处罚的6个特点：行政性、具体性、外部性、最终性、制裁性以及一次性。依此，行政处罚应该与行政强制措施、行政执行罚、责令纠正违法、具体行政行为的撤回等划清界限①。以"恢复"为例，它是对违法行为的修复，某种意义上是"等价"的，而行政处罚是对违法行为的惩罚，违法者需付出高的"代价"。所以，未来的立法或者法律修改中立法者对此应该高度重视。此所谓"法律责任的内容有缺陷，把本不属于法律责任的内容作为法律责任来规范"②。

三　罚款设定问题分析

（一）设定方式和使用情况

罚款是地方立法中较为普遍、制裁力较强的一种行政处罚种类，它是行政处罚制度的重要组成部分。相关研究根据抽样统计，认为罚款在地方性法规设定的所有法律责任中所占的比重已经达到了68.6%③。本书通过认真浏览体育总局政策法规一栏，认为地方体育立法中有关罚款条款要稍高于这个百分比，100多件体育地方性法规和规章中没有罚款设定的应该稍多于1/4左右。在罚款设定上既有一些共性和特点，也存在一些问题。首先是罚款设定方式，关于设定方式，相关研究总结了8种罚款数额设定方式和4类罚款数额组合形式，8种设定方式为固定数值式、固定倍率式、数值数距式、数值封顶式、倍率封顶式、倍率数距式、数值保底式以及概括式。4类使用方式为"独用""并用""选用""复用"④。经过统计，地方体育立法的罚款设定方式中数值数距式最多，超过一多半；其他依次为数值封顶式、倍率数距式、固定数值式、倍率封顶式和概括式，其中数值封顶式与倍率数距式数量相近，都在十余件；固定数值式、倍率封顶式和概括式数量接近，都在5件之内；没有发现固定倍率式和数值保底式的罚款设定方式。所谓"数值数距式"就是指将罚款设定为某数值区间，即以数值明确罚款数额的上限和下限。如《北京市体育竞赛管理办法》第三十五条规定：主办者有下列行为之一的，由体育行政部门责令改正，处1000元以上3万元以下罚款。从使用方式看，

---

① 胡建淼：《"其他行政处罚"若干问题研究》，《法学研究》2005年第1期。
② 王爱声：《地方立法如何设置法律责任》，《法学杂志》2003年第2期。
③ 阎锐：《行政处罚罚款设定普遍化研究》，《行政法学研究》2005年第2期。
④ 徐向华、郭清梅：《行政处罚中罚款数额的设定方式》，《法学研究》2006年第6期。

主要使用一种方式的"独用"情况最多；其他还包括"并用"和"复用"组合方式，没有"选用"组合方式。所谓"并用"是指在一个条款中同时使用两种及以上设定方式，如《河北省全民健身活动办法》第二十四条第二款规定：经营性全民健身服务单位聘用无资格证书的人员从事有偿服务的，责令改正，并根据无资格证书人员的人数，对单位按每人处500元以上3000元以下罚款，但最高不得超过1万元。这里同时用了"数值数距式"和"数值封顶式"两种方式。所谓"复用"在体育地方立法中主要体现的是"违法所得有无"情况而同时使用不同的罚款设定方式，如《太原市体育设施建设和管理办法》第二十三条规定：公共体育设施的管理单位有下列情形之一的，由体育行政主管部门责令限期改正，没收违法所得，违法所得5000元以上的，并处违法所得2倍以上5倍以下的罚款；没有违法所得或者违法所得5000元以下的，可以处1万元以下的罚款。这里违法所得用的是"倍率数距式"；而没有违法所得用的是"数值封顶式"。与此情况类似，《内蒙古自治区体育市场管理条例》第二十五条用的是"倍率数距式"和"数值数距式"。而《河北省游泳场所管理办法》第二十九条规定更为复杂，违法所得用的是"倍数封顶式"加"数值封顶式"；没有违法所得用的是"数值封顶式"。"并用"和"复用"组合方式使用情况相比，后者多于前者；总体上两者使用数量有限，其中"复用"组合方式使用区域较窄。在一部规章中使用罚款设定方式最多的当属《长沙市体育市场管理暂行办法》和《河北省游泳场所管理办法》，其中前者主要使用了"数值封顶式""倍数封顶式""固定数值式""倍率数距式"。

罚款设定方式各有优缺点，以较为普及使用的"数值数距式"为例，相关研究认为，这种方式的最大优势是直观清晰，易于操作和执行；问题在于刚性的数值也使其难以适应社会经济的发展而导致罚款责任的不合时宜[1]。为此，有研究提出，应该摒弃以绝对数设定罚款具体数额的传统方式，而代之以动态的、相对数指标来设定罚款的幅度区间，并提出了相关的思路。如规定法律生效后，以上一年度的某一国民经济指标额

---

[1] 杨茜兰：《论我国行政罚款数额之设定规则》，《经营管理者》2011年第13期。

（如职工日平均工资）的×倍——××倍为罚款处罚的限额区间①。值得一提的是，应该杜绝"概括式"的使用，这种方式仅规定"罚款"而没有明确具体标准，弊端显而易见：既难以操作又可能为执法者恣意罚款提供机会。当前，《广西壮族自治区体育场地管理条例》第二十条还有此规定。从使用方式上看，"独用"远远高于组合方式，一方面说明各地看重罚款设计的简明性和执法的便捷性；另一方面，又暴露了体育地方立法过程中罚款设定方式简单化的问题，对于各种特殊情况的具体把握（如前文提到的"有无非法所得"）有待进一步提升。前文《太原市体育设施建设和管理办法》第二十三条规定和《河北省游泳场所管理办法》第二十九条规定虽然较为复杂，运用了组合方式或者规定较为详细（如以5000元为限进行划分），但是，能够综合各自优势，以此所长补彼之短，比较真实地显现出"过罚相当"的原则。

（二）罚款额度（幅度）问题

违法主体差异是法律责任区别设置的关键要件之一。一般而言，违法主体分为"自然人""法人""责任人""未分主体"四种②。体育地方立法实践显示："未分主体"的情况占了相当数量，其表现形式也有所不同：如《上海市营业性保龄球馆管理办法》第十四条的规定：对违反本办法的单位和个人，由市或者区、县体育行政管理部门视情节轻重，按下列规定予以处罚。这里尽管列出了"单位"和"个人"，但是，罚款时则一视同仁，未作区分。另一种是笼统的规定，如《黑龙江省体育发展条例》第四十二条规定：违反本条例，擅自举办商业性体育竞赛的，由县级以上体育行政部门责令立即改正，没收违法所得，并处以2万元以上5万元以下罚款。违法主体差异表明罚款也应该存在差异，这可以从发挥的作用、施加的影响（危害性）和承受力角度进行考虑。一般惯例是"自然人""责任人""法人"罚款逐次加重。存在"未分主体"相当数量的情况表明：立法者对违法主体的差异性尚未引起足够重视。

总体上看，体育地方立法中罚款数额最高的是5万元，倍数最高的

---

① 李先龙：《论罚款限额的设定方式》，《广西政法管理干部学院学报》2005年第5期。
② 徐向华：《地方性法规法律责任的设定》，法律出版社2007年版，第201页。

是 5 倍，罚款对象包括前述各类主体。最低数额为 100 元，针对的是自然人；最低倍数为 1 倍。针对同一个对象，罚款幅度过宽是值得关注的一个问题。如《黑龙江省体育发展条例》第四十五条规定：违反本条例，有下列行为之一的，由县级以上体育行政部门给予直接责任人员处以 1 万元以上 5 万元以下罚款。1 万—5 万元的幅度使得实施中自由裁量的余地较大；同时，也给了受罚对象相当大的操作空间。类似的还包括《天津市游泳场所管理办法》第十六条规定中的"500 元以上 1 万元以下罚款"，等等。当然，自由裁量的问题还涉及相关条款规定中的"情节严重的"情形，《北京市全民健身条例》第三十五条第二款规定：违反第十六条规定，国家实行强制性体育服务标准的体育运动项目活动场所未达到标准的，由体育行政部门责令限期改正；逾期不改的，处以 3000 元以上 5000 元以下罚款，情节严重的，可处以 5000 元以上 3 万元以下罚款。"情节严重的"难以界定，但是，罚款幅度陡然翻升。

四 体育地方规章的行政处罚问题分析

一方面，依据我国《行政处罚法》第十三条第一款规定，规章可以在法律、法规规定的给予行政处罚的行为、种类和范围内作出具体规定，此谓规章的规定权；另一方面，依据第二款规定，对于尚未制定法律、法规的，规章对行政违法行为可以设定警告或者一定数量罚款的行政处罚。此谓规章的设定权。相比地方性法规可以设定前面谈到的 6 类行政处罚，地方规章的设定权是相对较窄的。如果地方规章设定了除警告或者一定数量罚款以外的行政处罚，就构成了越权设定行政处罚。进一步，地方规章越权设定行政处罚违反了《行政处罚法》。地方规章多为执行性和解释性规范法律文件，鉴于各地差异较大的实际情况，也可以进行创制性立法，某种意义上也可以称作"自主性立法"。这种"自主性立法"往往是国家立法尚未触及的领域，因此，没有上位法的制约。这时，地方规章主要遵循的是《行政处罚法》第十三条第二款规定，体现的是设定权。我国体育地方立法多出现在 20 世纪 90 年代末期，尽管 1995 年《体育法》颁布实施，由于构思于计划经济时代，所以，对于很多体育深化改革的新事物未有规定，如职业体育、体育市场、体育经营等。这给了地方进行体育"自主性立法"的契机。笔者的前期研究显示：体育产业类法规规章包括各地出台的体育经营活动管理条例或办法，占32%。由于各地立法者未对行政处罚的相关规定引起足够的重视，所以，体育地方规章越权设定行政处罚的问题屡见不鲜。如《安徽省体育经营监督管理办法》第二十二条和《太原市体育场地建设和管理办法》第二十条关于"没收违法所得"的规定。《齐齐哈尔市体育经营活动管理办法》第二十八条关于"责令停止营业"的规定。《天津市游泳场所管理办法》第二十条关于"暂扣或注销其游泳场所开放许可证"的规定。《济南市游泳场所管理办法》第十六条关于"收缴《救生员证书》、注销登记"的规定。最为离奇的是《鞍山市体育市场管理规定》第三十九条规定：违反本规定，在体育市场经营活动中，有下列行为之一者，体育行政部门将视情节轻重，分别给予警告、罚款、没收违法所得、责令停业整顿或暂扣、吊销《许可证》的处罚……该规定作为地方规章，完全享有了与地方法规相同的行政处罚。类似的情况还包括《上海市营业性保龄球馆管理办法》。

从时间角度看，尽管《武汉市体育市场管理规定》以及《上海市营业性保龄球馆管理办法》等关于行政处罚的规定违反了《行政处罚法》，但是，这些地方规章的出台要早于或者与《行政处罚法》出台时间相当，似乎情有可原。而《长沙市体育市场管理暂行办法》1996年颁布，2002年修订，仍然存在越权设定行政处罚问题就难辞其咎了。

五 关于体育地方法规和规章修订、清理问题

考察现有体育地方法规和规章的法律责任设定问题发现，有些是技术问题，有些则直接违反了《行政处罚法》的规定，按照《行政处罚法》第六十四条的规定：本法公布前制定的法规和规章关于行政处罚的规定与本法不符合的，应当自本法公布之日起，依照本法规定予以修订，1997年12月31日前修订完毕。实践证明，体育地方立法并没有认真地贯彻和落实这一条款，还有笔者的前期研究显示：在现有136件地方体育法规规章中，已经有40件被修改过，占总数的近30%，其中法规类的23件，规章类的17件。由此说明：很多地方法规和规章颁布至今尚未做过

修订，一直与法律发生着抵触。上述"情有可原"的情况也就"难辞其咎"了。除此之外，还有一个现象值得清理和修订体育地方法规和规章。很多体育地方立法中都有关于刑事、民事责任条款的设定，如《北京市体育设施管理条例》第二十五条规定：侵占、破坏公共体育设施或者居住区配套体育设施的，由体育行政部门责令限期改正，并依法承担民事责任。《太原市体育经营活动管理办法》第三十一条规定：体育经营活动违反其他法律、法规的行为，由有关行政管理部门依法处罚。构成犯罪的，由司法机关依法追究刑事责任。对于这个问题，早在20世纪80年代末期全国人大法工委答复地方人大请示中有过明确：追究刑事责任的，必须是刑法具体规定的；反之，地方立法不宜规定刑罚。缘由同上，体育深化改革导致了诸多新事物的出现，比如假球、黑哨，刑法对此就未有规定。若为之，又是一种越权。最值得关注的是，我国的《治安处罚条例》已经上升为《治安处罚法》，对此，我国《体育法》通过包裹立法的方式进行了修改；然而，现今为止，只有一部地方立法中将涉及此内容的《治安处罚条例》修订为《治安处罚法》。

对于法律责任设定的技术问题，如果通过修订，能够使其更符合法律责任设定的一般原则，那么体育地方立法就会发挥更大功效。

思考题

（1）体育法律责任的本质是什么？

（2）如何看待体育地方立法中体育法律责任的设定？

第十三章

体育法律价值

第一节 体育法律价值及价值体系释义

一 体育价值和体育法律价值

（一）体育价值

体育法学最根本的价值在于对体育的价值，体育法学必须首先在体育的存在和发展中找到自身的意义[①]。随着现代体育生活化、社会化和终身化趋势的逐渐形成，体育价值与体育发展的相关性进一步展露出来，越来越深入地影响着人们的体育观念和体育行为。

源于人们对价值的不同理解，关于体育价值的研究也就存在着歧义。本书赞同这样的观点：（1）体育价值是体育自身能否以自己的有用性满足人和社会的需要。（2）进而，体育价值的本质就是：无论是竞技体育还是大众体育，无论是体育经济还是体育文化，无论是体育精神还是体育原则，其价值都应该界定在使社会得到发展，从而使人类更加健康和幸福。（3）在此基础上，体育价值的目标包括：民主法治、体制创新、公平正义、诚信友爱、安定有序以及与自然和谐发展等。（4）由此，体育价值体现了多层面、多元化趋向。

体育价值内涵比较丰富，当前形成了三种有代表性的表述：（1）体育价值是人的需要[②]，代表人物是已故学者胡小明；（2）体育是满足人的

[①] 胡小明、石龙：《体育价值论》，四川科学技术出版社2008年版，第1页。
[②] 胡小明、石龙：《体育价值论》，四川科学技术出版社2008年版，第1页。

需要的效用①；（3）体育是主客体之间的关系②。首先，三种表述各有道理，但是，学者谭华认为，这其中有些观点直接套用了哲学观点，使人觉得有些生硬，没有深入、确切地反映体育实质。

其次，不乏体育价值类型的研究，这些研究将体育价值分成若干类，如直接分为政治价值、教育价值、健身和娱乐价值③；从物质和精神的角度分为物质价值和精神价值；当然，还有学者从主体层次将体育价值分为类价值、群体价值、个体价值④以及健身价值、休闲价值、教化价值、精神价值、城乡发展价值与经济价值，等等⑤。由此看出，以后的研究再看到诸如此类的价值研究，我们应该清楚，这是体育价值分类的缘故。

最后是关于体育价值的变迁问题，变迁问题同样是体育价值研究的重要议题，有研究甚至对我国百年体育的价值进行了探讨。综合起来，相关结论主要表现为：我国体育经历了从工具价值到目的价值、从社会价值到个人价值的转变，价值主体、价值选择趋向多样化，等等⑥。

（二）体育法律价值

体育法律价值概念由本书较早提出。借鉴体育价值的研究可以得到这样一些启示：首先，体育法律价值是体育法律本身固有的客观实在。只有本身存在价值的东西，才会对人的需要、行动及思想具有积极的指导意义。其次，虽然在《体育法》修改的相关研究中提到的立法理念及取向问题和体育法律价值存在契合之处，但是，二者更存在着明显的区别：体育法律价值统帅体育法的立法理念及取向，它属于比体育法的立法理念及取向更高层次和更上位的概念，所以，对体育法立法理念的选择不能偏离体育法律价值的要求。再次，体育法律价值是功利价值、目的价值与终极价值的统一。体育法律的功利价值和目的价值是现象与本

---

① 施群英：《从体育价值的嬗变商谈高校体育教学的改革方向》，《体育与科学》2009 年第 6 期。

② 龚德胜等：《中国体育价值选择的历史演变及展望》，《体育与科学》2009 年第 3 期。

③ 刘建和：《体育价值与体育价值观》，《成都体育学院学报》1987 年第 4 期。

④ 刘建和：《体育价值与体育价值观》，《成都体育学院学报》1987 年第 4 期。

⑤ 张细谦：《当代中国体育价值体系的构建》，《广州体育学院学报》2012 年第 4 期。

⑥ 蒋红霞、朱兴林：《我国体育价值研究的进展、不足及趋向》，《山东体育学院学报》2018 年第 5 期。

质的关系,二者又统一于终极价值之下。体育法本身所具有的一些优秀品质,是通过满足体育法主体的合理需要,指导其在体育发展中的行为与思想,实现体育法立法目的这种积极意义中体现出来。目前体育法的价值界定在"政府全面管理、干预体育事业"或"以社会需要为本"的价值范围内,其根本原因就是对体育法价值的认识和把握还停留在功利价值这一价值层面,极少探索体育法本身的目的价值(平等、公平、正义),更遑论对终极价值(人的全面发展)的关注。据此,本书尝试着对体育法律价值做如下界定:体育法律价值是体育法律本身所固有的,独立存在于人的主观世界之外,能在体育改革、发展的实践中对国家、社会和公民的合理需要及其思想指导具有积极意义的客观实在。

体育法律价值虽然与体育价值密切相关,但是,它又同时与法律价值相关联,如同体育法学与法学、体育学的关系一样。所以,体育法律价值既与体育价值具有一致性同时又兼顾法律价值的特点。有研究从数字化的角度探讨了法律价值,认为衡量价值等级标准高低有如下几点:第一,标准是否具有可分性,等级越高的价值越不可分;第二,价值标准等级越高存在时间越长;第三,标准给予人充实和满足的程度,高等级的价值给人带来更多的满足和充实;第四,标准越少,以其他标准为根据的价值等级越高;第五,越少依赖其他特殊的自然机体的价值,等级越高[①]。经过认真的思索,本书认为,这种标准同样适用于体育法律价值。下文谈到的秩序、公平、自由以及效益等法律价值首先具有不可分性,等级较高,由于这些体育法律价值等级较高,所以存在的时间较长,比如秩序价值,无论是计划经济社会还是市场经济社会都是体育所追求的,这同样适用于公平、自由以及效益价值。

另外,再谈论体育法律价值的变迁问题,我国是一个人口众多、幅员辽阔的国家,追求社会稳定、有序一直是法律的主要价值目标,这在《体育法》的核心价值目标上体现得最为明显,酝酿、起草于计划经济时代的《体育法》,其核心价值就是秩序,时至今日,一些学者认为,修改

---

① [美]曼弗雷德·S.弗林斯:《舍勒的心灵》,张志平、张任之译,上海三联书店2006年版,第19页。

《体育法》，首先应该从法律价值上做出改变，即从"秩序"改为"公平"，这是当前的一个主流观点；除此之外，一个最新的观点认为，体育领域越来越宽泛，涵盖的内容越来越多，只是用一个词进行论述不能全面覆盖，建议竞技体育领域用"公平"，大众体育领域用"秩序"，学校体育领域用"自由"，体育产业领域用"效益"。体育法律价值的变迁经历了"由合到分"的发展变化路径。

（三）体育价值和体育法律价值的关系

显然，体育价值、体育法律价值不属于同类价值，但是，它们都涵盖在价值层次体系之中。相比而言，体育价值处于上位，体育法律价值在下位。处于上位的体育价值是处于下位的体育法律价值的根源、基础和前提；处于下位的体育法律价值则是对处于上位的体育价值的体现、显现和实现。关于这一点，有研究认为：如果规范与价值判断之间有任何联系的话，在我们看来，这种关系全在下列事实：规范若要有效，必须以相关的价值判断为基础。

二 体育法律价值的形成——体育价值法律化

（一）体育价值法律化的意义

所谓体育价值法律化，是指体育主体对客体的价值需求通过凝结这一需求的另一客体——体育法律而表现出来并规范化、稳定化。这个概念本身就基本揭示了意义：体育价值虽然也是一种客观存在，但是，一定意义上讲，它是无形的、理想的、精神层面上的（人的内心世界对好的对象的自由期待和向往）。体育活动的根本意义在于能够体验或享受价值，如果人类普遍的体育价值追求得不到有效的、持久的和稳定的保障，则是人类的不幸。但是，人类毕竟具有主观能动性，即有体育价值追求，则必有反映、记载和实现这一价值追求的手段，体育法律便是其中之一。

随着社会经济的发展，法律对体育主体价值追求的记载和保障功能越来越强，大概因为体育法律具有一般法律的基本特征：稳定性、普适性、规范性以及可操作性。人类的体育价值追求由于其自身性质和法律特征的决定，取得了通过法律这种规范形式的表达，从而引申到体育现实经验情境之中。体育价值正因为取得了法律这一表现形式才变得更现实、更可操作、更有意义，使得体育价值才不会成为仅仅悬在空中的理想。

(二) 体育价值法律化——由体育价值推导的法律

体育价值法律化之后，便形成了体育法律价值。当然，这需要经过创制法律的实践活动即立法环节（包括法律修改，因为法律修改也是广义上的立法），在这个环节中，体育价值渗透到所建立起来的成文法模式中，成为制度上的实存。但是，这时的体育法律价值仅处于应然状态，而非实然：即蕴含在体育法律中的是一种潜在价值，而不是体现在体育主体行为中的一种实在价值；体育价值法律化只为体育主体创造了实现体育价值的条件、手段和机会。

这种应然状态的体育法律价值，既可能是以明示的方式存在，也可能以暗含的方式存在，既可能是以原则形式存在的，也可能是以规范形式存在的。所谓明示的存在，即以体育法律制度或法律规范明确记述的方式存在。如《体育法》明确要求"国家对青年、少年、儿童的体育活动给予特别保障，增进青年、少年、儿童的身心健康"。所谓暗含的存在，如"体育纠纷由体育仲裁机构负责调解、仲裁"的规定虽然没有指出其根据在于行业自治，但是，它通过对体育仲裁制度的倡导，向人们明确了其所蕴含的价值精神，这种价值精神也就是体育法律所暗含的。体育法律价值以法律原则形式得以体现的情形十分普遍，如"体育竞赛实行公平竞争"的原则就为我国多部体育法律法规确认。而体育法律价值作为具体规范所体现的存在形式则更为普遍，如竞技体育中不当行为的规定对于秩序与公平的维护等。几乎所有的法律规定都是在一定价值指引下制定出来的，它们都有自己的价值依据和追求。

三 体育法律价值体系

体育法律价值往往是以一个系统的形态存在着。从内在构成角度分析，体育法律价值包括了不同单元和部分，它们有机结合，构成了一个个不同的价值系统，每个系统蕴含了某种内在的逻辑或者涉及了不同的问题线索。对于一个系统而言，首先我们应该问：为什么要出现体育法律，第二个问题，我们需要什么样的体育法律。第一个问题体现了目的性；第二个问题属于结构性问题。建构一个体育法律系统，主要围绕这两个问题展开。

  法律价值有多个，比如自由、秩序、公平、和谐，等等。具体到体育领域，首先应该考虑的是公正，公正往往看作公平的同义语，但是，它还可以看作公平正义的统称，与正义密切关联；而公平与正义则有着较大差别。公平作为《体育法》核心价值之所以韵味不足，主要在于它的覆盖面不全，稍显单薄，公平是体育的最基本原则，不一定能推演到《体育法》上面，作为体育领域的"基本法"，它关乎着体育的方方面面，在一些领域并非完全体现"公平"价值。公正的价值观则基本克服了这一障碍（仅从字面上，这个词就显得凝重），罗尔斯认为：正义是社会制度的首要价值，正像真理是思想体系的首要价值一样①。其次，重构体育法治之法的价值序列位置：确立正义作为最高价值理念的地位，建立以"正义"为核心的价值序列（当然，这也是相对的，实质上不存在一个固定不变的法律价值位阶体系，每个价值都重要，因时因地而异）。尽管博登海默说：正义有着一张普洛透斯似的脸，变幻无常、随时可呈不同形状并具有极不相同的面貌②。但是，它总与公平、公正、自由、秩序与效益密切关联。而这些与体育最为贴近。

  公平正义一般的含义指人们对于政治、经济、文化、社会、生态等不同领域存在的各种关系和现象应然性的理解和价值追求。主要包括两点：（1）公平正义要求按照同一原则或标准对待处于相同情况的人和事；（2）"应得"是公平正义的核心内容③。进而，它的内涵可以概括为以新时代中国特色社会主义现代化体育强国为根本方向，坚持以人为本的发展思想，建立健全确保体育权利、机会、体育规则公平的体育公平保障体系，统筹兼顾体育各个领域的均衡发展，实现公民平等参与体育发展

---

  ① ［美］约翰·罗尔斯：《正义论》，何怀宏等译，中国社会科学出版社1988年版，第1页。

  ② ［美］E. 博登海默：《法理学——法律哲学与法律方法》，邓正来译，中国政法大学出版社2004年版，第252页。

  ③ 黄有璋：《比较中的公平正义概念辨析》，《哲学研究》2019年第5期。

和平等享有体育发展成果的权益,构建公正合理的体育利益格局与体育秩序。

这个理解当然可以用到体育领域,竞技体育领域自不待言;体育产业领域同样应该遵守公平正义的价值观,无论是运动员合同还是交易都要遵守公平正义原则;对于大众体育而言,如何真正做到公共体育服务均等化,享受相同的场馆设施以及公共服务正是当前继续要做的,前文所言,我国地大物博、人口众多,存在着东中西部的差距。同样,学校体育也是如此,虽然自由价值是他们的核心价值,但是,公平正义是基础,自由至上主义者更是强调正义,这种正义观体现的是权利正义观。在这一点上,罗尔斯的正义观值得关注,他强调以公平为基础的正义观,他所谓的公平,不仅包括制度设计上的体育规则的公平,而且也包括结果上的公平。所以,罗尔斯的"正义论"还可称为"公平的正义"理论。

另外,我们还要警惕或者注意一种伪正义现象(有的学者称为"涂层正义"[1],该词与"伪正义"有异曲同工之妙),它有一套自己的逻辑体系:因为一个看起来还说得过去的正义理由,你就应当要出让一切属于你的公平权利,在需要尊重和照顾的人的权利面前,你的权利是可以忽略的,你只要履行义务就行了。这种逻辑的实质就是要打破权利和义务对等的关系,建构起一种义务远大于权利或权利远大于义务的严重不对等关系,从而为某些人攫取不正当权利提供理论基础[2]。对于这种情况体育领域是否存在呢?本书认为,这种情况应该是存在的,比如说出一个冠冕堂皇的理由:爱国主义抑或民族主义,任意剥夺运动员的权利。运动员参加比赛到底是义务还是权利值得进一步商榷。另外,我们已经意识到教练员与运动员的关系不同于教师和学生的关系,教练员克扣运动员工资或者奖金的事件一个时期以来常有发生,这就是一种义务远大于权利的现象,最终造成正义霸权。

---

[1] 邢冬梅:《涂层正义与普适性遮蔽》,《广州大学学报》(社会科学版)2019年第6期。
[2] 周碧波:《社会公平正义的几个误区辨析》,《青年与社会》2019年第11期。

第二节　体育法律价值冲突及其解决

一　体育法律价值冲突

体育法律价值冲突是研究中的一个重点问题，所谓体育法律价值冲突就是不同法律价值间存在的一种相互矛盾或相互排斥的状态[①]。体育领域发生体育法律价值冲突是一种必然。但是，在理论层面上我们的认识还十分肤浅。众所周知，任何价值都有一个实现过程，这个过程使一些体育法律价值到到认可与确认，当然，这个过程并非一帆风顺，它需要反复权衡与妥协，最终达到一个利益平衡。

体育法律对体育生活进行规制，体育表现出日益多元化的色彩，体育规则（内部规则）逐渐被体现现代体育精神的国家法律所替代，难以避免地要面对不同价值对象的规制对象，因此，价值判断不可回避。在冲突过程中各种体育法律价值由于不在一个位阶层面上，所以，很多冲突在所难免。诸如自由与秩序、效率与秩序的矛盾，等等。

二　体育法律价值冲突的原因

产生体育法律价值冲突的原因很多，主要包括如下几点：首先，体育利益主体的多元化，这是导致体育法律价值冲突的主要原因，某种意义上讲，体育法律价值具有主观性，各种体育利益主体对体育法律的评价和观点都存在着一定的差异，进而产生不同的体育法律价值观念，比如学校体育的人士可能强调自由，体育产业的经营者偏爱效率，等等。体育法律应该更多地倾向于公共体育利益。其次，虽然，体育是社会的微小领域，但是，体育生活也体现了复杂性和广泛性，作为重要的社会因素，一方面，社会经济是体育发展的基础，体育随着经济的发展而发展，反过来，社会经济给予体育群体乃至每个人的体育条件是不一样的，正如体育社会学上所讲的，体育流动、体育分层与社会是紧密相连的，向上流动达到新阶层的人可能与原阶层的人在法律价值观念上产生分歧

[①]　刘硕：《论社会转型期法律价值冲突的平衡与意义》，《学理论》2012 年第 6 期。

甚至冲突；另一方面，社会上不同的人群对体育的需求也是不同的，由此，难免会使人产生不同的价值理念、期望与观念等。最后，体育法律对于满足人们的需求是有限的，体育法律不可能满足体育领域的方方面面，以《体育法》为例，人们对其诟病的一个原因就是现行《体育法》不能满足体育发展的需要，如体育产业和职业体育。在很多情况下，体育法律无法兼顾。特别在体育领域，由于我们对体育的认识和理解还存在各种偏差或障碍，所以，出现上述问题在所难免。在具体的一个体育法律内部，它对于互相冲突的目标只能通过适当的协调来进行一定程度的平衡，某些法律价值必须让位于特定的法律价值，但平衡的后果并不能完全消除不同的法律价值目标之间的冲突[1]。更为重要的是，体育法律是一种稀缺资源，而体育法律价值具有多元性，两者出现冲突或者矛盾是不稀奇的。

三 体育法律价值冲突的解决

法律价值冲突的解决问题是一个重大的法哲学问题，对于这个问题，我们往往把握几个原则作为处理问题的思路，主要包括定义排除原则、优先性原则、比例平衡原则[2]、价值位阶原则和个案平衡原则，此作为第一个方面。

所谓定义排除原则，就是对各种价值形态做出明确的定义限定，对相关的价值主张给予排除。

所谓优先性原则，对于各种价值形态，每个人都有不同喜好，在体育领域，应该更加注重公平、秩序等价值。

所谓比例平衡原则，当两种及以上价值形态发生冲突，或者同一个价值的不同方面发生冲突，应该做出适当的权衡，便于兼顾平衡。

所谓价值位阶原则，指在不同位阶的法的价值发生冲突时，在先的价值优于在后的价值[3]。

---

[1] 杨慧华：《论法律价值冲突及其解决原则》，《法制博览》2012年第2期。
[2] 朱景文：《法理学》，中国人民大学出版社2008年版，第72页。
[3] 杨慧华：《论法律价值冲突及其解决原则》，《法制博览》2012年第2期。

所谓个案平衡原则,是指处在同一位阶上的法的价值发生冲突时,必须综合考虑主体之间的特定情形、需求和利益,以使个案的解决能够适当兼顾双方利益①。

上述五个原则基本上都适用于体育法律价值冲突的解决,当然,一种原则有时候还可以细分成若干种情况,比如价值位阶原则分成三种具体情况。另外,有些时候可能一种原则解决不了问题,需要其他原则的辅助与支持。

另外,灵活、综合运用各种治理方式。有研究认为,治理既包括有权迫使人们服从的正式制度和规则,主要体现为法律治理,也包括各种人们同意或认为符合其利益的非正式制度安排,主要体现为道德治理。治理是这两者的统一②。

当今的体育越来越复杂,很多内容除开体育道德治理(主要是内部体育规则),也涉及法律治理,比如体育产业,必须遵守市场经济规则,这种规则很大程度上属于法律规则,我们常常说"市场经济"即是"法制经济"。当然,多数时候我们用到伦理风险治理,这是由体育的特殊性决定的,即体育体现的主要是职业道德,但是,伦理风险治理是有限度的,过分夸大道德治理的作用容易滋生"道德泛化"现象③。

思考题

(1) 如何看待体育价值法律化问题?
(2) 目前,《体育法》的核心价值是什么?
(3) 若修改《体育法》,体育法律的核心价值是否会有变化?
(4) 如何看待体育法律价值冲突问题?

---

① 杨慧华:《论法律价值冲突及其解决原则》,《法制博览》2012年第2期。
② 周中之:《道德治理与法律治理关系新论》,《上海师范大学学报》(哲学社会科学版) 2014年第2期。
③ 叶方兴:《论道德治理的限度》,《中州学刊》2015年第2期。

第十四章

体育法律体系

第一节 法律体系

一 法律体系概述

谈论法律体系，人们总是在狭义意义上使用，法律体系也就是法的内在结构，用它来指称一国现行各部门法所构成的具有内在统一性的有机整体[①]。体育领域调整的体育社会关系是多种多样的，因此，体育领域存在着大量的法律、法规，特别是国家体育总局作为主管体育行业的最高行政机构，出台了很多行政规章。但是，这些体育规范的外部表现形式是凌乱的，尽管如此，作为一个体系却是内在统一和协调的。这里需要关乎三个关键词：一是体系化，二是部门法，三是内在统一性和变动性。

（一）体系化

体系化是欧洲大陆法体系建构的标志。大陆法学家通常认为：体系化不仅是法学科理性与科学的象征，还笃定地认为，唯有体系化才能维护法秩序的安定和正义[②]。体系化不同于体系，它是一个动态的过程。体系化能够使法律体系进一步提高稳定性和规范性；同时，对外又能够保持一个适度开放性。目前，虽然我国已经基本形成了体育法体系，但是，体育法体系并非一个自给自足的体系，它需要不断从外界汲取新鲜元素，

---

① 庞正：《法律体系基本理论问题的再澄清》，《南京林业大学学报》（人文社会科学版）2003年第3期。

② 赵宏：《行政法学的体系化建构与均衡》，《法学家》2013年第5期。

充实自己。

如何将体育法体系进一步体系化，可以借鉴很多学者的研究成果，有学者认为，可以借鉴概念法学，形成以抽象概念为基石的法律体系，这是一个较为封闭的体系。哈特认为，法律是一种规则体系，进而区分了法律体系存在着核心位置和边缘位置，由于边缘位置不清楚，该法律体系受到批评，随之，德沃金等人又提出了法律是包含原则的体系①。至此，法律体系不断完善、进化、合理。由此，给体育法体系的进一步提升提供了借鉴。我国体育法体系的构建还处于一个初级阶段，还有很多内容需要进一步辨清、理顺，不言而喻，这是一个相对封闭的体系，我们还需要按照法律体系的进化路径发展。

1. 当前体育法体系欠缺体系化的原因

首先，体育立法缺乏体系化的协调目标。

1996年，在关于《加强体育法制建设的决定》中确立了到20世纪末21世纪初建成体育法体系的目标，即初步建立起适应社会主义市场经济需要，符合现代体育运动规律，以宪法为指导，以体育法为龙头，以行政法规为骨干，以部门规章和地方性法规为基础，结构合理、层次衔接有序的体育法规体系。我们的目标还是突出了"有法可依"，到现在我们除了有一部《体育法》，另外，还有数部国务院颁布的行政法规，如《全民健身条例》《反兴奋剂条例》《奥林匹克标志保护条例》，等等。总体上看，立法数量重于质量，覆盖性强于协调性。体育法的体系化、协调性还没有成为体育法制建设的目标，体育立法还处在一种应对的阶段。体育立法偏重于某一方面的现象较为严重，如竞技体育立法，体育领域的诸多矛盾与问题多出自竞技体育领域。很多研究都是从这个角度出发探讨了该领域加强体育法制建设的迫切性。最关键的是，竞技体育领域已经有了相当基础的法治实践。再者，忙于回应政策发展需要的现象不是很明显。比如很多学者呼吁修改《体育法》，但是，长时间以来，这方面的动作较小。再有就是体育法体系的法律规范与其他立法还存在着一定的法律冲突，缺乏协调。比如，关于体育仲裁机构的设立，时至今日，

---

① 唐素林：《法律体系化路径之考察》，《南方论刊》2015年第8期。

由于与《立法法》相冲突而无法建立。

其次，体育立法体制中存在权力体制制约。

笔者认为，我国的体育立法存在着国家主义色彩的特点，当前，虽然已经形成了既得利益集团，基本形成了相互博弈的雏形，但是，还是突出了国家主义色彩。主要表现在：第一，体育立法的行政化，前文说过，中央一级的立法中大量存在着的是国家体育总局的规章立法。第二，很多学者认为，体育是计划经济时代保留的最后一块自留地，由此看出，权力在体育体制中的影响。第三，关于《体育法》修改，有些学者认为，现在的《体育法》体现的是一种管理秩序，或者说是强制秩序，应该加以改变，应该突出"以人为本"，保障公民的体育权利。第四，随着我国国力的不断增强，大型赛事不断在我国举办。以北京承办2008年奥运会以及北京和张家口举办2020年冬奥会为例，地方体育立法有了很大改观，北京奥运会时地方有关体育方面的立法总共十几件，显示了权力在其中的巨大力量。急用时大开方便之门，不用时则紧闭立法之门，立法之后对体育立法没有评估。实践操作过程中，以足球为例，足球是改革的先行军，为什么足球成绩总是难以上去，屡遭国人诟病，其中原因是官僚足球占了很大成分，权力在其中占据了很大比例，常常违反足球的发展规律办事。在里约奥运会上，中国女排历尽艰辛、获得冠军。在总结成功经验时，突破体制是其中的一条。由此看出，权力起到的巨大掣肘作用。实践中取得的成绩很容易被人作为经验，通过法律体现出来。

最后，价值共识机制有缺失。

法的价值共识是可能的，就是对一些法律问题看法没有存在分歧，就是所谓的看法一致。对于体育而言，首先承认的价值包括秩序、公平、正义等。一个时期以来，特别在2001年前后，足球界形成了一种假球、黑哨、赌球的风气，随后，体育腐败、体育领域的各种不当交易层出不穷，使得早先认可的价值共识荡然无存。导致这种风气的原因主要源自拜金主义、关系社会等。早先形成的法的价值共识应该在20世纪80年代，也就是竞技体育腾飞的年代，在那个时间区域里，先后形成了女排精神、志行风格等。人们追求的是奋发拼搏、严于自律。体现更多的是一种道德自律。所谓道德自律,就是道德主体在社会实践中为实现自身的自由信服而自觉地内化并遵循社会道德规范所形成的内在约束[①]。然而,时过境迁,这种价值共识逐渐消失,体育不正之风在体育各领域逐渐泛起。总体看来,体育领域经历了这样一个过程,最早的价值共识基本上属于体育道德领域,后来这种价值共识缺失,最后,落在法律领域。即使在法律领域,最基本的道德底线领域,这种价值共识也难以形成,关键在于出现了价值多元化。也就是说,我们有过第一次价值共识,并且这种价值共识起点较高,以体育道德作为主要内容,这期间,体育一直在改革,既得利益集团形成,它们也成为改革进行的阻碍,同时,体育涉及的内容越来越多,特别是体育产业的勃兴。市场经济条件下从事体育产业,遵守法律是其基本要求,但是,在经营期间各种乱象层出不穷,所以,这种最基本的价值共识在短时间内难以达成。究其原因,除了上述提到的价值多元化,还有就是国家征求意见的机制比较完善,但是,回馈意见的参与主体较为分散,立法意识不强,同样难以形成价值共识,导致在一些争议问题上往往采取回避态度,不是解决立法问题的科学性和协调性问题,而是忙于应对立法的紧迫性。

2. 中国体育法体系缺失体系化的实质权力偏移

一直以来,权力在体育管理中起着主导作用,这种权力要求立法权、司法权和行政权紧密结合。立法结构不仅在授权立法、法律监督等方面对行政权的肆意滥用缺乏制约,而且缺乏统一的法律规范评价的能力与规划,使得体育法律规范无论是中央一级还是地方上存在着诸多法律冲突,造成初步形成的体育法律体系缺乏正当性评价,形成体育法律规范功能缺失。

中国政治治理一直以来强调"势",重视"无形",就是不给你成形的东西,规则和标准等变动不羁,同时,行政裁量权也是变化无常。这种主观任意性成为个体体育权利危机的根源。现代体育应该尊重个体体育权利,让个体的体育意愿和旨趣为原动力,使体育法律成为超越权力整合社会的机制,才能有效保障体育的活力和合理性。

---

① 黄月辉:《论道德自律的本质》,《学科视野》2005 年第 10 期。

3. 技术偏移

技术分化与偏移破坏了生活的完整性，导致了韦伯常说的"生活的意义丧失"①。法学研究领域，基于法治需求和实践现状，出现了部门法的划分，目前我国已经基本形成的具有中国特色的社会主义法律体系就包括 7 个部门法，比如行政法部门法、民法部门法，等等。在体育法学研究中，有这样一种现象：我们（体育人）总是想当然地认为，体育法是一个独立的部门法（前文对此有过论述），这种维护体育法是一种部门法的做法，固化了研究的领域。尽管对此有一些体系化的反思。但是，由此导致了体育社会生活中分界并不那么明显而具有交叉性的体育问题反映能力变得弱化一些。其实，在国外，存在着体育法、体育与法等的观点分歧，但是，一些国家本身没有体育法，所以，一般都认为体育法不过是众多法律在体育领域的具体应用。国内尽管有各种观点的反思，但从技术上构建部门法内的形式体系仍然是一个不懈的主要追求。尽管体系对现实需求的开放也是一个共识，但在建构体系的实践中，现实常常在让位于逻辑的考量②。

（二）部门法

部门法在法律实践中也叫作法律部门，它是按照一定的标准或原则划分的一个国家同一种类型法律规范的总称。它既是一个法学概念，也是组成法律体系的客观要素③。法律部门之间的联系有时候紧密一些，有时候松散一些。比如有一种观点，认为体育法属于文教文卫法律体系，就是说，这些法律联系的相对紧密，或者功能上相近。作为法律体系的基本构成部分，体育法律部门应该有一个属于自己的总则部分，这些总则反映了体育社会关系的一般原则，这些基本原则是体育法律部门规范都应该遵守的。比如公平原则，一般体育法律规范都应该遵守，不能与之发生冲突。

有学者总结了这方面的法律冲突，如体育道德精神与体育比赛规则

---

① ［德］尤尔根·哈贝马斯：《交往行为理论》（第一卷），曹卫东译，世纪出版集团上海人民出版社 2004 年版，第 254 页。
② 蒙晓燕：《法治国转型下的法律体系化建设》，《北京社会科学》2015 年第 7 期。
③ 欧志龙：《论部门法的划分标准》，《法制与社会》2015 年第 12 期。

的冲突、体育法原则不确定性与规则确定性的冲突、公平竞赛原则与体育参赛规则的冲突、体育特殊性原则与法律规范性的冲突等几个方面[①],除开法律冲突,这些体育法律规范形成一个比体育制度更大的联合体,可以称作子部门。体育部门法又可以进一步划分为不同的法律制度。

(三) 统一性和变动性

一个法律体系应该具有内在的协调统一性,作为体育法律体系内的法律制度应该和谐有序地联结在一起。理想的法律体系,它是由一个现行所有法律规范组成的有机体系,它应该是纵向与横向、静态与动态、内容与形式、规范与制度、法律部门与效力等级等方面的统一[②]。体育法律体系主要包括竞技体育法律制度、体育产业法律制度、学校体育法律制度与大众体育法律制度,等等,在尊崇"公平""正义"的原则下,这些法律制度应该和谐有序地排列在一起。恩格斯认为,"法的发展"的进程大部分只在于首先设法消除那些由于将经济关系直接翻译成法律原则而产生的矛盾,建立和谐的法的体系,然后是经济进一步发展的影响和强制力又一再突破这个体系,并使它陷入新的矛盾[③]。

当今社会,体育社会关系处于不断变动之中,新的体育社会关系源源不断地产生,导致体育法律体系中的一些法律制度也随之发生各种变动,破坏了法律体系原有的统一性,打破了旧有的平衡,如此反复运动,将法律体系推向新的平衡,统一性和变动性应该是对立统一,相互联系,紧密配合。

二 法律体系结构

(一) 历史结构

所谓历史结构,就是体育法律体系的时间结构,从新中国成立至今,它是一个动态的发展过程。我国的体育立法一般分为三个阶段,第一阶

[①] 胡旭忠等:《体育法原则与规则的冲突——基于法律原则理论的思考》,《西安体育学院学报》2016年第4期。

[②] 季涛:《论法律体系的概念结构——以价值法学为分析视角》,《浙江社会科学》2011年第12期。

[③] 《马克思恩格斯选集》,人民出版社1995年版,第702页。

段，从新中国成立初期到 1977 年，第二阶段，从 1978 年到 1996 年，第三阶段，从 1997 年到现在。其中第一阶段又分成几个小的时间段①。从文章标题看，能看出每阶段发展变化的特色，第一阶段，应该是我国的人治期，突出表现是政策性文件较多，法律制定严谨性不够。第二阶段，恢复法治，但是，体育立法不是很均衡，突出了竞技体育，具有一种应对时事的态势。第三阶段，关于加强体育法制建设的决定发布以后，加强体育法律体系建设的目标也随之确立，特别加快了地方立法，各省的地方体育立法快速发展，突出了体育产业立法。如关于体育场地经营、体育比赛的相关规定等。体育立法无论是中央还是地方都从简单向复杂发展，从零散向体系化发展。从这个演进过程看，前一个时期演进速度较慢，后一个时期演进速度较快，体育立法从低级向高级发展，比如，在体育法律体系中的几件国务院行政法规几乎都是后一时期发布的。

（二）逻辑结构

我国体育法律体系包含了如下内容：（1）对体育权利的保护规定；如《宪法》第二十一条第二款规定：国家发展体育事业，开展群众性的体育活动，增强人民体质。虽然没有明示体育权利，但是可以推导出来。（2）反兴奋剂的规定；2004 年为了反对兴奋剂，国务院出台了《反兴奋剂条例》，其在总则第一条就明确了"为了防止在体育运动中使用兴奋剂，保护体育运动参加者的身心健康，维护体育竞赛的公平竞争，根据《中华人民共和国体育法》和其他有关法律，制定本条例"。（3）对奥林匹克标志保护的规定；中国经历了北京奥运会的成功，2020 年北京、张家口又联合承办了冬奥会，奥林匹克标志成为商品，如何进行保护至关重要。（4）对锻炼标准的规定；早在 1975 年，我国就颁布了《国家锻炼标准》，这类标准较多，主要针对特定的人群。（5）对体质保护的规定；这类标准与前述有些相似，如《国家体质锻炼标准》。（6）对大众健康的保护规定。（7）对体育外交行为的规定。（8）其他法律中对体育行为的保护规范。《体育法》第一次修改属于包裹立法，就是因为《治安处罚条例》成了《治安处罚法》，相应地，《体育法》内容也随之改变。

---

① 郭春玲、张彩红：《我国体育立法回顾与述评》，《西安体育学院学报》2008 年第 3 期。

前文谈到，体育法律体系应该是一个内在协调、有机统一的体系，内部能够相互联系、相互补充。其内涵结构为：以《宪法》保护体育权利的规定为顶层，体育基本法律为第二层，国务院颁布的行政法规为第三层，部门规章和地方法规、规章为第四层，作为具体执行层。由于各层法律规范数量的关系，整个逻辑结构呈现金字塔状分布。当然，一个完整的体育法律体系不应该单单是体育专门法律体系，还应该包括其他法律以及相关体育规则，这就涉及外延结构，内涵结构和外延结构共同构成了一个体育法律体系的特殊结构。这个特殊结构的特点在于：整体性、层次性、功能封闭性以及结构开放性[1]。

（三）结构关系

作为一个已经初步形成的体育法律体系，历史结构和逻辑结构有机统一才是其完整结构。历史逻辑结构还可以理解为时空观中的历时态和共时态。历史地考察体育法律体系，展现在我们面前的是它的历史结构。考察当今的体育法律体系，呈现在我们面前的是逻辑结构，也就是共时态结构。处在时空观中的体育法律体系是一个立体、多维的镜像。纵横交错下的体育法律体系体现了适应性和规范性功能。

有学者认为，一个法律体系是一个由抽象程度不等的上位概念和下位概念构成的概念之间的逻辑涵摄体系[2]。所谓抽象程度高，意味着内涵较少而外延广阔，确实，对体育法体系而言，以《宪法》为统领，《宪法》的很多规定较为原则、抽象。有很多人构建了新的法律体系，比如有的人希望注意法律原则，因为法律原则是体育法体系构建的关键要素[3]。也有学者认为，应该从内在方面和外在方面共同考虑构建法律体系[4]。无论何种见解，他们都考虑到了其中的结构功能关系，建立一个和谐有序的体育法律体系。

---

[1] 张群：《论中国环境保护法律体系结构》，《安庆师范学院学报》（社会科学版）1999年第2期。

[2] 宋在友：《中国当代法律体系理论研究》，中国政法大学出版社2012年版，第4页。

[3] 朱琳、陈一娟：《论我国体育法体系的建构》，《西北民族大学学报》（哲学社会科学版）2009年第2期。

[4] 宋在友：《中国当代法律体系理论研究》，中国政法大学出版社2012年版，第4页。

三 我国的法律体系分析

前面两个问题比较详尽地探讨了法律体系问题，之所以如此，还是上文谈到的，本书主要是一种"原理化"与"体系化"的研究。法律体系是法理学研究的一个重点内容，实践中，2011年时任人大委员会委员长吴邦国宣布，具有中国特色社会主义的法律体系已经形成。无论是从理论上还是实践上都迈出了坚实的一步，特别是从理论上有关我国法律体系的探讨更加深入。实践上，吴邦国委员长宣布的法律体系包括七个部门法，体育法律体系只是其中的一个微小领域，还称不上部门法，尽管体育领域将自己的法律法规已经称为一个部门法[1]。

基础理论上探讨法律体系较多的是学者钱大军，他从不同角度、侧面探讨了法律体系问题，诸如《法律体系理论的比较分析》《论我国法律体系构建的误区》《法律体系：方法抑或概念》，等等，从这些研究中可以看出，作者认真反思和检视了我国法律体系的建构，这些研究其实对体育法律体系的建构也是一种很好的启示。

第二节　体育法律体系

一　体育法学研究中相关"体系"的范畴界定

（一）"体育法规体系"以及"体育法律体系"

在法学理论中，法律体系作为专有名词，也称部门法体系，是指一国全部现行的法律规范，按照一定的标准和原则，划分为不同的法律部门而形成的内部和谐一致、有机联系的整体。目前，在体育法学研究中，"体育法规体系"以及"体育法律体系"出现的频率最高，并且出现了两种含义：一是对"法律体系"原有含义的引申表达，即指调整体育社会关系的各种法律规范的统一有机整体。二是专门从体育立法项目的设计目的出发，指各个有立法权的国家机关依法制定的各种体育法规文件的有机统一整体（与"规范性文件体系"同义）。在1993年体育法规体系

---

[1] 董小龙、郭春玲主编：《体育法学》，法律出版社2013年版，第54页。

研讨会上，关于第二种用法的含义得到了明确。特别是提出了"以宪法为指导，以体育法为龙头，以行政法规为骨干，以部门规章和地方性法规为基础、结构合理、层次衔接有序的体育法规体系"的目标。

其实在法学研究中，法规体系也已经渐成固定名词，某种意义上讲，"法规"一词在应用中，既可在广义上泛指各个有立法权的国家机关制定的各种规范性文件，同义于广义的法和法律；又可在狭义上专指具体称为法规的那一部分规范性文件，包括国务院制定或批准的行政法规和地方省级等人民代表大会及其常委员制定的地方性法规。因此，广义上的体育法规体系包含的内容比体育法律体系要宽泛一些。所以，不能狭隘地理解"体育法规体系"的提法。

（二）体育法制体系或法治体系

在法学研究中，使用"法制体系"比"法治体系"要多，但是，两者在使用上都产生了两种含义。关于"法制体系"，一种将其与"法律体系"等同使用，另一种是指法制运行机制和运行环节的全系统，包括立法、执法、守法、司法和法制监督等体系，并且是由这些体系组合而成的一个呈纵向的法制运行体系。至于"法治体系"，有主张按法治原则、法治制度、法治组织等板块共同构建法治体系的；也有主张按立法、守法、执法等关联环节共同构建法治体系的。由此看出，两者中的后一种使用基本相同。

目前，体育法学研究中基本上没有使用体育法制体系或法治体系的概念，在体育法制或法治研究的层面上，往往使用"系统"一词，认为体育法制工作是一项复杂的系统工程[①]，在论述过程中包含体育立法、执法、守法、司法和法制监督等全过程。一定意义上讲，避免了歧义。

（三）体育法学体系

综合相关文献，对学科体系形成了两种理解：一般理解是，一个学科体系是由它的研究对象所决定的，研究对象和范围不同，就形成了不同的分支学科，这些分支学科有机结合，就形成了庞大的学科体系

---

① 陈岩：《体育法制建设的总体形势和加强体育法制建设的建议》，《浙江体育科学》2003年第2期。

(横向的学科门类体系)。从这个角度讲，体育法学的分支学科包括：体育法理学（体育法律基础理论）、学校体育法学、竞技体育法学等。另一种理解是指某一学科的内在逻辑结构及其理论框架，与学科理论体系混用。目前研究主要涉及第二种解释，如通过分析中美体育法学的现状，得出"体育法学作为学科的框架体系有存在可能性"的肯定性回答[1]，以及董小龙、郭春玲主编的《体育法学》关于体育法学的体系界定：研究特定的体育社会关系、体育法律责任及体育纠纷的解决调处的学说体系[2]。

任何一个社会科学理论体系都包括基本原理、经验知识、逻辑方法三大基本要素。并且社会科学理论体系的评价标准有四条。一是客观实证标准；二是逻辑自洽标准；三是构造简单标准；四是理论预见标准。

如果用上述所列社会科学理论体系的三个基本要素和四条评价标准来分析和评价现有体育法学体系（理论体系），那么，体育法学体系还远远不够完善和严密，仍然处于前科学时期。为此，有学者特别对体育法学科体系建设中"简单套用或重复法学的基本结构框架，使得体育法学变得牵强附会或空洞无物，根本没有自己学科的东西，无法发挥独立学科价值"[3]的研究倾向提出了忠告。

（四）体育法学教材体系

教材体系是一个开放性的概念组合系统，它不是知识的简单凑合，而是经过加工处理，筛选改造成为学科的一种知识体系，是一个统一的整体，其体系结构的形成不仅要使所选取的概念、理论、事实和方法有机联系形成一个科学的教学体系，而且通过对该学科理论事实的内在联系及其结构关系的系统表述，还要能够正确地反映该学科发展的现状与趋势、适应专业培养的目标和要求、与本专业其他课程相配合、适合学时分配和学生具备的专业基础知识。值得注意的是，有研究将教材体系

---

[1] 吕予锋：《中美体育法学研究现状比较及对体育法学学科建设的探讨》，《天津体育学院学报》2006年第3期。

[2] 董小龙、郭春玲：《体育法学》（第二版），法律出版社2006年版，第5页。

[3] 吕予锋：《中美体育法学研究现状比较及对体育法学学科建设的探讨》，《天津体育学院学报》2006年第3期。

等同于课程体系①。

体育法学教材体系方面的理论研究还是一个空白。不过，已经有了初步实践，从1994年第一本体育法学专著出版开始，至今已经有十余本之多，并且，每本书都有自己的体系特点，如汤卫东编写的《体育法教程》以体育法为主线展开论述。在这些出版书籍中，董小龙、郭春玲主编的《体育法学》被定为21世纪法学规划教材，实质上，一些专著正在被其作者当作教材在各自的院校体育法学课程中使用。从理论上讲，专著不同于教材，教材是一种典范，也是一种通说。因此，体育法学教材体系安排是否科学合理，评价的标准不在于它有多少个人的精辟见解，而是能够综合已经证明为优秀成果的体育法律知识与法律经验，形成一个具有共通性、普遍性的理论体系。

目前，体育法学教材体系呈现多元化的发展态势，有利于形成教材与教材、学校与学校之间在优势互补、资源共享上的良好局面，但是，科学的体育法学教材体系不是靠指定、规定所能实现的，必须在体育的发展中不断整合各种法律资源，逐步形成共识。毋庸讳言的是，体育法学教材编写本身还缺乏深入而细致的研究，由此导致教材之间的重复、雷同，客观上使教材降格为"编著"的水准。

二 体育法学研究中相关"体系"之间的关系

（一）"体系"之间的大致顺序关系

从法律发展史上说，是先有法律、而后才有法学，因此，体育法律体系（体育法规体系）应先于体育法学体系，体育法学教材是伴随着体育法学的建立而产生的。因此，体育法学教材体系的建立应是体育法学体系的派生物而不可能先于体育法学体系而建立，因此，这些体系之间的顺序关系大约是：体育法律体系（体育法规体系）—体育法制体系（体育法治体系）—体育法学体系—体育法学教材体系。

---

① 袁广林：《关于构建学科理论体系若干问题的思考》，《铁道警官高等专科学校学报》2004年第4期。

（二）体系或体系之间的具体问题、关系阐释

1. 体育法规体系（体育法律体系）另解

对于体育法规体系（体育法律体系）的两种含义还可以从两个方面理解，一是实然的体育法规体系（体育法律体系），即由已有的体育法律部门有机组合所形成的体育法规系统（体育法律系统）；二是应然的体育法规体系（体育法律体系），即由已有和应有的体育法律部门有机组合所形成的体育法规体系（体育法律体系）。就二者的关系而言，应然的体育法规体系（体育法律体系）是对实然体育法规体系（体育法律体系）的理论指导，而实然的体育法规体系（体育法律体系）则是对应然的体育法规体系（体育法律体系）的现实反映。无论是建立实然的体育法规体系（体育法律体系），还是构筑应然的体育法规体系（体育法律体系），实质上都是体育法律、法规按照其内部逻辑关系所（依其特有的调整对象、或依其作用的不同领域）进行的一种分类或再分类。

2. 体育法规体系（体育法律体系）与体育法制体系（体育法治体系）

一般而言，体育法制体系（体育法治体系）是指体育法制运行机制和运行环节的全系统，包括立法、执法、守法、司法和法制监督等方面，并且是由这些体系组合而成的一个呈纵向的体育法制运行体系。体育法规体系（体育法律体系）着重说明的是呈静态状的体育法律规范或规范性文件的体系构成。由此看出，体育法制体系（体育法治体系）在包括了静态的调整体育关系的各种法律规范或文件的同时，更着重说明的是呈动态状的体育法制运行机制系统。

3. 体育法制体系（体育法治体系）与体育法学体系

这两个"体系"既有区别又有联系。体育法学体系作为有关体育法的学科体系，属于社会科学范畴，具有意识形态和思想文化属性，并且它的内容和范畴比体育法制体系（体育法治体系）大得多。但是，两者又有密切的联系，体育法制体系（体育法治体系）的形成与完善是体育法学体系建立的基础，也是其发展的重要动力；而体育法学体系的发展，特别是体育法学的研究成果，又会极大地影响体育法制体系（体育法治体系）的建立与运行发展。

4. 体育法学体系与体育法学教材体系

体育法学体系与体育法学教材体系关系密切，体育法学教材体系以体育法学体系为前提和基础，成为体育法学知识和载体，是体育法学科知识的浓缩与再现。当然，两者区别也是比较明显的：编写体育法学教材的一个重要目的就是进行体育法学教育，因此，知识的传授是教材的主要内容，体育法学教材的任务，首先就在于能够形成一个相对完整、完备的知识体系，以容纳、涵盖本学科的主要内容，让学生了解、接触本门学科的基本知识、基本原理、基本理论。另外一个重要任务就是强调法律技术，所谓法律技术，就是法律活动中的实践技能。从这个角度讲，体育法学体系是不能涵盖的。

（三）进一步加强对体育法学体系研究的认识

1. 突出体育法学体系作为核心范畴的地位

综合上述研究看出，作为工具性概念，体育法学体系应该处在核心范畴地位，体育法规体系是基本范畴，体育法制体系和体育法学教材体系则可以看作普通范畴。核心范畴规定普通范畴和基本范畴的实质内涵和相互关系，离开核心范畴，普通范畴和基本范畴就变成了一个个孤立的概念。当然，核心范畴也离不开普通范畴和基本范畴，否则就成了无本之木、无源之水。体育法学学科建设应该从整体考虑，突出体育法学体系的核心地位，发挥其统摄、枢纽作用。

2. 确立体育法学体系核心范畴地位可以加深对体育法律现象及规律的认识

从体育法学体系的实质含义出发，建立体育法学各分支学科，各种不同的体育法律现象便可以被明确而清楚地加以区分和界定，使人们了解不同的体育法律现象的实质区别，并以此找到解决各种体育法律问题的具体办法。同时，未来体育法学分支学科的建立将开辟各种不同的研究领域，既使体育法学研究的"面"得以扩展，也使体育法学研究的"点"得以确立，点与面的结合奠定了体育法学研究的基石，使人们既可以从宏观上把握体育法学学科的整体，也可以从微观上研究体育法学的局部。

3. 明确体育法学体系核心范畴地位有利于体育法学研究向纵深推进

从理论体系的角度讲，体育法学体系的建立也成为人们探索新的体育法学研究领域的一个基本点，体育法学体系的内在的生机和开放性，将不断促使人们去探索和发现体育法律领域的新现象，解决新问题。因此，一定意义上说，对体育法学体系研究的成熟程度就直接反映出体育法学科本身研究的成熟程度。

三 对我国体育法律体系的理论思考

体育法学中的"体系"研究可以引发一些有益的思考：首先，从出现频率看，体育法规体系（体育法律体系）最高，并且多是从立法角度，一定意义上折射出：实践中，相对于体育事业的飞速发展，体育改革的不断深化，体育法制建设还处在初始阶段；相应地，理论上的表现则是忙于大量的体育法律法规的规划、构建，以至于基础理论研究出现薄弱环节，导致一些"体系"概念甚至还没有出现在体育法学的研究域中，导致"体系"链断裂。

其次，明确了体育法学体系的核心范畴地位，随着体育法制实践的不断深入，应该加强体育法学基础理论研究，特别是体育法学教材的编写工作，完善学科体系。目前一些体育法学著作都由总论与分论构成，总论的原理应当涵盖和指导分论，总论的分析框架应当为分论提供示范。从学科发展史的角度看，民法学、刑法学等传统部门法学都是先有分论后有总论，对于体育法学这样的新学科而言，应当遵循先研究分论后研究总论的顺序，先就个别的突破传统部门法的新的体育法律现象逐个展开研究，有了一定的学术积累，再从若干个案研究中抽象出共性的原理和规则，研究总论的问题。另外，研究总论的问题应当与分论问题结合起来，使总论中的各种原理都有相应的具体立法、案例和分论原理作支撑，避免总论与分论脱节或"两张皮"的现象。否则，在这样的研究中，总论研究难免空洞，甚至敷衍。体育法总论研究在当前仍是薄弱环节，而体育法分论中的问题在经过多年的实践后已有了一定的学术积累，在这种情况下，应当多一些两者结合的研究。这样，才有利于体育法学体系的构建。

最后，体育法学作为一门新学科，要构建自己的理论体系，利用其他学科已有的研究成果和研究方法是必然选择，但是利用不等于照搬，也不能毫不选择地利用。正确的做法，应当是选择其他学科中适合于体育法学研究需要的原理和方法，并将所选择的原理和方法与体育法学研究对象的特殊性结合起来，即运用其他学科成熟的原理和方法来分析体育法学中已经出现而在其他学科中不曾出现的新问题和新现象，从而取得突破性的创新，尤其是形成有体育法学特色的研究方法和分析框架。在其他学科研究成果和方法的借鉴上，体育法学研究存在着不加选择地利用和照搬的现象。如法律关系分析框架，是与民法所调整的社会关系的单一性相适应的，一直是民法学的特色。这种分析框架不宜为体育法学简单套用。因为，体育法的内容有别于民法，其调整对象远比民法调整对象复杂、丰富，并且随着体育产业化的不断发展，体育法对各种体育关系的调整要同时满足市场机制和政府干预的需求，因此，法律关系分析框架不足以进行全方位和深入的分析。

四　我国体育法律体系具体、实践的内容

前文从法学理论层面探讨了我国的体育法律体系，其实，早在20世纪末21世纪初，按照原国家体委下发的文件《加强体育法制建设的决定》精神，在20世纪末21世纪初，初步建立起适应社会主义市场经济需要，符合现代体育运动规律，以宪法为指导，以体育法为龙头，以行政法规为骨干，以部门规章和地方性法规为基础、结构合理、层次衔接有序的体育法规体系。应该说，现行的体育法律体系已经基本形成，包括1部《体育法》，若干体育行政法规，还有大量的地方性体育法规、规章，值得一提的是地方性法规、规章，由于《立法法》的修改，致使地方有立法权的机关越来越多，大量的地方性法规、规章（准确说，主要是地方性体育规章）出台，起到了"试验田"的作用。从我国体育的发展史看，20世纪80年代我国竞技体育腾飞，一直以来我国实行的是精英体育，竞技体育挂帅，所以，相比较而言，竞技体育的法律法规要多一些。当前，健康提到国家的议事日程，成为大众体育关注的焦点，2009年《全民健身条例》的颁布实施为全民健身提供了坚实的保障。《全民健身条例》以及《健康中国2030规划纲要》等属于大众体育法律制度的具体法律规范；再比如《学校体育工作条例》和《学校卫生工作条例》是学校体育

法律制度所倚重的具体法律制度。体育产业在我国是一个新兴产业，即使这样，这些内容都在其他体育法学教材中有过体现，从体育学原理看，我国对体育的划分从过去的"三分法"过渡到"四分法"，在原来的基础上又增加了"体育产业"，现行的《体育法》就是在"三分法"的基础上加上"社会团体"等编订的；前期编写的教材同样还是以"三分法"为主，构建了体育法律体系，即在这个体系中包括了学校体育、大众体育以及竞技体育法律法规以及规章，后期编写的教材增加了"体育产业"的相关内容，以董小龙、郭春玲主编的《体育法学》为例，该书再版三次，应该说内容越来越完善。具体举例《体育法学》（第二版），该书一共 19 章，其中学校体育、大众体育、体育管理、竞技体育以及体育产业和体育社会团体的内容作为第二编，占了相当大的比例，共 174 页；第一编是 93 页；第三编是 69 页；第四编是 61 页，其他按此体例编著的教材也大致如此。除开这些内容，本书认为，最应该加进体育法体系的还有体育科技和体育外交以及体育休闲法律制度，董小龙、郭春玲主编的《体育法学》（第三版）就加进了"体育科技"的法律制度。

本书认为，除开上述内容，我国的体育外交以及体育休闲等内容应该考虑加进我国的体育法律体系。我国的体育外交是我国外交的缩影，但又体现出体育的特殊性，可能在我国体育外交的发展史上鲜有具体的体育外交法律制度，但是，我国体育外交无不真实体现了我国的外交，甚至有些时候体育外交先行，起到了一种示范、先驱的作用。比如，众所周知的乒乓外交，打破了中美外交的坚冰。有研究认为，新中国成立后，我国体育外交政策经历了从"先驱后进"到"奥运模式"的演变过程[1]，具体而言，包括几个时间段：50 年代，试探与破解；60 年代，维系和平，反对霸权；70 年代，中西方关系逐渐缓和，中国成功开辟乒乓外交；80 年代，全面走向世界[2]。由此看出，我国体育外交的发展绝非一帆风顺的，每一次化解体育外交危机时，我国的领导人特别是早期的领

---

[1] 熊晓正、张晓义：《从"先驱后进"到"奥运模式"》，《体育与科学》2008 年第 3 期。
[2] 黄冶、陶锦：《我国体育外交 70 年：回顾、特征和推进路径》，《沈阳体育学院学报》2019 年第 5 期。

导人毛泽东主席以及周恩来总理等都倾注了大量心血。近期，习近平总书记提出的"一带一路"倡议更是拓宽了体育外交的平台。为此，体育外交法律制度值得写进我国的体育法律体系。

除此之外，是否还应考虑体育休闲，虽然体育休闲和休闲体育在概念上还存在着分歧，但是，有学者认为，休闲体育的提法很容易与竞技体育的提法造成对立，以致产生这是不同体育形式分类的错觉，而忽略了体育活动整体上休闲娱乐化的实现[1]。鉴于此，本书用体育休闲这个概念，上述研究是否有夸张的成分暂不必细说，体育休闲的影响可见一斑。

体育休闲是社会文明进入一个新阶段的重要标志，体育社会学认为，休闲时代到来的社会因素有两个：一是最新技术的推动；二是"冷战"结束后，多数国家促进公共权利的合理利用，完成从国家到社会以及政治到经济的转型[2]。体育休闲到来后，无论以哪种面貌出现，生活方式或是产业都给人带来了巨大的变化，所以，考虑将体育休闲法律制度加进体育法律体系自然有其独特的魅力。

综上所述，这些内容写进我国的体育法律体系，会使我国体育法律体系的内容更加充盈、完善。

第三节　软法视角——我国体育法律体系建构的新尝试

一　法学研究关于法律体系构建的松动

传统上，我国的法律体系概念承继了苏联的法理学理论。法律体系，又称"法的体系"或"法体系"，是指由一国现行的全部法律按照一定的结构和层次组织起来的统一整体[3]。然而，法律体系概念的内涵一直是法学争论的焦点，如一元论观点认为，国际法和国内法同属同一个法律体系，二元论则认为国际法和国内法属于两个不同的法律体系。上述定义

---

[1] 周爱光：《体育休闲本质的哲学思考》，《体育学刊》2009 年第 5 期。
[2] 卢元镇：《体育社会学》（第四版），高等教育出版社 2018 年版，第 235 页。
[3] 孙笑侠：《法理学》，中国政法大学出版社 1996 年版，第 47 页。

就是典型的二元论观点。

较近研究认为,尽管对法律体系概念的理解存在着某些理论上的分歧或差异,但是在这些表面化的理论分歧或差异之下潜藏着关于法律体系的诸多前提性的理论共识[1]。国家性是其中的一个突出特点,所谓国家性,就是把法律体系仅仅理解为一个国家的法律体系。这种观念在很大程度上是国家中心主义法律本体论的必然产物。按照这种观点,法律与国家之间存在着内在的、必然的联系,法律是由国家确立并维护的行为规则。接着,研究者笔锋一转,对由这些共识形成的法律体系进行了反思与解构,认为"随着全球化和现代化进程的快速推进,由于非国家的法律体系在外部的成长与挤压,使得一个国家原有的法律体系遇到了前所未有的冲击"[2]。其中,政府间国际组织、非政府性国际组织、超国家组织已经成为挑战民族国家权威的力量。由这些主体制定的规则对一个国家发挥着越来越大的作用或影响。由此不难看出,该研究是一元论观点的进一步深化与延伸。

最近研究更具实质性突破:在总结我国在法律体系认识和实践上的主要技术特征的基础上(四个技术特征包括理性主义的建构思路、国家主义色彩、立法中心—行政配合的运作模式以及简约主义的风格,其中一些技术特征与上述研究中的理论共识有共通之处),研究者认为,这些特征在集合意义上铸就了当代中国在法律体系建设上的某种封闭性质;主张就此进行深入反思,并从转型中国社会法治秩序形成的原理和要求出发,树立一种关于中国特色法律体系构建的开放性思考,作出相应的制度安排[3]。具体而言,该研究进一步认为,社会法治秩序的形成不能没有各种政府和非政府、国家和非国家规则的协同作用。因此,法律体系的建构应该打破国家主义色彩。为了回应转型社会的发展要求,可以将各种组织规则、行业规范、个人之间订立的各种协议或契约、人群中的各种风俗习惯等纳入思考的范围。诚如作者所言:激活"国家认可"概

---

[1] 黄文艺:《法律体系形象之解构与重构》,《法学》2008 年第 2 期。
[2] 黄文艺:《法律体系形象之解构与重构》,《法学》2008 年第 2 期。
[3] 张志铭:《转型中国的法律体系建构》,《中国法学》2009 年第 2 期。

念，按照国家治理、社会自治和个体自主的合理布局，引入与"法律保留"相伴随的更为广泛的"法律延伸"概念，淡化和校正法律体系构建上的国家主义色彩①。

总之，沿着这些思路，上述研究给我们重新思考体育法体系的建构带来了极大启示：法律体系形成由封闭逐渐走向开放，内涵越来越丰富。在这个过程中特别注意：一个秩序的形成具有规律性、内在性，所以，霍姆斯法官认为"法律的生命是经验不是逻辑"。建构法律体系应该对此引起高度重视。

二 软法——构建我国体育法体系的新视角

（一）软法理论概述

1. 软法概念存在前提——法的重新界定

我国传统而权威的观点普遍认为，"法是由国家强制力保障实施的"，然而，国外对"强制力或制裁力是否构成法律的一般特性"这个命题是有争议的。同样，法的概念问题也逐渐成为新时期中国法学界争论最为激烈、意见分歧最大的一个问题。本书的研究旨趣在于，既然法的概念存在如此大的争议，那么，通过借用一个定义，使其成为软法概念存在的前提。由此，本书确定的法概念是"体现公共意志的、由国家制定或认可、依靠公共强制或自律机制保证实施的规范体系"②。在此基础上，软法与硬法的概念分别是：在法规范体系中，与法律目的公共性高低不等相对应的刚性程度强弱有别的法规范，按照能否运用国家强制力保证实施这个标准分为两类：一类是硬法规范，它们是指能够运用国家强制力保证实施的法规范，它们属于国家法；另一类是软法规范，指的是不能运用国家强制力保证实施的法规范，它们由部分的国家法规范与全部的社会法规范共同构成③。需要进一步解释的是，其中的社会法存在多种理解，这里的社会法是泛义层面上的，即一种法学理念或法学思潮，或

---

① 张志铭：《转型中国的法律体系建构》，《中国法学》2009年第2期。
② 罗豪才、宋功德：《软法亦法》，法律出版社2009年版，第202页。
③ 罗豪才、宋功德：《软法亦法》，法律出版社2009年版，第300页。

与"自然法"和"制定法"相区别的一种法律。具体而言,可以从法社会学的角度来考察,其所使用的社会法概念即是一个相对于"制定法"而言的、区别于不同的立法过程而使用的概念,是指非按"国家"的立法程序制定,由社会团体制定并约束其内部行为规范的法则;或者还可以包括政府公共行政规范①。

2. 软法理论阐释

"软法"的使用最早出现在国际法领域,通常是指国际法主体间达成的不具有严格意义上的国际法的协议,包括非条约义务、国际组织决议。我国主要在公共治理领域展开对"软法"问题的研究。按照上述对"软法"的界定,"软法"是一个概括性的词语,具有包容性或兼容性,既包括一部分所谓的"国家法",又包括法律多元意义上的诸多社会规范,其中后者占了绝大多数。诚如相关研究所言:在现实的法律世界中,硬法其实只是软法海洋中的一些分散的岛屿,软法如同一个大而无形的磁场,从程序与实体两个方面悄无声息地引导着硬法实践……②在当前软法的研究中,主要存在三种研究进路:一是把"软法"看成法律多元意义上的社会规范。二是把"软法"看成公法中行政主体发布的非法律性的指导原则、规则和行政政策。三是把"软法"当成一种治理手段,一种解决纠纷、矛盾的机制。至于软法特点,与硬法的刚性、确定性、可预期性、普适性、强制性等相对应,体现了柔性、回应性、灵活性、协商性、自觉性等。较硬法而言,软法能够更充分地体现自发生成秩序,尽管其主要还是一种"建构性法律规则"。

有国内学者认为,软法的表现形式共有 12 种,其中包括国际法、程序法、法律责任缺失的法条或法律、有实体性权利宣言而无相应程序保障的法条或法律,如没有相应程序性保障的宪法序言、法律责任难以追究的法律、执政党的政策、法律意识与法律文化、道德规范以及民间机构制定的法律等③。田成有的界定更加宽泛,它既包括政策、章程、内部

---

① 朱斌:《社会法规范体系的构成研究》,《山西师大学报》(社会科学版)2009 年第 5 期。
② 罗豪才等:《软法与公共治理》,北京大学出版社 2006 年版,第 56 页。
③ 罗豪才等:《软法与公共治理》,北京大学出版社 2006 年版,第 333 页。

通知、指导性规则、潜规则，还包括道德、伦理、风俗、习惯等社会行为规则，既包括法律、法规、规章中没有明确法律责任的条款，还包括各种行业协会、社会自治组织的规范①。姜明安则认为，"软法"亦法，由此使"软法"与道德、习惯、潜规则、法理、政策和行政命令相区别。所以，软法的外延不应过于宽泛②。在这一点上，还可借鉴相关研究成果：法律与其他社会规范区别开来的标准就在于它是不是一种制度，而且是不是一种为公共权力所认可的制度③。综合这些研究并根据上述软法定义，本书认为，"软法"概念的外延可作适当扩展，具体而言，软法的主要渊源包括惯例、政策、自律规范、专业标准以及弹性。

（二）我国体育行业软法举要

1. 弹性法条

（1）现行《体育法》本身是一种柔性法律文本

法律既具有制约与惩罚的功能，又具有引导与激励的功能。比如《刑法》《行政处罚法》等侧重于制约和惩罚，而一些示范法、指导法、促进法等则更侧重于引导与激励（如《中华人民共和国民办教育促进法》）。《体育法》修改研究提出：现行《体育法》修改应该朝向体育事业促进法④。其实，不管现行《体育法》是否带有明显的计划经济的历史印记，还是叫"体育基本法""体育管理法""体育大全法""体育政治法"，通观全文，体育法的主导机制还是突出了激励机制，即国家及各级政府部门并非通过强制方式迫使相关主体为或不为某种体育行为，而主要通过提供人、财、物支持，或者鼓励社会各界兴办和支持体育事业，并以奖励等各种方式，激励社会各阶层参与体育事业，以达成国家倡导增强人民体质，提高体育运动水平，促进社会主义物质文明和精神文明建设的目标。

尽管《体育法》第七章专章设立了"法律责任"，但是，依然突出了

---

① 田成有：《中国法治进程中的软法问题及软法现象分析》，《昆明理工大学学报·社科（法学）版》2007年第3期。
② 姜明安：《软法的兴起与软法之治》，《中国法学》2006年第2期。
③ 严存生：《西方社会法学的法观念探析》，《学术研究》2010年第1期。
④ 田思源：《我国体育法修改理念分析》，《法学杂志》2006年第6期。

"体育法的法律责任缺失，刚性不足"的问题（在这个问题上，尽管表述不一，但表达的意思接近），如有研究认为，《体育法》的法律规范缺乏有效性[①]。为此，有学者认为：在《体育法》实施受限的多种原因中，某些法律规范逻辑结构的不完整，特别是法律责任规定的不明确、数量少，是其中的一个重要方面。现行《体育法》中相当多的条文只注重行为模式而没有法律后果，与法律责任的规定很不匹配。《体育法》的法律责任一章只有6个条款，根本无法与通篇设定的行为模式形成呼应，难免使有些体育行为模式的规定形同虚设……[②]

（2）大量弹性条款存在于体育法律、法规、规章之中

经过多年努力，一个以宪法为指导，以体育法为龙头，以行政法规为骨干，以部门规章和地方性法规为基础，结构合理、层次衔接有序的体育法规体系已初见端倪。目前，现行有效的体育法律1部，行政法规7件，部门规章33件，规范性文件177件（截至2007年12月31日）。而在这大量的体育法律、法规、规章中充斥着诸多弹性条款。

所谓弹性条款主要是指导、建议性条款和授权权力/权利主体自由选择的条款。法律中存在指引性、建议性的条款在多数法律中都存在，体育法律、法规表现得更为明显。关于我国体育法修改的研究认为，现行《体育法》中的原则性、指导性的规定太多，具体化、实施性的规定较少，除总则外，用国家实行什么、鼓励什么、支持什么、提倡什么等的规定有17条，占分则条文的37%[③]。具体而言，指引性、建议性的条款诸如《体育法》第五条规定：国家对青年、少年、儿童的体育活动给予特别保障，增进青年、少年、儿童的身心健康。第三十九条规定：体育科学社会团体是体育科学技术工作者的学术性群众组织，应当在发展体育科技事业中发挥作用。《全民健身条例》第十二条第三款规定：公共体育设施应当在全民健身日向公众免费开放；国家鼓励其他各类体育设施在

---

① 饶晓红、周爱光：《浅议我国〈体育法〉法律特性的不足》，《体育文化导刊》2006年第6期。
② 于善旭：《〈中华人民共和国体育法〉修改思路的探讨》，《体育科学》2006年第8期。
③ 刘凤霞、张海泉：《〈中华人民共和国体育法〉若干问题分析》，《中国体育科技》2004年第3期。

全民健身日向公众免费开放。而授权权力/权利主体自由选择的条款如《体育法》第三十一条第二款规定：全国单项体育竞赛由该项运动的全国性协会负责管理。第三十三条第二款规定：体育仲裁机构的设立办法和仲裁范围由国务院另行规定。某种意义上讲，体育地方立法应该是体育法律、法规的细化及具体执行，但是，这方面研究表明：体育地方立法存在重复立法的问题。主要表现为：地方法照搬上位法和地方法之间的简单模仿。这些地方法规，无论从标题、结构、条文表述等方面都大同小异。弹性条款的大量存在同时也就注定了体育法律、法规、规章中缺乏或没有明确法律责任的条款。即只规定了应该怎么做，但没有规定如果不这样做怎么追究相应法律责任的法条或法律。

2. 体育政策

政策，就是中共中央和政府机关通过一定行政程序制定的、在实践中实施的决定、通知、命令、规定、意见、办法等。由于政策具有指导性、明确性、时效性、灵活性与弹性的鲜明特点，所以，体育政策作为一种机动灵活的制度安排弥补了"硬法"对体育社会实践反映的迟钝，增强了对体育领域"硬法"的回应性。

按照制定和实施主体的不同，可以分为中央或国务院颁布的体育政策、各级体育行政部门颁布的政策；依照调整范围的大小，可以分为宏观政策与微观政策；按照调整对象的不同，可以分为竞技体育政策、社会体育政策、学校体育政策以及体育产业政策等多个方面。宏观政策如1995年国务院发布的《全民健身计划纲要》、2002年中共中央、国务院发布的《中共中央国务院关于进一步加强和改进新时期体育工作的意见》、2007年中共中央、国务院发布的《中共中央国务院关于加强青少年体育增强青少年体质的意见》。各级体育行政部门颁布的政策如体育总局颁布的各种涉及群众体育、竞技体育、体育经济、劳动人事、科技、文化、对外以及信访等方面的规范性文件等（除开体育专业标准）。从数量上看，中央、国务院和国家体育总局涉及体育方面的规范性文件达到124件，地方性文件为70件（本书将这些规范性文件都归结为政策范畴，甚至法规性文件也如此，数据来源于国家体育总局网站）。总数超过了体育法律、法规、部门规章以及地方性法规和规章的总和。

实践证明，随着我国体育改革的不断深化，体育事业稳步发展，这得益于大量的体育政策。

3. 体育组织自律规范

我国体育组织众多，仅从性质上看，包括各种行业体协，如农民体协、水利（丰收）体协、通信（邮电）体协、林业体协、石油体协等；单项运动协会，如中国足球协会、中国篮球协会、田径协会等；以及大学生体育协会和中学生体育协会等。

上述体育组织都有明确的章程，依照章程开展各项活动。自治性质决定了体育组织的这些自律规范对体育行业产生了很强的直接约束力。以全国性单项运动协会为例，作为全国性、行业性组织，通过法律或者政府授权，可以承接原来政府所承担的一些运动项目的公共服务和公共管理职能，包括项目发展的总体规划、发展战略、行业发展的政策、行业规范的制定等。具体到中国足球协会，从1992年足球改革开始，足协先后颁布、实施了几十个行业规章。它对规范俱乐部行为、维护竞赛秩序，调整俱乐部之间的关系、运动员与教练员和俱乐部之间的关系起到了很大的作用。难怪相关研究认为，中国的足球联赛的赛场可以说不仅几乎包括了所有主要的法治要素，而且拥有即使不能说最完善，但也是基本上最健全的规章制度、管理机制和监督体系。有各种各样的类似于、效力不亚于法律法规的俱乐部规则、竞赛规则、裁判规则、申诉规则、转会规则等。既有国内足球协会制定的规则，又有国际足联的规则[①]。

4. 体育专业标准

体育具有很强的专业性。体育专业标准成为软法的一个重要渊源。依照制定主体的不同，体育专业标准可以分为国家机构制定的、由单项运动协会（体育协会）制定并得到国家机构认可的以及单项运动协会（体育协会）自己制定的几种类型。内容涉及体育基础和通用技术、竞技体育、群众体育、体育经济以及科研等方面，具体包括体育技术规范、竞赛规则及俱乐部标准等，如我们耳熟能详的《国家学生体质健康标准》《运动员等级技术标准》《中超足球俱乐部标准》，等等。值得注意的是，

---

① 葛洪义：《法治如何才能形成》，《法律科学》2002年第6期。

这些专业标准中有一部分属于强制性标准,例如《中超足球俱乐部标准》规定:俱乐部拥有 4 块以上标准草坪训练场,其中至少有一块场地配备简易灯光,以保障晚间训练。

由于技术创新、特别是随着人民生活水平的不断提高,健康素质的不断改善,一些体育专业标准难免变动较大或频繁(如受技术创新影响较大的场地设施标准、受生活水平影响较大的身体形态、机能指标等),因此,不适宜用"硬法"来明确规定。但是,由于由统计数据构成的专业标准看起来更加客观、科学,所以它们能对相关主体的法律地位产生实质性影响[1]。而关于体育标准的研究则认为:体育标准体系的建立将使体育事业从此走向更加科学、更加法制和更加规范[2]。所以,通过制定体育专业标准的方式,以这种变通的形式也能够实现"硬法"所不能达到的目的。

5. 体育惯例

所谓惯例,按照《辞海》的解释,是指"法律上没有明文规定,但过去曾经实行,可以仿照办理的做法"。它是一种常规,也可称作"通例",习惯就是一种事实上的惯例[3]。"体育惯例",就是早就存在于体育领域,为该领域所熟知,并被广泛遵守的规则或行为方式。体育惯例作为一种重要的软法渊源,存在于体育领域的诸多方面,如奥林匹克惯例、兴奋剂检测方面的惯例、职业足球转会方面的惯例,再具体一些,比如运动会的开闭式程序、其中参赛队伍的出场顺序等。

某种意义上讲,体育惯例更像是一个根,体育法律、法规以及行业规范多出于此;或者说是一个平台,体育法律、法规以及行业规范多借助其而创生。按照哈耶克的观点:牢固确定的习惯和传统导致了行动的常规性,这不是命令或强制性的结果,甚至常常也不是有意识地遵循众所周知的规则的结果。所以说,体育惯例构成了体育社会行动的潜在基础,它默默地决定着体育社会秩序的实现。

---

[1] 蒙晓燕:《法治国转型下的法律体系化建设》,《北京社会科学》2015 年第 7 期。
[2] 仲宇等:《中国体育标准体系的构建研究》,《西安体育学院学报》2005 年第 1 期。
[3] 《辞海》,上海辞书出版社 1989 年版,第 982 页。

三 一元多样的我国体育法体系建构

（一）前提预设——一元多样理解

顺着上述研究思路可以推测，本书将构建一个包括软硬法在内的体育混合法体系。"一元"可以理解为：硬法和软法必须尊崇宪法及体育法治精神，受制于体育法治原则，这一点对于软法尤其重要；多样则指软法与硬法（它们分别包括体育政策、体育自治规范、体育专业标准以及体育法、法规、规章等）。在这一点上应该与法律多元理论区分，法律多元理论强调法律规范的二元乃至多元。主张体育混合法体系是一种"一元多样"结构，原因在于，法是公意的体现（见前文法的界定），体育硬法侧重于国家意志，软法侧重于体育社会特定共同体意志，二者密切关联，体育社会特定共同体意志是国家意志形成的基础，而国家意志是大多数体育社会特定共同体意志的反映。若将软硬法看作二元，将造成国家意志与体育社会特定共同体意志直接对立的矛盾，最终导致体育法治秩序的毁灭。

（二）我国体育法体系建构

在尊崇宪法及体育法治精神前提下，我国体育法体系应该包括软法和硬法两大板块，尽管软法和硬法的逻辑界限十分鲜明，但并不意味着在体育法体系中会形成一道裂痕。它们按照法规范的公共性高低和刚性强弱顺序排列进行组合，实质上形成了一个谱系结构。如此建构体育法体系，使得我国的体育法治既包括硬法之治又包括软法之治，软硬兼施，和谐共处，各有各的治理疆域，并且各自的疆域始终处于一个持续不断的动态调整过程中，而随着体育自治程度的不断加强，软法之治呈现为拓展之势，而硬法的疆域则相应缩小。但是，无论软硬法治理疆域如何变化，最终由软硬法编织成的疏密有致的"法网"将完全罩住体育行业或体育事业，为其健康发展起到保障作用。

四 我国体育法体系建构需要注意的问题

（一）不断提升软法理性

硬法创制需要主体、权限、内容、程序等方面的严格审查，而且还要受到立法监督、违宪审查、司法审查等合法性监督。相比而言，软法创制要偶然或随意得多。如体育惯例多源于自发生成，并不是理性建构的结果，体育政策、体育自治规范的制定无论在开放范围或开放程度上，都明显不及硬法创制，以《体育法》制定为例，《体育法》出台前后历经15年，22次易稿，最终才经全国人大常委会审查通过。由此表明，软法与硬法相比，首先理性本源上就存在着一些先天不足。其次，软法的创制与实施缺乏理性，这是造成软法理性缺失的主要原因。软法在创制与实施过程中，受各种非理性因素的干扰，如体育利益集团的影响，致使创制动机不纯、创制依据缺乏等，造成软法的负面效应。

建构新的我国体育法体系，首先应该不断提升软法理性，在这一点上，不是简单地照搬硬法模式来"塑造"软法，而是按照体育法治化的要求来优化软法，即以适合软法的形式或方式，将体育法治原则、精神合理地整合到软法的创制和实施过程中。不断提升软法理性，避免"泛法主义"的泛滥，将有利于建构新的我国体育法体系。

（二）适时的相互转化

新的体育法体系是一个有机整体，在这个体系中硬法与软法的界限会随着时间的推移而不断变化，由此导致二者能够经常性地发生转换。如软法硬化现象或者硬法软化现象。其中软法硬化现象是指，在适当时候，"软法"可以上升为"硬法"，在此之前，"软法"作为试验性立法为硬法的创制积累经验，具有制度试错意义。如1995年颁布的《全民健身计划纲要》到2009年实施的《全民健身条例》。当然，上述转化也可以看成政策法律化，确切地讲，政策法律化是软法硬化的一种具体形式，其他还包括体育自律规范的法律化，等等。硬法软化现象也在一定程度上存在，如一些体育的硬法规范可以演变成一种法律通例，或者硬法规定可以衍生出一套体育政策或者自律规范等。为此，若使新的体育法体系具有鲜活的生命力，就要形成软硬法之间的良性转化机制。

（三）适用上的孰先孰后

一般而言，在新的体育法体系中应当遵循"硬法优先适用"的准则，但是，也有一些例外需要考虑。其一，依照辅助性准则，如果立法者犹豫不决，就应当奉行硬法克制原则，优先创制（适用）软法规范而不是硬法规范。辅助性准则广泛适用于政治和社会组织，它主要强调的是，某项事物如果能由简单和低级的主体做得很好，就不应该由复杂和高级主体来做。复杂和高级主体所要做的是简单和低级的主体力所不及的，它不应当替代后者。众所周知，体育领域"软法"最贴近体育行业的实际，所以，长期地、直接地、具体地调整着体育行业发展过程中的各种关系。其二，人们基于成员身份提出的特定权益诉求，就只能由相应的社会团体来满足。具体到体育组织，只要涉及的是成员身份的权益争议，则应交由组织自主解决，优先适用软法。从这个角度看，我们就理解了实践过程中法院为什么不接受一些体育协会的成员对该组织的起诉。倘若该体育组织针对成员做出表面上指向成员身份、实则涉及公民权益的处分规定，损及宪法规定的公民基本权利以及体育法规赋予的合法权益，则另当别论，继续遵循"硬法优先适用"的准则。

（四）构建制动机制

在新的体育法体系中，软硬法和谐并存常常是一种理想态，事实上，它们之间既优势互补，又劣势同现，特别是冲突不断（这一点即使在硬法体系中也屡见不鲜）。如《中国足球协会章程》（2005）第六十一条国际足联、亚足联规定：本会会员协会、注册俱乐部必须保证遵守《国际足联章程》《亚足联章程》的规定，不将自己与国际足联、亚足联及其会员协会和俱乐部的任何争议提交法院，而同意将争议提交各方认可的仲裁委员会，并接受仲裁委员会的裁决。《中国足球协会超级联赛委员会章程》第十八条规定，受到处分的会员可以并只能向中国足球协会诉讼委员会提出申诉，由中国足球协会诉讼委员会作出的裁决为最终裁决。另外，一些体育行业制度有悖于"硬法"。如"倒摘牌""限薪令"制度违反了我国的《反垄断竞争法》，"转会费"制度又与《合同法》相抵触。

为此，新体育法体系构建急需一种防治软硬法之间互相抵触、彼此掣肘的制动机制，以维护体育法治的统一性，形成体育法治的合力。

五 软法构建体育法体系的简要考量

在重新界定法的定义基础上，引入软法理论，粗线条地勾勒了由软硬法构成的新体育法体系，并在整个研究中突出了体育领域"软法"分析及其在体育法体系中的重要地位。旨趣之一在于提醒与纠正体育法学研究或者体育法制建设中存在的"法即硬法"以及"硬法万能"的错误观点。另外，体育法体系中引入软法，还可以抑制"瑞士奶酪效应"，即各种体育硬法规范的属性具有同构性，这很容易导致硬法规范缺陷环环相扣的法律规制漏洞，即使这些硬法规范再发达，也难以实现自我矫正，为此需要另类属性的软法来弥补硬法规范的缺陷，以阻止整个体育法体系出现问题。

伴随着体育法治权威不断得到确立，人们越来越习惯于"硬法之治"，经过几十年持续不断的国家立法活动，我国的体育法体系（硬法）初见端倪；同时，体育界也在构筑起一个比硬法体系更为庞大的软法体系。博登海默认为：只有那些以某种具体的和妥协的方式将刚性与灵活性完美结合在一起的法律制度，才是真正伟大的法律制度[①]。为此，构建以软硬法为基础的体育法体系，软硬法兼施、并举，使之成为"伟大的法律制度"，能够共同推动我国的体育法治化进程。

思考题

（1）如何理解已经形成的我国体育法律体系？
（2）如何理解软法？是否除开硬法都是软法？
（3）如何理解体育法治的软硬兼施？

---

① ［美］E. 博登海默：《法理学——法律哲学与法律方法》，邓正来译，中国政法大学出版社 2004 年版，第 405 页。

第十五章

体育法治

第一节 体育法治释义

法治是一个经典性的概念，从古至今一直被人们研究、论述。"法治是什么"如同"法律是什么"，一直被法学家们所追问。时至今日，在我国，法治已经作为基本国策写进宪法，经数十年的培育和发展，中国体育法治既可以说是渐入佳境，也可以说是渐入困境。渐入佳境是就其形式层面而言，体育法律规范的制定渐成规模，体育法学研究日趋繁荣[①]。体育领域"依法治体""体育法治"早已深入人心，回顾与梳理体育法治思想的流变，系统阐释体育法治概念的逻辑内容，显然有着非凡的意义。

一 关于"体育法治"释义

研究"体育法治"，首先应该探讨"法治"。截至目前，法治已经形成一套完整的理论体系，在我国，1997年，党的十五大将"依法治国建设社会主义法治国家"写进宪法。相比而言，体育法治的历史较短，从中华人民共和国成立开始到现在，人们一直倡导的是体育法制，追求体育法律制度的完善。因此，我们总有体育法政策法规的统计和汇编。从"体育法制"到"体育法治"一词，也就是近些年的事情，1991年文献出现"体育法治"，随后出现一批相关研究。实行法治就必须提到宪法，

[①] 田思源：《改革开放三十年我国体育法治建设的回顾与展望》，《法学杂志》2009年第9期。

党的十八届四中全会《决定》提出了尊重宪法权威,依宪行使权力或权利,健全宪法解释,切实保证宪法法律有效的实施[①]。体育法治虽然有自己的特色,但是,也和其他领域的治理大同小异。依宪治体是我国体育法治的最高准则。体育法治指的是在建设法治国家的战略指引下,根据法治的战略原则来管理以及调控我国的体育事业[②]。

二 体育法治的逻辑形态

(一)作为体育法秩序的体育法治

法治本身具有多重含义,秩序是其中之一。有研究认为,用单纯的法治方式建设秩序,是建立稳定良好秩序的唯一有效的途径[③]。从上述论述中可以引申出来,体育法治就是一种良好的法律秩序,是一种状态。所谓体育法秩序就是由体育法所确立和保护的人与人在体育活动中有条不紊的状态。法治分为实体价值和形式价值,良好的法律秩序是两者完美的结合。实体价值表现为权力的合理位置、自由与法律;形式价值包括六个原则[④]。无论是实体价值还是形式价值都突出了法律的作用,意味着体育法治在体育社会生活中对法律特性的强调。在众多的体育社会行为规范中,与体育伦理道德、体育政策、体育风俗习惯等其他体育社会规范相比,体育法律具有更加明确、普遍、强制与稳定的特点。体育法律的特性有利于保证体育社会生活的必要程度的一致性与连续性。所以,关注体育法的权威性,以体育法作为治理体育社会生活的必要手段,用体育法调整和规范体育社会关系,形成体育社会生活中的体育法律秩序成为必然。

(二)作为"体育法的统治"的体育法治

"法的统治"源于欧洲,要实现体育法治当然要体育法的统治。当然,体育法律被强调到极致或处于"至上"地位时,作为"体育法的统

---

① 人民网:《中共中央关于全面推进依法治国若干重大问题的决定》http://politics.people.com.cn/n/2014/1028/c1001-25926121.html,2014年12月28日。
② 鹿兰峰:《法律多元和我国体育法治建设》,《内蒙古电大学刊》2014年第4期。
③ 王波:《法治与秩序》,《实事求是》2009年第1期。
④ 王人博、程燎原:《法治论》,广西师范大学出版社2014年版,第118页。

治"的法治形态就会显现。戴雪在《英宪精义》① 一书中认为，法的统治有三种意义：一是意味着与恣意的权力影响相对照的正式的法的绝对优势地位或优越。它排斥政府方面的恣意性、特权和广泛的裁量权。二是还有法律面前的平等，也就是意味着一切阶层都要平等地服从通常司法法院运用的国家的通常法。这个意义上的"法的统治"，排除公务员和其他人免去服从规定其他市民的法的义务和服从通常法院管辖权等的想法。三是"法的统治"，"对于我们，宪法法律即在外国，当然是构成部分宪法典的规范，不过，由法院作出的规定，不是可以强行的个人权利源泉，产生这种结果的事实，简单地说，法院和国会的行动，可以扩大到决定国王及其被使用人的地位，作为表示这种事实的方式可以运用私法的各项原则。如此一来，就导致宪法变成了国家的通常法"②。这种"法的统治"表达了对行政权力的限制，也就是说，任何政府行为在所有行动中必须受到事前规定并宣布的规则的限制，即"法无明令规定即禁止"。也就是说，政府行为都应该接受合法性检验。

（三）作为"良法之治"的体育法治

中共中央《关于全面推进依法治国若干重大问题的决定》旗帜鲜明地提出："法律是治国之重器，良法是善治之前提。"③ 良法善治的提出是"依法治国"内涵的进一步丰富。

早在两千多年前，亚里士多德就认为良法应该包括两层含义："法治应当包含两重意义：已成立的法律获得普遍的服从，而大家所服从的法律又应该本身是制订得良好的法律。"④ 此后，相关法学家进一步演绎着良法的内涵意义，如菲尼斯认为，善由生命、知识等七项"人类兴旺的基本形式"构成⑤。美国学者富勒⑥认为，把法律视为一种"内在道德"，

---

① ［英］戴雪：《英宪精义》，雷宾南译，中国法制出版社2001年版，第244页。
② 火田中和夫、林青：《"法的统治"与"法治国家"》，《外国法译评》1997年第4期。
③ 谭宇生：《论良法之治》，《南方论刊》2015年第2期。
④ ［古希腊］亚里士多德：《政治学》，吴寿彭译，商务印书馆1995年版，第199页。
⑤ John Finnis ed., *Natural Law and Natural Rights*, Britain: Oxford University Press, 1980, p. 203.
⑥ ［美］富勒：《法律的道德性》，郑戈译，商务印书馆2005年版，第126页。

以此使人的行为服从规则的治理。富勒的"内在道德"论指以下八项原则：普遍性、颁布、不溯及既往、明确、不矛盾、有遵守的可能性、稳定性、官员行为与已颁布的规则的一致性①。由此，可以看出一个关注点还是法律。从静态意义上看，要求建立一种紧密相扣、内容完善、结构严密、形式统一的法律体系。从动态意义上看，包括由立法、执法、守法以及司法等各个环节紧密相连的体育法运行机制。由此，表现出处在"体育法的统治"之中。进而，我们更应该理解：法律的实质合法性的终极源泉在于法律背后的道义原则、道义权利以及民众的正义感，而不是法律自身②。因此，还应该主张用制定法（实体法）以外的标准，如"正义"原则、"道德权利"来衡量与检验法律，不能满足形式平等，特别要重视程序正义。改变以往"我国只重视实体法，忽视程序法"的问题。

三 从体育法制到体育法治的意义

前文所言，"体育法治"作为一个专有名词在理论中出现应该是20世纪90年代初期，距离我们实施体育法治可能更是晚近的事情，1997年，依法治国，建设社会主义法治国家才写进宪法。很多法学研究者认为，从法制到法治，虽然只有一字之差，但是，时间却过去了20年。由此也看出，从法制到法治之间的跨度与难度。同样，体育领域较早出现的是"以法治体"，实际上，这是将体育法律当成一种工具，体育法治则表示多重含义，所以，从体育法制到体育法治是一种质的转变，即从所谓的"刀治"转变为"水治"。

一般而言，体育法制常常讲的是静态的体育法律制度，当然，除此之外，也还有其他的意思，但是，主要以第一种含义为主，我国法律领域常谈有法可依、有法必依、执法必严、违反必究，体育法制主要突出的是有法可依，体育法治则包括全部内容甚至还要更丰富，进一步说，

---

① ［英］雷蒙德·瓦克斯：《法哲学：价值与事实》，谭宇生译，译林出版社2013年版，第12页。

② 高鸿钧等：《法治：理念与制度》，中国政法大学出版社2002年版，第765页。

体育法治还体现了一种理想。

第二节 体育法治具体分类研究

一 形式法治与实质法治：法治理论的纷争

法治是一个历久弥新的论题。法治研究的文献浩如烟海。发展到现在，法治理论已经成为一个内涵非常丰富的知识体系。法治理论的源流众多，存在诸多分歧与争议。本书讨论的形式法治和实质法治可以看作这些分歧的一个向度。探寻法治的源头，首推古希腊的亚里士多德，在其《政治学》一书中，给法治下的定义早已成为经典：已成立的法律获得普遍的服从，而大家所服从的法律又应该本身是制定得良好的法律[①]。现代西方法治含义的系统阐释肇始于19世纪后期，英国法学家戴雪可谓近代西方法治理论的奠基人，他的法治三原则理论广为法学界所熟知。自此以后，越来越多的人开始关注法治问题，涌现了一批著名学者，如富勒、拉兹、菲尼斯、萨默斯、莫尔、纽曼、沃克等人。正是在这些人中形成了两大阵营，富勒、拉兹、菲尼斯、萨默斯等人倡导或者信奉形式法治理论；而德沃金、莫尔、纽曼、沃克等人成为实质法治理论的拥趸。19世纪后期阐述的法治理论主要是民主形式法治，实践中这种法治成为英美国家的主导形式。

关于形式法治的论述，富勒在《法律的道德性》一书中指出，真正的法律必须符合内在道德和外在道德，而法治是内在道德的一部分，这里的内在道德指的是程序自然法，他提出了作为一个真正法律制度前提的八项法治原则，包括法律的一般性、法律应该公布或公开、法律应当适用于将来而非溯及既往、法律的明确性、法律的一致性、法律的可行性、法律要具有稳定性以及官方行动与已颁布的法律之间的一致性原则[②]。在富勒的影响下，拉兹、菲尼斯进一步推动了形式法治理论的发展，他们也各自提出了自己的法治八项原则，尽管侧重点稍有不同，但

---

① ［古希腊］亚里士多德：《政治学》，吴寿彭译，商务印书馆1995年版，第199页。
② 付子堂：《法理学高阶》，高等教育出版社2008年版，第367页。

是，它们都属于形式法治理论。统观之，形式法治的主要特征包括：强调依法统治、法律自治、法律面前人人平等（形式的平等）、坚持法律的一般性和普遍性、主张司法独立，注重程序要件、维护个人自由以及主张法律的稳定性等①。某种意义上讲，该理论把法治等同于"法律和秩序"的代名词，具有实证主义和工具主义色彩。作为形式法治理论的代表拉兹认为：法治仅仅是一个法律制度可能拥有并据以评判该制度的德性之一。它不应与民主、正义、平等（法律上或其他方面的平等）、各种人权、尊重个人或人类尊严相混淆②。这段话的引申义为，如果法治内涵掺入了其他过多的因素，就会引起争议，人们难以就"什么是法治"的本质问题达成一致，如若仅考虑形式，人们的认识很容易统一，就能够合力从事法治建设。在这一点上，拉兹甚至认为，法律如何被制定出来并不重要，只要坚持对法治的遵循，即使"恶法"也是好的（他的这种表达引起了诸多非议）。

分析亚里士多德关于法治的定义看出，这其中早就明显地包含价值的判断，法治是一种"良法之治"。随后，20世纪的自由主义学说和新自然法学理论沿袭了这种传统。尽管实质法治理论出现较早，但形式法治理论发展占了先机。随着西方国家从自由资本主义向国家干预资本主义的转变，形式法治理论遭遇了理论与实践中的危机。1959年在印度德里召开的国际法学家大会通过了《德里宣言》，该宣言具有实质价值取向，如保障个人维护尊严的条件，大会特别提出了含义愈发丰富的法治概念，为此，引起了以拉兹为代表的形式法治论者的尖锐批评。实质法治理论的代表德沃金推崇权利在法治中的价值，他认为，真正的法治概念应该是"权利"的概念。莫尔在其法治概念中明确了实质法治的内容，如注重结果原则。由此看出，实质法治理论强调依法办事的"法"应该是良法（良法既有价值标准，如正义、秩序；又有形式或程序标准，从这个角度讲，它涵盖了形式法治理论的相关内容），保障人权，限制权力，维护平等，特别是不满足于形式平等，而是追求结果平等，提倡积极的自

---

① 高鸿钧：《清华：法治论衡》（第一辑），清华大学出版社2000年版，第8页。
② 高鸿钧等：《法治：理念与制度》，中国政法大学出版社2002年版，第180页。

由。该理论还主张法律是一个开放系统，法律始终与道德、习惯、社会、文化等相关联。

有学者认为，形式法治和实质法治理论的分野与争论，乃是第二次世界大战以来国际法学界法治研究中最具理论对抗性的方面，并且正在成为当前中国法学界法治研究中可能引发激烈论辩的领域[①]。国内学者借鉴西方法治理论，一般都是从实质法治理论开始的。夏勇认为，法治的核心价值是人类尊严与自由[②]。王人博等学者认为，法治是一个具有可操作性、价值性的概念。它既是一种理想目标，也是一种现实化的客观运动[③]。后来，王人博通过《一个最低限度的法治概念——对中国法学家思想的现代阐述》一文，又表达了自己的形式法治观点。刘作翔认为，法治是一个能够统摄社会全部价值和政治价值内容的综合性概念[④]。

近年来，受到富勒、拉兹、菲尼斯、萨默斯等形式法治论者的影响，形式法治理论开始在我国流行。特别是结合我国法治建设的实际情况，提出了各自观点。苏力认为，当代中国对法治的呼唤，可以说是对秩序的呼唤，法治就是"规则的统治"。在这个法治定义里，没有诸如正义、公平这样一些神圣的字眼[⑤]。梁治平认为，一方面，应该采取更加"保守"的法治观念，因为实质法治包含太多内容，引发诸多争议，并且这些争议短时间内难以达成共识；另一方面，由于争议难平，人们难以将注意力放在法治的一些最基本问题上[⑥]。而黄文艺更是为形式法治理论大声辩护，他认为，在我们这样一个充满道德和政治化的社会里，形式法治理论的务实更容易获得人们的认可，而实质法治承载了太多的内容，表面上抬高了法治的地位，实质上是对法治的一种严重伤害[⑦]。最近一个

[①] 黄文艺：《为形式法治理论辩护》，《政法论坛》2008年第1期。
[②] 夏勇：《公法》（第二卷），法律出版社2000年版，第27页。
[③] 王人博、程燎原：《法治论》，山东人民出版社1999年版，第103页。
[④] 刘作翔：《迈向民主与法治的国度》，山东人民出版社1999年版，第99页。
[⑤] 苏力：《阅读秩序》，山东教育出版社1999年版，第148页。
[⑥] 梁治平：《法治在中国：制度、话语与实践》，中国政法大学出版社2002年版，第84页。
[⑦] 黄文艺：《为形式法治理论辩护》，《政法论坛》2008年第1期。

时期，在公法研究领域，何海波[①]、沈岿[②]两位学者各持实质法治和形式法治观点探讨行政法问题更是引起了人们的关注。

上述对国内外形式法治和实质法治理论发展做了一个简要梳理，关于这两者，既可以看作不同源流的概念、理念之争，也可以看作法治道路、模式或建设目标不同之辨。形式法治与实质法治存在诸多分歧是一个事实，但它们是法治内部的对立。它们是矛盾的，也是统一的。在两者关系上，目前出现了阶段说、层次说、因果关系说和综合说。阶段说认为，整个人类的法治是一个从形式法治向实质法治发展进步的过程[③]。层次说源自美国学者对中国法治实践的考察，这种观点认为，形式法治属于一种浅度的法治，而实质法治是一种深度的法治[④]。因果关系说认为，形式法治与实质法治互为因果关系，没有实质法治的观念引领，难以出现对形式法治的追求；反过来，没有形式法治的完善，实质法治就缺乏了基础[⑤]。综合说出现两种情况，一种认为，我国法治建设的类型取向应该是两者的统一[⑥]。

而学者高鸿钧等则认为，形式法治和实质法治都存在固有缺陷，为此试图通过借鉴昂格尔、诺内特和塞尔兹尼克以及哈贝马斯的理论来"统合和超越"这两种理论，创构一种"新型法"[⑦]。在我国法治建设的大背景下，体育法治建设流行的信条和既有的制度安排可以归属为形式法治，为了实现体育强国目标，实质法治则是本书所努力追求和论证的一种体育法治建构模式。因此，这两种理论不是相互补充、互为因果的关系，也不同意实质法治是对形式法治的"补偏救弊"或者"形式法治是原则，实质法治为补充"的观点。所以，阶段说或层次说是本书的立论基础，从形式法治到实质法治并不意味着是对形式法治的抛弃，而是

---

① 何海波：《实质法治：寻求行政判决的合法性》，法律出版社2009年版，第10页。
② 陈燕：《"形式法治与实质法治"研讨会实录》，《行政法诉丛》2011年第2期。
③ 卓泽渊：《法治国家论》，法律出版社2008年版，第7页。
④ 何海波：《实质法治——寻求行政判决的合法性》，法律出版社2009年版，第10页。
⑤ 田龙海、徐占峰：《从形式法治走向实质法治》，《西安政治学院学报》2003年第5期。
⑥ 史海泉：《形式法治和实质法治》，《石河子大学学报》（哲学社会科学版）2008年第4期。
⑦ 高鸿钧等：《法治：理念与制度》，中国政法大学出版社2002年版，第768页。

实质法治对形式法治的升华。

(一) 形式法治导向:我国体育法治建设检视

体育法治建设是我国法治建设的一个缩影,非常有必要对我国法治建设有一个宏观把握。这种宏观把握主要基于对法治建设的事实认识和价值判断以及对法治理论发展的梳理。

对于法治建设的事实认识和价值判断。新中国成立以来,回顾各个时期法治建设实践的文献很多,形成了一定共识:以党的十一届三中全会为界,分成了两个大的历史阶段。从1949年到1978年为第一阶段,这其中又划分为三个小阶段;从1978年到现在,这一阶段又以1996年为界,分为两个小阶段。对于第一个大的历史阶段,按照法学家李步云的总结:这个时期实行的是社会主义的"人治",主流意识形态概括为五个"主义":法律虚无主义、法学教条主义、法律经验主义、法律工具主义以及法律实用主义[1]。依照学者季卫东的说法,这个阶段则是非法制化及至反法制化的时期[2]。最典型的实例:1954年宪法规定的"法律面前人人平等"的原则直到1982年修宪才得以恢复。在第二个大的历史阶段中,1979年发布的《中共中央关于坚决保证刑法、刑事诉讼法切实实施的指示》中第一次使用"法治"一词。值得一提的是,在1979年内短短的三个月时间里颁布了7部法律。1996年八届人大四次会议通过的一系列文件郑重地将"依法治国"作为一项根本方针确立下来,1999年又将这一治国方略载入宪法。为此,李步云先生写了一篇《从"法制"到"法治":二十年改一字》的文章以释情怀。2004年修宪,将尊重和保障人权写进宪法。2011年,吴邦国委员长在第十一届全国人民代表大会第四次会议上宣布:中国特色社会主义法律体系已经形成。由此看出,第二个阶段是我国法治建设的重要期。

从法治理论发展看,一般认为,20世纪70年代末是当代中国法治理论孕育生长的起点。党的十一届三中全会以后,我国的法治理论经历了"法治"与"人治"之争、依法治国基本方略的确立以及社会主义法治理

---

[1] 李步云:《论法治》,社会科学文献出版社2008年版,第8页。
[2] 季卫东:《宪政新论》,北京大学出版社2002年版,第109页。

念的提出三个大的阶段①。即使对于依法治国的认识，有些研究也认为，它与实质法治存在一定距离，依法治国实质上强调的是法制完备（有法可依）和法律服从（有法必依），它的实施并不必然带来法治价值目标的实现②。值得关注的是《论法治》一书，该书作为一部反思性著作，评析了二十年来（从 1978 年开始）我国各个时段的法治理论。其中给出的一个观点是，我国法治理论没有按照内在逻辑要求发展，历经波折，直到 1995 年才走向成熟③。

综合这两方面看出，尽管我们对"法治"的理解在不断加深，但是，在很长一段时间里我们都在从事着形式法治的实践活动，突出了"有法可依"。学者徐显明认为，1978 年以前，法治建设的主要矛盾是无法可依；但现在已经转向了有法必依④。

上述是我国法治建设与法治理论发展的简要回顾，基本勾勒出了法治建设发展的主线路。体育法治建设作为法治建设的一个子系统，是法治建设一般发展规律的具体写照（当然，这里也不排除体育自身发展的特殊性）。首先，体育法治建设重视法律的形式要件。新中国成立以来，伴随着国家对体育事业的重视，各个时期分别出台了一批体育法律、法规以及规章。尽管法治理论成熟较晚，但是，不能说体育领域没有"法制"。所谓"法制"，一般是指静态的法律制度，表现为一种规则的体系化建构，这恰恰是形式法治的基本条件之一。某种意义上讲，体育法制的理论与实践主要突出了体育立法，彰显了立法能动主义的色彩。理论研究过程中，针对体育改革带来的新事物、新问题，给出的主要建议就是立法，如体育产业立法、职业俱乐部立法、体育仲裁立法，等等。特别是体育法体系的构建和配套立法研究更是勾勒出了未来体育立法的图景。依照权威观点：中国体育法制实践是在 1979 年全国开始大规模立法

---

① 孙文恺：《当代中国"法治理论"三十年发展的省思》，《北方法学》2009 年第 1 期。
② 李阳生、张进生：《论依法治国向实质法治的转变》，《中南工业大学学报》（社会科学版）2001 年第 4 期。
③ 谢海定：《当代中国法治理论孕育生长的反思》，《法学研究》2000 年第 6 期。
④ 孙笑侠等：《转型期法治纵论》，《中国政法大学学报》2010 年第 2 期。

活动的大背景下加快发展起来的①。体育法制化的思想也是在改革开放以后逐渐明确的②。这一点与法治建设大背景的分析基本相吻合。在体育立法环节上，体现了如下几个特点：一是理性建构主义的特点，国家首先提出在 20 世纪末 21 世纪初建成体育法体系的目标，随后，有计划按步骤实施。如原国家体委于 1996 年 6 月编制并印发的《1996—2000 年体育立法规划》提出了几十项体育立法任务。二是行政立法主导的特点。这主要表现在众多的体育法规、规章出自国务院以及最高体育行政部门。在法律体系构建上，很多研究将缺乏高层次的体育立法作为一个问题提出来，应该是对此特点的一个回应。三是国家主义色彩。它的主要表现是，只有国家或者政府组织才能立法，只有这些组织制定的规范性文件才能纳入法律范畴。从组织结构角度看，体育改革产生的各单项体育协会作为一类社会组织，是未来体育管理的主体，它们的章程以及大量规范性文件同样起着重要作用。但是，这些具体规范并没有在体育法体系中占有一席之地。体育立法的实践结果是，初步构成了以《体育法》为核心、覆盖各个体育领域、位阶层次丰富的体育法规体系③。从数量上看，包括 1 件法律、7 件行政法规、37 件部门规章，78 件法规性文件和 100 多部地方性法规和地方人民政府规章④。这里有两点值得体味：一是在体育立法研究中，对于阶段划分没有大争议，具体到 1956—1966 年阶段的标题表述有一些分歧，鉴于这一时期出台的体育规范性文件较多，一种观点认为是稳定发展阶段⑤。另一种认为是缓慢发展阶段⑥。结合前文我国法治建设大背景，1956—1976 年的 20 年间，我国法治建设都处于一种停滞状态；还有研究认为，1956—1966 年，如果非要套用法治类型，只能算作

---

① 袁古洁：《我国体育法制建设发展的现状、问题与对策》，《体育科学》2009 年第 8 期。
② 傅砚农等：《中国体育思想史》，首都师范大学出版社 2008 年版，第 281 页。
③ 于善旭：《新中国 60 年：体育法治在探索中加快前行》，《天津体育学院学报》2009 年第 5 期。
④ 刘国忠、郭春玲：《我国体育法制建设的回顾与探讨》，《赤峰学院学报》（自然科学版）2010 年第 11 期。
⑤ 郭春玲、张彩红：《我国体育立法回顾与述评》，《西安体育学院学报》2008 年第 3 期。
⑥ 袁古洁：《我国体育法制建设发展的现状、问题与对策》，《体育科学》2009 年第 8 期。

"政策型"法治，是处在一种不稳定的法律实践状态①。因此，两者相较，后一种观点更符合历史实际，措辞也较为中肯（如使用"体育规范性文件"）。这个时期体育法制（政策法）之所以能够得到发展，与特殊时期体育能够振奋民族精神的特殊作用密切关联。二是在体育法体系构建过程中存在一种攀比现象，多少也能体会出形式法治的一些意味，即在一些研究中出现"体育领域高层次立法数量与同期某某领域相比少"的判断。不同领域立法有无可比性先不说，高层次立法多了就一定好吗？若真如此，为何还会出现"为什么有法律却没有秩序"的感叹？所以，从形式与实质角度看，更要关注法律内容②。

其次，强调依法治体，突出法治的工具性意义。1992 年，以足球项目改革为突破口，拉开了深化体育改革的序幕，足球职业化、体育产业化一时沸沸扬扬。而这个时段，正是计划经济向市场经济转化之际，市场经济在我国逐渐取得了合法性地位，"市场经济就是法治经济"的命题开始流行。在这些背景促使下，加强体育法制建设的呼声渐起。1995 年，《体育法》正式颁布实施，体育事业有法可依，依法治体的呼声达到高潮。2000 年前后，体育职业化开始暴露问题，"假球""黑哨""赌球"频繁出现，一时间加强体育法制建设的呼声再次响起。这一时期，由于法治理论的不成熟，我们对体育法制建设的理解以及重要性的认识不足，比如体育改革与发展曾经概括为"四化四转变"，后来发展到"五化五转变"，1996 年才定格为"六化六转变"，最后加上的第六化才是法制化。这时谈到的多是"以法治体"。按照国外学者的观点，其一，"以法而治"是形式法治的最初级形式③；其二，《体育法》颁布是体育界的一大幸事，倡导依法治体，很大程度上我们是根据形势需要，出于宣传目的的"造势"，其三，体育改革实践中出现了问题，曾经井然的体育秩序出现了混乱，这时想到了体育法制建设，总给人一种"被动"的感觉。总体上看，这个时期的体育法治还处在一种"自在"的状态，它的内涵并没有被真

---

① 武建敏、董佰壹：《法治类型研究》，人民出版社 2011 年版，第 175 页。
② 蒋立山：《为什么有法律却没有秩序》，《法学杂志》2005 年第 4 期。
③ ［美］布雷恩·Z. 塔玛纳哈：《论法治——历史、政治和理论》，李桂林译，武汉大学出版社 2010 年版，第 117 页。

正消化吸收。凡此种种表明，过去的体育法制建设将法律当作一种工具，具有一定的工具性价值倾向。在这一点上，还是来自国外学者的观点可能会给出一些提示：以法而治……中国法学家声称，这是中国政府所偏好的法治认识①。

再次，形式法治表现的是体育法制建设对管理秩序的追求，此秩序非"法治秩序"。这主要从《体育法》核心价值方面得到印证。我国《体育法》酝酿、起草于20世纪80年代，1995年正式颁布实施，在这个过程中，计划经济体制存在的时间占了相当比例，所谓计划经济，是政府为了一定的公共目的，在公有制基础上，用行政手段组织社会生产和分配的生产方式②。1992年确立市场经济体制，人们对此的认识与转变恐怕也不能一步到位。依照学者蔡定剑的界定，党的十一届三中全会以后属于中国法制发展的第二个阶段"指挥棒"时期。所谓"指挥棒"，是指政府仅把法律作为行政管理的工具。因此，现行《体育法》具有三大时代烙印——计划经济的烙印、未与国际接轨的烙印和法制建设起步阶段的烙印③。从法律价值角度审视，《体育法》主要体现的是秩序和管理，突出了"权力本位法"特征。相关研究通过对《体育法》的具体分析，同样得出了"秩序是现行《体育法》核心价值"的结论④。以此为基准，众多下位法必然会带上"管理"色彩。综合上述内容看出，以"秩序"作为《体育法》的核心价值是一定历史发展的必然。

最后，形式法治表现的是体育法制建设注重效率和形式上的平等。市场经济体制下的体育改革带来的是诸多全新变化，新的体育关系需要法律确认，法律上平等主体关系的设定利于体育市场主体主动性的激活。这方面主要体现在地方体育立法上，随着体育产业的勃兴，在国家政策

---

① [美] 布雷恩·Z. 塔玛纳哈：《论法治——历史、政治和理论》，李桂林译，武汉大学出版社2010年版，第117页。

② 池海平：《法治误区论》，希望出版社2004年版，第36页。

③ 童宪明：《我国〈体育法〉的时代烙印与修改完善》，《山东体育学院学报》2007年第6期。

④ 秦毅：《对〈中华人民共和国体育法〉核心价值评析》，《北京体育大学学报》2009年第12期。

积极鼓励下，各地反应快速，纷纷出台体育经营管理的法规、规章予以确认和规制。所以，体育法制建设作为一种制度保障或隐或现地提高了效率。但是，形式上的平等却暴露了一些问题。从《体育法》到地方性规章都有公民参与体育、享有公共体育服务等若干规定，但是，现实中却出现了城乡、区域、阶层以及各类群体之间的差异，农村公共体育服务、弱势群体参与体育问题成为焦点或热点。为什么研究农民工、残疾人等弱势群体的体育权利保护问题？就是因为体育权利存在着实质上的不平等。为此，如何对这种形式平等的缺陷从制度安排上予以弥补，以缩小实际的不平等是未来应该思考的问题。

统观之，过去的体育法制建设体现了以形式法治为主导的特征，产生原因以及由此带来的问题文中或多或少已有揭示。但是，形式法治的一些特征，比如形式法治要求法律具有明确性、统一性和普遍性，同时也是实质法治所必备的。

我国体育法律体系已经基本形成，却仍然存在着体系不配套，相关法律规定过于笼统，可操作性不强以及若干法律规定内容严重滞后等诸多问题，所以，未来体育法治建设依然需要形式法治。体育法治建设从形式法治向实质法治的超越，主要指的是从关注形式上的合理性、平等性向在此基础上关注实质上的合理性、平等性的转变，特别是价值理念上的一个质变。

（二）从形式法治向实质法治的超越

形式法治向实质法治的转化是一个动态的发展过程，何时出现以及进展怎样取决于诸多因素。实现体育强国目标的提出为体育法治建设品格的提升提供了难得的历史机遇。

体育强国是一个历史概念、包容性极强的综合性概念。它最早出现于我国的 20 世纪 80 年代。2008 年北京奥运会取得巨大成功，胡锦涛总书记在奥运会总结表彰会上的重要讲话赋予了它新的内涵。随即在 2009 年年初的全国体育局长会议上，刘鹏局长以此为题作了"以科学发展观为统领，努力推动我国由体育大国向体育强国迈进"的工作报告。对于总书记的这段讲话：我们要坚持以增强人民体质、提高全民族身体素质和生活质量为目标，高度重视并充分发挥体育在促进人的全面发展、促进经济社会发展中的重要作用,实现竞技体育和群众体育协调发展,进一步推动我国由体育大国向体育强国迈进①。诸多学者专家给予了解读与分析,都有相当道理。本书受此启发,认为可以从内外两个角度剖析这段话中体育强国的内涵,从内部角度看,体育能够增强人民体质,提升生活质量,这是体育的"本"与"源";从外部角度看,体育能够成为国民经济新的增长点,推动经济、社会发展。新时期的体育强国概念浓缩了当代中国社会发展思想的精华,是科学发展观在体育领域的写照,具体表现为:以人为本、和谐体育以及体育可持续发展。在这三个关键词的关系上可以形象地描述为"一体两翼",以人为本作为体育强国建设的"体"、是本质核心、终极目标,和谐体育以及体育可持续发展构成了"两翼",如果能够达到这两种状态,也就意味着"以人为本"的目标得到了落实。某种意义上讲,这三者你中有我、我中有你,共同构成了体育强国建设的"内核装置"。或者说,体育强国目标的价值理念主要靠这三者予以体现。

实现体育强国目标意味着国家体育事业重大战略的转变,它必然引起一系列连锁反应。从社会发展与法律关系角度分析,诸多学者给予了解答,有研究认为:"某种社会变化与某种法律制度的变化是相互关联的,其中之一发生变化,也就可以合理地预料另一方也会发生变化。"然而"究竟是社会变化促成了法律变化,还是法律变化导致社会变化"?最后的结论是:"这二者是相互影响的,但是社会的变化对法律制度的影响要大些。"② 另外,相关研究还包括弗里德曼将社会变迁与法制变迁之间的关系分为四种基本类型的探讨,其中第一种类型是:起源于法律系统的外部环境的社会变迁影响到法律系统,并且与此相应的法制变迁仅仅限于法律系统的内部③。这种类型与上述情况较为贴近,强调了社会发展对法律变化的决定作用。其他三种类型或隐或现讨论的是法律具有相对独立性以及对社会发展的能动作用。实质上,上述观点远不如马克思主

---

① 姚颂平:《激发教育活力建设体育强国》,《光明日报》2009年7月22日第1版。
② 姚建宗:《法律与发展研究导论》,吉林大学出版社1998年版,第7页。
③ 王人博、程燎原:《法治论》,山东人民出版社1999年版,第103页。

义法学揭示得简明与全面：一方面，法律必须以社会为基础；另一方面，法律对社会发展又具有强大的反作用[①]。

"以人为本"是一个普适性的命题。"以人为本"中的"人"包括两层含义，一是指社会全体成员，二是指人民[②]。"本"应该从价值论上理解，说明什么是一个国家最"根本"、最宝贵的问题。由此导出"以人为本"中的"人"最重要。体育强国建设缘何突出"以人为本"，胡锦涛总书记的讲话已经给出了答案：通过高度重视并充分发挥体育在促进人的全面发展中的作用，以达至增强人民体质、提高全民族身体素质和生活质量的目的。如果进一步引申的话，还可以从多维视角进行阐述。从体育本质视角分析，体育的本质是增强人类的体质，包括生理、心理和社会适应等各方面，包括能够强身、游戏、娱乐身心的运动项目，有利于传承的体育精神和体育文化，有助于提高体育水平的制度及设施，以及推动人们通过体育运动增强体质和提高社会文明程度的价值观念等[③]。从价值角度分析，体育强国之路实际上就是通过作为价值客体的人的生动实践，对作为价值主体的社会、群体、他人和自我需要的一种满足过程，其核心旨趣在于尊重人的价值[④]。凡此种种，诸多解释的落脚点是人的体育权利或人权的维护与保障。人权的内容包括自然权利和社会权利两部分[⑤]。体育权利则内涵于这两部分之中。依照马斯洛提出的五层次需要论，依次包括生理需要、安全需要、社会需要、尊重需要以及自我实现需要，分别有生存权、发展权、文化权、平等权、社会保障权等给予了对应。具体而言，体育权利与生存权中的健康权，发展权中的工作权、文化权、平等权等紧密相连。这其中健康权、个人发展权属于积极人权，需要国家采取积极的作为方式、创造条件，并为这些权利的实现负有责

[①] 郭榛树：《科学发展观的法学解读》，《河北法学》2006年第1期。

[②] 陈志尚：《准确把握以人为本的科学内涵》，《北京大学学报》（哲学社会科学版）2005年第2期。

[③] 卢峰：《体育的本质及社会性表征》，《成都体育学院学报》2001年第6期。

[④] 陈立国、富学新：《尊重人的价值是体育强国之路的永恒选择》，《体育学刊》2010年第6期。

[⑤] 林发新：《人权法论》，厦门大学出版社2011年版，第5页。

任。尤其值得重视的是，体育权利还可能是一种集体人权，即特殊群体人权，如少数民族、弱势群体、妇女、儿童等群体的体育权利。由此看出，体育权利内涵异常丰富，是一种复合型权利，这其中属于积极人权内容的比例又占了相当部分，重要性可见一斑。"以人为本"是体育强国建设的核心，突出了体育权利的维护与保障，但是，理论上讲，人权主要是一种应然的权利。要使人权所体现的理想追求在现实生活中被人们实际享有，还必须实现其从应有权利向实有权利的转化，即通过具体的制度设计使之具有可操作性[1]。联想到前文提出的体育发展过程出现的城乡、区域、阶层与群体差异问题，唯有进行"以人为本"的体育法律制度变革，才可能实现体育权利的"权利贫困"的脱贫，因为"权利贫困"的本质属性是制度不完善[2]。有数据显示，到2004年我国经常参加体育锻炼的人数达到了发展中国家靠前的水平，然而体育法缺乏可操作性、《全民健身计划纲要》实施不力、缺乏配套法规等现状制约了我国普通公民参加体育锻炼[3]。

和谐体育是保证体育强国建设中"以人为本"目标实现的一种状态。和谐体育最早源于欧洲学校体育领域，后来内涵不断丰富。适逢我国进行和谐社会建设，和谐体育与此有了关联，成为和谐社会的下位概念。和谐体育是指体育系统内部各组成部分、各要素之间，以及体育系统与其他社会子系统之间协调发展的一种理想状态，是和谐社会建设中体育存在的应然形式[4]。随着时代发展，体育的内涵越来越丰富，过去有体育划分的三分说（学校体育、竞技体育、社会体育），现在变成了四分说（学校体育、竞技体育、社会体育以及体育产业）；同时与社会、经济、文化联系也越发紧密。前面列举的种种问题同样表明，无论从内外哪个角度看，体育领域还存在着诸多失衡现象，距离和谐体育还有一定差距。

---

[1] 冯玉军、季长龙：《论体育权利保护与中国体育法的完善》，《西北师大学报》（社会科学版）2005年第3期。

[2] 文建龙：《权利贫困论》，安徽人民出版社2010年版，第60页。

[3] 李俊明、常乃军：《我国公民体育权利法规建设研究》，《体育文化导刊》2010年第1期。

[4] 邹秀春：《和谐体育的理论探析》，《北京体育大学学报》2010年第10期。

从字面上看，和谐具有和睦、无冲突之意，隐含着一种良好秩序的建构，即和谐体育是一种有序、健康的发展，这种有序发展远非前面谈到的简单的管理秩序，而是体现体育行业自律，体育自发秩序与法治秩序的有机统一。这是一种实质意义上的"法律秩序"，主要指一种安宁、和平、有序的社会合法状态①。另外，和谐体育还包含对正义制度的追求。这主要得益于罗尔斯对正义论的研究，他认为，正义是社会和谐的首要前提。在正义社会里，人们公认的正义观确立了一种共识，从这个共识出发，就能判定公民对社会的要求是否正当②。一般来说，平等、公正与正义具有基本相同的内涵，人们对于正义的研究主要是围绕着一个问题展开的：给每个人所应得的。某种意义上讲，平等是正义的内在要求，和谐体育追求正义，也就是在追求平等、公平。这是一种基于机会均等的公平，鉴于体育发展过程中存在着群众体育与竞技体育发展失衡，城乡、区域、阶层存在差异，有研究提出了非均衡发展观，就是说，承认非平衡，利用非平衡发展规律来求得较快的发展，逐渐达到相对的平衡，逐步实现协调发展③。实践中，体育行政管理部门开展了"送体育下乡"活动，"雪碳工程"以及西部扶贫等活动；另外，在体育发展过程中还让发达省份与落后地区结对子，这种"劫富济贫"的做法从深层次上看是在谋求机会的平等，体现的是实质正义。人们对和谐社会的研究观点林立，秩序、安定是和谐社会不可缺少的基本要素，但是，它们并不完全是"和谐"的根本所在，和谐的本质应该体现在"公平与效率的有机统一"中。④ 所以，这也是和谐体育的价值追求。

体育可持续发展是实现"以人为本"目标的又一种状态，它源于可持续发展理论，可持续发展的经典定义是"既满足当代人的需要又不危及后代人满足其需求的发展"⑤。只不过体育领域借用该理论经过了一定改造，主要是通过社会属性的角度进行探讨。如体育的可持续发展不直

---

① 李龙：《良法论》，武汉大学出版社2001年版，第95页。
② [美]约翰·罗尔斯：《政治自由主义》，万俊人译，译林出版社2000年版，第36页。
③ 苗治文等：《当代中国体育的科学发展观》，《体育文化导刊》2006年第9期。
④ 韦广雄：《制度话语下的和谐社会构建》，社会科学文献出版社2008年版，第6页。
⑤ 潘玉君等：《可持续发展原理》，中国社会科学出版社2005年版，第47页。

接与自然资源、环境和生态保护发生联系，它的"环境"制约条件不是"自然资源的存量"，而是"一定社会时期的政治、经济、文化和教育等的发展水平和状况"①。然而，随着时间推移，单纯从社会属性视角讨论体育可持续发展问题已经难以覆盖其全部内容，如为了举办大型赛事毁坏自然资源、一个时期以来我国高尔夫球场盲目扩张、热建问题，等等。所以，从理论本原意义上探讨体育可持续发展更符合当前实际情况。代内公平和代际公平是可持续发展的关键词，从价值层面看，是体育系统内部或者体育与其他系统，突出了"公平与效率"的矛盾，以代内公平为例，为了追求高效率，有高科技导致的技术异化严重影响了竞技体育的发展。体育若要可持续发展，就要坚持"公平与效率的有机统一"。考虑到自然环境因素，生存权问题也摆在了我们面前。

综上，无论是"以人为本"，还是和谐体育与体育可持续发展，它们所内涵的价值判断既有侧重，又有相通内容，但是，都具有重大的法律意义，与实质法治理念有着高度的契合，这其中突出了体育权利与公平、公正、效率以及法治秩序。甚至可以说，一些实质法治理念内含于其中，加强体育法治建设就是体育强国建设的题中应有之义。所以，体育强国建设目标的实现需要当前的体育法治建设给予有力的回应。反过来，法律若要发挥能动作用，必须以体育强国建设目标为指导，与时俱进，将实质法治理念贯彻到体育法治建设当中，不断进行法律制度变革与创新，这样，才能保障体育强国目标的实现。

当然，也许仅有体育强国建设目标这一主观需要是不充分的，从形式法治向实质法治的超越还有其现实的客观必然性：即体育改革不断深化的必然。长期以来，形式法治由于其形式合理，形式公平与平等，强调有法可依，维持着体育事业发展的秩序。体育改革的目的是让体育事业健康发展，但是，体育改革是一个剧烈变动的过程，充满着利益的博弈、各种矛盾的纠结、人们权利意识的觉醒等，当实质不正义积累到一定程度时，形式法治就难以有效应对激烈的矛盾冲突，这时就会转而求

---

① 潘迎旭、钟秉枢：《我国体育可持续发展的理论探索》，《体育文化导刊》2004年第5期。

助以实质正义、合理性为价值取向的实质法治。所以，从形式法治向实质法治的超越在所难免，更是一种客观必然。

（三）体育法治品格的提升进路

1. 法律价值视角

（1）重构体育法治之法的价值序列

法律价值是法律基于其自身的规定性满足主体需要的属性[1]。以形式法治为主导的体育法治建设体现的法律价值是：重视国家价值、秩序价值和效率价值，轻视权利价值、自由价值和公平价值，由此导致体育法律价值出现失衡问题。为了实现体育强国建设的目标，我们首先应该转变观念，重构体育法治之法的价值序列位置：确立正义作为最高价值理念的地位，建立以"正义"为核心的价值序列（当然，这也是相对的，实质上不存在一个固定不变的法律价值位阶体系，每个价值都重要，因时因地而异）。尽管博登海默说：正义有着一张普洛透斯似的脸，变幻无常、随时可呈不同形状并具有极不相同的面貌[2]。但是，它总与公平、公正、自由密切关联。即使在实质法治下，也存在法律价值冲突问题。明确了核心价值，可以在此前提下采取"价值主体认同或者外部统一"方式解决[3]。比如少数服从多数就是外部统一解决方式中比较民主的一种。

（2）修改体育法——从立法宗旨谈起

截至目前，体育领域只有一部法律——《体育法》。2005年前后，学界掀起了修改《体育法》研究的热潮，纷纷呼吁尽快修改《体育法》，对《体育法》存在的诸多问题进行了解构，从立法宗旨到内容要求再到体例安排不一而足。2008年，随着"包裹立法"进行了一次修改，变动甚小。时至今日，又进行了一次小的修改，删去了《体育法》第三十二条，国家以后不再对记录进行确认。修改《体育法》已经悄然而行，之所以未像刑法那样频频大修大改，大概与体育领域的"唯一"一部法律有关，因为它的修改直接关乎着体育改革的走向。

---

[1] 邹秀春：《和谐体育的理论探析》，《北京体育大学学报》2010年第10期。

[2] ［美］E. 博登海默：《法理学——法律哲学与法律方法》，邓正来译，中国政法大学出版社2004年版，第252页。

[3] 卓泽渊：《法的价值论》，法律出版社2006年版，第614页。

讨论《体育法》修改首先应该从立法宗旨谈起，看过《体育法》核心价值研究、保障公民体育权利的实现研究等文章，对他们提出的观点深以为然。不过，总感觉"《体育法》的核心价值是公平"的韵味不足，是否稍稍做一些修正，改为"公正"？公正往往看作公平的同义语，但是，它还可以看作公平正义的统称，与正义密切关联；而公平与正义则有着较大差别。公平作为《体育法》核心价值之所以韵味不足主要在于它的覆盖面不全，稍显单薄，公平是体育的最基本原则，不一定能推演到《体育法》上面，作为体育领域的"基本法"，它关乎着体育的方方面面，在一些领域并非完全体现"公平"价值。公正的价值观则基本克服了这一障碍。罗尔斯认为：正义是社会制度的首要价值，正像真理是思想体系的首要价值一样[①]。正义的实质内涵是：使每个人获得其应得的东西。某种意义上，公正也就被赋予了这层含义。特别在 2004 年人权入宪的大背景下，对呼声日益高涨的、越发占据重要地位的体育权利或人权的"民生问题"非常适合，一般我们认可"权利正义"而非"权利公平"。

2. 进一步完善体育法律体系

形式法治要求法律具有明确性、统一性和普遍性，这一点当然为实质法治所接受。任何内容都必须借助一定形式表现出来，恰当的形式有利于内容的反映和价值的充分体现[②]。其中，法律体系的建构和形成就是法律形式的具体表现之一。我国体育法律体系已经初步形成，但是，按照法律体系完整性要求，包括法律体系的统一性、发展性、完备性和内在协调性[③]，还存在着诸多问题；更不用说按照法的内在形式的合理性进行衡量了。以发展性为例，它要求体育法律体系应该是一个动态的、具有可持续发展能力的"有机体"，一劳永逸、固定不变的法律只能变成体育现实生活中的"废法"，其恶果还可能导致"恶法"的出现以及人们对法律信仰的动摇。比如当前我国体育法律体系中的一些部门规章已经变

---

① ［美］约翰·罗尔斯：《正义论》，何怀宏等译，中国社会科学出版社 1988 年版，第 1 页。
② 李龙：《良法论》，武汉大学出版社 2001 年版，第 201 页。
③ 李龙：《良法论》，武汉大学出版社 2001 年版，第 267 页。

成了"老爷法",其内容指对的还是计划经济时代。在当前具有中国特色社会主义法律体系已经形成、行将进入修法时代的大背景下,我们应该与时俱进,加紧体育法律的清理与修订。再以内在协调性为例,它要求法律体系内部的规范之间没有冲突的现象。我国的体育立法以行政立法为主,出于部门利益考虑,行政法规和部门规章的一些规定难免与法律规范冲突;20世纪90年代以来,我国地方体育立法发展迅速,地方体育法规、规章已经成为体育法律体系的一个重要组成部分,同样,从地方利益或地方保护主义出发,地方体育法规、规章与法律、行政法规和部门规章的冲突时有发生,而这已经成为体育法律体系内部规范间冲突的主要来源。鉴于此,完善体育法律体系是未来一个时期的重要工作之一。

3. 重新配置、合理发挥政府权力

我国发展体育事业主要依靠政府,"举国体制"是体育事业取得巨大成就的重要保障。这一具有浓厚行政管理色彩的模式应该在实现体育强国目标的召唤下有所创新,实现政府管理价值取向的转向:向着公共性和服务性合理分配权力。客观地讲,这方面的权力行使比较弱化:长期以来,我国的体育管理体制没有理顺,各级体育行政部门几乎把全部的精力、财力、人才都放在了容易出政绩的竞技体育领域,对整个社会难以有效行使体育行政的公权力,以至于人们觉得体育就只有竞技体育。所谓公共性价值要求政府的权力行使要以公共体育利益为依据,保证人们体育权利的实现并获得相应的体育利益;服务性价值要求政府对体育公共服务负有责任与义务,要不断提高服务质量与水平。这是发挥政府权力关于体育公共服务的保障职能,实现政府权力的"有所为"。

权力和权利是一对矛盾范畴。关于体育权利的研究认为:《体育法》修改的核心是保障公民体育权利的实现[1]。实质上,体育权利或人权的本质是以个人权利对抗公共权力,或者说以人权为尺度,对政府公共权力加以限定[2]。一般而言,权利越少,权力越大。从这个角度我们更容易理

---

[1] 田思源:《〈体育法〉修改的核心是保障公民体育权利的实现》,《天津体育学院学报》2011年第2期。

[2] 林发新:《人权法论》,厦门大学出版社2011年版,第5页。

解《体育法》是一部"管理法"或者"权力法"的含义。一个时期以来，还是由于体育管理体制没有理顺，体育行政管理部门在实践中四处出击，扮演着多重角色：管理者、经营者、裁判者不一而足，权力使用难免与各种权利发生对接与冲撞，结果往往是私权利受损。合理规范政府权力，使权力只能在授权的范围内行使，避免权力使用的错位、越位现象。为此，真正落实体育权利，应该使政府权力"有所不为"。

4. 加强体育行业自治建设

"自治"一词源自希腊语，它包括两层含义：一是独立自主，人民自己管理自己的事务；二是国家的某部分独立自主地进行管理①。从逻辑学看来，自治的本质内涵是由"自由"来定义的。意味着"知、行、意"的高度统一②。从国家、社会、组织角度来看，自治是一种形态或形式，是作为一种理念、制度、模式和方法而出现和存在的。其中理念包括自由、民主、权利和统治等内容③。自治有多种类型，行业协会自治是其中之一，体育自治即属于此类。我国《体育法》第二十九条规定：全国性的单项体育协会对本项目的运动员实行注册管理。第三十一条第二款规定：全国单项体育竞赛由该项运动的全国性协会负责管理。由此表明：协会成员或会员主体可以依法对自己的内部体育事务进行自我管理，其中的自治权是《体育法》予以确认的，所以，这种自治应该是法治下的自治。两者的关系可以表述为：自治是法治的基础；法治是自治的保障。在体育自治过程中，会员主体具有履行权利和义务的灵活性，可以享受或者放弃权利或义务。加强体育行业自治建设，一方面能使人们更加近距离地感知、体验权利、平等、自由与民主；另一方面，有利于培养哈耶克所倡导的"自发秩序"，它的形成"乃是它的要素在应对其即时性环境的过程中遵循某些规则所产生的结果"④，特别是从体育自身看，它与规则有着天然的契合，这是一种真正的秩序，与实质法治理念更为相近。

---

① 何泽中：《当代中国村民自治》，湖南大学出版社2002年版，第1页。
② 田芳：《地方自治法律制度研究》，法律出版社2008年版，第15页。
③ 何泽中：《当代中国村民自治》，湖南大学出版社2002年版，第3页。
④ ［英］哈耶克：《法律、立法与自由》（第一卷），中国大百科全书出版社2000年版，第63页。

二 关于积极法治和消极法治

关于积极法治和消极法治的研究即使在法学界也较为少见,一些研究如《论积极法治和消极法治》①缺乏历史性论述,想当然地将消极法治当成"不好"的东西,一味描写积极法治,实际上二者无论是单论还是二者关系并不像人们的简单设想那样。有研究认为,所谓积极法治,是指积极发挥国家权力的主动作用和功能,在严格规范国家权力运作的基础上,保证国家机关充分运用法律加强对社会事务的管理和积极干预②。积极法治是一种"国家推进式"的法治发展模式,主要依靠政府或者其他具有公权力的机关发挥在法治建设中的作用。而消极法治则不然,所谓消极法治,是指发挥法治对国家权力的控制和监督等事务的调整作用,使国家处于消极被动的状态,不能或很少发挥其干预社会和国家事务的作用③。可以理解为,走的是"自然演进"的法治发展模式。主张法治的发展是一个历史渐进的过程,多种主体或者多方力量参与其中,而作为公权力的政府或者机关只是以消极的方式出场。也就是说,政府或者行政机关只是作为法治发展动力源的一个组成部分,政府的主要作用就是为其他力量的参与营造一个公平舒适的外部环境。对于积极法治的特点,有研究进行了列举式总结:(1)政府的启动性和推动性;(2)法治目标具有明确性;(3)过程具有预设性;(4)时间上具有急促性;(5)方法使用上具有强制性④。

通过法治发展的历史过程看出,"积极法治"和"消极法治"两种法治形态各有优点和缺点,谁为主导的呼声在不同时期互为变换,这从对西方国家"夜警""掌舵""划桨"的论述中可以发现端倪。对于我国而言,从新中国成立伊始,我们就一直实行政府干预一切的做法,也就是说,我国法治模式实行的是"积极法治",甚至过分注重"积极法治"模

---

① 王珉:《论积极法治和消极法治》,《观察与思考》2000年第4期。
② 魏治勋:《"消极法治"的理念与实践路径》,《东方法学》2014年第4期。
③ 殷啸虎:《消极法治和积极法治的互动与平衡》,《上海市社会主义学院学报》2003年第4期。
④ 郭学德:《"推进型"法治道路及其实践中存在的问题》,《学习论坛》2000年第8期。

式,这种模式为我国社会发展做出了巨大贡献,当然这其中也包括体育法治模式,时至今日,"积极法治"做出巨大贡献的同时,也不可避免地产生了很多弊端,阻碍了法治建设的深入发展,因为这种积极法治内含着一种悖论:政府是法治进步的推动力量,也是法治发展的阻碍力量,甚至是破坏力量[1]。当前,应该引入"消极法治"理念,改变以往较为单一的、政府公权力为中心的法治发展模式,动员更多的力量参与,多一些社会和行业自治,拓宽我国法治建设的路径。实际上,很多西方发达国家走过的是一条从消极法治到积极法治之路,我国正相反,走的是从积极法治到消极法治之路,目前正在进行积极法治建设。

(一) 我国体育法治演进——积极法治居主导作用的具体表现

前文所述,作者研究过体育法治的两种形态,一是形式法治;二是实质法治。我国走过的是一条从形式法治到实质法治迈进之路,也就是说,过去我们一直走的是形式法治主导之路,实际上,形式法治与积极法治在很多方面暗合,形式法治的很多做法体现了积极法治的特点。比如行政立法主导特点。这主要表现为众多的体育法规、规章出自国务院以及最高体育行政部门。在已有的体育法律体系中,立法层级较高的是最高行政部门——国务院颁布的各种条例,比如《全民健身条例》和《反兴奋剂条例》等。同样,地方体育立法中也表现为相当多的地方政府立法,出现的主要原因是:体育在近些年发展较快,特别是体育产业的勃兴导致很多地方出现了体育产业立法。政府立法相较地方人大立法较为快捷、便当,毕竟人大会议会有一定的时间间隔。具体如《北京市体育竞赛管理办法》《石家庄市体育经营活动管理办法》,等等。另外,作者还探讨了体育普法问题,同样这也是政府积极法治的一个重要表现。我国开展体育普法一开始出现在竞技体育界,基本目的是让运动员对一些体育法规有所了解,遵守基本的法律法规。时至今日,体育领域出现了很多问题:体育腐败、假球、兴奋剂和黑哨问题,等等,如果说,一开始的体育普法是为了配合全国的普法,那么,出现诸多问题后,体育

---

[1] 上官酒瑞、张弈天:《推进型法治模式下的"关键少数"与全面依法治国》,《天津行政学院学报》2015年第4期。

普法就具有了更深层次的意义，特别是各地方积极配合，制订了地方的体育普法计划，比如江西省体育局 2016 年体育普法工作要点。该工作计划开宗明义：2016 年是"七五"普法的开局之年，省体育局普法宣传教育工作的总体要求是：全面贯彻党的十八大和十八届历次全会精神，深入学习贯彻习近平总书记系列重要讲话精神，认真贯彻落实省委十三届十次、十一次、十二次全会精神，以全面依法治国为指引，紧紧围绕法治江西建设"保障社会公正、促进社会诚信、维护社会秩序"三大重点任务。另外，关于体育执法的研究通过实地调查，对体育领域执法问题进行了具体探讨，尤其在竞技体育领域通过问卷调查发现，84% 的被调查者认为执法情况良好①。从一个侧面反映出我国长期以来对竞技体育的重视。总而言之，积极法治解决了体育领域内法治建设动力不足的问题，另外，通过体育法治建设的赶超发展，节省了时间，利于在较短时间内完成体育法治建设。

当然，对于其中出现的问题我们也应该警示：首先是体育立法过程过快，虽然我们已经初步形成了体育法律体系（这是 20 世纪末 21 世纪初的任务），但是，尽管如此，我们却存在着所立体育法律粗糙、法律体系内部不够和谐、缺乏一定的可操作性等问题。甚至出现了只管立法不管修改的局面，《体育法》颁布至今未得到合理修改就是一个明证。其次，对于体育执法而言，除了竞技体育领域，其他领域如学校体育领域和社会体育领域的执法明显存在差异。从深层次讲，一方面，积极法治提高了体育法律的地位；另一方面，积极法治作为体育社会管理的主要手段，由于急功近利，难免会暴露出将体育法律当作工具的问题，即突出了工具性价值。具体如在某体育法律的建成，体育法律体系的建设方面，体育法律体系构成的指标方面等。从而丧失其目的性价值，导致体育法治建设出现问题。另外，体育普法应该是一种全国性、主要涉及运动员的运动，由于政府的主动推动，一段时间以内，政府可能会成为体育法治化的主体，运动员则成为被法治化的对象，导致权力和权利结构的错位。再者，体育法治化还可能会因为政府的不良偏好偏离正确的

---

① 华洪兴：《体育执法中的问题及其对策》，《体育与科学》2000 年第 2 期。

方向。

(二) 自生自发秩序和体育消极法治

1. 哈耶克的基本理论之一——自生自发秩序

哈耶克是 20 世纪最伟大的思想家、经济学家和法理学家,他一生著述颇丰,但是,自生自发秩序是他诸多理论中最为重要的一个概念。自生自发秩序又叫内部秩序,它以无知论和有限理性为基础展开,即便如此,哈耶克对这个概念并没有给出一个明确的界定,倒是一些研究者给出了大致含义,比如有研究者认为,自生自发秩序就是在一个完美的自发秩序中每个元素所占的地位并非由一个外在或内在的力量的安排所造成的结果,而是由各个元素本身的行动所产生的①。当然,有的研究总结了这个定义包含的四个含义乃至六个含义②;甚至还有研究总结了具有更多个含义的自生自发秩序。至于自生自发秩序起源,有研究认为某一规则最早由某一小群体的偶然因素而选择,经过生活实践证实了它的效能,进而得以保持下来,这种秩序所带来的繁荣和强大,要么赢得其他的群体,要么其他群体自愿地效仿、遵循这样的行为③。当然,还有研究总结了自生自发秩序的特点,包括至高无上的个人地位、秩序性和自我调节性等④。哈耶克推崇最好的社会秩序是自发的,也就是自生自发秩序,并不是人为的、设计好的法律。目前我国的体育法治建设不同于西方发达国家,比如英美国家。一般认为,英美国家的秩序属于自生自发秩序,也就是演进主义模式。我国体育法治建设走的是建构模式,这是两种模式,如果我们向国外学习,单纯地走演进模式,时间不允许。现在走建构模式,利于体育法治建设的顺利完成。本书曾经强调,应该适时地加

---

① 王保民:《哈耶克的二元法律观及其对我国法治建设的意义》,《陕西省经济管理干部学院学报》2004 年第 1 期。

② 王昌敏、朱彤彤:《论自生自发秩序与我国法治建设》,《法制与社会》2008 年第 8 期;宫敬才:《哈耶克的"自生自发秩序"概念》,《河北大学学报》(哲学社会科学版) 1999 年第 2 期。

③ 钱继磊、赵晔:《"自生自发秩序"的陷阱》,《济南大学学报》(社会科学版) 2012 年第 4 期。

④ 宫敬才:《哈耶克的"自生自发秩序"概念》,《河北大学学报》(哲学社会科学版) 1999 年第 2 期。

入演进模式，消极法治正好顺应这一模式，其中消极法治特别强调对公权力的限制，一个时期以来，以足球协会为例，错位、越位和缺位的事情时有发生，曾经有一个时间段，俱乐部和球员状告足协的案件不断，主要原因在于对足球协会权力缺乏必要的控制。另外，体育法治是一个自生自发的过程，诸如足球文化等、体育各方面习性是经过长时间历经数代人实践不断挑选传承下来的，并非立法者理性构想制定出来的"立法"所能做到的。目前，体育法治建设存在的问题主要是两个方面：一方面，是没有按照市场经济规律自然演进；另一方面，还是以足球为例，没有按照足球自身的演进规律发展。在足球领域尤以后者为甚。具体而言，我国历来有制定足球发展十年规划的习惯，但是，往往表面富丽堂皇，实际上规划落空，尤其是成年国家队，关键是这并非"由各个元素本身的行动所产生的"。

2. 哈耶克的基本理论之二——内部规则和外部规则

哈耶克将秩序分为内部秩序和外部秩序的同时，也将规则分为内部规则和外部规则。哈耶克认为，内部规则是社会在长期的文化进化过程中自发形成的规则，即哈耶克所谓严格意义上的"法律"。外部规则是指适用于特定之人或服务于统治者目的的规则（立法的法律）。相应地，哈耶克极为看重内部规则。甚至哈耶克将内部规则看作一种道德规则，那么由此所产生的异议就会少得多[①]。体育领域很多道德规则：如勇敢顽强、团结协作，特别是美国 NBA 还有专门的道德条款，这些都是人们不断试错、不断积累的结果，应验了哈耶克的"文化进化论"。我们在赞叹西方发达国家体育制度完备的同时应该看到，外部规则固然起了很大作用，但是，更为关键的是这些内部规则起到了根本的作用，正是它们维持了体育的产生与发展。再以北欧国家为例，它们曾经是冰雪运动的早期统治者，冰雪规则作为一种内部规则，这种曾经口传的规则和习惯，帮助他们维系了滑雪运动的统治地位。"一个成功的自由社会，在很大程度上将永远是一个与传统紧密相连并受传统制约的社会"，这是因为传统这种"历经数代人的实践和尝试而达致的成就，包

---

① 黄金荣：《对哈耶克法律理论的几点质疑》，《法商研究》2003 年第 3 期。

含着超过了任何个人所能拥有的丰富经验"①。

(三) 关于体育领域的消极法治

从自生自发秩序视角切入消极法治自有其合理性。体育秩序具备自生自发秩序的基本特点,介于"人为"和"自然"之间。实际上自生自发秩序关注的是行动和秩序性规则,哈耶克认为,自生自发秩序的形成乃是它们的要素在应对其即时性环境中遵循某些规则所产生的结果②。具体而言,消极法治理念排斥国家权力的过度干预有其更深层次的原因:首先,体育领域活动的开展以及体育法治实际上是一个自生自发的过程,具体表现为诸多体育规则的形成并非理性设计的产物,如前文提到的冰雪规则,再比如最早的足球规则,只有几个条款,发展成今天长篇累牍的版本,确是在足球发展过程中历经几代人不断筛选后固定下来的,不是立法者理性构思的"立法"所能做到的。其次,消极法治强调对体育领域国家权力的防范态度,实际上想突出确保法治之下的体育自由和权利,即保证体育权利和自由对国家权力的优先性和独立性——体育立法权没有被赋予高不可攀、不受约束的地位。最后,体育法治的发展是一个漫长的过程,应该是体育行业或者体育社会而非政府的力量发挥主要作用,市场经济下体育法治和体育产业的发展密不可分,之所以体育法治建设出现问题,与我国市场经济乃至体育产业发展的不成熟相关。一直以来,一系列民主政治实践同样在体育领域将无所顾忌的权力逐渐关进了制度的藩篱;同时,以保障体育权利和自由、限制国家权力的体育法治又为市场经济条件下体育产业的发展保驾护航。

与国外不同,我国目前走的是积极法治的道路,毫无疑问,这种模式如前文所述确实收到了较好效果,实际上这种模式体现得是理性—建构主义思潮。惯性使然,将来如果继续该思潮的泛滥,国家权力则难以控制,自生自发秩序不能有很好的生存发展空间,具体来说,一些体育项目(如足球)若不能发现自身的发展规律,那么,体育秩序不会健康

---

① [英]弗里德里希·冯·哈耶克:《自由秩序原理》(上),邓正来译,上海三联书店1998年版,第71页。

② 魏治勋:《"消极法治"的理念与实践路径》,《东方法学》2014年第4期。

生长出来。所以，现在引入消极法治概念对于我国体育领域的进一步发展具有非常重要的意义。

具体而言，体育消极法治的基本内核包括如下几个方面：首先是规则层面上，体育法治应该吸收消极法治，凸显了法治发展的长期性和实践演进性，重视那些在体育行业里孕育出的秩序性规则在体育交往和体育社会当中整合的作用，重视体育法律体系的开放性和多元性，特别是那些事关体育项目自身发展的规则。积极法治理念则强调法律的强制力，评判法律的优劣并不是看体育法律与那些自生自发规则保持一致，而是看法律能否有效调整，试图改变甚至取代体育规则将整个体育领域纳入体育实在法范畴之内，体育法治发展进程是理性可控的并通过计划、设计逐步建立和完善起来，在这个过程中势必要发挥政府权力的能动作用。其次，在价值层面上，体育领域的消极法治坚持体育权利和个人自由的至高无上，警惕政府权力，所以，相应的体育法治建设应该围绕保护体育权利和个人自由去进行制度设计。一个时期以来，体育法修改应该突出体育权利这一做法是消极法治的一个反映。积极法治主张平衡权力与权利，禁止权力过度扩张，也要防范权利的肆意泛滥，所以，积极法治应该在集体利益和个人目标之间搭建桥梁，制度设计在彰显个人目标的同时更要关注集体利益，这应该是体育的一个特殊性。最后，在体育法治建设主体的构成上，消极法治主张个人和社会对体育的参与，而积极法治则突出国家或者政府的力量。通过三个方面的对比研究，可以进一步加深对消极法治的认识和理解，《体育法》主导、体育权利至上以及多元共建是体育领域消极法治的三个基本内核。

第一，《体育法》主导。1995 年，《体育法》颁布，但是，颁布至今，《体育法》并未发挥出应有的作用或者影响。我国已初步建成体育法律体系，《体育法》在其中处于主导地位，实际上人们对《体育法》并不十分了解，一些人做过调查，比如在大学生群体中很多人并不知道《体育法》的存在。而且，真正受《体育法》影响的案件较少，有研究认为，在我国司法实践中，《体育法》的适用存在案例较少、适用条款相对集中等问题①。从理论上说,《体育法》源于计划经济时代,受到了理性建构的影响。修改《体育法》要求法律确认体育权利,彰显《体育法》作为一种社会法的优越性。

第二,体育权利至上。确立体育法的主导性,彰显其作为一种社会法的优越性,其实质不仅在于强调体育权利和个人自由的崇高性,同时还要求公民体育权利的积极行使。有研究甚至认为,消极法治实现了消极自由和积极自由的统一,这种效果是仅靠国家单一力量推动法治建设的"积极法治"所难以企及的②。

第三,多元共建。体育法主导以及体育权利至上决定了体育领域中的消极法治的动力机制必定是多元而不是一元的。以往实行积极法治,导致以国家或政府为主导的体育法治建设只是一味强调公权力发挥作用,这就使得公权力发挥作用的领域过于宽泛,该管、不该管的一起管,使得权力自身的合法性难以得到保障。这种情况下体育法律往往沦为国家进行体育治理的工具。消极法治改变了这种动力机制来源单一的弊病,允许个人或者社会参与进来,既限制了公权力的极度膨胀,又发挥了各种体育权利主体参与的积极性。

(四)体育领域中消极法治的实践之维

1. 进一步深化体育改革

进一步深化体育改革,我国已经过了"摸着石头过河"的初级改革阶段,消极法治要求国家或者政府一定要尊重体育自身发展规律,不要过度干预体育的正常运行,遏制权力寻租,维护公平的竞争环境。市场经济条件下的体育改革必然要遵循法治的一系列要求,正如有学者指出的那样:"先有市场经济的结构性转变,实际上是中国实现法治的一条正确路径。中国法治的提出是由于市场经济,如果没有市场经济的先行,中国是不会提出法治的。一切对法治过激要求行为和无视民主生长的健康过程都会对中国法治的实现带来不必要的障碍或将延缓中国法治

---

① 姜世波:《〈中华人民共和国体育法〉的司法适用探究》,《天津体育学院学报》2015年第3期。

② 吕廷君:《和谐社会及其法治特征:以自由主义理论为分析视角》,《山东警察学院学报》2009年第5期。

的进程。"①

2. 引入善治理念

"善治"作为一种治理中的理想状态，其"本质特征就在于它是政府与公民对公共生活的合作管理，是政治国家与市民社会的一种新颖关系，是两者的最佳状态"②。党的十八大特别提出：推进国家治理体系和治理能力现代化建设，其实质就是行政体系的自我再造，与体育法治相结合的善治要求政府治理的法治化。若要打造高效的行政体系，善治首先要面对的就是政府，政府必须放权给体育社会或者体育行业，给体育社会或体育行业更多自主权，不断培育体育行业的自治。

在现代社会，"公共治理主体和公民之间毋宁是一种'主体间性'的交互关系，它们相互结合构成了多元主体双向互动关系意义上的自主性网络，社会治理过程于是在某种意义上转化为治理主体的'自我统治'，多元共治成为社会治理的一个突出特征"③。从这个角度讲，培养和提高公民的体育法律意识是题中应有之义。另外，更不能忽视体育社会组织参与体育法治建设的价值。体育组织强调自律性，特别重视沟通和协商体育组织内部的问题，国外一些发达国家特别是北欧三国的体育组织的高度自治为这些国家体育发展做出了巨大贡献，这些体育组织的内部规则一方面成为体育法律体系的重要补充；另一方面，由于它们最贴近体育行业的实际，所以，它们往往成为体育领域的"实际控制者"，由此，不难理解前一个时期，为何我国体育领域存在着"司法介入的尴尬"。

三 实体法治与程序法治

（一）实体法治与程序法治的定义

实体法治是指通过建构以权利义务的配置为核心的实体法律制度来实现国家法治目标的模式，它强调法律的功能主义和制度建构价值，注重国家、社会、市场和个人之间的权利安排。以利益调整为重心，以结

---

① 任剑涛：《国家治理的简约主义》，《开放时代》2010年第2期。
② 俞可平：《治理和善治：一种新的政治分析框架》，《南京社会科学》2001年第9期。
③ 魏治勋：《"善治"视野中的国家治理能力及其现代化》，《法学论坛》2014年第2期。

果公正为导向。实体法治侧重立法和行政权威的作用，弱化司法①。实体法治与实质法治相比，虽然具有一定的相似性，但是，区别还很明显的，本书认为，实体法治偏重于形式方面，比如强调法律的完备性。我国是一个实体法国家，关注法律健全完备。而实质法治更注重内容，更强调权利义务的制度设计。程序法治研究的学者比较多，作为一个实体法国家，以往我们对程序法治无论是理论上还是实践中关注较少。现在我们谈论程序法治大有无论如何谈也不为过之势。

所谓程序是指按时间先后或依次安排的工作步骤。如工作程序、医疗程序②。程序法治与实体法治相对，是指通过建构和完善程序法律制度来实现国家法治目标的模式，它强调法律理性主义和自由价值，尊重以自由为基础的个体之间的平等、理性以及个人的价值和尊严，以程序过程为重心，注重博弈，强化司法的作用③。伴随着程序法治，衍生出一些程序法治的相关内容，比如程序法治文化。具体涉及程序法治文化的内涵、结构以及生成路径④。当然，除此之外，程序法治是法治的一个重要内容，也许人们对法治还有着各种猜想，但是，程序法治是法治中达成的一个最大共识。

（二）程序法治在我国的式微

众所周知，我国是一个实体法国家或者成文法国家，重视实体法和成文法，言外之意，忽略了程序。这一特点不但体现在体育法律法规中，同时，也体现在了体育规则中，比如运动员犯了错误，体育组织直接给予处罚，不给运动员申诉或者召开听证会的机会，运动员的权利得不到保障。无独有偶，我国的《体育法》中有关于体育仲裁的规定，由国务院单独制定体育仲裁制度，这应该是关于程序的一部体育法律规定，但是，时至今日，这部条例仍未出台。

---

① 王永杰：《从实体法治到程序法治——我国法治路径研究的新进展》，《毛泽东邓小平理论研究》2009 年第 6 期。

② 《辞海》，上海辞书出版社 1980 年版，第 1752 页。

③ 丁寰翔：《论程序法治及其实施》，《社会科学论坛》2007 年第 3 期。

④ 伍文辉：《程序法治文化的内涵、结构与生成路径》，《内蒙古大学学报》（哲学社会科学版）2015 年第 1 期。

实质上,程序法治有着丰富的内涵和价值,其中程序正义是程序法治的核心,当然,它也可以细分为程序工具主义和程序本位主义,前者只承认程序的工具价值(外在价值);后者认为,不能将程序看成实现实体法的手段。有的学者甚至认为,程序法是实体法之母,主张以"程序法中心论"取代"实体法中心论"①。

长时间以来,我国注重实体法,忽视或者轻视程序。这个问题体现在方方面面,特别是法律程序没有经过从程序工具主义向程序本位主义的发展;另外,对于体育规则而言,同样也没有上述经历。由此,造成程序主体的不平等。

(三) 程序法治与实体法治并重

实体法治和程序法治都是法治的重要内容,对于体育法治更是如此。本书特别赞成这样的观点:实体法治关注结果的公正与正义,程序法治则关注过程的公正与正义②。对于这一对法治类型而言,由于不同的时代,再加上我国的法律传统,我们只注重实体法治,极度忽视了程序法治,形成了实体法为主,程序法为辅的状态。而今,"依法治国"已经写进宪法,依法治体也已经深入人心,既然实体法治关注的是结果的公正,程序法治关注的是过程的公正,那么,我们就应该使程序法治和实体法治并重发展,相互配合、相互协调。

首先,程序法治和实体法治是实践体育法治的两条路径,坚持二者并重发展有利于我国体育法治路径的正确认识及选择的深化;有利于体育法治的良性发展。当然,更加具体而实际地,还可以建构出实体和程序完备的体育法律体系。

其次,程序是法律的心脏。在注重实体法治的基础上,以程序控权可以防止体育权力的肆意和妄为,有利于保障体育主体的体育权利。

在关注程序法治和实体法治并重发展的同时还应该看到两者之间存在着矛盾与冲突,这其中最著名的案例就是美国前橄榄球明星辛普森杀

---

① [日] 谷口安平:《程序的正义与诉讼》,王亚新、刘荣军译,中国政法大学出版社1996年版,第64页。

② 王丹丹等:《论法律程序与程序法治》,《福建论坛》2009年第6期。

妻案。在辛普森案件中已经有大量证据指向辛普森杀人，警方也认为掌握了辛普森杀人的"血证"，但由于"洛杉矶市警方在调查案情过程中，未能严格遵循正当程序，出现了一系列严重失误"，没有形成完整的证据链[①]。最终，辛普森被判无罪。该案例虽然尊崇了程序正义，却没有实现实体正义，由此，造成了二者之间的矛盾。

四 对于三类体育法治类型的思考

前文主要介绍了三类体育法治类型，形式法治与实质法治、积极法治和消极法治以及程序法治和实体法治。研究内容显示，这三类法治类型没有绝对的好与坏，可能我们一般都认为消极法治或者形式法治不好，当然这些都是只看字面意思。其实，它们都曾在不同时期发挥过重要作用，有的国家甚至地区还在坚持某一种法治，诚如某些学者所坚持的，比如上文谈到的拉兹坚持形式法治。不一定都得从形式法治向实质法治迈进，可以考虑，从积极法治到消极法治以及实体法治和程序法治并重发展。当然，我们国家实行了从形式法治向实质法治、从积极法治到消极法治的迈进以及突出了程序法治。因为我们无论是从实践上还是理论上已经经历和认识到了某一个时期一种法治类型优于另外一种法治类型。这其中特别要说的是程序法治，我国传统上一直重视实体法治，而忽视程序法治。当然，如果体育发展需要一个良好的体育秩序，还需要几种法治类型的配合，法治类型的使用需要考察体育发展的程度与状况。

在这个过程中，政府在其中扮演了重要角色，无论是积极的还是消极的、形式的还是实质的法治，都需要政府能够审时度势，特别注重程序法治，发挥自己应该发挥的作用。

第三节 体育法治体系

一 什么是体育法治体系

从20世纪90年代开始，我们一直致力于构建一个体育法律体系，同

---

① 白广勇、吕敏：《程序法治的困惑与选择》，《社科纵横》2008年第3期。

样，20世纪90年代发布的《关于加强体育法制建设的决定》提到了体育法制建设的目标是：在20世纪末21世纪初，初步建立起适应社会主义市场经济需要，符合现代体育运动规律，以宪法为指导，以体育法为龙头，以行政法规为骨干，以部门规章和地方性法规为基础，结构合理、层次衔接有序的体育法规体系和与之相适应的体育执法监督及法律服务体系，建立一支体育执法监督检查队伍，使体育法制建设状况明显改善。如此看这个体育法律体系，应该是一个静态的法律规范体系。到目前为止，这个体育法律规范体系已经基本建成。

我们都知道，法治是一个庞大的系统工程，一个和谐有效的体育法律体系应该包括实施体系、监督体系以及保障体系等。体育法之所以有效关键在于实施。由此，法律的权威才能得到彰显。严密的监督体系才能防止和纠正执法不严、有法不依等问题。最后，有力的保障体系是推进体育法治建设的必然要求，是促进体育进一步公平正义的重要举措。

二 如何理解体育法治体系

（一）体育法律规范体系只是建构体育法治体系的逻辑起点

要想实现良好的体育法秩序，必须具备完备的体育法律规范体系，有了"良法"才能够谈到善治。在法理学上，法治被理解为按照成法文或者规则办事，在法的运行过程中，无论是对法律意义的坚守，还是解释、运用法律都是以法律的明确规定为前提。也就是说，不管是判例法规范，还是制定法规范，如果没有体育法律规范作为前提，体育法治无法实现。

体育法律规范体系的完备是基础性的，它是体育法治体系建构的逻辑起点。完备的体育法律规范体系就是要为从体育的单一管理到综合治理提供依据。一字之差的背后体现的是依法治体行动中的理念转换，即从单纯的立法活动逐渐转向司法行为，从以秩序为中心的体育法律制度设计逐渐转向以公民为中心的体育权利安排。

（二）体育法治体系应该是一个动态的体育法实施体系

体育法律规范体系虽然已经基本建成，但是，学者们常常说：有法律没有秩序，或者有法律没有法治。这说明法律与法治是两个概念。体育法治实质上还是一个动态的概念,从静态的体育法律规范到动态的体育法治是一个漫长的过程。从宏观上看,体育法治是一种理念或者导向;从微观上看,它离不开体育法律实施方式和方法,包括立法、执法等各种具体方法和保障系统。如果体育法律不在法治的各个环节中具体实施,就没有现实的体育法治。

(三)体育法治体系应该是法治体育的另一种表达

从静态、规范体育法体系向立体、动态的法治体系迈进,体现了法治体育的要求。法治体育是体育法治体系的运行机制和途径,但是,我们认为,体育法治体系重要的也许不是各要素的完备,而是法治体育的形成。

作为一套规则治理体系,体育法治体系开始于体育法律规范体系的形成,以及体育法律体系形成以后更长时间的完善过程,最终,达至它的完备状态——体育法治体系。从直观角度看,法治体育解决的是法治体育政府和体育法治社会的问题。法治政府主要解决市场与政府之间的关系。当今,体育产业快速发展,各种体育产业形式不断涌现,逐渐成为我国体育发展的主力。市场经济就是法治经济。政府要掌控好市场的"黑手",又不能违背市场规律,尊重体育市场主体的权利,使体育产业良好发展,真正成为体育发展的"第四极"。在我国,由于权力渗透到社会各个角落,尽管相比其他领域,各种有组织的和无组织的体育社会组织相对发达,但是,其社会影响力还很有限,因此,社会组织并没有成为牵制法治形成的重要力量。但是,从法治实践看,社会组织对权力的监督制约也是法治形成的基本力量,所以,必须强化法治体育、法治社会观念。

三 从体育法律体系到体育法治体系的跃进

该话题与前述体育法治与体育法制的话题有相似之处,但是,本话题承载的内容更多一些。探讨一般法治体系的学者认为,国家法治体系作为中国特色社会主义法治体系的主要组成部分,是在形成完善的法律体系、文明的法律机构、素质优良的法律专业队伍的基础上,由法律制度、法律运行、法律实现等诸多要素综合作用所形成的实践体系,也是一个内容丰富、结构复杂、功能综合、规模庞大的系统工程①。由此看出，体育法治体系与体育法律体系不同，体育法律体系是体育法律的规范体系，偏重于静态；而体育法治体系则是一个动态的存在，包括法律的若干环节。我们强调体育法律体系，首要的就是强调科学的体育立法，要求体育立法要有科学性、民主性、公正性以及统一性。从体育法律体系到体育法治体系的跃进是一次质的变化，因为体育法律体系突出表现的是静态的存在，而体育法治体系则是动态的存在，从"静"态到"动"态的变化是质的变化的一个表现。另外，体育法制与体育法制体系，法治与法治体系相比，明显后者比前者内容要更丰富，但是，前者更加具体、翔实。前文曾言，法治体现了一种理想，而法治体系则包括了体育法律制度、体育法律运行以及体育法律实现等诸多具体环节，目标翔实可见。实现体育法律体系向体育法治体系的迈进好似有路可循。

第四节　体育法治文化

一　强化体育法权威，是我国体育法治文化建设的内核

（一）政治权威、法治权威与体育行业自治的关系问题

政治权威就是政治权力的支配者。与政治权威是主权者相比，法治权威可以说是主权者的一个工具，因此是一种弱权威，被动的权威，受制于权力的权威。由于历史条件的原因，我国选择的是"政府推进型"的法治道路，体育法治建设更不例外，虽然"体育法治"目标自上而下的选择是成功的，但是体育法治的实践却非常艰难和不理想。其中政治权力过分干预以及政策惯性的作用仍然不时地困扰着体育法治建设（我国的体育运动还有所谓的"政治体育"的说法②），除此之外，还有体育行业自治的因素。（其实我国体育行业协会多是脱胎于政府机构，是"自上而下"依靠行政手段组建的。其结果是形成了行业协会对政府的极大依附性，它实际成为政府行政职能部门的延伸。本书没有考虑这层因素，

---

① 王寿林：《关于我国法治体系建设的理论思考》，《观察与思考》2019年第11期。
② 张厚福：《体育法理》，人民体育出版社1998年版，第3页。

否则将更为复杂。）只要是一种能影响他人权利义务的权力，就必然有对他人造成不利影响的可能性。体育行业协会作为一种社会自治组织享有对自治事务的管理权限，它必然具有所有权力的共同之处：存在被滥用的可能性。如中国足球协会关于"不服足协处理决定不得向法院提起诉讼"① 的规定；美国田径选手雷诺兹起诉国际田联② 一案中，虽然美国地方法院判他胜诉，但是国际田联仍然坚持对他的处罚。体育法治建设的目标要求体育法成为具有最高权威的调控手段，所以，必须制约政治权力，同时实行基于体育法治之下的行业自治。

（二）《体育法》本身问题

作为体育法治文化建设内核的体育法权威，其确立并非一蹴而就，它离不开体育法本身以及与此相关的各种因素，其中体育法本身就是人们关注的重点。孙笑侠把法治权威作了结构型分类：一是外在影响力，二是内在影响力。其中法治的内在影响力主要表现为法治的内容与实施方式的优良品质，它的内容是深得人心的，它的方式是人民信仰和崇敬的③。所谓内容是深得人心的，从体育法角度讲，应该是符合客观实际，反映体育领域的发展规治，体现体育法治关系主体的合理利益的"良法"，这样才能为体育法权威提供条件，从而最终实现体育法至上。

目前，我国《体育法》修订就体现了这种与时俱进的时代精神，《体育法》自1995年颁布实施以来，对于贯彻宪法的体育工作原则、保障公民的体育权利、促进我国体育事业和体育法制建设的发展，发挥了极其重要的作用。然而，在我国经济社会改革发展的巨大变化中，体育事业发展的外部环境和自身需求均呈现出新的态势，人们对各种体育事件和体育权益的法治关注更为普遍，现行《体育法》不能很好地满足体育的现实需要，各种问题逐渐凸显，所以，修改完善已势在必行。另外，1988年和2003年国家体委和体育总局废止不能适应时代需要的体育法规也说明了这一点。

---

① 转引自王亚利《法治视野中的行业自治权》，《法例与经济》2009年第4期。
② 转引自朱志斌等《我国体育法律文化建设研究》，《体育文化导刊》2008年第3期。
③ 田思源：《我国体育法修改理念分析》，《法学杂志》2006年第6期。

二　倡导体育法运行中的法治精神，是我国体育法治文化建设的中心

（一）加强以民主、科学精神为内容的体育法治文化建设，推动体育立法

体育法治文化是体育立法的精神源头。立法者确认和保护什么利益与需求，限制什么需求与主张，往往根据的是自己的法治经验、知识和情感等法治文化因素。因此，加强体育法治文化建设对体育法的创制意义重大。

首先对法治移植不能盲目追求，但是，对于法治移植在法制现代化中的积极作用我们是肯定的。在当代世界法治发展中，法治移植是一个普遍的现象和基本的发展趋势。针对这个问题，无论是从其作为法治发展的规治之一还是从它是世界法治发展的一个基本历史现象，或者从法文化的共同性角度看人们大都持肯定态度[1]。很多欧美国家的体育立法远远早于我国，积极借鉴这些国家的立法经验，对于加速我国的体育立法进程有着重要的作用。但是，从本源来说，我国的体育立法应该将讲求实际的科学文化精神贯彻始终。

其次，"实现立法的民主化，标志着立法不再是一个封闭的过程，而是一个面向公众的开放性过程"[2]。我们欣喜地看到，越来越多的人开始关注体育法学，尤其是一批法学家和学者，在这个过程中，凸显了两次高峰，一次是对待"假球""黑哨"的体育腐败问题上，各界人士献计献策，共同商讨"假球""黑哨"的法治问题，特别在立法方面提出了很多建设性的提议；另一次则是对待《体育法》的修订问题，既有对《体育法》修订宏观层次上的阐释（如从宪法学角度），又有微观层面上的分析（如若干条款的设计）。研究内容之丰富、深邃，为《体育法》修订奠定了良好的理论基础。实践证明，我国的体育立法正朝着集思广益、实现民主集中的立法目标迈进。

---

[1] 孙笑侠：《法的现象与观念》，山东人民出版社2003年版，第50页。

[2] 何勤华：《法的移植与法的本土化》，《中国法学》2002年第3期。

(二) 坚持以合理、公正、平等为原则的体育法治文化建设，提高《体育法》的执法、守法效益

《体育法》能否发挥作用，能否被严格地执行和积极地遵守，受《体育法》的心态、思想、观念及其评价、情感倾向、行为趋向等体育法治文化的影响。即人们具有的体育法观念、价值、情感趋向等体育法治文化状态，是影响《体育法》执法和遵守的潜在动力。

首先，《体育法》执法中的文化建设任重道远。正常而言，它具体表现在该文化建设如何更好地体现体育执法的合理、公正原则。由于制度设计上体育行政执法职能缺位，如国家体育总局就几乎没有行政执法的具体职能，导致大量制止侵占破坏体育场地设施、保证学校依法开展体育工作、对危险性体育活动审批监管等急需解决的过程中少见或难以见到体育执法的身影[1]。所以，在执法环节上，体育法治文化建设重在启蒙，培育公正、合理执法的意识。

其次，体育守法是《体育法》运行中的最重要环节，只有《体育法》得到应有的遵守，体育立法的目标才能实现，而遵守的广度和强度，与体育法治文化传统休戚相关。理论上讲，体育社会组织是最主要的守法主体，由于历史传统和现实相关因素的影响，一个时期内，一些体育行业协会利用它们所拥有的政治权威（或行业权威），挑战法治权威；一些俱乐部拖欠球员工资，侵犯球员合法权益的事件时有发生。相比体育社会组织，作为自然人的体育行业从业人员守法是体育法治的普遍要求和基本特征。我国《宪法》规定，"中华人民共和国的一切权力属于人民"，因此，人们遵守法治，可以认为是遵守自己的意志，尊重自己的利益选择。但是，体育界发生的诸如运动员吸毒、打架、赌博等丑闻表明，一些人违背了自己的意志，触犯了法治。所以，如何使人们认识到这一点，正是体育法治文化建设的要求所在。因为，体育法治文化是人们在法治体育中的行为根据之一，特别是对于没有经过法治专业培训的体育行业人员，他们对于法治的理解更多地是文化意义上的。他们在做出自己的社会行为前，也很少会考虑法治的制度性规定，往往都

---

[1] 公丕祥：《法理学》，复旦大学出版社2002年版，第296页。

是凭借自己对于法治的理解，实际上是基于自身的法治文化水平而做出的。

三　不断消解体育法治文化冲突，是我国体育法治文化建设的动力

（一）我国体育法治文化冲突的一般表现形式

我国体育法治文化冲突的一般表现形式主要有三种：第一种是体育法治文化与体育改革的冲突。脱胎于计划经济的我国原有的"集中型"体育体制已经完全不能适应市场经济的要求，因此，体育改革绝不是对原有体制的修修补补，而是根本的、全方位的变革。但是，体育法治文化对这种变化却是"迟滞"的，并且这种"迟滞"问题在体育法治制度的各种不同层次中表现出来。概因为法治常常有一种保守主义倾向，即法治不是一种朝令夕改的规则体系，当已确定的法治同易变的社会发展力量相冲突时，法治就必须为这种稳定付出代价。体育法面对"假球""黑哨"等体育腐败问题的无能为力就显示了这一点。为此，博登海默曾指出："社会变化，从典型上看要比法治变化快。在发生社会危机时，法治常常会瘫痪，有间断的调整有时是为大变动的调整让路。"①

第二种是我国体育法治文化与外来文化的冲突。体育法治文化同任何一种文化一样都具有双重性，一方面，各种不同文化在交流中相互融合，以丰富自身的文化；另一方面，各类文化之间也具有一种"排他性"。我国体育改革之初，通过借鉴欧美国家的经验，迅速建立起了我国职业联赛的制度体系。但是，这些经验规则的移植在我国遭遇了"水土不服"，由于不适应我国国情，导致一些规则频频改动，缺乏稳定性，一定程度上造成竞赛秩序的混乱。

第三种是体育法治文化与其他调整文化的冲突。目前，体育行业除了体育法治文化作为占主导的调整文化，还包括体育政策、体育道德等调整文化。其中体育政策调整文化，更接近于体育法治调整文化，并且

---

① 于善旭：《抓住北京奥运契机促进我国体育法制建设的发展》，《体育与科学》2006年第1期。

其文化强度更大，调整功能更强，发挥作用更广泛。因而，体育改革初期，政策成为调控体育改革的主要手段。正由于此，它同体育法治文化的冲突也就更为剧烈。体育法治文化与体育道德调整文化的矛盾，源于这两种不同文化的价值特性。体育法治文化中的制度形态，总是力求建立在科学分析的基础上，反映体育行业多数成员的利益诉求。而体育道德调整文化属于自发性的大众文化，一种被体育行业多数成员认可的价值准则或行为方式，很可能成为公认的体育道德观念而被固定下来，很少有人会去探究其中蕴含着多少科学的真理成分，这种体育道德观念一旦形成，便成为人们判定是非的标准和尺度。所以，才有"合理的不合法""合法的不合理"的悖论，即使存在着"体育道德法治化"或"体育法治道德化"的转变可能，也是有限度的。

（二）体育制度性法治文化和观念性法治文化的冲突是主要矛盾

我国体育法治文化冲突的主要表现形式则是体育制度性法治文化和观念性法治文化之间的矛盾，一般表现形式的矛盾与冲突则交织在其中。

体育制度性法治文化和观念性法治文化之间的冲突在不同的阶段表现出了不同的形式：体育改革初期，我国的体育体制、制度制约了体育改革，并且受到体育内部的矛盾运动法则与外部的先进文化观念的影响和冲击，这种冲突表现为先进的观念文化与落后的制度文化之间的冲突。目前的表现形式则是体育观念性法治文化滞后于制度性法治文化。我国体育法制建设实施的是以制度建构——立法为中心的发展战略，早在20世纪90年代中期就提出了"构建具有中国特色的社会主义体育法规体系以及相应的体育执法与监督体系和法治服务体系"的体育法制目标。为了实现这个目标，一批体育行政法规、部门规章，尤其是地方性体育法规、规章纷纷出台。但是，由于体育行业人员的观念文化滞后于这种制度的革新和变化，仍然残留着一些落后陈旧的体育法治文化观念，抗衡着体育法治制度的实现，因此，这种冲突又表现为先进的制度性法治文化与落后的观念性法治文化的冲突。

（三）我国体育法治文化建设的出路与选择

"当法律规定和根深蒂固的态度及信念之间展开鸿沟时，法律就不能改变人的行为"①。为此，我国体育法治文化建设的出路与选择应该是：在不断完善以体育法治制度为核心的制度性法治文化的同时，高度重视人们的体育法治文化心理和法治价值观的培养和教育，使两者相协调，实现文化整合，只有在高度整合的前提下，体育法治文化的功能才能发挥较大的效益。

四 加强体育法治文化理论研究，是我国体育法治文化建设的基础

体育法治文化随人类体育实践的发展而变化，作为动态过程，只有对其进行系统研究，从理论上认识和把握，才能更好地理解体育法治现象，进而为我国体育法治文化建设提供理论支撑。

体育法治文化具有历史连续性、发展性和互融性。如何构建我国的体育法治文化，使之适应体育法治的要求，从而推动体育法治建设不断向前发展，具有非常深远的理论意义和迫切的现实意义。对此，我国体育法治文化建设可以加强以下几方面的理论研究。首先，对体育文化尤其是奥运文化进行整合。自由、平等、权利、公正、规则、竞争、秩序等理念是现代奥运文化的精髓，因同构于市场经济条件下体育改革的价值追求，必然与我国体育法治建设的文化理念相互交融、和谐一致，尤其是公正、竞争、秩序等核心理念更是使奥运文化和体育法治文化产生高度的竞合。其次，深入研究我国体育法治文化的历史变迁过程，总结变迁的原因与特点，探讨体育法治文化发展的途径。再次，研究我国现有的体育法治文化，分析其中得失，特别将体育法以外的调整手段吸收到研究视野中，如对体育政策文化、体育行业规范文化的研究，以此进一步丰富体育法治文化。另外，注重体育从业人员体育道德和意志品质的培养，以最大限度地解决体育法执法效果不佳的问题。最后，重视国外或国际体育法治文化研究，特别注意吸收反映这些国家体育法实践的成功经验，以制度的跨越来缩短我国体育发展与国外的差异。在这个方面，我国关于体育仲裁制度的研究较为成功，其中对国际体育仲裁院以

---

① ［美］E. 博登海默：《法理学——法哲学及其方法》，邓正来、姬敬武译，华夏出版社1987年版，第388页。

及欧美一些国家的体育仲裁制度进行了大量、细致的分析,为我国体育仲裁制度的建立奠定了良好的基础。

五 体育法治文化的社会化,是我国体育法治文化建设的基本途径

体育法治文化的社会化,是指体育法治文化在整个体育行业中的普及、传播活动及其发挥功能和实现程度。具体而言,包括体育法治文化中的观念形态的广泛传播、普及;体育法治制度在体育行业中得以实现的有效性,以及体育法治组织机构、设施的适应性和完善性。体育法治文化社会化的更深层含义在于,要将体育法治文化作为体育行业调整文化的重要内容和手段,赋予其在体育行业中高于其他调整文化和机制的重要地位。

作为制度性的体育法治文化,其社会化一般是借助于国家权力的方式来实现的。因此,在谈体育法治文化的社会化问题时,本书主要突出观念形态的体育法治文化内容,重点放在实现体育法治文化社会化的路径上。媒体传播、正规的体育法治教育、非正规的体育法治教育、体育法治实践中的信息传播和反馈等都是实现体育法治文化社会化的途径与方式,限于篇幅,本书只对正规的体育法治教育以及非正规体育法治教育中的普法活动进行了分析。

正规的体育法治教育主要指的是各类正规的学校教育,该方式目前的现状不容乐观。有研究认为,法治院校和高校法学院系忽视体育法学课程设置,我国体育法的教学主要集中在体育院校以及有关大学的体育院系中;并且缺少统一的体育法学教材[①]。而开始于1986年的中国全国性普及法治教育活动则是非正规法治教育中的一种重要形式,根据国务院有关普法的精神,体育行业从"一五"普法开始就对体育行业人员进行法制宣传教育,为此,特别组织相关人员编写了运动员普法知识读本,并且定期或不定期地举办各种法制宣传活动,这些对促进体育法治文化的社会化起到了重要作用。不过应该认识到,对众多体育行业人员尤其

---

① [美]埃尔曼:《比较法律文化》,贺卫方、高鸿钧译,生活·读书·新知三联书店1990年版,第278页。

是运动员来讲，体育法治文化社会化的任务要更艰巨一些，因为在他们之中，占主要地位的是处于分散状况的体育法治心理，这种法治心理可能由个人处境而造就（如很多运动员很小年纪就开始专业训练，文化课学习相对缺乏，容易形成理解差异），也可能由现实利益影响而形成，等等。总之，这种复杂的心理状况为体育法治文化的社会化带来了难度。

思考题

（1）如何看待体育法治体系，它与初步形成的体育法律体系有无关联？

（2）如何看待我国已经形成的体育法学教育，它与法学教育有无不同？

（3）如何培养体育法律文化？

第四篇

共治篇

第四章

たらちね

第十六章

从一元管理到规则共治

第一节 历史产物——单一管理

一 体育管理——计划经济体制下的体育发展方式

回顾我国体育管理体制的发展历程，1949年10月，中华全国体育协进会改组为中华全国体育总会。1952年2月，中华全国体育总会致函国际奥林匹克委员会，声明中华全国体育总会是代表中华人民共和国的唯一体育组织。同年11月成立中央人民政府体育运动委员会，之后在区县一级的政府机构中设立体委，并逐步成立了各单项全国性运动协会、产业体协以及体委下设的各级地方体育组织和基层体育组织。1998年3月，国家体委改组为国家体育总局，列入国务院直属机构[1]。由上述史料可以看出，体育管理机构是以国家行政主体为核心进行的，是由我国当时的国情决定的，体育在该时期内得到了显著的发展，但是，这一强外部性管理管控体育的传统也成为影响我国体育系统内部规则生成的关键因素。

以政府为主导的体育管理是我国在实行计划经济体制时期的体育主要发展方式，从体育主体来看，政府是体育管理的单一主体，通过行政手段促使体育事业的发展是体育管理体制的具体表现形式。我国长期实行的举国体制是单一管理的强有力印证。新中国成立伊始，体育资源相对匮乏，社会体育组织力量单薄，体育竞赛刚刚起步如履薄冰，亟须一个强政府来引导体育发展，因此，与国家发展方式相协调的垂直体育管

---

[1] 李秀梅：《中华人民共和国体育史简编》，北京体育大学出版社2001年版，第225页。

理体系在我国落实,即由政府下达的行政指令作为体育资源配置、相关体育事务的安排依据。高雪峰认为,"体育管理,是指在一定的环境和条件下对体育管理客体实施计划、组织、协调、控制、创新等职能,实现预定目标的活动过程"[1]。

二 体育管理的特点

1. 单一性

体育管理权力行使主体的单一性是体育管理的主要特征。体育管理的主体是以国家体育总局为中心,辐射省、市、县各级体育行政管理部门的线性管理体系。由于主体单一、体育行政权力的集中,在处理应急的体育事务方面,体育管理发挥了决定性作用,但同时也限制了社会力量的参与与体育事业发展的创造性。

2. 垂直性

一直以来,我国体育实行自上而下的垂直管理体制,对体育资源进行统一分配与逐级下放,集中优势资源重点发展竞技体育,使其在这一体制下显著提高,从奥运金牌零的突破至问鼎奥运金牌榜,都是举国体制的强外部作用的结果。这一垂直管理体系中的每个人,无论是体育官员还是教练员、运动员都是国家意志的执行者。

3. 工具性

体育管理是为实现我国体育事业快速发展目标所采取的具体手段,是计划经济体制时期的产物,强调国家层面作为体育发展规则的制定者,各级体育行政部门作为规则的执行者,在单一性主体和垂直管理体系管控下,政策导向的竞技体育发展迅速,奥运成绩斐然,体育管理的工具性价值尽现。

由于体育管理的单一性、垂直性、工具性,体育的某一方面在相当一段时期内会因受国家建构而得到显著提升,与此同时,体育的发展会面临不全面、不均衡的问题,进而延缓体育管理的效率,影响体育发展的具体方式。

---

[1] 高雪峰、刘青:《体育管理学》,人民体育出版社2014年版,第4页。

三 体育管理下的规则结构

计划经济体制下，由国家行政部门制定并实施的体育管理规则在建设我国体育事业的道路上居主导地位，该时期下的体育管理是强外部性作用的实施手段，强外部规则也成为构建体育领域有序化的核心。体育管理规则服从制定者的统治需求，对体育施加过度的政治色彩，忽视体育原有的规律。我们常说竞技体育最大的魅力在于其不确定性，"乒乓外交"一直以来都作为体育的政治功能案例出现是肯定其作用的一面，但从体育项目的角度出发，为了政治利益的往来在比赛中表现出"一团和气"就侵犯了体育规则公平、平等的价值要求，"友谊第一，比赛第二"在一定条件下也与更高、更快、更强的奥林匹克精神冲突，短期内为实现特定目的而赋予体育特殊的任务难以实现体育的持续发展，体育的独立性由此大打折扣。依靠绝对理性建构单一的规则管理体系难以涵盖纷繁复杂的社会情况。缺乏内部规则支撑的体育，无法构成一个完备的社会系统，体育的各个部分无法实现均衡发展，基于上述情况，体育管理体制改革势在必行。

第二节 从一元管理到规则共治的变迁

一 体育治理的概念形成

体育治理是近些年来国家经济体制从计划经济步入市场经济之后提出来的，随着改革开放进程的不断推进，体育管理体制的改革迈向体育治理也是时代要求。党的十八届三中全会提出了"推进国家治理体系与治理能力现代化"的建设要求，作为国家全面深化改革布局的一部分，体育改革也应当完成推进体育治理体系与治理能力现代化这一核心任务[1]。党的十八届五中全会提出要建立起"全民共建、共享的社会治理格局"，这要求对原有体育管理的单一主体、单一向度的权利行使体系和行

---

[1] 李爱群等：《我国体育事业创新发展的时代主题与问题释析——"新时代中国体育发展"国际研讨会述评》，《武汉体育学院学报》2019年第6期。

政主导方式进行重构，即从一元管理主体向多元治理主体转变，从垂直型管理结构向网络型治理结构转变，从单部门封闭管理机制向跨部门协同治理机制转变，从"人治"型管理方式向法治型治理方式转变①。

学者黄亚玲认为，体育治理是运用治理的新方式来处理体育利益多元主体的冲突，使之协同合作，高效有序，最终达到体育善治的过程②。学者范叶飞则把体育治理定义为："多元利益主体借力制度规范，包容公平与效益，为实现体育目标，共同管理体育公共事务，促进体育持续发展的过程。"③ 学者王邵励认为，"体育治理是国家机构、社会团体和公民个人等诸多利益群体，通过合作、协商与共治的方式，高效、有序、公平地参与体育事业的决策与实践，合理分配和高效利用体育资源，最终促进社会公民个体的身心健康发展"④。综上所述，体育治理的主体结构不仅是单一的政府，还包括体育社群、市场多种力量相互联动，通过多种机制协同作用，实现体育价值范围扩大化的目标。

（一）体育治理的特征

我国正处于由一元管理向多元治理过渡的时期，体育治理体系粗具雏形尚未完善，不足以形成稳定的体育治理的特征，但是，域外的成功经验和国情结合我们可以预见出我国体育治理将趋向多元化、平等化和人民中心化。

1. 日本体育治理的特征

《体育振兴法》和《体育基本法》是日本为指导、规范和保障体育事业发展而先后制定的两部重要法律。日本从法律层面规定了政府和其他体育社会组织均为体育治理的责任主体，治理理论的基本特征要求参与主体的多元化，因此，日本从法律体系上体现出多元共治的特征。"政府

---

① 马德浩：《从管理到治理：新时代体育治理体系与治理能力现代化建设的四个主要转变》，《武汉体育学院学报》2018 年第 7 期。
② 黄亚玲：《中国体育社团的发展——历史进程、使命与改革》，《北京体育大学学报》2014 年第 2 期。
③ 范叶飞、马卫平：《体育治理与体育管理的概念辨析与边界确定》，《武汉体育学院学报》2015 年第 7 期。
④ 王邵励：《从"体育管理"到"体育治理"：改制背景与内涵新创》，《成都体育学院学报》2015 年第 5 期。

主导"是日本体育治理的基本原则,以上两部法律对政府职责进行明确规定,包括对体育政策和体育计划的制定,以及体育各个领域的振兴措施等。另外,日本《特定非营利活动促进法》明示民间非营利组织在遵纪守法的前提下没有接受政府指导和监管的义务。所以,作为民间非营利组织的体育社会组织在日本拥有高度"自治权",这也意味着,在日本体育治理体系中政府与体育社会组织之间不是控制与被控制的关系[①],平等的参与主体是日本体育治理的又一特征。我国在体育社团组织改革进程中,存在着主体关系不明确、"官民二重性"的混乱状态,亟待在治理规则中加以明晰。

2. 美国体育治理的特征

美国注重多元协同共治,治理主体集中在社会组织中,主要有美国奥委会、31个体育休闲委员会、21个全国学术团体、大学生体育协会（NCAA）以及一些非营利志愿组织等,其中美国奥委会是最主要的治理主体,包含100个单项体育组织和5000个俱乐部[②]。有限政府的参与式治理即通过限制政府权力,扩大市场和社会组织的权力实现。美国自建国起就有通过《权利法案》约束政府权力的制度传统,这一传统也是美国体育治理保持活力的基础。多元社会组织的自主治理和协作化治理模式是美国体育治理自由且有序的关键。非营利体育组织与政府间职责、权限划分明确,既接受政府与社会监督,同时也配合政府和社会组织执行相关制度。另外,非营利体育组织与营利性体育组织互动治理。通常,营利性体育组织侧重商业化的体育竞赛运营,非营利体育组织在大众体育咨询、指导、场馆设施提供志愿服务等方面发挥作用[③]。

3. 我国体育治理的趋势化特征

由于参与体育治理的主体逐渐增多,不同主体的需求不尽相同,需要协调不同主体的角色职能。拓宽参与式治理的横向维度,重塑体育领

---

① 南尚杰等:《日本体育治理体系及启示》,《体育学刊》2019年第4期。

② Mary Hums ed., *Governance and Policy in Sport Organizations*, New York: Holcomb Hathaway Publishers, 2013, p. 178.

③ 彭国强、高庆勇:《美国大众体育制度治理的特征及启示》,《西安体育学院学报》2020年第1期。

域的权力秩序。由于原有垂直秩序的影响，要通过具体规则确定现有主体间的平等关系，避免身份重叠致使权力交错，扰乱常态化的体育治理。多元主体参与型构出差异化的利益秩序，注重各自平等、分离的同时也要建立相应的规则解决利益冲突，在不同的权力—权利领域中建立起相互联系的监督体系，这样既能够保证多元中心利益的获取，又能有效防止利益集团的威胁。我国是人民民主专政的社会主义国家，政治、经济、文化、环境的发展都是为了实现人民日益增长的美好生活的需求，因此体育的发展也要利民、惠民。体育治理是实现体育惠民的最佳路径，所以我国的体育治理愈发表现出人民中心化的特征。《全民健身条例》首次实现了公民体育权的制度性确立，是明确公民享有体育权利的重要保障。要想达至全民健康的目的，切实需要各地方政府、各级体育组织营造良好的体育环境，根据各地情况配置体育资源，增强民众主体性参与共建、共享、共治。

（1）我国体育治理面临的困境

①行政手段运用的问题

以往，我国体育事业的主要问题是职业与专业互斥、精英与大众失衡、产业与事业混乱、教育与体育失调，导致竞技体育难以持续、职业体育举步维艰、学生体质逐年下降等。显然，这些深层次结构性矛盾并不是行政干预能够解决的问题[①]。行政手段、政策主体和工具性规则间的复杂关系并未明确平行部门间的职能划分，缺乏相应的规则指导，多元主体未能自发形成相互协作的体系，反而降低了体育治理的效率。行政手段应主要在宏观层面发挥调控作用，它是一种应急管理机制。明确体育行政手段的应用场景和实施范围是体育规则的重中之重。

②体育治理规则存在的问题

我国现行体育治理法律规则包括《中华人民共和国体育法》《全民健身条例》《学校体育工作条例》等，由于法律规则制定耗时较长、成本较高且存在一定的滞后性，我国习惯采取行政手段和经济规则代替法律规

---

① 张琴、易剑东：《问题·镜鉴·转向：体育治理手段研究》，《上海体育学院学报》2019年第4期。

则,如《国务院办公厅关于加快发展体育产业的指导意见》《体育产业发展纲要》等,行业协会和行业商会的行为在行政主体的干预下进行,造成参与体育治理的主体不平等,致使体育行业协会无法遵从体育法律规则规定的自治方法,体育行业协会的自身发展受限,参与体育治理的能力降低。《体育法》中虽明确了体育行业协会自治的属性,却忽视了对立法权、执行权、监管权重合的行政权力的干预,强外部秩序对内部规则的挤压是限制体育治理体系进化的根源。

我国体育治理的内部规则较为薄弱,与西方发达国家相比缺乏体育自治的传统。由于体育行业组织本身具有垄断性的特征,所以体育参与者的行为直接受体育自治规则主导。为保障体育规则相对于外部社会的独立性,国际体育仲裁院制定的《奥林匹克运动会仲裁规则》第一条和《国际足球联合会章程》第十三章第六十三条第三款均规定,"体育组织成员之间的体育争端在用尽行业内救济之前,不得向法院提出诉讼"[1],且受瑞士联邦法院承认适用于体育领域。自治规则受外部秩序维护,这是体育治理结构的理想之道。

(2) 我国体育治理的趋势

对于我国体育治理的发展演进有学者给出了不同的时间段,具体如摸索阶段(1988—2003)、快速发展阶段(2004—2013)以及转型调整阶段(2014—2017),并且给出了体育治理研究的特征:政策导向性、内容的动态性以及学科的融合性,还给出了体育治理研究的未来趋势:体育公共服务的供给侧改革、体育政策现代化以及体育社会组织的创新治理等[2]。本书基本赞同以上观点,但是,这种未来趋势的达成并非一帆风顺,比如在新冠疫情期间,体育治理模式与以往相比就会有所变动,为此,有研究认为,应该从内外两个方面改善体育治理,这样才能适应和推动体育改革[3]。决定我国体育治理未来趋势的因素很多,但是,其中至

---

[1] 郭树理:《奥运会特别仲裁机制司法化趋势探讨》,《体育科学》2010年第4期。
[2] 韩玉璋等:《中国体育治理研究的现状、特征及趋势》,《沈阳体育学院学报》2018年第1期。
[3] 龚正伟、刘星:《新型冠状病毒肺炎疫情下基于人类命运共同体理念的我国体育治理方略》,《体育学研究》2020年第2期。

关重要的是体育治理的能力。

第三节 时代呼唤——规则共治

一 共治的时代背景

王英杰教授说过,"我们正处在一个全球化的时代,全球化正在改变着各国领导人的思维模式和决策视野,也不断改变着一个民族的预期与梦想,加剧对市场和资源的国际竞争;我们正处在一个市场规律和竞争法则影响和控制社会生活方方面面的时代,一个疯狂消费的时代,一个镀金的时代,在这个时代竞争取胜成为'人生第一要义';我们正处在一个民主的时代,参与的时代,在这个时代中大众的民主、公平和公正的价值与精英文化传统不断交锋;我们正处在一个新自由主义和管理主义大行其道的时代,在这个时代公共部门的改革浪潮不断兴起,评价排行大行其道;我们正处在一个技术革新的时代,信息的迅速传播深刻地影响着人们的思维方式和价值判断"[1]。时代的特点正在对体育的治理模式产生重大的影响,提出新的要求。

二 规则共治的理解

体育治理体系是党和政府领导人民管理体育制度和组织的总和,既包括自上而下的体育体制、法律法规和相应的机构安排,也涵盖自下而上的各种社会体育组织、体育基金会及公民个体等民间体育力量及相关的运行规则[2]。基于本书将所有维系体育行业治理的要素统称为规则,所以,体育治理体系的建构关键是对规则的梳理,以期获得规则共治的目标。在本质上,共治就是要"以人民为中心",通过发挥法治的统合能力,将政府的权威机制、市场的平等交换机制和社群的自治机制予以融合,使国家法与社会成员在互动中确立的规则形成

---

[1] 王英杰:《共同治理:世界一流大学治理的制度支撑》,《探索与争鸣》2016年第7期。
[2] 王学彬、郑家鲲:《"五大理念"视域下我国体育智库建设:机遇、困境与路径》,《沈阳体育学院学报》2019年第1期。

一套规则体系①。从上述视角出发，共治可被理解为由具有多元价值观、一致国家观、差异化社会问题意识和多层次利益主张的主体，经过法治规范秩序的实质性甄选与程序性导引，确立国家与社会发展之路径、策略的治理过程②。

我国现有的体育法治理论及其体系并没有为治理的共治转向预留出足够的制度通道，更无法在规范维度描绘出共治的理论谱系及制度框架。当体育大国升级为体育强国，相对于以国家主义为基调的规则秩序而言，法治系统尤应进一步拓宽其覆盖范围，关注隐藏在政府背后的企业、社会组织、网络空间等基本面，探索政府治理之外的新型治理机制③。这是构建法治国家以及体育强国对体育治权结构提出的新命题。本书尝试从规则与治理关系的视角出发，阐述规则共治的时代诉求。

三 规则在体育治理中的价值体现

（一）规则主导体育参与者的行为

哈耶克在有限理性和无知观的基础上型构而成的社会秩序内部规则是人之行动而非人之设计的结果的命题④，由此可透视出体育社会内部规则与体育参与者行为是共同存在的，规则经体育参与者行动实践直接体现，体育参与者以规则为导向，行为受规则支配；反过来，体育参与者行为又具有缔造新规则的能力，从而构成体育内部秩序系统，为体育领域的活动创造条件。没有秩序，人类的公共性活动就不可能正常进行⑤。而体育的大多数活动都存在于公共领域之中，因此，体育内部规则秩序为参与者的正常活动进行创设了基本条件。

中国足协近些年来制定与完善了一系列自治规则，如《中国足球协

---

① 江必新、王红霞：《社会治理的法治依赖及法治的回应》，《法制与社会发展》2014年第4期。
② 杜辉：《面向共治格局的法治形态及其展开》，《法学研究》2019年第4期。
③ 杜辉：《面向共治格局的法治形态及其展开》，《法学研究》2019年第4期。
④ Hayek, Law, *Legislation and Liberty. Politics and Economics*, London, Routledge & Kegan Paul, 1967年, pp. 96-97.
⑤ 张文显：《法治与国家治理现代化》，《中国法学》2014年第4期。

会纪律规则》《中国足球协会足球比赛违规违纪处罚办法》《中国足球协会纪律准则及处罚办法》等①。这些规则规定人们参与其中需要履行哪些义务，享有哪些权利，包含禁止性规范和惩罚措施，更重要的是，在我国足球行业的纠纷需要这些规则来评判，哪一方行为不当负主要责任。由于体育行业组织本身具有垄断性的特征，所以体育参与者的行为直接受体育自治规则主导。为保障体育规则相对于外部社会的独立性，国际体育仲裁院制定的《奥林匹克运动会仲裁规则》第一条和《国际足球联合会章程》第十三章第六十三条第三款均规定，"体育组织成员之间的体育争端在用尽行业内救济之前，不得向法院提出诉讼"②，且受瑞士联邦法院承认适用于体育领域。

体育内部成员遵循用尽内部救济原则，法院方作为外部秩序的维护者尊重体育行业组织的"特别权力"，让体育内部规则主导体育参与者行为，形成良好的体育行业自治秩序。

（二）规则影响体育道德观念

通过体育规则建立公平有效的竞争机制，参与对象在运用体育规则的过程中逐渐形成公平平等、团结协作等体育道德观念。学校体育教育善用规则这一价值，在学校场域中教师有计划、有目的地培养学生遵守各项制度和章程，学校规则教育属于德育教育的范畴，而体育教育本身就是一种规则教育，因此，德育教育与体育教育存在密切联系。体育锻炼塑造道德品格，学生在体育活动中，特别在体育比赛中，必须遵守比赛规则，规则面前人人平等，违反规则都要接受处罚。这种来自比赛实践的知识和经验是非常深刻的，能够在学生心中打下深深的烙印。同时，在场上遵守规则、接受规则能够给他们在日常生活中的行为带来示范作用。体育教育在进行身体文化生产的同时，实现了德育教育中组织纪律教育的主要内容，学生体育道德观念深受体育规则影响。

学校作为一个社会机构，维系着个体、群体的认知结构和社会结构

---

① 韦志明：《论体育行业自治与法治的反思性合作——以中国足球协会为中心》，《体育科学》2016年第4期。

② 郭树理：《奥运会特别仲裁机制司法化趋势探讨》，《体育科学》2010年第4期。

间的对应关系①。学校通过教学这一组织形式,对学生认识事物的思维方式进行编织,夹杂了传授主体社会经验的教育,使学生在意识中对接社会结构中的某种角色。体育教育向目标对象传输如体育规则这一形式的文化资本,体育是一个对身体进行控制和转化的特殊组织形式②,使文化资本向身体进行传达,进而目标对象习得的这一社会规则,一部分内化成"默会知识"构成个体道德观念,另一部分构成个体抑或群体的行动秩序。

(三) 规则决定体育竞争的模式

在原有的秩序中,只有具备足够资金和实力的电视机构才能获得体育内容生产和播出的权利,而权利的寡头垄断是电视机构"丰厚利润"的根本所在③。现今欧洲形成电信、广电、互联网三方竞争的模式,体育传播经营的主体日趋多元复杂。纷繁的竞争参与方改写着体育传播市场的竞争模式,由一家独大到多种模式并存,加速体育赛事的传播效率,新媒体时代,体育赛事的传播予以用户更加自由的观看时间与观摩体验。政治经济学的研究表明,新媒体技术并不会对新自由主义市场构成威胁,大型传媒机构关于"零和游戏"的忧虑反将导致"越来越封闭、专有和垄断数字内容市场"④。由于新媒体技术对传播方式的作用,体育传播市场的竞争模式也发生了变化,由传统的电视媒体用户流向广泛的互联网用户,各大门户网站对优势体育赛事知识产权进行竞争,为避免潜在的"零和游戏",必须针对新媒体技术建立制度框架,确保外部秩序的良性化发展。

由于市场结构处于动态演化之中,体育的经济功能会随着体育领域的行为规则变化而扩展。受新技术影响的体育产业竞争模式,需要与其

---

① 高强:《布迪厄体育社会学思想研究》,知识产权出版社 2014 年版,第 24 页。
② Heinemann Klaus, Sport and the Sociology of the Body, *International Review for the Sociology of sport*, Vol. 15, No. 3 - 4, September 1980, p. 41.
③ 邹举、朱浩然:《模式、竞争与规制:媒体融合背景下的欧洲体育传播市场》,《体育与科学》2018 年第 5 期。
④ Dart J, New Media, Professional Sport and Politica Leconomy, *Journal of Sport and Social Issues*, Vol. 6, 2014, pp. 528 - 547.

相符合的体育产业竞争规则,而体育竞赛表演业又是体育产业的核心,因此,我国在这一方面出台的政策性规则要紧跟时代发展。近日发布的《体育赛事活动管理办法》(以下简称《办法》)展现体育部门推进体育竞赛表演业发展的决心,是体育领域"放管服"改革的重要体现[①]。《办法》的第十八条规定是国内针对体育竞赛表演知识产权的首次条款明确保护,提升赛事的商业价值同时推进了赛事无形资产交易。体育的自发秩序开始与外部规则联动,创造体育竞争的新业态。

思考题

(1) 计划经济时代我国的体育管理是怎样的?

(2) 如何实现未来发展的规则共治?

---

① 丰佳佳:《〈体育赛事活动管理办法〉为竞赛表演业发展护航》,《中国体育报》2020年3月27日第1版。

第十七章

理想的规则共治

第一节 体育秩序

一 秩序和体育秩序释义

（一）秩序概述

关于秩序的研究非常多，秩序分为多种形式，主要包括自然秩序和社会秩序。相对而言，谈论自然秩序少，一般多探讨社会秩序。所谓社会秩序，就是一种社会的稳定预期，是一种制度安排。作为法律的一种价值范畴，自由与秩序常常联系在一起，没有秩序就没有自由，相比平等、公平等价值，秩序具有优先性。具体到社会秩序，往往具有社会控制的功能，防止社会进入无序状态，促使社会正常运转。社会秩序又可以进一步细分，比如伦理秩序、体育秩序等，或者说，体育秩序只是社会秩序的一个微小分支，所有这些微小领域的秩序构成了社会秩序，这些领域间犬牙交错，相互影响，紧密联系。

由于研究众多，形成了很多理论，比如社会秩序的"四型态"理论认为，目前已有的秩序型态主要包括习俗秩序、道德秩序、制度秩序和法律秩序[1]。说明历史上曾经经历了这四种型态，这是一种历时态划分。目前，我们已经进入法律秩序形态，相关研究认为，法律秩序作为最后出现的秩序型态，应该属于最高级[2]。体育秩序是否经历了如此变迁，有

---

[1] 邢建国：《秩序论》，人民出版社1993年版，第11页。
[2] 罗诗裕：《对法律秩序的哲学思考》，《经济与社会发展》2003年第5期。

无自己的特点？这个理论能够给我们很多有益的启发。

（二）体育秩序论述

关于体育秩序，体育界用得不是太多。笔者在先前的研究中使用了这一概念。严格说来，体育秩序应该是一种混合秩序，既包括自然秩序，又包括社会秩序，偏重于社会秩序。自然秩序，比如奥运会选址涉及自然环境，由此与自然环境发生关联。体育秩序就是体育领域里体育社会生活的一种稳定预期。这种体育秩序在体育行业里不是一成不变的，经过了较为复杂的变迁，对这一变迁过程进行详尽的论述分析，有助于我们加深对体育的了解，有助于进一步理解体育的下一步改革与发展。

体育秩序是体育发展的重要保证，一直以来，不管我们处在何种秩序状态下，强调体育秩序的稳定都是首先要重视的工作。当前，进一步深化体育改革需要稳定体育秩序，在这个过程中一些改革成果能够顺利转化成法律，对于不必要和过时的法律法规进行废止和修改。

二 体育秩序两分：体育道德秩序和体育法律秩序

对于秩序有太多理解，比如有关于词义的解释，有各种学科的解释，等等。它大致上可以分为自然秩序、社会秩序和思想秩序，我们要探讨的体育秩序主要与社会秩序相关，而社会秩序又具体分为广义、中义和狭义，其中中义的社会秩序主要包括政治秩序、文化秩序。体育秩序可以归结到中义的社会秩序之中，它表达的是体育领域里体育社会生活的一种稳定预期。既然从属于社会秩序，那么社会秩序的诸多理论可以适用或者解释体育秩序。

社会秩序的"四型态"理论认为，目前已有的秩序型态主要包括习俗秩序、道德秩序、制度秩序和法律秩序[1]。这是一种历时态的划分，表明历史上曾经先后出现过这四种秩序。对此，相关研究认为，法律秩序作为最后出现的秩序型态，应该属于最高级[2]。我国体育秩序虽然从属于社会秩序，但是，它有自己的复杂性和特殊性，特别是结合新中国成立

---

[1] 邢建国：《秩序论》，人民出版社1993年版，第12页。
[2] 罗诗裕等：《对法律秩序的哲学思考》，《经济与社会发展》2003年第5期。

以来体育的发展历程看，并没有非常明显地、完整地展现出这四种秩序型态。本书认为，我国的体育秩序主要可以分为体育道德秩序和体育法律秩序两种型态。之所以如此划分，可以从实践和理论两个角度分析。关于体育道德秩序，从实践角度看，新中国成立以来的很长一段时间里，受制于政治经济的影响，体育先为国防服务，后来成为振奋、提升民族精神的强心剂，甚至我们将此写进了《体育法》（《体育法》第三条：国家坚持体育为经济建设、国防建设和社会发展服务）。实质上，体育领域体现的主要是政治秩序（或者可以称作"权力秩序"），但是，这种政治秩序，通过体育道德秩序表现出来。两种秩序一隐一显，或者互为表里，但本质上是统一的。从理论角度分析，道德秩序的体现形式大多以习俗、道德经典教育等传播形式来帮助形成内心的道德感受。[1] 也就是说，本书确立的体育道德秩序是对社会秩序的"四型态"理论中习俗秩序和道德秩序的一种合成。体育道德秩序下，体育治理方式主要体现的是德治。我们一直倡导"友谊第一，比赛第二""志行精神""女排精神"以及集体主义等，这些传递的都是体育道德教化的信息。在这种状态下，体育治理靠的是道德约束以及每个体育参与者的自觉遵守。

本书还将进一步引入相关理论验证体育道德秩序存在的现实性，有一种观点认为，伦理道德领域不同于政治、经济、法律等实证自然的领域，本身不会独立存在，它仅存在于这些具体实证领域中；伦理领域在通过这些具体领域而具体存在的同时，亦使这些具体领域获得了自由的属性，使它们成为人的存在方式。体育是一个实证自然的领域，它通过一整套严密的规则体系保障着体育的正常运行。为什么体育要强调公平竞争，这就涉及了体育的伦理性。简言之，体育作为一个具体领域包括两方面的内容，一是自身内在的运行法则；二是存在于其中的公平、正义等伦理性内容。或者，体育包括两种秩序，一种是具体秩序，另一种是伦理秩序，常态情况下，伦理秩序应该是"隐秩序"。现在的问题是，具体秩序被遮蔽而敞现了伦理秩序，即"显隐"两种秩序发生了倒置。究其原因，"泛伦理主义"的传统难辞其咎。已有的实践表明，体育社会

---

[1] 郭忠：《法律秩序和道德秩序的相互转化》，中国政法大学出版社2012年版，第24页。

生活中体育伦理道德与体育政策法规等常常被混为一体，由于"泛伦理主义"惯性使然，体育伦理道德直接成为支配体育社会生活的首要规范，在这个阶段里不是没有体育法制建设（比如从历时态角度探讨体育法制建设的研究可以证明），但是，体育道德秩序主导下它们很容易被忽视。该理论最后给出的一个观点令人深思：伦理秩序应该回归到自己所应在之位置①。

至于体育法律秩序我们正在慢慢经历。从历时态角度看，20世纪90年代初期应该是一个临界点，在此之前主要体现的是体育道德秩序，在此之后开始彰显体育法律秩序。当然，这个临界点不是绝对的，它只是一种表征。我们必须清醒地认识到，从体育道德秩序向体育法律秩序转化是一个漫长的过程。从理论上说，本书将社会秩序的"四型态"理论中的后两个——制度秩序与法律秩序进行了合成。实质上，制度秩序很宽泛，因为制度既包括正式制度（如法律）又包括非正式制度。上述理论中的制度秩序偏重于规章制度，某种意义上属于正式制度范畴，所以，将其与法律秩序进行了结合。体育法律秩序下，体育治理方式则表现为法治。在这种状态下，法律成为调控体育的主要手段。尽管我们强调体育道德，但是，体育道德效力不足的弱点开始暴露。为此，只有依靠强制性的法律才能形成真正的体育秩序。

相比较这两种秩序，体育道德秩序体现了弱强制性、弱技术化的特点；而体育法律秩序展现的是强强制性与强技术化的特征。以体育道德秩序的弱技术化为例，依照哈耶克的秩序理论，道德属于一种自生自发的秩序，不过在道德秩序中，既有自生自发的道德规则，又有人为秩序中的道德规则。尽管如此，体育道德秩序的形成主要显示的是人们的体育精神以及由此招致的体育道德情感，理性化色彩弱一些，所以，技术化程度不高。

三 体育秩序转化缘何发生——体育道德分裂分析

从体育道德秩序向体育法律秩序转化是两种秩序间的转换，这种转

---

① 高兆明：《伦理秩序辨》，《哲学研究》2006年第6期。

化缘何发生必然涉及多层次、多结构问题。有研究就社会秩序变革的原因问题总结了三个方面,包括深层、主体、直接动因,涉及社会结构体系、个体、组织利益博弈以及社会规范体系等方面①。由此可见问题的复杂性。对此,本书直切主题,从体育道德分裂入手,既有对历史实践发展的回顾,又有理论逻辑上的推演。

新中国成立以后,确切地说,1956年我们建立起公有制和计划经济体制后,相关研究认为,人性完美或者人性善是计划经济体制的道德预设,每个人都被认为是可以改造为理想的道德生命体,能够为了他人、集体、国家和社会主义奉献甚至牺牲自己②。正是在这样的大背景下,体育领域才出现了前文所述的"友谊第一,比赛第二""志行精神""女排精神"。体育道德是一种职业道德,它的目标定位就是追求最高标准和崇高的道德境界。某种意义上讲,这个时期的体育道德秩序是建立在大一统的体育道德规范基础之上的。体育参与者绝少有其他的价值观念和想法,国家和民族的利益高于一切。在此时期我们拿到了第一个世界冠军和第一个奥运会冠军,国人欢呼雀跃,民族自豪感溢于言表。而今,我们即使拿再多的金牌,可能也难以再现当时的感人画面。

1992年邓小平南方谈话掀起了我国市场经济热潮,党的十四大把建立社会主义市场经济体制写进了党的纲领,从那时起我国计划经济体制转入市场经济体制。作为回应,体育领域进一步深化改革的大幕被拉起,足球改革成为先行军,作为新鲜事物的职业足球粉墨登场,体育职业化、商业化逐渐成为体育改革的主旋律之一。然而,体育商业化和职业化在将体育改革不断引向深入的同时,也带来了很多意想不到的负面影响。为什么一个时期内"假球""黑哨"愈演愈烈,中超七家俱乐部联合起来叫板中国足协?特别是近一个时期以来,一些职业运动员常常被人们诟病。如果寻求答案的话,追逐利益、利益出现分化是一个关键因素。利益与道德是伦理学的基本问题之一,利益决定道德是其中的一个命题,抛

---

① 高峰:《社会秩序变革的三重动因:社会哲学的视域》,《学术交流》2012年第7期。
② 陈培永:《马克思主义计划经济论的道德意蕴与实践悖论》,《湖北经济学院学报》2013年第6期。

开这个命题的真与伪，至少说明了两者之间的紧密关系。现实的道德是一种有利益诉求的道德①。基于人的需要产生了利益，依照马斯洛理论，需要是分层次的，自然地，利益也就有所区分。进而推之，不同的利益需求产生了不同的道德要求。由此，体育道德发生裂变，体育道德大一统的局面被打破，在道德分裂与冲突面前，体育道德秩序出现失序现象也就在所难免。前文所述，体育道德秩序具有弱强制性和弱技术化特点，它针对的主要是"道德人"，已然无法适应市场经济体制下利己的"经济人"。体育道德秩序主导时期，很少听到体育纠纷，从1992年中国第一例体育纠纷案件开始到现在，各类体育纠纷不断涌现，靠道德调节已然不可能了，因为很多体育纠纷涉及"经济人"的切身利益，比如球员注册与转会，道德说教肯定不能使当事人满意。下面两位国外法学家虽然论述的内容不尽相同，却较为全面地体现了本命题的必要性。日本法学家川岛武宜认为，为邻居的和睦而放弃债权，以人道的精神过分地减价出售财产等在伦理上是令人赞许的行为，但是，这种做法只能扰乱正常的市场交易②。这段话说明了市场经济条件下道德秩序的局限性。耶林认为，为权利而斗争不仅是权利人的义务，也是全社会的义务，因为它是法实现所必需的③。这句话阐释了市场经济条件下法律秩序的必要性。

由此可知，由体育道德秩序向体育法律秩序转化成为必然。正所谓"道德的失落导致了法律的繁荣"④。除开体育法律秩序具有的强强制性和强技术化特点，还因为体育法律秩序的"理性、逻辑连贯以及可计算"⑤。

四 体育秩序转化路径之一——体育规则法律化

笔者前期做过体育道德法律化研究，包括定义、转化路径以及产生

---

① 易小明：《道德的利益之维》，《伦理学研究》2010年第6期。
② ［日］川岛武宜：《现代化与法》，申政武、渠涛、李旺译，中国政法大学出版社2004年版，第26页。
③ 转引自梁慧星《为权利而斗争》，中国法制出版社2000年版，第12页。
④ 武天林：《道德的失范与重建》，《陕西师范大学学报》1999年第4期。
⑤ 高峰：《社会秩序变革的三重动因：社会哲学的视域》，《学术交流》2012年第7期。

的负面效应等。类似的研究还包括体育道德契约化等，本书应该是前期探讨的进一步深化和扩展。

依照制度经济学，制度促成秩序，这里的制度主要体现的是规范或者规则。尽管这个命题有些过于简单，但是，充分说明了规范对于秩序建构的重要性，更为进一步探讨这个问题提供了理论支撑。以体育道德规则为例，体育道德是一种职业道德。使一些职业道德规范具有一定的法律性，让职业道德的主体在面对这些法定职业义务时，没有选择是否履行这些义务的权利……职业领域的道德法律化，其深刻的意蕴正在于此①。在我国体育法制实践中，实际上已经存在大量的道德法律化现象，以《体育法》为例，第二十七条规定：培养运动员必须实行严格、科学、文明的训练和管理；对运动员进行爱国主义、集体主义和社会主义教育，以及道德和纪律教育。第三十四条规定：体育竞赛实行公平竞争的原则。体育竞赛的组织者和运动员、教练员、裁判员应当遵守体育道德，不得弄虚作假、营私舞弊。《体育法》颁布以来，大约在2005年以后的几年中掀起了《体育法》修改的研究热潮，各种主张与建议不绝于耳，从立法宗旨到具体条款的修改方案非常详尽。在这其中人们常常感叹《体育法》更像是一部促进法，鼓励有余而强制不足，由此涉及了道德法律化现象。进一步讲，应该是道德的法律强制问题，相关研究认为：道德的法律强制是有限度的②。到底什么样的道德可以转化为法律，对此不同的理论有不同的解释，但是，不外乎道德中的一些确定了的基本原则和内容，如此转化成法律，其强制性可想而知。然而，我们不能借此否认《体育法》作为一部法律的强制性问题。未来《体育法》肯定会修改，借此我们运用"从伦理、物理到法理再到法律"③的分析路径探讨《体育法》的道德法律化问题。该理论将法律分为伦理性内容和技术性内容，其中这两者都可以进一步细分为直接和间接内容。该理论的核心是，道德法律化过程中，应该将伦理和物理放在一起

---

① 张立志：《试论道德的法律化》，《晋中学院学报》2005年第5期。
② 傅小青：《试析道德法律化的限度》，《理论导刊》2004年第6期。
③ 郭忠：《道德法律化的途径、方式和表现形态》，《道德与文明》2010年第3期。

考虑（所谓物理就是技术之理、客观之理），两者共同运用形成法理，然后成为法律。体育法实践中，我们可能主要考虑的是伦理，忽视了物理，比如出现"合理不合法"的情况时，也就是伦理与物理发生了冲突，实质合理性往往会成为首选，自然也就偏重伦理，这应该是问题的主要症结所在。

关于体育道德法律化的具体表现形态主要分为两种：体育道德义务法律化和体育道德权利法律化。道德多以义务的形式表现出来，主要体现的是人们应当或者不应当的行为，这在体育领域表现尤为明显。体育道德义务法律化在相关体育法律法规中体现较多，还以《体育法》为例，第十三条规定：国家机关、企业事业组织应当开展多种形式的体育活动，举办群众性体育竞赛。第十四条规定：工会等社会团体应当根据各自特点，组织体育活动。值得关注的是，道德法律化的限度问题主要在这个领域进行探讨，对于一些高层次的体育道德要求应该避免转化成法律。道德权利是一种应有权利或者自然权利，只要一项道德权利存在，就有必要进入法律，这在法理上是得到认可的。很多研究认为，《体育法》修改一定要考虑体育权利，应该让人人享有体育权利成为《体育法》的立法宗旨。如果换一种思考方法，首先论证人人享有体育权利是一项体育道德权利，论证一旦成立，自然地，体育权利通过法律化过程成为一项法律上的权利。随着社会的快速发展，体育越来越成为人们生活中不可或缺的一部分，体育能增进健康带来快乐，但是，体育权利的缺失却常常萦绕在人们心头，值得我们深思。

五 我们需要什么样的体育法律秩序

法律秩序有很多个概念，法律秩序作为原则和规则的总和是其中的一种。早在20世纪90年代，我国就提出在20世纪初完成建构体育法体系的设想。应该说，现如今体育法体系已经初步形成。但是，实践中我们却常常面对"有法律无秩序"的窘境。在体育法学课上，一个研究生的提问至今让笔者深思：《体育法》颁布这么多年了，真正以《体育法》作为判决依据的案件到底有多少？上述种种进一步提醒我们到底需要什么样的体育法律秩序？也许更详尽地梳理法律秩序的概念能够帮助我们找到答案。有研究认为，法治秩序本质上是一种法律秩序，是一种兼具合理性和合法性的法律秩序[1]。至于如何建构法治秩序，该研究进一步提出，在拥有公正的法律制度的基础上，应该具有相对稳定的社会结构，公民良好的法律意识以及法律与道德的磨合，等[2]。由此看出，我国体育法治建设任重而道远。以体育结构为例，近期研究认为，我国体育利益结构正在发生深刻变化：由整体性向多元性转变、由相对稳定向过渡性转变、非均衡性呈现出更加复杂化的特点[3]。特别是将来随着我国政治体制改革的深入进行，体育结构还要发生巨大的变化。而关于运动员法律意识的研究更认为，这个群体存在着法律知识缺失、法律意识淡薄等问题，由此导致违法乱纪甚至违法犯罪现象不时出现[4]。体育法治秩序是一个程度可变的现实，只要努力，我们会一步步接近。

第二节　理想的体育规则共治模式

一　体育规则共治的内涵

（一）体育规则共治主体多元化

体育规则共治主体的多元意味着，除了政府之外，体育协会、体育组织以及个人（公众）都要在体育规则共治的过程中发挥主体作用，在共治的过程中各个主体各司其职，真正形成竞争与合作的局面，使得各类体育规则能够发挥最大的效应。体育规则多元共治主体的提出强调了政府、各类体育社会组织以及个人之间的有效互动，有利于发挥各主体间性的最大效应。多元共治模式是治理理论在体育规则领域的应用，是治理理论由经济领域向体育领域的延伸。

---

[1] 刘金国、闻立军：《法治秩序断想》，《法学杂志》2008年第2期。
[2] 陆晓理、曲业煌：《新时期优秀运动员法律意识的培养》，《南京体育学院学报》（自然科学版）2006年第1期。
[3] 刘玉、方新普：《社会转型期我国体育利益结构的变化及其对体育政策制定的影响》，《天津体育学院学报》2009年第4期。
[4] 陆晓理、曲业煌：《新时期优秀运动员法律意识的培养》，《南京体育学院学报》（自然科学版）2006年第1期。

(二) 共治模式的目标

共赢是体育规则共治的目标,这也是各类体育社会组织和个人之所以乐意参加体育规则共治事务的动力源泉。政府、各类体育社会组织是各种体育规则的主要制定者,个人和各类体育社会组织是体育规则的践行者,特别是个人,作为体育规则的践行者,在经过了体育规则实践以后,还要积极地反馈,以便使体育规则更加完善。体育规则当然要涉及利益主体,只有经过各利益主体充分的利益表达,理性、深入地表达各方观点,平衡各方利益的分歧和冲突点,才能寻找到具有创造性的共赢之道。

(三) 共治模式的原则

1. 体育法律秩序——体育行业发展的外在规制之维

哈耶克虽然推崇自发秩序,但也意识到自生自发的社会秩序在没有某种命令结构的情况下也是无法存续的。哈耶克强调,自由社会的自生自发秩序尽管区别于外在秩序,却并不对那些作为行动者的组织(其中包括最大的组织即政府)予以排斥,而是认为,国家的"规制性"行动也是有助于自生自发秩序之型构的。实质上,"举国体制"的国情也决定了政府不可能完全退出体育领域,像西方一些发达国家一样,让体育行业走自生自发的道路。马克思曾经对纯粹的"自生自发的秩序"进行过批判,认为自发秩序下的自由竞争、内部调节、自我进化,对于社会发展既能在一定程度上产生有利的影响,同时它的经济的盲目性、社会的无序和异化也会造成很大的灾难。博兰尼也明确地指出,即使自发秩序"所达成的最为惊人的成功,也无法摆脱显明的缺点,更不能表现得比相对的最佳状态更多一点"[①]。另外,哈耶克还认为,自发秩序反映了人类天然的需要,是社会生活中的公理,如果从这个角度看,我们就很容易理解体育行业潜规则之类的自发秩序为何屡禁不绝了。前文已述,自发的体育行业秩序在西方的历史和现实中表现出来的主要是正面的价值,是体育行业内在的逻辑,但我国体育行业正欲转向的自发秩序却表现出乱

---

① [英]迈克尔·博兰尼:《自由的逻辑》,冯银江、李雪茹译,吉林人民出版社2002年版,第170页。

象的征兆，主要体现就是潜规则盛行。从表现形式上看，潜规则是一种隐性的、看不见的规则；从形成机制上看，是人们在互动过程中自发形成的规则，是一种私下认可的规则；从内容上看，潜规则是一种背离正式规则的规则，它是不太合法的，侵犯了主流意识形态或正式制度所维护的利益。当前，体育行业存在着各种各样的潜规则：中超联赛中的"洗牌门"事件，全国第十届运动会上的"金牌内定""假摔""弃权"事件是对公平竞争的体育道德规则的践踏；而体育腐败、"假球"、"黑哨"中的权钱交易则是对法律规则的公然违犯。体育行业"黑色事件"不断，说明潜规则的盛行对体育行业秩序构成了巨大的威胁。

总之，体育行业秩序建构必须强调内生变量的主导作用，并辅之以强制变迁的外部推动力，这样才能保证体育行业秩序沿着个人理性与社会理性相一致的道路加速前进，最终实现体育行业的有效治理。

2. 体育行业秩序：体育行业发展的自主之维

与哈耶克的二元秩序观相对应，建构体育行业秩序应该一方面发挥个人选择和体育行业力量对体育行业治理的原始推动力作用；另一方面，则借助于强大的政府资源的后续拉动力，才能使体育行业秩序得到稳定。

体育行业理想秩序的实现过程完全依靠政府是难以奏效的。国家对体育行业过分干预，进行严格的控制和监管，设定了人们只需按计划和命令从事的既定秩序，可能会使体育行业秩序"畸形"成长。这样极易限制体育行业自身的活力和创造力，导致体育行业各主体地位和自主精神的丧失，容易造成集权统治。哈耶克指出，尽管在一个自生自发的现代社会秩序中，公法有必要组织一种能够发挥自生自发秩序更大作用的架构，保护先已存在的自生自发秩序和强制实施自生自发秩序所依据且遵循的部分规则，但是，作为组织规划的公法却绝不能因此而渗透和替代作为自生自发秩序所遵循的一部分内部规则的私法，以免内部秩序和根植于其间的个人的行动自由蒙受侵犯而遭到扼杀。有学者曾经指出：团体自我管制的方法非常有效，与国家的进入相比，社会团体更乐于接受团体的自我管制。自我管制避免了国家的过分介入，它在国家和团体之间划分了一条安全线，同时，社会团体可以在执行中消化政策，他们的专门知识、信息、经验和判断，促进了有效执行国家政策的环境，而光靠国家的直接干预是做不到这一点的。自我管理使社会团体成为推行公共政策的组织,这不仅有利于社会秩序,同时也降低了国家管制的成本①。在这个问题上,本书更赞成这样的观点:如果我们要重构一个事物,我们宁愿选择挖掘其自身具备的能为我们所用的东西。在"引法入体""依法治体"的口号因为某些不良行为的波及而大呼其声时,与其空喊空想,以看客的身份去探索,还不如自主进入角色,以主体的意识去挖掘去研究体育自身的法因素,从而推动这些"不自觉地演绎着法之价值"的(类似体育竞赛规则)东西去实现其自身对法之价值的自觉演绎,从而最终实现以法治为目标的自足化改造②。

3. 对于体育秩序的进一步考量

其一,前文提到,秩序存在很多种理论,哈耶克的二元秩序观就是比较重要的一种,这种理论将秩序分为内在秩序和外在秩序。内在秩序主要是人们遵循经验和习惯而成,这其中包括道德。外在秩序是人为的建构秩序,比如通过理性的立法。两种秩序相比较,哈耶克更为推重内在秩序。哈耶克理论在经济学和社会学等领域都得到了较好的验证。由此推演,体育法律秩序还不算完结,法律道德化成为可能,即由法律秩序再到道德秩序。所以,我们常常看到"道德自律:转型期社会秩序的最高实现形式"③和"道德自律是法治秩序的最高实现形式"④的命题,这种道德秩序应该不同于先期的道德秩序,应该是一种更高层级的变化,它是否能与体育自治发生关联呢?

其二,分层秩序与多元秩序相行相近。秩序可以分为多种类型,其中分层秩序和多元秩序是一种划分,分层秩序也可以叫作等级秩序,一个社会肯定存在等级秩序,只不过是多与少的问题⑤。前文所述,我国体育道德秩序的实质是政治秩序,所以,这个时期主要体现的是分层秩序。

---

① 张静:《法团主义》,中国社会科学出版社 1998 年版,第 122 页。
② 杨薇、王鹏:《体育竞赛规则的法律学思考》,《西安体育学院学报》2004 年第 2 期。
③ 苏令银:《道德自律:转型期社会秩序的最高实现形式》,《社会科学》2001 年第 8 期。
④ 李文彬:《道德自律是法治秩序的最高实现形式》,《社会科学》2000 年第 9 期。
⑤ 秦扬、邹吉忠:《试论社会秩序的本质及其问题》,《西南民族大学学报》(人文社科版) 2003 年第 7 期。

多元秩序体现的是一种社会主体之间的竞争关系，市场经济体制下从体育道德秩序向体育法律秩序转化，应该较多体现的是多元秩序。结合我国国情，体育领域应该建立一种以多元为基础的等级秩序。

其三，体育道德秩序转化为体育法律秩序，体育道德并非不再起作用了。毕竟这是两种不同的规则体系，各有自己规制的内容和范围，当然，两种秩序转化以后，我们也可以说体育道德秩序回到了它应该所在的位置。

二 体育规则共治的特点

（一）体育规则效益的最大化

各类体育社会组织以及个人能够补充单独由政府制定体育规则带来的缺陷，能够有效补充政府在捕捉体育规则需求方面的不足，通过体育社会组织和个人之间的竞争与合作不断提升体育规则的效益。我们应该能够看到，政府在这方面已经做出了一些努力，比如《全民健身条例》在出台之前，政府就在网上广泛征求网民的建议，旨在不断提升《全民健身条例》的质量。由此，《全民健身条例》给所有的体育规则做出了一个榜样。

（二）体育规则共治主体的多元化

关于这一点，在体育规则共治的内涵中有所涉及，在此不再赘述。

（三）倡导共治过程中的竞争与合作

同样，这一点也在前文中有过论述，本书强调的是，政府、各类体育社会组织以及个人不是完全的平等身份，众所周知，我国的传统就是政府主导，政府的这种主导地位现在及未来不会有大的改变。这种情况下共治主体间的平等合作至关重要，需要政府作出极大的努力和付出，比如放低姿态，寻求平等合作。

（四）体育规则共治的法治化

共治模式不单单指重视体育规则的实施过程，还要重视体育规则实施过程的监督以及后评估，这就意味着体育规则共治不是无秩序的合作与竞争。体育规则有无发挥最大效益，许多指标是通过后评估得来的。体育规则共治模式是在法律框架内实施完成的。

三　体育规则共治模式中的权力和权利

（一）从行政权力逐渐向社会权力偏移

权力与权利在体育规则共治模式中一直处在动态的变化中，我国一直以行政权力为中心，行政主导是我国的传统，这一点前文中有所交代。体育中的主要表现就是举国体制，行政主导体制下集中力量办一件事情，这种情况可能成本较高，但是，结果往往很不错。新冠疫情在我国控制得很好就是得益于举国体制，行政命令全国支援武汉，全国义无反顾地执行命令。这种情况在中国已经做得较为成熟，一个时期内很难撼动。但是，并不表示没有松口。近期，体育协会改革将要开始，2020年8月、12月，80多个国家级体育协会如老年人体育协会、滑冰协会等都要进行改革，与国家体育总局脱钩，变成真正的单一身份（过去这些自上而下的协会身份复杂，兼具"官民二重性"），这种单一身份的具体表现就是不再具有官的权力，即行政权力，真正变成民间身份，由此，诸多体育协会的权力变成社会权力，社会权力开始登上舞台。而社会权力就是社会主体，主要是指人民、社会组织，及其所拥有的社会资源，这个资源包括经济的、物质的等，对国家和社会的影响力、支配力、强制力[1]。刚才讲的是自上而下的体育协会，随着我国政治经济的发展，现今出现最多的是自下而上的体育协会或者体育组织，即俗称的"草根体育"。由此可见，社会权力不断在壮大，前文讲过，行政权力主导模式在我国不会有太大的变动，但是，社会权力的迅猛出现会使行政权力有所削弱，而向社会权力偏移。

（二）体育权利不断被认知和提升

个人（公民）乃至体育社会组织（法人）的体育权利在不断扩大和提升，这个在《体育法》修改的研究中可以发现端倪，很多研究认为，我国的《体育法》没有将体育权利写入是一个大的缺陷，未来《体育法》修改一定要将体育权利写入其中。新近的研究则认为，体育权利已经人所共知，没有必要非得在字面上显示出来。由此可见，人们对体育权利

---

[1]　郭道晖：《论社会权力》，《中国政法大学学报》2008年第3期。

的认知在不断加深和提升。

实践中很多地方正在进行体育协会的改革，比如"放管服"改革，政府已经意识到了公众的体育权利，所以，改革涉及民生的方方面面，衡量改革是否到位的标准就是看它能否为群众生活及办事增加便利。未来体育规则共治模式应该是强政府、大社会。如果把"社会"（权利场域）比作大写符号，而国家（权力层面）则是小写符号，国家权力应是从属于整个社会①。

第三节 理想的体育规则共治路径选择

一 明确体育规则结构，实现体育的规则之治

进一步分层，可以把体育竞赛规则称为内核规则，体育管理规则称为中层规则，国家体育管理规则或者国家制定的体育规则是外层的规则②。依照上述类型划分，可清晰发现国家在体育治理中的宏观调控功能及对体育外部秩序的维护作用。而更为根本的、起支撑作用的是体育自身的发展规律，用尽内部救济就是保障体育内生秩序的重要规则。我国的体育内部规则一直比较匮乏，多源于外部移植和国家计划，而体育的规则治理是一个复杂的过程，需要外部规则与内部规则共同发挥作用③。要想改善我国体育内部规则的状况，必须明确体育规则治理结构，减少外国体育政策的直接移植，必须考虑我国体育自身发展特征，减少短期工具性外部规则的颁布，建立长远、宏观调控的体育外部规则，才能增强体育社会内部秩序的自由度。

二 营造体育规则的文化氛围，增强规则意识

培养体育规则意识，是使体育参与者具有良好伦理道德素质的关键。伦理道德与规则不可分割，体育伦理道德规则是组成体育规则系统的

---

① 卢爱国、曾凡丽：《社会公共事务分类与治理机制》，《城市问题》2009年第11期。
② 姜世波：《游戏规则与法律治理——谢晖教授学术访谈录》，《体育与科学》2017年第1期。
③ 贾文彤：《体育的规则之治——一个法律社会学视角》，《体育学刊》2007年第1期。

"细胞"，它渗透到其他各种类型的规则之中，成为它们的构成要素。为现代体育参与者营造体育规则文化氛围，增强其体育规则文化理念。广义的文化分为三个层次，物质文化、制度文化和精神文化，规则文化理所当然属于制度文化的范畴。强调规则是体育社会不同于一般社会的基点，规则是体育存在的根本保障。体育参与者是体育社会的主体，规则文化是体育参与者可持续发展的前提。规则文化还可进一步引申至精神文化的范畴，体育拥有像奥运会、世界杯、世锦赛等许多"国际舞台"，应具有良好的规则文化素养，展现极具道德价值的体育风格，为整个社会树起一面向上的旗帜，增进整个社会的和谐化发展。

三 培养专业的体育治理人才，构筑多层级的体育治理模式

要想实现体育的规则共治，健全专业的体育治理人才体系不可或缺。在宏观层面，专业的治理人才应具备资源挖掘和实现有效配置的能力，熟悉体育规则并懂得规则引渡，学会利用新型技术把握大众需求特征。从微观的角度考量，根据体育治理内容进行治理人才方向细分，如在基层体育治理方面，须明晰基层治理的组织架构、社会组织的治理方式和治理特征，以及在制度框架的选取与应用方面的评估与考量，在掌握基层体育环境状况后，才能实现这一层级的治理目标，形成基层体育治理模式。

四 改善体育竞争模式，提升体育发展效率

现阶段的体育规则只表现出对竞争模式有一定影响，未来体育规则要具备改善体育竞争模式的作用。"举国体制"时期，国家是体育内所有竞争的操盘手，体育领域的竞争几乎没有自由可言，体育竞争模式单一，竞技体育发展效果显著，学校体育与群众体育按部就班，其发展缺乏活力，体育产业未具雏形更无效率可言。自我国实行市场经济体制改革，体育的经济政策转变，使体育的所有竞争都开始与市场模式融合，呈现出多样性，体育发展速度加快，体育各领域发展能力得到显著提升。但受市场利益的驱使，建立体育法治规则规制、防范因多业态融合出现的体育竞争乱序是体育规则核心价值提升的关键，这就需要体育规则牢牢

把握体育的本质,以体育的需求为基本点去制定相应的规则。

五　多元化的权力配置,规避权力异化现象

我国体育法治已初步实现与前一阶段体育法制的区分,其根本在于权力的配置不同,法治较法制呈现出多元化的权力秩序。在强调体育法制建设时期,掌握权力的人容易滥用,产生权力异化危机,使得体育腐败频频出现。哈耶克主张政府在一切行动中都受到事前规定并宣布的规则的约束①,拒绝理性的滥用来保障个人自由,因为推动社会前进的力量是真正自由的个人。因此,体育规则要明确多方参与治理体育的权利与义务,实现多主体的权力配置,建立起参与主体间的监督机制,减少权力异化现象的发生,保障体育发展的良性循环。

思考题

(1) 如何看待哈耶克的秩序理论对体育发展的作用?

(2) 如何看待人类的有限理性?

(3) 如何看待体育领域由过去的一元管理到现在的规则共治?

---

① [英]弗里德里希·哈耶克:《通往奴役之路》,王明毅等译,中国社会科学出版社1997年版,第73页。

参考文献

一 中文类参考文献

（一）著作

[美] 埃尔曼：《比较法律文化》，贺卫方、高鸿钧译，生活·读书·新知三联书店1990年版。

[美] 爱德华·特纳：《技术的报复——墨菲法则和事与愿违》，徐俊培、钟季廉、姚时宗译，上海科技教育出版社2000年版。

[美] E. 博登海默：《法理学——法律哲学与法律方法》，邓正来译，中国政法大学出版社2004年版。

[美] E. 博登海默：《法理学——法哲学及其方法》，邓正来、姬敬武译，华夏出版社1987年版。

陈燮君：《学科学导论》，上海三联书店出版社1991年版。

陈忠：《规则论》，人民出版社2008年版。

程燎原、王人博：《权利及其救济》，山东人民出版社2002年版。

池海平：《法治误区论》，希望出版社2004年版。

[日] 川岛武宜：《现代化与法》，申政武、渠涛、李旺译，中国政法大学出版社2004年版。

董小龙、郭春玲主编：《体育法学》，法律出版社2006年版。

董小龙、郭春玲主编：《体育法学》，法律出版社2013年版。

樊纲：《走进风险的世界》，广东经济出版社1990年版。

费孝通：《再谈怎样进行社会学调查》，《费孝通文集》（第八卷），群言出版社1999年版。

［英］弗里德里希·冯·哈耶克：《自由秩序原理》（上），邓正来译，上海三联书店1998年版。

傅砚农主编：《中国体育通史》（第五卷），人民体育出版社2008年版。

付子堂：《法理学初阶》，法律出版社2013年版。

付子堂主编：《法理学高阶》，高等教育出版社2008年版。

高鸿钧等：《法治：理念与制度》，中国政法大学出版社2002年版。

高鸿钧主编：《清华：法治论衡》（第一辑），清华大学出版社2000年版。

高强：《布迪厄体育社会学思想研究》，知识产权出版社2014年版。

高雪峰、刘青：《体育管理学》，人民体育出版社2014年版。

公丕祥主编：《法理学》，复旦大学出版社2002年版。

［日］谷口安平：《程序的正义与诉讼》，王亚新、刘荣军译，中国政法大学出版社1996年版。

顾志华：《辞海》，上海辞书出版社1989年版。

郭忠：《法律秩序和道德秩序的相互转化》，中国政法大学出版社2012年版。

［德］哈贝马斯：《在事实与规范之间——关于法律和民主法治国的商谈理论》，生活·读书·新知三联书店2003年版。

［英］哈耶克：《法律、立法与自由》（第一卷），中国大百科全书出版社2000年版。

［英］弗里德里希·哈耶克：《通往奴役之路》，王明毅等译，中国社会科学出版社1997年版。

何海波：《实质法治——寻求行政判决的合法性》，法律出版社2009年版。

何泽中：《当代中国村民自治》，湖南大学出版社2002年版。

何志鹏：《权利基本理论：反思与构建》，北京大学出版社2012年版。

胡小明、石龙：《体育价值论》，四川科学技术出版社2008年版。

华新、柏益尧等：《规律规则原理》，科学出版社2010年版。

季卫东：《宪政新论》，北京大学出版社2002年版。

姜仁屏，刘菊昌：《体育法学》，黑龙江人民出版社1994年版。

蒋孔阳、朱立元：《西方美学通史》第七卷，上海文艺出版社1999年版。

［奥］凯尔森：《法与国家的一般理论》，中国大百科全书出版社 1996 年版。

［德］科殷：《法哲学》，林容远译，华夏出版社 2002 年版。

［美］克林福德·吉尔茨：《地方性知识》，中央编译出版 2000 年版。

乐国安：《法制建设与越轨行为控制》，天津人民出版社 2006 年版。

［英］雷蒙德·瓦克斯：《法哲学：价值与事实》，谭宇生译，译林出版社 2013 年版。

李步云：《论法治》，社会科学文献出版社 2008 年版。

李龙主编：《良法论》，武汉大学出版社 2001 年版。

李其瑞：《法学研究与方法论》，山东人民出版社 2005 年版。

李祥：《学校体育学》，高等教育出版社 2003 年版。

李秀梅：《中华人民共和国体育史简编》，北京体育大学出版社 2001 年版。

梁慧星主编：《为权利而斗争》，中国法制出版社 2000 年版。

梁漱溟：《东西文化及其哲学》，商务印书馆 1999 年版。

梁治平：《法律的文化解释》，上海三联书店 1998 年版。

梁治平：《法治在中国：制度、话语与实践》，中国政法大学出版社 2002 年版。

林发新：《人权法论》，厦门大学出版社 2011 年版。

刘举科：《体育法学》，广西师范大学出版社 2005 年版。

刘淑英：《运动竞赛规则的本质特征、演变机制与发展趋势》，北京体育大学出版社 2010 年版。

刘永富：《价值哲学的新视野》，中国社会科学出版社 2002 年版。

刘作翔：《迈向民主与法治的国度》，山东人民出版社 1999 年版。

卢元镇：《体育社会学》（第四版），高等教育出版社 2018 年版。

卢元镇主编：《体育社会学》（第四版），高等教育出版社 2018 年版。

卢云主编：《法理学》，四川人民出版社 1992 年版。

［美］罗伯特·K. 默顿：《社会研究与社会政策》，林聚任等译，上海三联书店 2001 年版。

［美］约翰·罗尔斯：《正义论》，何怀宏等译，中国社会科学出版社

1988 年版。

［美］约翰·罗尔斯：《政治自由主义》，万俊人译，译林出版社 2000 年版。

罗豪才、宋功德：《软法亦法》，法律出版社 2009 年版。

罗豪才等：《软法与公共治理》，北京大学出版社 2006 年版。

吕小康：《社会转型与规则变迁》，南开大学出版社 2012 年版。

［英］尼尔·麦考密克：《法律推理与法律理论》，姜峰译，法律出版社 2005 年版。

［英］迈克尔·博兰尼：《自由的逻辑》，冯银江、李雪茹译，吉林人民出版社 2002 年版。

［美］曼弗雷德·S.弗林斯：《舍勒的心灵》，张志平、张任之译，上海三联书店 2006 年版。

密尔：《论自由》，商务印书馆 1959 年版。

莫纪宏：《现代宪法的逻辑基础》，法律出版社 2001 年版。

潘德勇：《实证法学方法论研究》，中国政法大学出版社 2015 年版。

潘玉君、武友德等：《可持续发展原理》，中国社会科学出版社 2005 年版。

秦椿林：《体育管理学高级教程》，高等教育出版社 2009 年版。

［美］萨巴蒂尔：《政策过程理论》，生活·读书·新知三联书店 2004 年版。

［美］Paul A. Sabatier：《政策变迁与学习：一种倡议联盟途径》，邓征译，北京大学出版社 2011 年版。

宋在友：《中国当代法律体系理论研究》，中国政法大学出版社 2012 年版。

苏力：《阅读秩序》，山东教育出版社 1999 年版。

孙晓楼：《法律教育》，中国政法大学出版社 1997 年版。

孙笑侠：《法的现象与观念》，山东人民出版社 2003 年版。

孙笑侠主编：《法理学》，中国政法大学出版社 1996 年版。

汤卫东：《体育法学》，南京师范大学出版社 2007 年版。

［美］布雷恩·Z.塔玛纳哈：《论法治——历史、政治和理论》，李桂林

译，武汉大学出版社 2010 年版。

田芳：《地方自治法律制度研究》，法律出版社 2008 年版。

王建中主编：《体育法学》，北京师范大学出版社 2010 年版。

王莉君：《法律规范论》，法律出版社 2012 年版。

王人博、程燎原：《法治论》，广西师范大学出版社 2014 年版。

王人博、程燎原：《法治论》，山东人民出版社 1999 年版。

韦广雄：《制度话语下的和谐社会构建》，社会科学文献出版社 2008 年版。

文建龙：《权利贫困论》，安徽人民出版社 2010 年版。

翁文刚、卢东陵：《法理学论点要览》，法律出版社 2001 年版。

吴思：《血酬定律——中国历史中的生存游戏》，四川人民出版社 2013 年版。

武建敏、董佰壹：《法治类型研究》，人民出版社 2011 年版。

夏勇：《公法》（第二卷），法律出版社 2000 年版。

夏正林：《社会权规范研究》，山东人民出版社 2007 年版。

邢建国：《秩序论》，人民出版社 1993 年版。

徐梦秋等：《规范通论》，商务印书馆 2011 年版。

徐向华主编：《地方性法规法律责任的设定》，法律出版社 2007 年版。

闫旭峰：《体育法学与法理基础》，北京体育大学出版社 2007 年版。

［古希腊］亚里士多德：《政治学》，吴寿彭译，商务印书馆 1995 年版。

杨庭硕：《生态人类学导论》，民族出版社 2007 年版。

姚建宗：《法律与发展研究导论》，吉林大学出版社 1998 年版。

叶必丰：《行政法学》，武汉大学出版社 1996 年版。

［德］尤尔根·哈贝马斯：《交往行为理论》（第一卷），曹卫东译，世纪出版集团上海人民出版社 2004 年版。

俞江：《规则的一般原理》，商务印书馆 2017 年版。

俞吾金：《问题域外的问题——现代西方哲学方法论探要》，上海人民出版社 1987 年版。

张厚福：《体育法理》，人民体育出版社 1998 年版。

张厚福：《体育法理》，人民体育出版社 2001 年版。

张厚福主编：《体育法学概要》，人民体育出版社1998年版。

张静：《法团主义》，中国社会科学出版社1998年版。

张文显：《法理学》，北京大学出版社2002年版。

张文显：《法理学》，法律出版社1997年版。

张扬：《体育法学概论》，人民出版社2006年版。

赵汀阳：《赵汀阳自选集》，广西师范大学出版社2000年版。

赵震江主编：《法律社会学》，北京大学出版社1998年版。

郑贤君：《基本权利原理》，法律出版社2010年版。

周文华：《论法的正义价值》，知识产权出版社2008年版。

周永坤、范忠信《法理学——市场经济下的探索》，南京大学出版社1994年版。

朱景文主编：《法理学》，中国人民大学出版社2008年版。

卓泽渊：《法的价值论》，法律出版社2006年版。

卓泽渊：《法学导论》，法律出版社2003年版。

卓泽渊：《法治国家论》，法律出版社2008年版。

（二）期刊文章

［荷］Robert C．R．Siekmann：《体育规则：足球规则修改与集体项目规则的比较研究》，《体育科研》2014年第6期。

［英］Benny Josef Peiser：《关于中国古代体育起源的两个问题》，《山东体育学院学报》1998年第2期。

《国家强制性标准数量大幅降低》，《中国招标》2017年第2期。

安维复、郭荣茂：《科学知识的合理重建：在地方知识和普遍知识之间》，《社会科学》2010年第9期。

巴玉峰：《我国公民体育权利的理论分析》，《山西师大体育学院学报》2006年第4期。

白广勇、吕敏：《程序法治的困惑与选择》，《社科纵横》2008年第3期。

卞胜林：《谈规则教育在初中体育教学中的渗透》，《赤子》（中旬）2014年第18期。

别应龙：《论技术规则的结构功能及其特点》，《湖北经济学院学报》（人文社会科学版）2007年第9期。

卜洁文：《未列举基本权利论纲》，《西藏大学学报》（社会科学版）2010年第4期。

曾美勤：《我国高等教育评估政策变迁研究——基于支持联盟框架的分析》，《江苏高教》2013年第3期。

车传波：《综合法治论》，《社会科学战线》2010年第7期。

陈春龙：《法律规范作用新探》，《现代法学》1990年第4期。

陈飞：《基于规则精神的大学生诚信品质培育思考》，《思想政治课研究》2018年第10期。

陈红艳：《"明规则"虚化与"潜规则"盛行——探析腐败犯罪的一项重要原因》，《理论月刊》2011年第12期。

陈江丰：《关于社会规律问题的探讨综述》，《党校科研信息》1995年第5期。

陈军：《立法设定行政处罚需要明确的十个问题》，《江淮法治》2007年第21期。

陈凯：《"三位一体"的中国〈体育法〉核心价值》，《成都体育学院学报》2017年第5期。

陈立国、富学新：《尊重人的价值是体育强国之路的永恒选择》，《体育学刊》2010年第6期。

陈丽芳：《行政规范性文件的法律地位分析》，《党政论坛》2007年第4期。

陈琳：《关于政策学习的理论探索》，《学习月刊》2010年第12期。

陈培永：《马克思主义计划经济论的道德意蕴与实践悖论》，《湖北经济学院学报》2013年第6期。

陈书睿：《反兴奋剂法律制度研究》，《西安体育学院学报》2017年第2期。

陈亚雄：《内部行政规则的外部化》，《法学研究》2011年第5期。

陈岩：《体育法制建设的总体形势和加强体育法制建设的建议》，《浙江体育科学》2003年第2期。

陈英：《运动员的合法"兴奋剂"》，《检查风云》2016年第9期。

陈志尚：《准确把握以人为本的科学内涵》，《北京大学学报》（哲学社会科学版）2005 年第 2 期。

陈仲：《关于法律后果的法理分析》，《四川文理学院学报》（社会科学）2009 年第 3 期。

程晓敏：《关于标准的强制性、推荐性及技术法规探讨》，《理论与研究》2015 年第 10 期。

程志军、李小阳：《技术法规和标准概述》，《工程建设标准化》2015 年第 1 期。

次仁多吉、翟源静：《论地方性知识的生成、运行及其权力关联》，《思想战线》2011 年第 6 期。

道晖：《论社会权力》，《中国政法大学学报》2008 年第 3 期。

邓红梅、黄静：《关于强制性标准法律问题的思考》，《齐齐哈尔高等师范专科学校学报》2011 年第 3 期。

丁寰翔：《论程序法治及其实施》，《社会科学论坛》2007 年第 3 期。

董皞：《法律冲突概念与范畴的定位思考》，《法学》2012 年第 3 期。

杜飞：《试论法律责任的若干问题》，《中国法学》1990 年第 6 期。

杜辉：《面向共治格局的法治形态及其展开》，《法学研究》2019 年第 4 期。

范莉莉、陶士俭：《简论体育教学中学生规则意识的培养》，《运动》2018 年第 9 期。

范叶飞、马卫平：《体育治理与体育管理的概念辨析与边界确定》，《武汉体育学院学报》2015 年第 7 期。

方忠炳：《关于地方立法中的法律责任审议》，《人民政坛》1999 年第 12 期。

房巍、冯狄、张守忠：《乒乓球规则演变及其发展研究》，《吉林体育学院学报》2010 年第 5 期。

冯宝忠：《政府与体育社会团体在全民健身活动中的责任》，《武汉体育学院学报》2012 年第 10 期。

冯玉军、季长龙：《论体育权利保护与中国体育法的完善》，《西北师大学报社会科学版》2005 年第 3 期。

傅小青：《试析道德法律化的限度》，《理论导刊》2004 年第 6 期。

高峰:《社会秩序变革的三重动因:社会哲学的视域》,《学术交流》2012年第7期。

高兆明:《伦理秩序辨》,《哲学研究》2006年第6期。

葛洪义:《法治如何才能形成?——中国足球职业联赛的个案分析及其启示》,《法律科学:西北政法学院学报》2002年第6期。

葛卫忠:《我国体育权利的分类》,《体育学刊》2007年第6期。

宫敬才:《哈耶克的"自生自发秩序"概念》,《河北大学学报》(哲学社会科学版)1999年第2期。

龚德胜、郑成爱:《中国体育价值选择的历史演变及展望》,《体育与科学》2009年第3期。

龚培河、万丽华:《论自然规律与社会规律的逻辑共性》,《理论探讨》2014年第3期。

龚向和:《理想与现实:基本权利可诉性程度研究》,《法商研究》2009年第4期。

龚正伟、刘星:《新型冠状病毒肺炎疫情下基于人类命运共同体理念的我国体育治理方略》,《体育学研究》2020年第2期。

巩庆波:《教练员权利表现特征与保障机制研究》,《西安体育学院学报》2015年第6期。

郭春玲、张彩红:《我国体育立法回顾与述评》,《西安体育学院学报》2008年第3期。

郭嘉星:《现代奥林匹克运动会异化的研究》,《体育世界》(学术版)2019年第6期。

郭树理、李倩:《奥运会特别仲裁机制司法化趋势探讨》,《体育科学》2010年第4期。

郭树理:《奥运会特别仲裁机制司法化趋势探讨》,《体育科学》2010年第4期。

郭学德:《"推进型"法治道路及其实践中存在的问题》,《学习论坛》2000年第8期。

郭榛树:《科学发展观的法学解读》,《河北法学》2006年第1期。

郭忠:《道德法律化的途径、方式和表现形态》,《道德与文明》2010年第 3 期。

韩传信：《青少年规则意识教育：意义、内涵特征及路径》，《合肥师范学院学报》2019 年第 2 期。

韩新君、吕玉萍、谢伦立：《体育竞赛中的潜规则及其治理》，《成都体育学院学报》2014 年第 8 期。

韩新君：《对奥林匹克运动中运动员权利问题的研究》，《体育科学》2007 年第 8 期。

韩玉璋、王克阳、王兴：《中国体育治理研究的现状、特征及趋势》，《沈阳体育学院学报》2018 年第 1 期。

何勤华：《法的移植与法的本土化》，《中国法学》2002 年第 3 期。

何兆武：《社会形态与历史规律》，《历史研究》2000 年第 2 期。

和文雄：《"星光计划"体育政策实施过程中"梗阻"现象分析与对策研究》，《成都体育学院学报》2013 年第 4 期。

贺克宏：《关于经济法律责任的若干问题思考》，《企业改革与管理》2014 年第 5 期。

洪圣达：《体育教育目标论》，《学理论》2013 年第 15 期。

胡建淼：《"其他行政处罚"若干问题研究》，《法学研究》2005 年第 1 期。

胡峻、毛姗姗：《行政法中法律责任条款的构设问题研究》，《山东社会科学》2011 年第 4 期。

胡旭晟：《20 世纪前期中国之民商事习惯调查及其意义》，《湘潭大学学报》（哲学社会科学版）1999 年第 2 期。

胡旭晟：《论法律源于道德》，《法制与社会发展》1997 年第 4 期。

胡旭忠、汤卫东、畅振山：《体育法原则与规则的冲突》，《西安体育学院学报》2016 年第 4 期。

胡延龄、黎昀：《标准与市场秩序》，《中国市场》2005 年第 8 期。

华洪兴等：《体育执法中的问题及其对策》，《体育与科学》2000 年第 2 期。

黄金荣：《对哈耶克法律理论的几点质疑》，《法商研究》2003 年第 3 期。

黄谋琛：《社会规则的外延和类型》，《兵团党校团报》2014 年第 1 期。

黄世昌、熊茂湘：《大学生特殊群体体育权利保护的研究》，《中国特殊教育》2011年第6期。

黄文君：《公法的私法化问题初探》，《职工法律天地》2018年第6期。

黄文伟：《政策学习与变迁：一种倡议联盟框架范式——对我国高职院校招生政策变迁的解读》，《清华大学教育研究》2012年第5期。

黄文艺：《法律体系形象之解构与重构》，《法学》2008年第2期。

黄文艺：《为形式法治理论辩护》，《政法论坛》2008年第1期。

黄亚玲：《中国体育社团的发展——历史进程、使命与改革》，《北京体育大学学报》2014年第2期。

黄冶、陶锦：《我国体育外交70年：回顾、特征和推进路径》，《沈阳体育学院学报》2019年第5期。

黄一飞、严少诚：《对体育规律涵义的哲学剖析》，《浙江体育科学》1995年第5期。

黄勇前：《〈国家体育锻炼标准〉出台背景、实施情况研究》，《体育文化导刊》2005年第5期。

黄有璋：《比较中的公平正义概念辨析》，《哲学研究》2019年第5期。

黄月辉：《论道德自律的本质》，《学科视野》2005年第10期。

火田中和夫、林青：《"法的统治"与"法治国家"》，《外国法译评》1997年第4期。

吉明发：《行政处罚的种类分析与探讨》，《现代农业科技》2008年第1期。

季涛：《论法律体系的概念结构——以价值法学为分析视角》，《浙江社会科学》2011年第12期。

贾文彤、张华君：《我国职业足球行业规范若干问题研究》，《上海体育学院学报》2005年第3期。

贾文彤：《体育的规则之治》，《体育学刊》2007年第1期。

江必新、王红霞：《社会治理的法治依赖及法治的回应》，《法制与社会发展》2014年第4期。

姜峰：《权利宪法化的隐忧》，《清华法学》2010年第5期。

姜明安：《软法的兴起与软法之治》，《中国法学》2006年第2期。

姜朋：《穿马褂与扒马褂：对法律关系主客体理论的初步反思》，《法制与社会发展》2005年第3期。

姜世波：《〈中华人民共和国体育法〉的司法适用探究》，《天津体育学院学报》2015年第3期。

姜世波：《游戏规则与法律治理》，《体育与科学》2017年第1期。

姜世波：《游戏规则与法律治理——谢晖教授学术访谈录》，《体育与科学》2017年第1期。

蒋红霞、朱兴林：《我国体育价值研究的进展、不足及趋向》，《山东体育学院学报》2018年第5期。

蒋立山：《为什么有法律却没有秩序》，《法学杂志》2005年第4期。

蒋培：《国内外地方性知识研究的比较与启示》，《青海民族研究》2015年第4期。

金伟峰、张效羽：《论国务院规范性文件与省级地方性法规冲突的处理》，《法治论丛》2008年第6期。

兰薇、姜世波：《权利法哲学视野中的体育腐败及其治理原则》，《北京体育大学学报》2017年第12期。

雷金火：《论公民体育权利的法律化》，《军事体育进修学院学报》2006年第2期。

雷厉等：《我国体育标准体系架构初探》，《武汉体育学院学报》2009年第11期。

雷鑫洪：《方法论演进视野下的中国法律实证研究》，《法学研究》2017年第4期。

李爱群、漆昌柱、简德平、王相飞：《我国体育事业创新发展的时代主题与问题释析："新时代中国体育发展"国际研讨会述评》，《武汉体育学院学报》2019年第6期。

李和民：《论大学生规则意识的培养》，《中国林业教育》2007年第1期。

李恒威：《觉知及其反身性结构》，《中国社会科学》2011年第4期。

李金海：《关于规则内涵的思考》，《体育与科学》1989年第5期。

李俊明、常乃军：《我国公民体育权利法规建设研究》，《体育文化导刊》2010年第1期。

李克雷、孔艳君：《高校体育教学的规则教育价值与开展》，《青少年体育》2016 年底 4 期。

李莉、程秀波：《体育道德的现状与体育道德建设》，《河南师范大学学报》（哲学社会科学版）2001 年第 5 期。

李平、张文锁：《论学校体育教育目标体系的建构与实施》，《黄石理工学院学报》2007 年第 4 期。

李琦：《法律规范的分类研究》，《厦门大学学报》（哲学社会科学版）1993 年第 4 期。

李清华：《地方性知识与后工业时代的设计文化》，《南京艺术学院学报》2013 年第 3 期。

李荣：《竞技体育规则"灰色地带"的形成与掣肘》，《信息记录材料》2017 年第 7 期。

李姗、万珏：《论经济发展方式转变背景下提倡性规范的价值体系》，《法治与社会》2013 年第 9 期。

李卫平等：《刍议体育道德推脱》，《体育与科学》2012 年第 1 期。

李文彬：《道德自律是法治秩序的最高实现形式》，《社会科学》2000 年第 9 期。

李先龙：《论罚款限额的设定方式》，《广西政法管理干部学院学报》2005 年第 5 期。

李阳生、张进生：《论依法治国向实质法治的转变》，《中南工业大学学报》（社会科学版）2001 年第 4 期。

李玉文：《论体育人的文化》，《吉首大学学报》（自然科学版）2007 年第 3 期。

李云海：《中国法学研究方法浅析》，《经济研究导刊》2011 年第 31 期。

李长吉：《论农村教师的地方性知识》，《教育研究》2012 年第 6 期。

李正华：《社会规则论》，《政治与法律》2002 年第 3 期。

李志强：《论竞技体育中人的异化与体育精神的缺失》，《智库时代》2019 年第 2 期。

李重言：《运动竞赛规则变迁机制的内涵阐释》，《吉林省教育学院学报》2016 年第 1 期。

梁龙发、刘华:《体育法学自议》,《武汉体育学院学报》1994 年第 2 期。

林庆伟、沈少阳:《规范性文件的法律效力问题研究》,《行政法学研究》2004 年第 3 期。

林思桐:《从体育图书的出版状况看新中国体育发展的轨迹》,《体育文史》1989 年第 6 期。

蔺宇哲:《浅论法律教育的人文价值》,《教育艺术》2007 年第 8 期。

刘成:《从"尊严论"探视公民体育权利的发展契机》,《体育科学研究》2011 年第 5 期。

刘春青、于婷婷:《论国外强制性标准与技术法规的关系》,《科技与法律》2010 年第 5 期。

刘德佩:《关于体育起源与发展的社会学思考》,《西安体育学院学报》1998 年第 4 期。

刘芳梅:《现代奥林匹克运动的技术异化及消解》,《邵阳学院学报》2019 年第 4 期。

刘凤霞、张海泉:《〈中华人民共和国体育法〉若干问题分析》,《中国体育科技》2004 年第 3 期。

刘国新:《从概念到理论:关于马克思异化思想的探源》,《山西高等学校社会科学学报》2019 年第 9 期。

刘国忠、郭春玲:《我国体育法制建设的回顾与探讨》,《赤峰学院学报(自然科学版)》2010 年第 11 期。

刘建和:《体育价值与体育价值观》,《成都体育学院学报》1987 年第 4 期。

刘金国、闻立军:《法治秩序断想》,《法学杂志》2008 年第 2 期。

刘玲、征汉年、章群:《法律权利基本问题研究》,《河池学院学报》(哲学社会科学版) 2005 年第 4 期。

刘青山:《格尔茨的"地方性知识"对中国法治建设的启示》,《中国石油大学胜利学院学报》2012 年第 2 期。

刘淑英、王建平:《哲学视野中的体育规则》,《体育文化导刊》2005 年第 4 期。

刘硕:《论社会转型期法律价值冲突的平衡与意义》,《学理论》2012 年第 6 期。

刘叶深：《法律规则与法律原则：质的差别》，《法学家》2009 年第 5 期。

刘莹：《试论我国公务员的权利保障机制》，《现代妇女》（下旬）2014 年第 11 期。

刘玉、方新普：《社会转型期我国体育利益结构的变化及其对体育政策制定的影响》，《天津体育学院学报》2009 年第 4 期。

刘玉、田雨普：《社会学视野中的农民工体育权利缺失研究》，《天津体育学院学报》2009 年第 1 期。

卢爱国、曾凡丽：《社会公共事务分类与治理机制》，《城市问题》2009 年第 11 期。

卢峰：《体育的本质及社会性表征》，《成都体育学院学报》2001 年第 6 期。

陆晓理、曲业煌：《新时期优秀运动员法律意识的培养》，《南京体育学院学报》（自然科学版）2006 年第 1 期。

鹿兰峰：《法律多元和我国体育法治建设》，《内蒙古电大学刊》2014 年第 4 期。

罗诗裕：《对法律秩序的哲学思考》，《经济与社会发展》2003 年第 5 期。

罗天强：《论技术与自然规律》，《科学学研究》2008 年第 4 期。

罗晓中：《联合国教科文组织"体育运动国际宪章"》，《国际社会科学杂志》（中文版）1984 年第 2 期。

罗玉中：《法律规范的逻辑结构》，《法学研究》1989 年第 5 期。

吕廷君：《和谐社会及其法治特征：以自由主义理论为分析视角》，《山东警察学院学报》2009 年第 5 期。

吕予锋：《中美体育法学研究现状比较及对体育法学学科建设的探讨》，《天津体育学院学报》2006 年第 3 期。

吕振凡：《地方立法设定行政处罚的几个问题》，《中国人大》1999 年第 4 期。

马德浩：《从管理到治理：新时代体育治理体系与治理能力现代化建设的四个主要转变》，《武汉体育学院学报》2018 年第 7 期。

马宏俊：《论体育法律责任》，《体育文化导刊》2003 年第 4 期。

马鸿玲：《浅析法律责任的竞合问题研究》，《职工法律天地》2015 年第 9 期。

马俊峰：《规范性价值在价值体系中的地位和作用》，《学术研究》2011 年第 1 期。

马岭：《宪法权利冲突与法律权利冲突之区别》，《法商研究》2006 年第 6 期。

马忠泉、廖大刚：《论法律的倡导性》，《湖北公安高等专科学校学报》2001 年第 4 期。

蒙晓燕：《法治国转型下的法律体系化建设》，《北京社会科学》2015 年第 7 期。

苗治文、秦椿林、李勇勤：《当代中国体育的科学发展观》，《体育文化导刊》2006 年第 9 期。

南尚杰等：《日本体育治理体系及启示》，《体育学刊》2019 年第 4 期。

倪正茂：《法律效力的投资及其价值选择》，《现代法学》1995 年第 5 期。

牛楠森、余清臣：《公民规则意识：反思与培育》，《贵州师范大学学报》（社会科学版）2017 年第 2 期。

欧志龙：《论部门法的划分标准》，《法制与社会》2015 年第 12 期。

潘春江：《论体育教育中的规则教育及其价值》，《运动》2018 年第 4 期。

潘天群：《论技术规则》，《科学技术与辩证法》1995 年第 4 期。

潘迎旭、钟秉枢：《我国体育可持续发展的理论探索》，《体育文化导刊》2004 年第 5 期。

庞正：《法律关系基础理论问题论辩》，《法治研究》2010 年第 6 期。

庞正：《法律体系基本理论问题的再澄清》，《南京林业大学学报》（人文社会科学版）2003 年第 3 期。

彭菲、林莉：《我国体育标准研究现状综述与展望》，《中国标准导报》2015 年第 2 期。

彭国强、高庆勇：《美国大众体育制度治理的特征及启示》，《西安体育学院学报》2020 年第 1 期。

彭昕：《体育自治原则的法理解读》，《天津体育学院学报》2010 年第 6 期。

平保南:《在体育课中渗透"规则教育"的四点尝试》,《体育教学》2009年第3期。

漆多俊:《论经济法的调整方法》,《法律科学》1991年第5期。

钱继磊、赵晔:《"自生自发秩序"的陷阱》,《济南大学学报》(社会科学版)2012年第4期。

钱侃侃:《运动员权利的法理探析》,《法学评论》2015年第1期。

乔佩科:《论自然规律与社会规律的"可通约性"》,《社会科学辑刊》2009年第1期。

秦湘源:《社会规律的种类及其特点》,《学术交流》1994年第4期。

秦扬、邹吉忠:《试论社会秩序的本质及其问题》,《西南民族大学学报》(人文社科版)2003年第7期。

秦毅:《对〈中华人民共和国体育法〉核心价值评析》,《北京体育大学学报》2009年第12期。

秦勇:《关于法学方法论在中国的几点思考》,《黑龙江教育学院学报》2002年第6期。

饶晓红、周爱光:《浅议我国〈体育法〉法律特性的不足》,《体育文化导刊》2006年第6期。

任端平等:《标准问题的法律分析》,《世界标准化与质量管理》2007年第3期。

任剑涛:《国家治理的简约主义》,《开放时代》2010年第2期。

上官酒瑞、张弈天:《推进型法治模式下的"关键少数"与全面依法治国》,《天津行政学院学报》2015年第4期。

沈文星、马天乐:《试谈对法律责任适用中竞合问题的处理》,《林业经济问题》2000年第4期。

盛晓明:《地方性知识的构造》,《哲学研究》2000年第12期。

施群英:《从体育价值的嬗变商谈高校体育教学的改革方向》,《体育与科学》2009年第6期。

史海泉:《形式法治和实质法治》,《石河子大学学报》(哲学社会科学版)2008年第4期。

宋亨国、周爱光:《对体育法律关系分类的研究》,《体育科学》2009年第 8 期。

宋亨国、周爱光：《体育权利的分类》，《体育学刊》2015 年第 3 期。

宋文丽：《地沟油治理模式再思考》，《商品与质量》2012 年第 7 期。

苏令银：《道德自律：转型期社会秩序的最高实现形式》，《社会科学》2001 年第 8 期。

孙春伟：《法律关系客体新论》，《上海师范大学学报》（哲学社会科学版）2005 年第 6 期。

孙国友：《体育法学研究方法之研究》，《四川体育科学》2012 年第 6 期。

孙华璞：《法律责任竞合理论初探》，《人民司法》2017 年第 4 期。

孙蕾：《论环境法学研究方法论之逻辑构成》，《求索》2013 年第 7 期。

孙文恺：《当代中国"法治理论"三十年发展的省思》，《北方法学》2009 年第 1 期。

孙笑侠等：《转型期法治纵论》，《中国政法大学学报》2010 年第 2 期。

谈群林、黄炜：《建国以来我国竞技体育与群众体育关系研究述评》，《首都体育学院学报》2009 年第 5 期。

谭小勇：《国际人权视野下我国公民体育权利的法学诠释》，《体育与科学》2008 年第 5 期。

谭宇生：《论良法之治》，《南方论刊》2015 年第 2 期。

汤卫东：《侵权法视角下体育运动中的人身损害责任探析》，《体育科学》2014 年第 1 期。

唐素林：《法律体系化路径之考察》，《南方论刊》2015 年第 8 期。

唐素林：《应用法学方法探讨》，《北京政法职业学院学报》2016 年第 2 期。

陶红武：《论以良法标准指导我国的立法》，《西南科技大学学报》（哲学社会科学版）2009 年第 6 期。

田成有：《中国法治进程中的软法问题及软法现象分析》，《昆明理工大学学报》[社科（法学）版] 2007 年第 3 期。

田龙海、徐占峰：《从形式法治走向实质法治》，《西安政治学院学报》2003 年第 5 期。

田思源：《〈体育法〉修改的核心是保障公民体育权利的实现》，《天津体育学院学报》2011 年第 2 期。

田思源：《改革开放三十年我国体育法治建设的回顾与展望》，《法学杂志》2009 年第 9 期。

田思源：《我国体育法修改理念分析》，《法学杂志》2006 年第 6 期。

田旭：《法律责任学术观点综述》，《法制与社会》2013 年第 1 期。

田雨：《再论体育法的部门法地位》，《武汉体育学院学报》2009 年第 2 期。

童世骏：《论"规则"》，《东方法学》2008 年第 1 期。

童宪明：《我国〈体育法〉的时代烙印与修改完善》，《山东体育学院学报》2007 年第 6 期。

童之伟：《再论法理学的更新》，《法学研究》1999 年第 2 期。

汪凤炎、郑红：《语义分析法：研究中国文化心理学的一种重要方法》，《南京师大学报》（社会科学版）2010 年第 4 期。

汪全胜、陈光、张洪振：《论体育社会团体的处罚权》，《北京体育大学学报》2010 年第 5 期。

汪全胜、陈光、张洪振：《体育法律责任的设定及其完善》，《体育学刊》2010 年第 2 期。

汪新建、吕小康：《作为惯习的潜规则：潜规则盛行的文化心理学分析框架》，《南开学报》（哲学社会科学版）2009 年第 4 期。

王爱声：《地方立法如何设置法律责任》，《法学杂志》2003 年第 2 期。

王保民：《哈耶克的二元法律观及其对我国法治建设的意义》，《陕西省经济管理干部学院学报》2004 年第 1 期。

王波：《法治与秩序》，《实事求是》2009 年第 1 期。

王昌敏、朱彤彤：《论自生自发秩序与我国法治建设》，《法制与社会》2008 年第 8 期。

王丹丹等：《论法律程序与程序法治》，《福建论坛》2009 年第 6 期。

王广辉：《法律规范的性质及作用》，《法律科学》1995 年第 6 期。

王杰：《提倡性法律规范的价值与法理学启示》，《乐山师范学院学报》2014 年第 4 期。

王静：《"地方性知识"对中国现代化问题的启示》，《重庆科技学院学报》（社会科学版）2011 年第 12 期。

王曼等：《师范院校体育专业学生对学校体育法认知情况调查研究》，《搏击》2012 年第 9 期。

王孟林：《体育法学初探》，《北方论丛》1996 年第 2 期。

王珉：《论积极法治和消极法治》，《观察与思考》2000 年第 4 期。

王纳新：《体育行政法理念与法律体系》，《山东体育学院学报》2005 年第 4 期。

王琦：《构建我国体育标准体系的分析与研究》，《当代体育科技》2018 年第 20 期。

王启梁：《从书斋的冥想中出走》，《贵州民族学院学报》2007 年第 3 期。

王邵励：《从"体育管理"到"体育治理"：改制背景与内涵新创》，《成都体育学院学报》2015 年第 5 期。

王寿林：《关于我国法治体系建设的理论思考》，《观察与思考》2019 年第 11 期。

王小平、马宏俊：《论体育法律关系主体资格特征及其确立》，《北京体育大学学报》2005 年第 9 期。

王晓亮：《技术法规与标准分析及对策》，《中国质量技术监督》2005 年第 6 期。

王学彬、郑家鲲：《"五大理念"视域下我国体育智库建设：机遇、困境与路径》，《沈阳体育学院学报》2019 年第 1 期。

王岩芳、高晓春：《论体育权利的内涵及实现》，《武汉体育学院学报》2006 年第 4 期。

王轶：《论倡导性规范——以〈合同法〉为背景的分析》，《清华法学》2007 年第 1 期。

王英杰：《共同治理：世界一流大学治理的制度支撑》，《探索与争鸣》2016 年第 7 期。

王永杰：《从实体法治到程序法治——我国法治路径研究的新进展》，《毛泽东邓小平理论研究》2009 年第 6 期。

王湧涛、刘苏：《论公民体育权利的法律保障》，《首都体育学院学报》2008 年第 3 期。

韦志明：《论体育行业自治与法治的反思性合作——以中国足球协会为中心》，《体育科学》2016年第4期。

韦志明：《论体育行业自治与法治的反思性合作——以中国足球协会为中心》，《体育科学》2016年第4期。

魏治勋：《"善治"视野中的国家治理能力及其现代化》，《法学论坛》2014年第2期。

魏治勋：《"消极法治"的理念与实践路径》，《东方法学》2014年第4期。

吴从新：《体育课改革应该遵循自然规律》，《田径》2017年第5期。

吴礼文：《介绍一门新学科——体育法学》，《体育与科学》1987年第4期。

吴亮：《法社会学视野下的兴奋剂事件》，《广州体育学院学报》2017年第4期。

吴宋姣：《公民体育权利救济的法律方法分析》，《科教文汇》2011年第2期。

吴新耀：《权利与义务的矛盾是法律关系内在的必然联系》，《中南政法学院学报》1987年第4期。

伍文辉：《程序法治文化的内涵、结构与生成路径》，《内蒙古大学学报》（哲学社会科学版）2015年第1期。

武天林：《道德的失范与重建》，《陕西师范大学学报》1999年第4期。

肖辉：《社区规则的分类研究》，《河北学刊》2007年第2期。

谢海定：《当代中国法治理论孕育生长的反思》，《法学研究》2000年第6期。

谢翌：《规则教育：守护社会文明的底线》，《中国德育》2018年第6期。

邢冬梅：《涂层正义与普适性遮蔽》，《广州大学学报》（社会科学版）2019年第6期。

熊晓正、张晓义：《从"先驱后进"到"奥运模式"》，《体育与科学》2008年第3期。

徐剑：《论公民体育权利的历史演变及其性质》，《体育研究与教育》2014年年第6期。

徐向华、郭清梅：《行政处罚中罚款数额的设定方式》，《法学研究》2006年第6期。

徐向华、王晓妹：《法律责任条文设定模式的选择》，《法学》2009年第12期。

徐振东：《基本权利冲突认识的几个误区——兼与张翔博士、马岭教授商榷》，《法商研究》2007年第6期。

闫长静：《高等法学教育中的教材建设若干问题研究》，《新课程研究》2008年第9期。

严存生：《西方社会法学的法观念探析》，《学术研究》2010年第1期。

严高鸿：《军事哲学的学科定位、理论体系及"问题域"》，《南京政治学院学报》2004年第6期。

阎锐：《行政处罚罚款设定普遍化研究》，《行政法学研究》2005年第2期。

杨辉：《技术法规与标准的定位及我国技术法规体系的建设》，《航天标准化》2011年第2期。

杨慧华：《论法律价值冲突及其解决原则》，《法制博览》2012年第2期。

杨茜兰：《论我国行政罚款数额之设定规则》，《经营管理者》2011年第13期。

杨仕兵：《论提倡性法律规范》，《齐鲁学刊》2011年第5期。

杨薇、王鹏：《体育竞赛规则的法律学思考》，《西安体育学院学报》2004年第2期。

杨阳、闻书宁：《关于体育法学研究方法的一些思考》，《法制博览》2016年第6期。

杨洋：《倡导联盟框架及其在科技政策变迁分析中的应用》，《科技进步与对策》2013年第1期。

杨远平：《关于修改〈体育法〉中几个问题的探讨》，《体育与科学》2006年第3期。

杨志强、何立胜：《自我规制理论研究评介》，《外国经济与管理》2007年第8期。

姚学英、朱爱民、姚学进：《论我国公民体育权利的内涵与实现》，《山东文学》2007年第8期。

叶丹等:《我国青少年反兴奋剂教育策略探析》,《辽宁体育科技》2012年第6期。

叶方兴:《论道德治理的限度》,《中州学刊》2015年第2期。

易剑东、韩淑艳:《论"体育人"的哲学内涵》,《浙江体育科学》1998年第6期。

易小明:《道德的利益之维》,《伦理学研究》2010年第6期。

殷啸虎:《消极法治和积极法治的互动与平衡》,《上海市社会主义学院学报》2003年第4期。

于善旭:《〈中华人民共和国体育法〉修改思路的探讨》,《体育科学》2006年第8期。

于善旭:《论公民的体育权利》,《体育科学》1993年第6期。

于善旭:《体育法学》,《体育文史》1997年第1期。

于善旭:《新中国60年:体育法治在探索中加快前行》,《天津体育学院学报》2009年第5期。

于善旭:《再论公民的体育权利》,《体育文史》1998年第2期。

于善旭:《抓住北京奥运契机促进我国体育法制建设的发展》,《体育与科学》2006年第1期。

俞可平:《治理和善治:一种新的政治分析框架》,《南京社会科学》2001年第9期。

袁古洁:《我国体育法制建设发展的现状、问题与对策》,《体育科学》2009年第8期。

袁广林:《关于构建学科理论体系若干问题的思考》,《铁道警官高等专科学校学报》2004年第4期。

袁立:《传承与嬗变:社会权可诉性的多重面相》,《中南民族大学学报:人文社会科学版》2011年第2期。

袁立:《论社会权可诉性的几个基本理论问题》,《宁夏大学学报》(人文社会科学版)2010年第6期。

张宝羊、时进刚:《行政规则及其效力外部化初探》,《江南社会学院学报》2004年第4期。

张春良：《建构体育法治信念的中国攻略》，《武汉体育学院学报》2012年第4期。

张厚福：《对我国运动员几个主要权利的保护》，《武汉体育学院学报》1999年第4期。

张辉：《倡导性规范与上市公司治理》，《证券市场导报》2011年第11期。

张家喜、瞿国凯：《关于体育法地位的几种学说》，《天津体育学院学报》2006年第1期。

张家喜、沈建华：《体育法主体理论的研究》，《体育文化导刊》2000年第9期。

张黎、郭春玲、张恩利：《建立我国体育仲裁制度的法律依据》，《西安体育学院学报》2007年第6期。

张立志：《试论道德的法律化》，《晋中学院学报》2005年第5期。

张凌云：《举国体制与运动员权利的保障》，《体育成人教育学刊》2015年第5期。

张明燕：《WTO与我国国土资源技术法规体系的建立》，《国土资源》2002年第3期。

张琴、易剑东：《问题·镜鉴·转向：体育治理手段研究》，《上海体育学院学报》2019年第4期。

张群：《论中国环境保护法律体系结构》，《安庆师范学院学报》（社会科学版）1999年第2期。

张文显：《对法律规范的再认识》，《吉林大学社会科学学报》1987年第6期。

张文显：《法律关系论纲——法律关系若干基本问题的反思》，《天津社会科学》1991年第4期。

张文显：《法治与国家治理现代化》，《中国法学》2014年第4期。

张细谦：《当代中国体育价值体系的构建》，《广州体育学院学报》2012年第4期。

张翔：《基本权利的受益权功能与国家的给付义务》，《中国法学》2006年第1期。

张宇飞：《从法的效力的层次性看我国法治发展的进程》，《湖北省社会主义学院学报》2010 年第 3 期。

张振龙、于善旭、郭锐：《体育权利的基本问题》，《体育学刊》2008 年第 2 期。

张志铭：《法律规范三论》，《中国法学》1990 年第 6 期。

张志铭：《转型中国的法律体系建构》，《中国法学》2009 年第 2 期。

赵国栋、王忠敏：《论环境法律的整体主义方法论》，《改革与开放》2009 年第 3 期。

赵宏：《行政法学的体系化建构与均衡》，《法学家》2013 年第 5 期。

赵世峰：《试析法律责任的本质》，《辽宁行政学院学报》2008 年第 10 期。

赵毅：《晚近的体育法教材写作与体育法方法论变革——兼评刘举科、陈华荣主编〈体育法学〉》，《体育成人教育学刊》2015 年第 6 期。

赵英魁、刘晓东：《构建我国体育标准体系若干基本问题的思考》，《中国标准导报》2012 年第 6 期。

郑贤君：《非国家行为体与社会权——兼议社会基本权的国家保护义务》，《浙江学刊》2009 年第 1 期。

仲宇等：《中国体育标准体系的构建研究》，《西安体育学院学报》2005 年第 1 期。

周爱光：《体育法学概念的再认识》，《体育学刊》2015 年第 2 期。

周爱光：《体育休闲本质的哲学思考》，《体育学刊》2009 年第 5 期。

周碧波：《社会公平正义的几个误区辨析》，《青年与社会》2019 年第 11 期。

周青山：《法学院系开设体育法学课程探讨》，《当代教育理论与实践》2012 年第 9 期。

周中之：《道德治理与法律治理关系新论》，《上海师范大学学报》（哲学社会科学版）2014 年第 2 期。

朱斌：《社会法规范体系的构成研究》，《山西师大学报》（社会科学版）研究生论文专刊 2009 年第 5 期。

朱富强：《扩展秩序是如何生生不息的？——兼评自发秩序的内在缺陷》，

《江苏社会科学》2002年第5期。

朱宏亮等：《从标准与技术法规的关联区别谈我国技术法规体系的建设》，《标准科学》2010年第3期。

朱家德、李自茂：《我国高等教育收费制度60年的变迁逻辑——基于支持联盟框架的分析》，《高教改革与发展》2010年第6期。

朱琳、陈一娟：《论我国体育法体系的建构》，《西北民族大学学报》（哲学社会科学版）2009年第2期。

朱琳：《论我国体育法独立部门法地位的确立》，《贵州民族学院学报》（哲学社会科学版）2005年第4期。

朱同琴：《论教育法体系中的倡导性规范》，《中国人民大学教育学刊》2013年第4期。

邹举、朱浩然：《模式、竞争与规制：媒体融合背景下的欧洲体育传播市场》，《体育与科学》2018年第5期。

邹秀春：《和谐体育的理论探析》，《北京体育大学学报》2010年第10期。

（三）学位论文

梁建峰：《政策学习与政策范式视角下的农村社会保障建设》，硕士学位论文，陕西师范大学，2008年。

林璐：《论我国环境法律倡导性规范》，硕士学位论文，山东师范大学，2011年。

刘凤霞：《修改〈中华人民共和国体育法〉若干问题研究》，硕士学位论文，华南师范大学，2004年。

王春城：《倡导联盟框架：解析与应用》，博士学位论文，吉林大学，2010年。

王化冰：《影响运动竞赛规则的社会因素考察》，硕士学位论文，山东师范大学，2005年。

（四）报纸文章

丰佳佳：《体育赛事活动管理办法》，《中国体育报》2020年1月1日。

罗豪才：《公域之治中的软法》，《法制日报》2005年12月第1版。

姚颂平：《激发教育活力建设体育强国》，《光明日报》2009年11月

1日。

（五）电子文献

国家体育总局：《高尔夫球运动员技术等级标准》，http：//www. sport. gov. cn/n16/n300161/n1401202/n1773613/4982807_1. html，2021年7月21日。

刘明峰：《试论民事法律关系的抽象客体》，《中国经营工作网》2006年3月29日。

刘作翔：《遵循先例：原则、规则和例外——卡多佐的司法哲学观》，http：//www. pkulaw. cn/fulltext_form. aspx? Gid = 335563933，2022年1月7日。

侨报网：《中国体坛黑历史：比赛被玩于股掌间》，http：//www. uschinapress. com/2017/1215/1120174. shtml，2020年6月19日。

人民网：《中共中央关于全面推进依法治国若干重大问题的决定》，http//politics. people. com. cn/n/2014/1028/c1001 - 25926121. html，2014年12月28日。

童世骏：《学者谈规则意识的重要性：决定做事的效率及做人的境界》，http：//www. cssn. cn/zx/201509/t20150905_2146626. shtml，2015年9月5日。

网易体育：《暗示裁判收黑钱吹黑哨山西球迷甩百元大钞嘲讽》，http：//sports. 163. com/18/1106/22/DVVABAP50005877V. html，2018年11月6日。

新浪体育：《报名2016年全国高尔夫球团体赛》，http：//sports. sina. com. cn/golf/chinareport/2016 - 07 - 13/doc - ifxuapvw1890584. shtml，2016年7月13日。

二 英文类参考文献

John Dart, New Media, Professional Sport and Political Economy, *Journal of Sport and Social Issues*, Vol. 38, No. 6, Dec. 2014.

Hayek ed, *Law, Legislation and Liberty: Politics and Economics*, London: Routledge & Kegan Paul, 1967.

Heinemann Klaus, Sport and the Sociology of the Body, *International Review for the Sociology of sport*, Vol. 15, No. 3 - 4, September 1980.

Mary Hums ed. , *Governance and Policy in Sport Organizations*, New York: Holcomb Hathaway Publishers, 2013.

Roy Ellen, Peter Parkes, and Alan Bicker, eds. , *Indigenous Environmental Knowledge and Its Transformations: Critical Anthropological Perspectives*, Amsterdam: Harwood Academic Publishers, 2000.

John Finnis ed. , *Natural Law and Natural Rights*, Britain: Oxford University Press, 1980.